传统村落历史、空间和日常
——基于浙江仙居县的分析

周志永 —— 著

中国社会科学出版社

图书在版编目（CIP）数据

传统村落的历史、空间和日常：基于浙江仙居县的分析 / 周志永著. -- 北京：中国社会科学出版社，2025. 5. -- ISBN 978-7-5227-5228-0

Ⅰ．K925.54

中国国家版本馆 CIP 数据核字第 2025VE8987 号

出 版 人	赵剑英	
责任编辑	杨　康	
责任校对	张彦彬	
责任印制	戴　宽	

出　　版	中国社会科学出版社	
社　　址	北京鼓楼西大街甲 158 号	
邮　　编	100720	
网　　址	http://www.csspw.cn	
发 行 部	010-84083685	
门 市 部	010-84029450	
经　　销	新华书店及其他书店	

印　　刷	北京明恒达印务有限公司	
装　　订	廊坊市广阳区广增装订厂	
版　　次	2025 年 5 月第 1 版	
印　　次	2025 年 5 月第 1 次印刷	

开　　本	710×1000　1/16	
印　　张	21.25	
字　　数	319 千字	
定　　价	119.00 元	

凡购买中国社会科学出版社图书，如有质量问题请与本社营销中心联系调换
电话：010-84083683
版权所有　侵权必究

目 录

绪 论 …………………………………………………………… (1)
  一 问题的提出 ………………………………………………… (1)
  二 学术史回顾 ………………………………………………… (3)
  三 研究思路与框架 …………………………………………… (13)
  四 研究方法 …………………………………………………… (17)

第一章 仙居传统村落的空间分布与环境构成 ……………… (19)
  第一节 浙江传统村落概况 …………………………………… (19)
  第二节 仙居传统村落所处的地貌地形 ……………………… (23)
  第三节 仙居传统村落中的迁徙与营建 ……………………… (43)

第二章 仙居传统村落的家训与社会 ………………………… (53)
  第一节 仙居传统村落的家训形式和特征 …………………… (53)
  第二节 仙居传统村落家训中的家庭和生计 ………………… (63)
  第三节 仙居传统村落家训的作用和价值 …………………… (76)

第三章 耕读与慈孝文化中的仙居传统村落 ………………… (85)
  第一节 耕读文化中的仙居传统村落 ………………………… (86)
  第二节 慈孝文化中的仙居传统村落 ………………………… (100)
  第三节 耕读和慈孝文化在空间中的外在体现 ……………… (116)

第四章　商旅与民俗文化中的仙居传统村落 ……………………（121）
第一节　商旅文化中的仙居传统村落 ……………………（121）
第二节　民俗文化中的仙居传统村落 ……………………（135）
第三节　仙居传统村落的技艺与民俗传承 ………………（148）

第五章　生态环境与建成环境中的仙居传统村落 ……………（184）
第一节　生态文化中的仙居传统村落 ……………………（185）
第二节　建成环境中的仙居传统村落 ……………………（201）
第三节　仙居传统村落的民间传说 ………………………（213）

第六章　仙居传统村落的生活空间与建筑肌理 ………………（230）
第一节　仙居传统村落建成环境分析 ……………………（231）
第二节　传统村落中的公共生活空间 ……………………（242）
第三节　三透九门堂：生活空间的内部肌理与演化 ……（255）

第七章　仙居传统村落的现状与未来发展思考 ………………（273）
第一节　仙居传统村落的现状分析 ………………………（274）
第二节　仙居传统村落发展目标与发展规划 ……………（298）
第三节　仙居传统村落保护发展的路径探析 ……………（318）

结　语 …………………………………………………………（325）

参考文献 ………………………………………………………（334）

后　记 …………………………………………………………（336）

绪　　论

当今中国正在经历着高速城市化的浪潮，而大量乡村在城市化的浪潮中消失。在这些消失的乡村中不乏一些历史悠久、饱含着丰富传统文化的村落。经过城市化的进程，原本带有明显地区特色的传统村落，被统一的钢筋混凝土的建筑所取代。形态各异、风情各具的传统村落文化也渐渐被城市中一致的商业文化所取代。乡村的消失固然引起人们的怀念，而这是城市化浪潮中不可避免的趋势。与一般的乡村不同，传统的文化村落承载了更多的文化内涵，所以对传统村落的保护与研究便显得尤为重要。

一　问题的提出

随着经济的腾飞和社会的发展，大量人口从农村迁移至城镇，据国家统计局数据，2022 年中国城市化率约为 65.22%，从城乡结构来看，城镇常住人口约 92071 万人，乡村常住人口约 49104 万人；2003 年中国城市化率约为 40.53%，从城乡结构来看，城镇常住人口约 52376 万人，乡村常住人口约 76851 万人。此 20 年间，中国总人口增加约 11948 万人，但乡村常住人口却减少了约 27747 万人。[①] 若计算平时进城务工，或人户分离长期居住于城市的农村户籍人员，则乡村实际常住人口数量比户籍统计人口数还要低很多。由此可见，在城市化进程快速发展的同

---

① 《年度数据》，国家统计局官网，https://data.stats.gov.cn/easyquery.htm?cn=C01&zb=A0301&sj=2022，2023 年 3 月 20 日。

时，我国村落正面临着大量人口流失，和随之而来的衰败。

村落的衰败主要表现在两个方面。一方面，村落数量上在锐减，据统计从1985年到2001年，在不到20年的短短时间里，村落数量因为城镇化与村庄兼并等原因，已由原来的940617个锐减到709257个；仅2001年，村落就比2000年急速减少了25458个，每天平均减少约70个，而且减少的速度还在加快。[①] 这组数据表明当今的村落消亡的速度惊人。另一方面，则表现为村落人口的快速减少，尤其是农村的常住人口急剧减少。村落人口的减少，亦影响着村落空间形态的衰败。因为城乡转型发展中的农村人口非农化而引起"人走屋空"以及宅基地"建新不拆旧"导致的农村宅基地的闲置。还有一部分人虽然在农村有新的房屋却因长期在城市工作，而真正在农村家中的时间则少之又少，近年来中国流动人口的急剧上升，便与农民工密切相关。村落面积、数量及人口如此快速地锐减，势必会引起一系列社会问题。

上述村落面临的种种困境，传统村落也在经历。除此之外，传统村落还存在一般乡村所未有的困境。因为传统村落是乡村传统文化的重要载体，所以传统村落的减少也意味着乡村传统文化的消亡。这种乡村文化主要表现在物质与非物质两方面，物质方面的表现主要有村落的传统建筑格局及生产生活工具等，传统村落建设的肌理往往与长幼秩序及亲缘关系有关，而新兴的城镇则将这些肌理通通打破。从非物质方面来讲，包括传统乡民的风俗习惯及手工技艺，这些文化因城市化对乡民的重新分工而将走向消亡。故而，与一般村落相比，传统村落的消失对乡村文化的影响更大。因此，对传统村落的保护成为目前城市化进程中的迫切任务。如仙居县白塔镇高迁村，建筑的高低新旧不一、用途及分类均遭到了破坏，甚至原本川字形的水系也遭到了破坏。非物质方面主要表现在语言及生活习俗方面，如仙居民众的方言大量消失，以及以前村民娱乐活动中年年都有的舞龙表演，现在更是难得一见。村落中作为传统道

---

① 李培林：《村落的终结：羊城村的故事》，中国社会科学出版社2014年版，第1页。

德重要组成部分的家训也很少被人提及。

正是基于现代性浪潮中的传统村落发展困境，迫使人们思考传统村落作为城乡社会基本单元的未来道路。对此，国家积极推动有关传统村落的保护项目，但多侧重于空间肌理，如修复且维护村落中的传统建筑。然而，对传统村落的保护不仅要关注空间机理，更要重视其文化内核，使相关保护措施由表及里，从物质实体向文化资源转换。传统村落的文化内核包括哪些因素？如何传承村落文化？这些文化因素对城市化进程中的传统村落有何影响？何种措施能将传统村落的保护落实到内外结合？为回答这些问题，本书以浙江省仙居县为个案，利用实地调查资料和地方史料对传统村落的文化进行深入考察。因为传统村落文化不仅包含传统建筑，更囊括了村民日常行为衍生而来的民间信仰、生活文化和传统技艺等，故而本书拟从历史、空间和日常三个维度切入，来分析传统村落文化生成、类型与影响。

二 学术史回顾

随着城镇化进程的不断推进，传统村落的保护发展问题变得越来越迫切。学界对传统村落在理论层面的探讨，在实践方面的指导意义亦越来越强。传统村落是乡土历史文化和建筑空间的载体，也是日常生活中传统与现代重要的融合节点之一。下文主要从传统村落的空间、历史和日常三个维度，回顾相关学术研究。

（一）国内相关研究

早在20世纪80年代，便有学者关注传统村落的研究。阮仪三等开展了有关江南历史文化村镇保护和发展的研究工作，如众所周知的周庄、乌镇、西塘、甪直和同里等古镇，阮仪三等不仅在实践层面积极参与推动，并且撰写了《永葆水乡古镇的风采——苏南古镇甪直保护规划》

《江南六镇》等大量学术研究。① 陈志华、李秋香对传统村落的研究起步较早，他们对浙江楠溪江和江西婺源等区域的调研，不仅取得了丰硕的学术成果，而且开拓了对传统村落保护与发展研究的路径。② 此后，随着更多学者的参与，对传统村落的研究日益深入、细致。

第一，关于传统村落空间结构和形态演变等方面的研究。段进、揭明浩以世界文化遗产宏村为例，分析了影响传统村落整体空间、内部空间、组团邻里和住宅单体的不同因素。③ 姜方炳从浙江近郊9个村落的实地调研中认识到，由于城镇化进程和村落主体差异，近郊村落空间上呈现出"似城非城""似村非村"的叠合现象。④ 熊梅以国家首批公布的传统村落为研究对象，运用数据分析和空间结构研究方法，探讨了传统村落在省际、区际和族际的分布；总体特征呈现出五大聚集区，且东南数量多，西部数量少，东部汉族村落多，西部民族村落多。⑤ 陈信、李王鸣以区域视角分析了丽水市172个村落，认为这些村落在小范围空间内同质化特征明显，而在较大的空间尺度下则体现出差异化的特征。⑥ 孙莹等以梅州传统村落为例，探讨了客家文化对传统村落格局的影响，并认为区域文化差异决定着村落空间格局的形成和类型。⑦ 薛开元等以浙江嵊州崇仁古镇为例，探讨了其中的公共建筑空间、街巷空间和广场

---

① 阮仪三、曹丹青：《永葆水乡古镇的风采——苏南古镇甪直保护规划》，《新建筑》1989年第4期；阮仪三：《江南六镇》，河北教育出版社2002年版。相关著作还可参见阮仪三《阮仪三与江南水乡古镇》，上海人民美术出版社2010年版，此书详细介绍了阮仪三在20世纪八九十年代对江南水乡古镇保护的规划与指导。

② 陈志华：《楠溪江上游古村落》，河北教育出版社2004年版；陈志华、李秋香：《婺源》，清华大学出版社2010年版。

③ 段进、揭明浩：《世界文化遗产宏村古村落空间解析》，东南大学出版社2009年版。

④ 姜方炳：《叠合性：城镇化进程中近郊村落的空间格局及其社会效应——基于浙江9个近郊村的实地调查》，《农业考古》2014年第3期。

⑤ 熊梅：《中国传统村落的空间分布及其影响因素》，《北京理工大学学报》（社会科学版）2014年第5期。

⑥ 陈信、李王鸣：《区域视角下传统村落组群风貌的空间特征——以丽水市传统村落为例》，《经济地理》2016年第10期。

⑦ 孙莹、肖大威、徐琛：《梅州客家传统村落空间形态及类型研究》，《建筑学报》2016年第S2期。

空间，并认为这些空间形态为浙东丘陵地区传统村落的保护与更新奠定了基础。① 李久林等以 GIS 等方法分析了古徽州地区的传统村落，认为该区域在外部空间上呈现出网格状和枝状发展特征，且具有集中性和等级性；在内部空间序列中表现出核心空间、街巷空间、水口空间等组织规律。② 刘涵以浙江西部金衢盆地为例，梳理了此区域乡土聚落宏观尺度下的选址布局、中观尺度下的山水格局和微观尺度下的形态结构。③ 唐海溶等认为潮州地区的传统村落空间的集聚性明显，且水源充足、交通便利、地形平坦，对潮州传统村落的发展有较强的指向性。④ 陈倩婷等以江西省传统村落为研究对象，从历史地理学的角度认为江西传统村落的分布具有明显的聚集性，且分别以上饶市婺源县与景德镇市浮梁县、抚州市东北部、吉安市中部三个区域为核心分布；而经济的发展与城市的扩张则严重影响着传统村落的保护。⑤ 尹璐结合社会空间理论，对大冶市水南湾传统村落空间形态的影响因素及构成内容进行了分析，深入阐释了其空间形态的社会文化特征，为传统村落的空间形态保护与发展规划提供了指导。⑥ 学者对传统村落空间格局和建筑形态的探讨，多集中在建筑和规划领域，诚然此方面的研究亦是剖析传统村落文化的重要侧面之一。然而，如需更深层次地探寻传统村落的文化内核，则应从历史角度切入。

第二，关于传统村落历史文化和建成环境等方面的研究。刘沛林从文化角度对中国历史文化村落"精神空间"的形成进行了探讨，并认为

---

① 薛开元、徐建三、王允双：《浙东历史文化村落公共空间形态探析——以浙江嵊州崇仁古镇为例》，《建筑与文化》2017 年第 12 期。

② 李久林、储金龙、叶家钰等：《古徽州传统村落空间演化特征及驱动机制》，《经济地理》2018 年第 12 期。

③ 刘涵：《金衢盆地乡土聚落空间格局研究》，硕士学位论文，北京林业大学，2019 年。

④ 唐海溶、程新年、陈立博等：《潮州传统村落空间布局及影响因素研究》，《安徽农学通报》2020 年第 24 期。

⑤ 陈倩婷、张琍、段亚鹏等：《江西省传统村落时空格局与演变研究》，《遥感学报》2021 年第 12 期。

⑥ 尹璐：《基于社会空间理论的传统村落空间形态特征分析——以大冶市水南湾村为例》，《设计艺术研究》2022 年第 6 期。

村落"精神空间"的主导因子是宗族观念，其次是宗教意识，它们构成了村落文化多位一体的"精神空间"。[①] 武文杰等以湖南新化孟公村为个案，探讨了尚武文化的形成及其对村落发展的影响，且认为村落尚武活动在不同村落形式上虽有不同，但文化内核大同小异。[②] 雷建林认为湖南永州的传统村落在选址营建时非常注重人与自然的关系，关心物质和精神上的双重需求；其中血缘宗法、"天人合一"理念对选址的影响较大，在单个具体的民居营建时也体现出此种传统礼制和敬畏自然的思想。[③] 丁杰、马姗姗认为苏皖相邻的传统村落是中国南方汉族五大民系中越海民系的核心区域，此区域的传统村落有着相似的文化特征，如以礼为核心的儒家思想、无为而治的道家思想、恬静安逸的耕读文化和浓厚的仕商文化。[④] 赵之枫系统地剖析了传统村镇聚落的社会文化背景、选址布局及空间组织，且重点关注聚落整体与自然环境、历史环境以及社会组织的关系。[⑤] 鲁可荣、程川以浙江三个传统村落为调查样本，通过深入分析乡村文化传承、发展和公共空间的关系，认为随着公共空间从祠堂变为会堂再到礼堂的过程，折射出乡村文化经历了从宗族文化向乡村政治文化再到乡村公共文化的演变。[⑥] 刘军民、庄袁俊琦认为传统村落的稳定人口和社会关系既是村落文化的重要组成部分，也是村落文化不断更新的条件；村落文化虽然有着较强的地域性特点，但在旅游开发的介入下，现代性特征的快速发展使传统村落中的日常生活迅速瓦解，并促使传统文化呈现出脱离地域的现象。[⑦] 张祝平认为农村城镇化和农

[①] 刘沛林：《论中国历史文化村落的"精神空间"》，《北京大学学报》（哲学社会科学版）1996年第1期。

[②] 武文杰、陈永辉、谭克理：《对传统尚武村落尚武活动的考察与分析——以湖南新化孟公村为例》，《体育科技》2010年第4期。

[③] 雷建林：《浅析传统人文精神对永州古村落选址布局观的影响》，《中国文物科学研究》2011年第3期。

[④] 丁杰、马姗姗：《苏皖古村落传统文化特征分析》，《蚌埠学院学报》2013年第5期。

[⑤] 赵之枫编著：《传统村镇聚落空间解析》，中国建筑工业出版社2015年版。

[⑥] 鲁可荣、程川：《传统村落公共空间变迁与乡村文化传承——以浙江三村为例》，《广西民族大学学报》（哲学社会科学版）2016年第6期。

[⑦] 刘军民、庄袁俊琦：《传统村落文化脱域与保护传承研究》，《城市发展研究》2017年第11期。

民市民化极大地影响了传统村落中的信仰，前者不应是后者的终结者，而应成为中国民间信仰调适转型的催化剂；构建凝聚传统村落文化要素的制度空间，有利于彰显新型城镇化的地域特质和文化担当。① 高璟等以北京门头沟地区的传统村落为例，通过探究庙宇在村落中的选址，认为庙宇是传统村落的重要组成要素，是民间信仰的重要文化载体；它们与村落中的民居形成了四面围合、三面围合、两面围合、近似孤立四种空间关系类型。② 魏成等以广东江门古劳水乡为例，从文化生态学视角出发，对古劳水乡的民间信仰和祭祀空间进行了解构分析，认为古劳水乡具有"以水为脉"的文化特征，并阐释了古劳水乡文化生态特色与整体性历史遗产对珠江三角洲地域文化的重要性。③ 陈静以广西凌云县金保瑶寨的"二月二"节庆仪式为切入点，探究了瑶族村落宗教信仰影响下的精神空间建构和文化实践，从仪式活动中反映了瑶族人清污除秽、更新村寨生命力的实践观和尊神敬祖、追求平衡的人生观、宇宙观。④ 传统村落的历史文化和宗教信仰对其村落选址、发展有重要影响。在城镇化不断推进的当下，传统村落文化仍是中华传统文化的重要组成部分，村落中的物质文化遗产和非物质文化遗产仍是探寻中华文明的"活化石"。

第三，关于传统村落日常生活和民俗活动等方面的研究。有学者认为传统村落是最基层的聚居单位和文化单元，通过探究村落聚居生活的变迁有助于人们把握人类针对自然创造的物质文化，保证生产生活方式不产生过频、过快的变动。⑤ 张燕清从传统村落中的女性切入，通过探

---

① 张祝平：《论民间信仰的城镇化空间——一个异地城镇化村落传统信仰重建的考察》，《民俗研究》2017年第6期。
② 高璟、赵之枫、苗强国：《传统村落庙宇功能、选址与空间关系研究——以北京门头沟为例》，《小城镇建设》2020年第7期。
③ 魏成、钟卓乾、廖辉辉：《古劳水乡空间生成解析与传统村落文化生态特征》，《南方建筑》2021年第4期。
④ 陈静：《传统村落的精神空间建构——以凌云县金保瑶寨"二月二"节庆仪式为例》，《歌海》2023年第3期。
⑤ 朱晓明：《论传统村落中聚居环境的变迁》，《同济大学学报》（社会科学版）1999年第1期。

究地域文化理念和风俗习惯对女性的影响和制约，来分析女性步入婚姻后，如何实现从"为人女"到"为人妻"的角色转换，以及从外来人逐渐融入当地村落生活的历程；从中可看出村落文化理念和风俗习惯等无形因素在女性角色转换过程中的作用。①汪如钢以社会主义新农村建设为背景，通过对传统村落保护设计的回顾与思考，认为保持传统村落中生活的延续，关键是保护风貌与格局、建筑与院落、乡土与环境等物质载体。②穆昭阳认为村落作为人们长期生产、生活的聚集空间，其所产生的村落文化最具有民间气息和民众情感；而村落是重要的民俗活动主体，乡土社会中的民众则是传承民俗的主体人群；村落民俗的传承离不开广大民众，且要依托于相对固定的活动场所，方能最终实现民众记忆和叙事的代代相传。③蔡磊对中国传统村落是否为共同体性质的争议进行了探析，共同体肯定者认为中国村落有自治组织，村民生产生活存在互助和合作；而否定者则认为中国村落缺乏边界，村民对村干部缺乏认同和信任，只能称为生活共同体，而不能称为村落共同体。④韩雪娇认为乡村振兴战略为传统村落发展带来了巨大机遇，传统村落民俗文化的保护与利用则是乡村振兴战略过程中的重要环节；然而，面对民俗文化的商业化、同质化的现象，必须发挥民俗文化教化民风、凝聚人心的重要作用，在保护的基础上进行合理开发利用。⑤王新宇等以浙江东洋横塘村为例，从日常生活的角度总结了传统村落的选址、建筑和景观等，以期对美丽乡村的营建提供可借鉴的思路。⑥杨贵庆、夏小懿以传统村落的水塘为研究对象，认为水塘不仅包括传统的风水文化，且融汇了村

---

① 张燕清：《从"为人女"到"为人妻"——传统村落视野下培田入嫁女性的角色入位》，《福建论坛》（人文社会科学版）2007年第12期。
② 汪如钢：《乡土重建及其生活的延续——朱山传统村落整体性保护设计》，《华中建筑》2011年第3期。
③ 穆昭阳：《民众记忆与村落民俗传统传承》，《民俗研究》2012年第6期。
④ 蔡磊：《中国传统村落共同体研究》，《学术界》2016年第7期。
⑤ 韩雪娇：《乡村振兴战略中村落民俗文化的保护与利用》，《经济师》2018年第11期。
⑥ 王新宇、黄玉平、张贵彬：《浙江中部传统村落空间形态演变及其形成要素研究——以浙江东阳六石街道上横塘村为例》，《住区》2020年第6期。

民集体意识和文化认知的乡土信仰,体现了场所秩序的礼制观念。① 徐小东等以环太湖流域的传统村落为研究对象,认为传统村落中生产、生态和生活之间是相互影响的,"三生融合"能否顺利是影响传统村落发展的重要因素,为此该区域传统村落可划分为成熟改善型、拮抗调整型和失衡重构型三类,能有效结合不同类型传统村落的"三生"特征,便可有针对性地凝练出保护传统村落的经验和策略。② 传统村落的日常生活和民俗活动是在长期的历史积淀中形成的,对传统村落文化影响至深。传统村落的保护和发展也不能脱离日常与民俗,否则对传统村落的保护只能是有形空间建筑的空壳,而缺少无形文化的内核与灵魂。

此外,学界还涌现了一批关于传统村落资料梳理、图文并茂的普及读物。它们多是在实地调研、田野考察的基础上产生的。如浙江省住房与城乡建设厅以"乡愁"为主题,选择全省范围内优秀传统村落汇编成两卷本的浙江图经③,以便人们更为直观地了解传统村落。冯骥才为传统村落田野调查编制了技术指南性质的手册④,该书以图片为主、文字为辅,展示了20个传统村落的概况。《台州古村落》分为"故乡记忆""梦里老家""故土拾遗"三个部分,图文并茂地介绍了浙江台州65个典型古村落⑤,该书对于传统村落图像资料保护、文化宣传推广等具有重大意义。

(二) 国外相关研究

国外对传统村落的相关研究起步较早,研究对象主要集中于欧美和东亚地区。在学术研究的推动下,国外亦较早地掀起乡村建设和村落保

---

① 杨贵庆、夏小懿:《传统村落水塘空间的文化价值辨识——以浙江省为例》,《上海城市规划》2021年第6期。
② 徐小东、李琪、王伟:《基于三生融合度的传统村落分类研究——以环太湖流域传统村落样本为例》,《西部人居环境学刊》2022年第6期。
③ 浙江省住房和城乡建设厅编:《留住乡愁:中国传统村落浙江图经》第一卷,浙江摄影出版社2016年版。
④ 冯骥才主编:《中国传统村落立档调查田野手册》,文化艺术出版社2014年版。
⑤ 吴志刚、王维龙主编:《台州古村落》,中国文史出版社2013年版。

护运动，尤其是对传统村落文化景观的地方化意义和多元化价值较为重视。

早在19世纪末，英国学者埃比尼泽·霍华德（Ebenezer Howard）便提出"田园城市"的理念。① 此理论主要针对的是工业化发展过程中带来的城市环境污染问题，这种学术上的讨论开始促使人们关注和向往乡村生活的方式和环境。

20世纪初来到中国的美国社会学家葛学溥（Daniel H. Kulp），是沪江大学社会学创始人之一。他较早地开展对中国传统村落的调查研究，并将对传统村落的研究分为静态和动态两种，前者侧重于传统村落的结构和功能，后者则重在分析村落的变迁趋势。1925年葛学溥出版了专著《华南的乡村生活——广东凤凰村的家族主义社会学研究》，对广东潮州凤凰村的宗族关系、经济生活、婚姻教育等做了较为全面的展示。② 曾任燕京大学社会学系教授的美国学者甘布尔（Sidney D. Gamble），在1909—1932年对中国华北地区的多个省份的11个村落进行考察，并出版了多部著作，其中关于1933年之前华北村落的专著影响较大。③

20世纪70年代，美国人类学家华琛（James L. Watson）在对香港新田村文氏宗族实地调查的基础上，探讨了香港文氏宗族在1950年前后的历史性变化。④ 20世纪80年代，日本学者对中国华北村落表现出较高的兴趣。他们围绕村落"共同体"性质进行了讨论，石田浩从农民分层、经济活动、婚姻交往和水利生活等方面出发，提出中国农村是一个生活共同体的概念；但内山雅生不认同这种观点，试图走出"村落共同体"的研究范式，开始注意到近代国家权力介入对村落社会的影响，尤其是

---

① 参见[英]埃比尼泽·霍华德《明日的田园城市》，金经元译，商务印书馆2010年版。
② 参见[美]丹尼尔·哈里森·葛学溥《华南的乡村生活——广东凤凰村的家族主义社会学研究》，周大鸣译，知识产权出版社2011年版。
③ Sidney D. Gamble, *North China Villages: Social Political and Economic Activities Before 1933*, Berkeley: University of California Press, 1963.
④ James L. Watson, *Emigration and Chinese Lineage: The Mans in Hongkong and London*, Berkeley: University of California Press, 1975.

原来国家、士绅与村庄的三角结构嬗变为国家政权与村庄的双边博弈。①

中国在农村实行的家庭联产承包责任制也引起了国外学者的关注。许慧文（Vivienne Shue）在研究过程中发现，虽然在中华人民共和国成立初期国家政权便能直接到达村落基层，但是村落在空间上的分散和孤立状态，在一定程度上削减了国家权力对乡村社会的控制；20世纪80年代后，横向权力大大扩展，国家对乡村的控制也渐趋变强。②戴慕珍（Jean C. Oi）则认为，1949年后新的国家体制下，农民只有通过人际关系网络才能追求利益；而改革开放后，便不再以个人关系来寻求庇护，新开辟出的新权力在加强对农民控制的同时，促进了乡镇企业的崛起。③

此外，国外学者还从传统村落文化、传统村落可持续发展、传统村落景观等方面开展研究。如国外学者对传统村落旅游研究，视角新颖，且更具深度。国外学者的调查研究，不仅有学术价值还有一定的社会价值，这在扩展中国传统村落研究范式的同时，也为中国传统村落的保护与发展提供了"他者"的视角。

（三）研究现状评析

综上所述，目前国内外对传统村落的研究主要集中在传统村落空间形态、传统村落景观意象、传统村落价值评价、传统村落保护、传统村落旅游开发及影响等方面。这些研究成果不仅是对传统村落多角度、宽视角和全景式的论述，也在一定程度上对研究方法、理念进行总结。从学科分类上言，国内外学者较多地从社会学、人类学、规划学、旅游学等出发，开展对传统村落的研究。然而，从文化学的角度，或将各学科交叉利用的视角来探讨传统村落的研究仍待加强。

综观当前传统村落的研究，虽然已取得丰硕成果，但仍有部分方面

---

① 参见［日］内山雅生《二十世纪华北农村社会经济研究》，李恩民、邢丽荃译，中国社会科学出版社2001年版。

② Vivienne Shue, *The Reach of the State: Sketches of the Chinese Body Politic*, Stanford: Stanford University Press, 1988.

③ Jean C. Oi, "Communism and Clientelism: Rural Politics in China", *World Politics*, Vol. 37, No. 2, (January, 1985), pp. 238-266.

需要加强。

第一，在研究尺度上，以省、市或单个村落为研究对象的较多，以县域的尺度作为考察对象的研究成果仍待强化。俗语言"十里不同风，百里不同俗"，故而，以省域，甚至市域的范围考察传统村落，其得出的区域共性便有待商榷。考察的区域大，其间的传统村落文化形态的差异性便更大，相互间的共性因素便不易把握。相反，以单个传统村落为个案的研究，则容易陷入"只见树木不见森林"的困境。没有与区域内传统村落的比较，其文化特性便不易被精准概括。

第二，在研究视角上，对传统村落的建筑格局、空间形态等方面关注较多，而对传统村落文化方面的研究仍待进一步巩固。传统村落的文化可分为三个方面：其一，以有形姿态在空间中呈现的建筑风貌、村庄形态等，这是传统村落遗留下最为直观的文化遗产；其二，以无形方式在时间中积淀的历史传承，需要通过查阅文献或口述采访方能了解；其三，囊括有形与无形在日常生活孕育的风俗习惯，需要长时间的实地调研、观察才能认识。学界以往对传统村落文化的研究常侧重其中某些部分，三者俱全进行研究者尚属凤毛麟角。

第三，在研究领域上，对传统村落的研究多偏向某单一学科且以定性描述为主，利用多学科交叉的实证与定性结合的研究成果仍需要增强。关于对传统村落的研究需要社会学、人类学、历史学、经济学、规划学、建筑学和地理学等多学科的研究范式和方法。较早对传统村落进行研究的是社会学、规划学和建筑学等，其他学科的参与仍处于起步阶段。然而，运用系统综合的观点和多学科交叉的方法是研究传统村落的趋势。

本书试图利用历史学、规划学及文化学等学科的规范、方法和理论，考察浙江仙居传统村落的各种特点，注重从仙居传统村落的空间格局、历史文化和日常生活三个维度分析传统村落的深层文化。通过对仙居县域的传统村落分析，以期探讨文化保护与传承中的传统村落，在现代化、城市化冲击背景下的未来走向。

三 研究思路与框架

中国传统文化的根基在农村,传统村落蕴含丰富多彩的文化遗产,"是承载和体现中华民族传统文明的重要载体"[①]。然而,大量的乡村在城市化的浪潮中遭到破坏或消失。在这些乡村中不乏一些历史悠久,饱含丰富传统文化的村落。在城市化进程中,原本带有明显地域特色的传统村落,由统一的钢筋混凝土建筑所取代;形态各异、风情各具的传统村落文化也逐渐被城市中的商业文化所湮没。这是传统村落在文化上的缺失及断层。传统村落的不断消亡,会影响到中国农耕文明和乡村文化的根基,长此以往甚至会造成中国传统文化的断裂。因此,对传统村落的保护迫在眉睫,此问题也引起了从国家到地方的多方关注。

究竟何为传统村落?2012年4月住房和城乡建设部、文化部、国家文物局、财政部四部委下发了关于开展传统村落调查的通知,其中明确提出,"传统村落是指村落形成较早,拥有较丰富的传统资源,具有一定历史、文化、科学、艺术、社会、经济价值,应予以保护的村落"[②]。此通知对调查的村落提出一定条件,须满足传统建筑风貌完整、选址和格局保持传统特色、非物质文化遗产活态传承三个要求。这些要求便可从历史、空间和日常三个维度进行分析:首先,在历史维度,传统村落必须具有地域特色和历史积淀,能够鲜明地体现有代表性的传统文化,能够反映特定历史文化背景。其次,在空间维度,传统村落的乡土建筑、文物古迹要相对集中连片分布,或者总量超过村庄建筑总量的1/3,才有资格申报传统村落。最后,在日常维度,传统村落的历史和空间必须

---

① 《住房和城乡建设部 文化部 国家文物局 财政部关于开展传统村落调查的通知》,中华人民共和国中央人民政府官网,https://www.gov.cn/zwgk/2012-04/24/content_2121340.htm,2022年8月8日。
② 《住房和城乡建设部 文化部 国家文物局 财政部关于开展传统村落调查的通知》,中华人民共和国中央人民政府官网,https://www.gov.cn/zwgk/2012-04/24/content_2121340.htm,2022年8月8日。

与日常的生产、生活密切相关，尤其是非物质文化遗产方面，要求传承良好，至今仍能在日常生产、生活中活态延续。以上是筛选和调查传统村落的重要依据。这些条件是传统村落文化表现的重要方式，故而本书思路亦从历史、空间和日常三个维度切入。

本书以浙江仙居传统村落的实地调查为基础，从传统村落的现代处境，探讨传统村落蕴含的文化内涵和意义。结合本书的实际情况，主要内容可分为以下几个部分。

第一部分，主要分析仙居传统村落的空间分布和所处的地理环境。仙居传统村落的空间分布往往与其历史发展脉络紧密相连。这些村落的选址、布局和建筑风格都深受当地历史和文化的影响。通过对这些村落的空间分布进行研究，可以更深入地了解仙居地区的历史演变和文化传承，为保护和传承当地的历史文化提供重要依据。仙居传统村落的空间分布也体现了对自然环境的尊重和保护。这些村落通常依山傍水，与自然环境和谐共生。通过探究其空间分布，可以更好地认识当地生态系统的特点和规律，为制定科学合理的生态保护措施提供借鉴，促进当地的可持续发展。仙居传统村落的空间分布是地理学、历史学、建筑学等多学科领域的重要研究对象。通过对这些村落的研究，可以促进相关学科领域的发展和创新。

第二部分，主要探究仙居传统村落的家训与社会之间的关系。仙居传统村落的家训作为家庭内部传承的道德规范和教育理念，对维护社会秩序、促进社会稳定发挥着不可忽视的作用。家训是社会秩序的微观基础。在仙居传统村落中，家训是家庭文化的核心组成部分，往往涵盖了品德修养、为人处世、家族荣誉等内容，要求家族成员遵守道德准则，尊重家族传统，维护家族声誉。家训利于塑造良好的社会风尚。仙居传统村落的家训中往往强调诚信、勤劳、尊老爱幼等传统美德。这些美德不仅是家庭内部的行为规范，也是社会风尚的重要组成部分。良好的社会秩序为家训的传承与发展提供了有力保障。在和谐稳定的社会环境中，家族成员更有可能传承和发扬家族文化。同时，社会秩序的稳定也为家族成员提供了良好的成长和发展环境，使他们能够更好地践行家训中的教育理念。

第三部分，主要探究耕读与慈孝文化中的仙居传统村落。耕读与慈孝文化对仙居传统村落产生了深远的影响，塑造了这些村落独特的社会风貌和文化氛围。在耕读文化的熏陶下，村民们不仅注重农业生产，还热衷于读书学习。他们通过阅读经典著作，提升自己的文化素养，也为村落的文化传承打下了坚实的基础。这种文化氛围在仙居传统村落中代代相传，形成了独特的文化积淀。受耕读文化影响的仙居传统村落有很多，如皤滩乡山下村、田市镇九思村、白塔镇高迁村和南峰街道管山村等。慈孝文化是中国传统伦理道德的核心内容之一，它强调的是家庭内部的亲情和孝道。在慈孝文化的熏陶下，村民们注重家庭内部的和睦与团结。他们尊敬长辈，关爱晚辈，形成了和睦共处的家庭氛围。这种家庭氛围不仅有助于家庭成员的身心健康，也为村落的稳定和发展提供了有力保障。受慈孝文化影响的传统村落有湫山乡四都村、皤滩乡枫树桥村、田市镇李宅村和朱溪镇上岙村等。

第四部分，主要论述商旅与民俗文化中的仙居传统村落。仙居传统村落的商旅文化与民俗文化是其历史底蕴和地域特色的重要体现，它们交织在一起，共同构成了仙居独特的文化风貌。仙居的商旅文化源远流长，与其独特的地理位置和交通条件密切相关。仙居地处浙江中部，交通便利，自古就是商贾云集之地。在仙居传统村落中，商旅文化的痕迹随处可见，典型的村落如横溪镇苍岭坑村、横溪镇上江垟村、朱溪镇兴隆村和溪港乡仁庄村等。仙居的民俗文化丰富多彩，具有浓郁的地方特色和民族风情。在仙居的传统村落中，民俗文化得到了充分的传承和发展。仙居的民俗文化还体现在村民们的生活方式和价值观念上。在仙居传统村落中，村民们注重家庭和睦、邻里互助和尊老爱幼等传统美德。这些美德不仅是村民们日常生活的行为准则，也是他们传承和弘扬民俗文化的重要体现，如埠头镇十都英村、朱溪镇朱溪村、大战乡大战索村和双庙乡上王村等。

第五部分，主要论述生态环境与建成环境中的仙居传统村落。生态环境与建成环境是仙居传统村落深厚文化底蕴的重要组成部分，它们共同构建了传统村落独特的人文和自然景观。仙居传统村落注重与自然环境的和谐共生。村落的布局和建筑风格也充分考虑到与周围环境的协调，使得村落与自然环境融为一体，形成了独特的景观，相关传统村落如横溪镇溪头村、淡竹乡油溪村、淡竹乡尚仁村、田市镇公孟村、田市镇垟墺村和埠头镇西亚村等。仙居传统村落的建成环境丰富多彩，具有浓郁的地方特色和民族风情。这些建成环境不仅体现了村民们对精神世界的追求和信仰，也为村落的文化传承和发展提供了重要的支撑。村民们根据自己的信仰选择不同的宗教，如佛教、道教、民间信仰等。这些宗教活动不仅丰富了村民们的精神生活，也加强了村落的凝聚力和文化认同感，相关村落如下各镇羊棚头村、广度乡祖庙村、广度乡三井村和朱溪镇朱家岸村等。

第六部分，主要论述仙居传统村落的生活空间与建筑肌理。生活空间与建筑肌理之间相互作用、相互影响。建筑肌理的布局和风格影响着生活空间的形态和氛围，而生活空间的需求和变化也推动着建筑肌理的发展和创新。在仙居传统村落中，随着时代的变迁和村民生活水平的提高，一些新的建筑元素和风格开始融入村落，如现代化的建筑材料和装饰手法等。这些新的元素和风格不仅丰富了村落的建筑景观，也为村民提供了更加舒适和便捷的生活环境。同时，村民对于生活空间的需求也在不断变化和升级，如对于休闲、娱乐、文化等方面的需求不断增加，促使着村落中的公共空间和生活设施不断完善和更新。

第七部分，主要分析仙居传统村落的现状，对于其保护工作具有至关重要的作用。通过深入了解村落现状、评估保护价值、制定保护规划、促进文化传承和推动旅游开发等方面的努力，可以确保这些珍贵的传统村落得到更好的保护和传承。考察和调研可以帮助评估仙居传统村落的保护价值。这些村落可能拥有丰富的历史文化遗产、独特的建筑风格、优美的自然环境等，都是值得保护和传承的宝贵财富。通过评估保护价值，可以更加明确地认识到保护这些村落的重要性和紧迫性。在深入了解村落现状和评估保护价值的基础上，可以制定有针对性的保护规划，包括保护范围、保护目标、保护措施、资金筹措等方面的内容。制定保护规划可以确保保护工作有序进行,达到预期的保护效果。

四 研究方法

本书不仅建立在长期调研所获得第一手资料的基础上,还综合了社会学、历史学、地理学、城乡规划学和建筑学等相关知识,采用描述的而非实证的、综合的而非分析的、小叙事而非大叙事的方法,力求描绘出不同文化类型的特定传统村落,剖析其文化基因。并在文化类型分类的基础上,对每个村落分为三部分进行描述,分别是村落概况、村落格局和典型建筑,以及村落文化和民俗。[①] 本书的主要研究方法有以下几种。

(一) 文献分析法

文献分析法在研究仙居传统村落中发挥着至关重要的作用。这种方法主要通过收集、鉴别、整理和分析相关的历史文献、地方志、族谱、学术著作、论文等,为理解仙居传统村落的历史演变、文化传承、社会结构等方面提供了重要的理论支持和实证依据。通过查阅历史文献,可以清晰地了解仙居传统村落的历史沿革,包括村落的起源、发展、变迁等,有助于研究者从整体上把握村落的历史背景,为后续的实地调查和研究提供历史依据。文献研究有助于构建研究仙居传统村落的理论框架和研究范式。通过对已有研究成果的梳理和分析,可以明确研究目标、研究问题、研究方法等,为后续的实地调查和研究提供指导和参考。此外,文献研究可以为实地调查和研究提供实证资料的补充和验证。

(二) 田野考察法

通过实地访问、实地观察、人物采访等方式,全面、深入地认识仙

---

① 王臣:《中国传统民俗对农村文化建设的作用和影响分析》,《管理学家》2013年第7期。

居传统村落，从而获取真实、可靠的原始数据。这些数据是后续研究分析的基础，对于构建新的研究体系和理论基础具有重要意义。通过田野考察法，可以深入仙居传统村落，与当地居民共同生活一段时间，从中观察、了解和认识他们的社会与文化。这种方法能够直接观察到村落的日常生活、传统习俗、建筑风格、节庆活动等，从而获取第一手真实可靠的资料，对村落文化有更为全面和深入的理解。田野考察不仅关注现状，还可以通过对历史遗迹、文献资料、口述历史等方面的调查，揭示仙居传统村落的历史变迁和发展脉络，对于理解村落文化的形成、演变和传承具有重要意义，有助于更好地保护和传承村落文化。

（三）案例研究法

案例研究法允许研究者对仙居传统村落进行深入的、全面的调查和分析。通过对村落的历史、文化、经济、社会等多个方面的细致研究，能够揭示出村落的独特性和内在规律，增进对村落的深入了解。通过对不同仙居传统村落的案例研究，可以揭示出它们之间的差异和联系。这种比较性的研究有助于理解不同村落之间的共性和特性，为制定差异化的保护和发展策略提供依据。案例研究法在研究仙居传统村落中扮演着至关重要的角色。这种方法通过对仙居传统村落的深入调查和分析，能够揭示其独特的文化现象、社会结构、经济发展等方面的特点和规律，为理解、保护和传承村落文化提供有力的支持。

第一章

仙居传统村落的空间分布与环境构成

仙居，一个地势崎岖的山区县，其独特的地理格局——"八山一水一分田"，由山、水、林、田共同构建了神山奇水的壮美景色。这种地理环境为仙居传统村落的选址与布局提供了优越的条件。仙居传统村落或建于盆地沃野之中，或依附于溪流河谷之畔，或隐匿于群山环抱之中，展现了村落空间分布与生态环境的和谐统一。传统村落的空间分布与其自然环境及建成环境紧密相连。自然环境在很大程度上决定了传统村落早期的选址与建设。建成环境则是人类与自然相互作用的结果，表现为传统村落长期演变的过程。要深入研究传统村落的空间分布，需要对相关的自然环境和建成环境有充分的了解。

仙居传统村落的空间分布及建成环境彰显了人们对自然的敬畏与尊重，以及对和谐美好生活的追求。这些村落不仅是仙居地区的珍贵文化遗产，也是研究以及了解中国传统村落文化的重要载体。

第一节 浙江传统村落概况

2012 年 12 月 19 日，住房和城乡建设部、文化部、财政部等部门联合发布通知，公示了第一批中国传统村落名录，共 646 个。截至 2021 年，国家已公布了五批中国传统村落名录，并对入选名录的村落给予专项资金，借以保护传统村落，浙江有 636 个传统村落入选，数量位于全国省市第四。全国部分省份入选前五批国家级传统村落数量统计见表 1-1。

表 1-1　　　　部分省份入选前五批国家级传统村落数量统计　　　（单位：个）

名称	贵州省	云南省	湖南省	浙江省	山西省	福建省	安徽省	江西省	四川省	广西壮族自治区
第一批	90	62	30	43	48	48	25	33	20	39
第二批	202	232	42	47	22	25	40	56	42	30
第三批	134	208	19	86	59	52	46	36	22	20
第四批	119	113	166	225	150	104	52	50	141	72
第五批	179	93	401	235	271	265	237	168	108	119
总计	724	708	658	636	550	494	400	343	333	280
排名	1	2	3	4	5	6	7	8	9	10

资料来源：蔡萍：《黔东南传统村落文化保护与教育传承》，知识产权出版社2022年版，第13页。

　　浙江省为吴越文化、江南文化的重要发源地之一，具有悠久的历史文化。浙江省总体上是"七山一水二分田"的地形特征，并且南北具有显著的差异，使得各个县市形成了各具特色的地方文化。这一点在浙江省丰富多样的方言文化中可见一斑，而村落就是承载地方传统文化的基本单元体。[1] 在传统村落的数量上，浙江省总面积仅为全国的1.1%，但在前三批中国传统村落名录中就有176个，约占全国的6.9%，在不含香港、澳门、台湾的排名中位列第三，仅次于云南省、贵州省。在前五批公布的传统村落名录中，浙江省有636个，约占全国的12.4%。

　　浙江省的各地市传统村落数量分布不平衡，在前三批的传统村落中，丽水市共有77个村落列入中国传统村落名录，嘉兴市尚无村落入选。传统村落的集聚特征显著，丽水市以43.75%的占有率独占鳌头，全省传统村落的分布主要集中在丽水市、金华市、宁波市、台州市和杭州市，五地市传统村落数量占到了全省传统村落总数的76.14%（见表1-2）。

---

[1] 毛丹：《一个村落共同体的变迁——关于尖山下村的单位化的观察与阐释》，学林出版社2000年版，第1—19页。在该书的导论中，作者详细介绍了将村落作为单位化研究的方法及意义。

从各地市传统村落的分布密度来看,丽水市、金华市、宁波市、台州市四市为高密度分布地区。[①] 同时应注意的是,国家级传统村落名录没有收录的,并不代表不是传统村落。以仙居为例,它在这三次入选的传统村落数量不多,但并不代表仙居的传统村落较少,而是当地的政府不太重视及一些传统村落还没有被发现,随着对传统村落的调查,仙居的传统村落入选数量正在逐渐增加。

表 1-2　　　　浙江省主要地级市传统村落数量统计　　　　（单位:个）

名称	丽水市	金华市	宁波市	台州市	杭州市	温州市	衢州市	绍兴市	湖州市	舟山市
第一批	9	11	6	2	3	5	2	3	1	1
第二批	12	9	4	9	5	3	4	1	—	—
第三批	56	4	8	5	7	1	3	—	2	—
总计	77	24	18	16	15	9	9	4	3	1
排名	1	2	3	4	5	6	7	8	9	10
占比(%)	43.75	13.64	10.23	9.09	8.52	5.11	5.11	2.27	1.70	0.57

统计数据来源:住房和城乡建设部官网(总数相等的排名按首批数量排序),http://www.mohurd.gov.cn/zcfg/jsbwj_0/jsbwjczghyjs/201412/t20141203_219694.html.

仙居县地处浙江省东南、台州市西部,靠近东海(如图 1-1 所示),是中国国家公园试点县,台州市母亲河(永安溪—灵江—椒江)的源头。台州市目前的传统村落数量在浙江省各市中名列第四,主要分布在市内西部地区的临海市、仙居县。仙居县域面积约 2000 平方千米,其中丘陵山地(1612 平方千米)占全县的 80.6%。由于受地形环境的影响,使得各个地方文化的传承相对较为完整,同时在历史岁月的发展中保留了一定的独立性和差异性,全县下辖 7 个镇、10 个乡、3 个街道、418 个行政村。而这些村落就是承载地方传统文化的基本单元体。

据《万历仙居县志》载:"然地(指仙居)非都会,崇山绾带,苍

---

① 林莉:《浙江传统村落空间分布及类型特征分析》,硕士学位论文,浙江大学,2015 年。

传统村落的历史、空间和日常

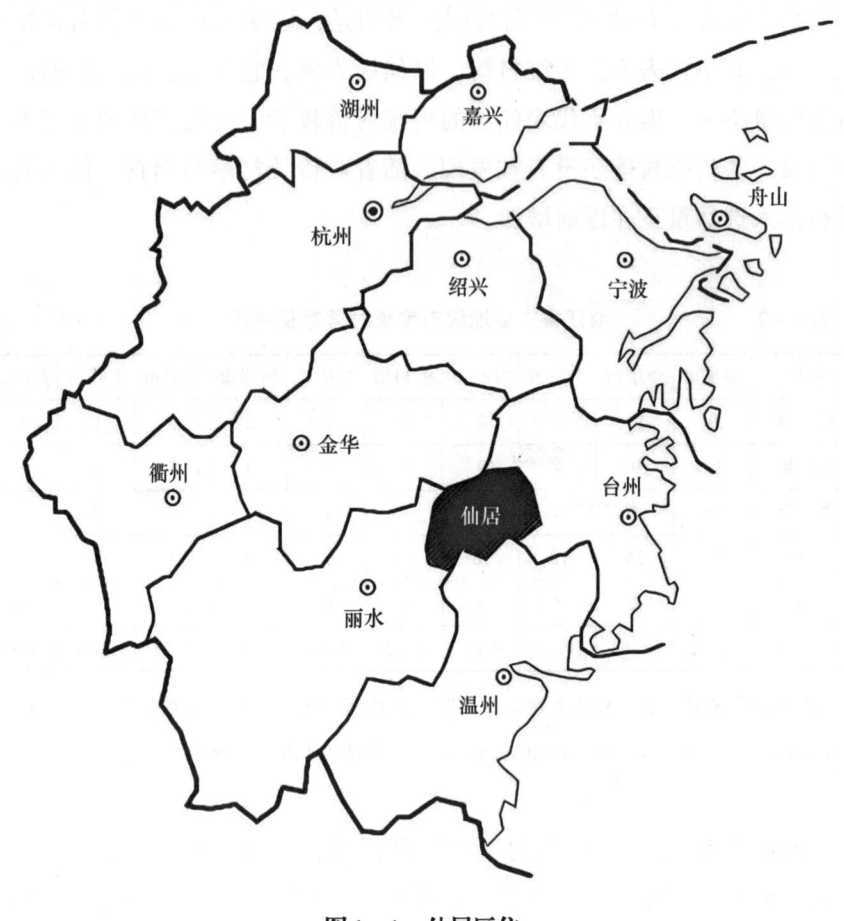

图1-1 仙居区位

注：此图为作者团队自绘。

岭一线仅通闽道，而车辙罕至，商贾之路亦绝，则何以致天下之货而阜其财求乎！"① 可以明显看出仙居地理位置的劣势，居于偏隅之地的仙居在现今的位置虽有所改善，已修建了台州—金华、诸暨—永嘉两条高速公路"一纵一横"通过县境，到达台州主城区（台州经济开发区、椒江区）1小时，2小时的交通半径涵盖了杭州市、宁波市、金华市、温州

---

① 沈在秀点校：《万历仙居县志》（点校重印本），同济大学出版社1993年版，第8页。

市等地区，仙居已经成为浙东南地区交通小枢纽。然而，其位置的偏隅性从根本上依旧限制地方的发展，如文化方面就显得相对封闭与保守，对外联系相对欠缺；经济、政治方面则是有明显的偏隅性，这也是仙居县在发展中最为重视的问题。

第二节 仙居传统村落所处的地貌地形

一 仙居地貌景观概况

仙居县地势从南向北斜，且略向东倾；县境周边均为山地，中间夹着少量丘陵、盆地和河谷平原；山地地形起伏变化较大，地貌复杂。由于降水丰富，仙居县域内主干河流流量大，流速急，容易发生滑坡、崩塌、泥石流、洪涝等自然灾害，是典型的山地人居环境。仙居地貌类型多以丘陵为主，且海拔在150—500米，此种地貌占仙居全县总面积的49.5%；山地类型面积仅次于丘陵，它的海拔在500米之上，占全县总面积的36.7%；河谷平原类型面积最小，占全县总面积的13.8%。仙居县域中，大于45°的陡峭险坡约359.29平方千米，占全县总面积的18%；35°至45°之间的急坡有1062.23平方千米，占全县总面积的53.2%；25°至35°的陡坡有193.85平方千米，占全县总面积的9.4%。[1]三种类型的坡度共占全县面积的80.9%，坡度繁多且陡峭，植被若覆盖率低，则极容易造成水土流失。

仙居县的植被在类型归属上为中亚热带常绿阔叶林带。森林植被有常绿阔叶林、落叶阔叶林、常绿针叶林、落叶针叶林、针阔混交林、针叶混交林、竹林、常绿灌丛、落叶灌丛等九大类型。仙居县森林资源丰富，林业用地面积1572.90平方千米，占全县总面积的78.7%；森林面积1338.39平方千米，林木总蓄积量316.7万平方米，森林蓄积量

---

[1] 沈兵明、金艳：《基于GIS的山地人居环境自然要素综合评价——以浙江省仙居县为例》，《经济地理》2006年第S1期。

312.2万平方米，森林覆盖率为77.2%，森林面积、蓄积和覆盖率均居台州市前列。

仙居县的绿地覆盖率非常高（见表1-3），除了埠头镇的绿地覆盖率不到30%，官路镇绿地覆盖率不到50%以外，其他乡镇的绿地覆盖率都达到或超过了50%，甚至达到了90%。绿地植被对改善人居环境、维持生态平衡，起着重要作用。具体而言，可调节局部气候，增加空气湿度，保持水土，减少或防止滑坡、泥石流等灾害。总体而言，绿地植被对生态系统有着良好的促进效果，对自然灾害的暴发有着一定的防范作用，能极大地改善当地的人居环境。

表1-3　　　　　　　　仙居各乡绿地覆盖率

序号	乡镇名称	乡镇总面积（平方千米）	绿地面积（平方千米）	绿地覆盖率（%）
1	城关镇	154.00	78.44	50.94
2	横溪乡	219.00	158.67	72.45
3	安林乡	50.00	42.35	84.70
4	溪港乡	98.00	91.40	93.27
5	湫山乡	115.00	99.55	86.57
6	埠头镇	75.00	9.16	12.21
7	白塔镇	118.00	6.80	5.76
8	田市镇	92.00	6.77	7.36
9	潘滩乡	69.00	52.84	76.58
10	淡竹乡	211.00	16.67	7.90
11	上涨乡	106.00	85.06	80.25
12	步路乡	74.50	57.33	76.95
13	官路镇	79.89	39.67	49.65
14	广度乡	82.00	60.49	73.77
15	下各镇	89.50	56.63	63.27
16	大战乡	63.00	37.71	59.86

续表

序号	乡镇名称	乡镇总面积（平方千米）	绿地面积（平方千米）	绿地覆盖率（%）
17	朱溪镇	209.00	13.37	6.40
18	双庙乡	59.00	43.35	73.47

资料来源：沈兵明、金艳：《基于 GIS 的山地人居环境自然要素综合评价——以浙江省仙居县为例》，《经济地理》2006 年第 S1 期。

二 仙居的地形与自然景观

仙居地处台州市西北部，是灵江流域源头。县域面积 2000 平方千米，其中丘陵山地（1612 平方千米）占全县 80.6%，有"八山一水一分田"之说，异于全国的"三山六水一分田"之情况。仙居县域多为山地，中间有少量丘陵、盆地和河谷平原。山地在仙居呈三级阶梯状分布，最高一级山地，属于中山区地貌；低一级山地，属低山区地貌；最低一级的山地，大多是绝对高度在 700—800 米的均夷面，多以孤山和独峰的形态存于境内。仙居县丘陵多分布在低山和河谷之间，以孤山形态出现，如东姑山、西姑山等。仙居的平原多为河流冲积平原，如永安溪及其支流的长期冲蚀和堆积。仙居境内有下各、城关、田市、横溪四个河谷平原为最大。这些河谷平原因地势平坦，为仙居县四大产粮基地和人口密集区。

仙居村落人口规模普遍较小，在全县的 722 个行政村中，超过千人的行政村仅有 93 个，约占总行政村数量的 12.88%；超过 500 人但少于 1000 人的行政村有 244 个，约占总行政村数量的 33.8%；少于 500 人的行政村有 385 个，约占总行政村数量的 53.32%。[1] 就地形而言，仙居县村落中人口的分布，主要集中在平原地形的乡镇。仙居县海拔从 1 米至 1370 米，村落分布的海拔位置，具体数据可见表 1-4。

---

[1] 孙华生、黄敬峰、金艳等：《基于 GIS 技术的县域居民点空间分布特征分析及其优化布局》，《浙江大学学报》（农业与生命科学版）2007 年第 3 期。

表1-4　　　　　　　　仙居村落分布海拔高度情况

海拔（米）	村落面积（平方千米）	村落所占面积比例（%）	村落数量（个）	平均单个村落面积（平方千米）
<100	3117.13	65.77	265	11.76
100—200	995.86	21.01	179	5.56
200—400	274.38	5.79	110	2.49
400—600	272.55	5.75	123	2.22
600—800	70.98	1.50	39	1.82
>800	8.74	0.18	6	1.46
合计	4739.64	100	722	—

资料来源：孙华生、黄敬峰、金艳等：《基于GIS技术的县域居民点空间分布特征分析及其优化布局》，《浙江大学学报》（农业与生命科学版）2007年第3期。

从表1-4可知，有265个村落的海拔小于100米，约占仙居行政村落总数的36.7%，面积约占行政村落总面积的65.77%。有444个村落在海拔200米以下，约占仙居行政村落总数的61.5%，面积约占行政村落面积的86.78%。只有45个行政村落在海拔600米以上，约占仙居行政村落总数的6.2%。从村落数量和平均单个村落面积的数据可以看出，海拔的高度与村落的数量成反比，与平均单个村落面积成反比。海拔在200米以下的平原和丘陵中，村落数量较多，分布比较密集。相反，越是海拔较高地区，村落的数量便呈递减之势，在空间上分布也比较分散。这也反映出海拔与仙居县村落分布的规律，海拔低处村落数量较多，既与交通便利程度相关，又与自然灾害发生的难易程度相连。通常而言，海拔越低，交通便利度越好，而海拔较高处，险坡陡峭处也多，故而发生滑坡、泥石流等灾害的情况较多，不太适宜居住。

仙居河流以永安溪为主干河道，呈现出由西南向东北斜穿全境。它的支流多由南北两侧向主干河流汇集。支流河口多有明显的变迁现象，主干河道变迁却不明显。河道在宽阔处或河口处，因河水流速变慢，多形成浅滩。枯水期，甚至河槽中的心滩亦常常露出水面。所以，仙居河流中的浅滩和河心滩一般在几千米便会出现。

仙居山脉的北支岩石结构较为单一，质地较强，不易被侵蚀，多形成深山奇险，供人游玩欣赏的景观较少。南支山脉岩性复杂，在内外力作用下，形成了多变的地貌景观，具有奇伟秀丽的风格。仙居县的主要风景有方岩背、仙姑岩、景星岩小山系、韦羌山小山系和苍岭小山系等。[1]

方岩背处于朱溪镇东北，海拔约586米。此处风景由断层抬升，并经外力风化形成。近看突起如莲，远观方形若屏。仅有少数羊肠小道可通山顶，有一夫当关，万夫莫开之势。[2] 据说，宋朝高僧雪岩禅师曾在此开坛讲法。元代末年，方国珍之弟方国瑛曾与朱元璋在此激战。前者虽战败，但凭借地势之险得以逃遁。

仙姑岩处于下各镇中部，海拔约357米。仙姑岩在流水侵蚀的长期作用下，产生形变，使其状如鸟爪。传说曾有名为麻姑的仙女长居于此，故称为仙姑岩。每至冬季，白雪覆岩，此处风景便有"麻姑积雪"之号。仙姑岩南麓有可容千人之山洞，名为括苍洞。据传，后汉道士葛玄曾在此洞炼丹。唐宋时，此洞修有凝真宫，是道教十大洞天之一。括苍洞内石壁刻有"括苍山大洞天"的篆文。

景星岩小山系处于李宅乡和寺前乡内，是公盂岩南延余脉，海拔约703米。景星岩景观是一座三面为崖的裸露岩体，以峭壁、奇石、古松和修竹为特色。它的顶部较为平坦，古人多在此处建寺修庙。山上有鹿颈岩、玉柱峰和龙湫洞，山后有响铃岩。景星岩东南2.5千米处有一山洞。洞口有瀑布悬挂，洞内有石头，自地弯曲凌空，状似龙，故洞名为"石龙洞"。西北3.5千米处有峰，状似覆钟，称为"钟山"。峰前有瀑布呈"之"字状，落差百余米，瀑布落入潭中，声如鼓鸣，称为"水帘瀑布"。

---

[1] 有关这些风景形胜的详细情况可参见仙居县志编纂委员会《仙居县志》，浙江人民出版社1987年版，第23—27页。

[2] 仙居县地方志编纂委员编：《仙居县志（1986—2010）》，中华书局2013年版，第466页。

韦羌山小山系处于天鼻山淡竹乡，此山系包括大青岗、天柱岩、"隐将岩"等景观。大青岗云雾缭绕、奇峰迭出，海拔约1210米。大青岗北坡延伸6千米，有悬崖凌空，深约百丈。十三都坑的溪水，如白练铺在北坡，历经5次落差，形成"凌空飞泻""急流击石""飞珠溅玉""白纱飘落""似云若雾"景观。天柱岩，柱身高100余米，如利剑直刺苍穹，矗立于十三都坑的西边。它与其他山峰连绵在一起，形成山水相映的旖旎风光。"隐将岩"位于天柱岩东北，在田市镇河谷平原南缘，高481米。此岩状似武将，"山崖之中隐藏着两位持柴刀、挑箩筐的将军形象，两块岩石并列耸立于同一岩体，上端开裂，似两位大将手挽手同心协力。传说这两位将军因救君王不及，隐身于此"[1]，故此岩有"隐将岩"之称。

苍岭小山系处于湫山、横溪和郑桥三乡境内，是仙霞岭余脉。苍岭小山系绵延30余千米，至深秋，有枫叶红满山，称为"苍岭丹枫"。苍岭小山系在坎下村之下，地势渐趋平缓，附近既有绿水环绕，又有奇峰对峙，风光秀丽。在永安溪畔，山系成低矮山丘，由巨大的紫红色砂岩等构成，山顶有怪石奇峰，且多隐秘洞穴，形成了似喀斯特地貌一样的风景。苍岭向东10千米有赤城山，那里"土石皆赤"，故有此称。苍岭向南10千米处有观音山，海拔530千米，山顶峭壁蜿蜒如屏，色多赤红，且多有石笋分布其中。

三　传统村落的微地形分类

仙居南北东西夹于括苍山、苍岭山和大雷山，38条支流汇集到干流永安溪，由西至东横亘全境。[2]因此，仙居县呈现为山地、河谷和盆地的总体空间形态。正是这些地理要素成为众多传统村落发育、生成的摇篮。根据与地理空间的关系，除遵循"背山面水"这一基本原则，仍然可以根据与地理环境的空间关系，划分为三种类型：山间平原型、山间

---

[1] 仙居县地方志编纂委员会编：《仙居县志（1986—2010）》，中华书局2013年版，第453页。

[2] 仙居县志编纂委员会：《仙居县志》，浙江人民出版社1987年版，第47页。

河谷型和山间盆地型。

仙居县域地处浙东南山区盆地，它的山区盆地总体特征有两层意义。

第一，是构建了仙居经济社会活动的总体空间，塑造了仙居的山区人文特性。中国俗语说"靠山吃山，靠水吃水"，仙居的一方山水，不仅养育了仙居人，更塑造了仙居人的山民品性。这种地理格局的依赖性，在仙居经济活动中可以略见一斑。在古时，卖柴是仙居人主要产业之一。在当代仙居，众多工艺礼品厂也进一步阐明了经济社会活动对地理的依赖性。

第二，这种总体性地形地貌可以化分为局部微地形。这种局部微地形表现为两种特征：一种是与山区盆地总体性地形一致的局部盆地微地形，显示出地形的"同形"特征；另一种是与山区盆地总体性地形相异的河口谷地和小平原局部微地形特征，显示出局部地形的"异形"特征。无论是同形还是异形，都是对总体性盆地地形进一步精准衡量和细化。

与此同时，值得说明的是，在此所作的局部微地形分类，所考察的山体、盆地、河口、谷地、平原等，都是相对而言的。无论哪一种，微地形都是相互穿插在一起，并不截然分化。比如，河口谷地的组合，河口是其主要特征，谷地在此既是盆地也是平原，因其主要特征是河口，所以归类为河口谷地。同样，山间盆地其盆地部分也可以说是小平原，但因其周边为大量山体所围合，因此归类为山间盆地。

局部微地形对于村落空间格局形成的影响，如山间盆地村落其建筑空间与街巷肌理依山就势，其朝向、进深、尺度等不一而足，除了与地形吻合之外，很难用统一规则去归纳其特征。当然，需要说明的是，尽管山间盆地地形变化复杂，但在大宅院营建过程中，仍然对于微地形有一定改造，比如，公盂村的四合院，就是以四合院空间形式对抗坡地微地形，是对微地形改造处理，使之适应四合院空间形势。平原村落如高迁村，因其地处平原，受地形影响较小，所以其村落格局完整，呈现一定的几何形态。高迁村依赖三条人工水系呈现空间格局为"川"字形格局。河口谷地村落一般沿河道建设，如皤滩和苍岭坑两村，沿着永安溪呈线形建设。

局部微地形对于传统村落生产活动的影响，如山间盆地村落，主要依赖周边山体，其经济特征表现为以采摘、伐木、狩猎等为主，如公盂、祖庙。平原村落表现为以种植、养殖等为主，如高迁、四都。河口谷地表现为河流在古代时期作为交通要道在经济形态中的重要性，如蟠滩、苍岭坑。

局部微地形对于传统村落文化意象有着重要作用。比如，山间盆地村落，十分注重地形、地貌等地理对于村落的意义，田市镇李宅村和淡竹乡下叶村两村盆地中间凸起的小山包，以其奇特的地理特征而具有文化意义。同样，作为千年台州府治的临海市区，现为临海市文化地标的巾山双塔，其地形格局也是一样的。因此，这些山间盆地中的特殊地形有着特殊的地位，往往有着文化意象，成为村落中的圣山。同时村落建设或殡葬等往往避开这些圣山。此外，人们也赋予这些地形以特殊的文化意象。仙居李宅村将村落中这座山体称为"眠牛"，意为一头朝东伸入河中饮水、屈身而眠的耕牛，象征着富裕而不艰辛。同样，横溪镇的金村，则将村落对面一凸起山体象征为蟒蛇，因而在营建村落避开蟒蛇蛇口。总之，这种意象简化了地形地貌与文化意象之间的距离，将安居乐业的美好祝愿寄托在村落营建之中。

同样，平原村落也会根据古代风水理论对微地形进行改造，以创造靠山面水的风水格局。高迁村因其地处平原，从大格局来说，北边为永安溪，南边为括苍山。从传统来说，是开门见山、临渊而建的村落格局。这与中国"靠山面水"的传统风水格局不相吻合。因而在营建过程中，高迁先祖根据这一文化意象，营建了七星塘与七星墩以重构空间格局。在河口谷地形村落中，因其沿溪而建而呈现出蜿蜒曲折的街巷肌理与空间格局，村民将之意象为龙形古街。这正是对临溪地理空间的文化意象。

由上述分析可知，将仙居传统村落根据地理特征分为山间盆地型、河口谷地型和平原型三类具有一定的合理性。下文将详细讨论这三种类型。

（一）山间盆地型

山间盆地，通常指位于山区之中的一小块平地，因其四周山体隆起如盆缘、中间坍陷如盆底而称之为山间盆地。一般来说，山间盆地是一个地理概念，指处于造山带之间的盆地。从地理上说，其生成动力是地壳运动。因而其地理褶皱是其主要自然特征。与此同时，由于地壳运动速度不一，因此所构成的盆地与周边山体有着一定的落差，而落差则有大有小，大的构成悬崖峭壁，小的构成低山缓坡。公盂古村具有典型盆地特征，四周的公盂岩悬崖峭壁构成了盆地的断裂轮廓。由此，可以看出盆地的第二个重要特征，即盆地表现为空间的封闭性。

在仙居传统村落调查中，这一类型村落占据了一定比例。总体而言，在仙居所有传统村落中，这类村落占比并不很高。据目前统计占比为13.79%，略高于10%。正如山间盆地这一名称所呈现的，这些村落大多数分布在山区。目前分类中所显示的大战索、三井、上呑和公盂四村，分别位于大战乡、广度乡、朱溪镇和田市镇。这些乡镇都位于偏远山区，而且在行政建制上属于二、三类乡镇。① 即使是二类乡镇也同样位于偏远地带。因此，其空间区位和交通条件并不理想。

由表1-5分析可知，山间盆地型传统村落最典型的特征是由四周山体构成的盆状环境，盆的基本结构是山体，构成了"周边高中间低"的盆状形态。山体在此成为关键性结构要素，"盆"则是由山体及其围合的小平原的空间形态。由此可以看出，山体及其围合的小平原是山间盆地的基本结构要素。这种空间形态具有一定的稳定性，容易带来安全感，与自给自足的农耕文明形态有着很高的耦合度。

表1-5　　　　　　　　　　仙居山间盆地型传统村落

村名	所属乡镇	总体空间特征	具体地理环境特征	交通条件
公盂村	田市镇	褶皱性、封闭性、不平整性	海拔高的山间小盆地	至今未通汽车；人进出走山路；货物进出靠索道

---

① 仙居的乡镇分为三个层次，一类为中心镇，位于平原地带，经济发达，人口众多，有横溪、白塔、下各三个镇；二类为一般镇，紧邻着中心镇，人口与经济一般，有田市、朱溪、官路、埠头四镇；其余为三类乡镇，位于山区，人口稀少，政府驻地人口一般为1万人左右，经济落后，交通不便。

续表

村名	所属乡镇	总体空间特征	具体地理环境特征	交通条件
上吞村	朱溪镇	褶皱性、封闭性、不平整性	依山而建，三层台地阶梯式村庄布局，多小溪流	乡道
大战索村	大战乡	褶皱性、封闭性、不平整性	四周环山，山间盆地，依山而建	乡道
三井村	广度乡	褶皱性、封闭性、不平整性	地势高低错落，建筑多根据山而定，水源为自然山坑水	乡道

注：本表根据作者2015年7月仙居典型传统村落实地调研成果统计而成。

上述最能反映微地形地理结构与农耕文明相耦合的当属公盂村。公盂村位于田市镇南部公盂山，属于仙居括苍山主脉的一条余脉。公盂村环境清幽，景色宜人，深处大山少受外界打扰。相传正因地形原因，为躲避战乱仙居柯氏族人便迁居于此。元代著名书画家柯九思[①]，便曾于公盂村附近居住。微地形对于村落形成的影响，在此可略见一斑，其原因是深处大山少受打扰，带来了村落高度的自给自足乃至自治模式。时至今日，公盂村仍未通公路，群山环抱之中，交通依旧不太便利。（公盂村离最近县道尚需徒步2小时山路，约5千米）公盂村的电网架设在2015年下半年才完成。至于公路，无论村民或政府，似乎都没有建设的意愿。或许，正是以这样一种传统的方式抵抗着现代性，保存着山间盆地村落的一份宁静。当然，这种宁静也正逐渐被众多寻找"宁静"的驴友们所打破，随着攀岩的兴起，悬崖绝壁公盂岩成为攀岩者的青睐之地，公盂村也成为驴友们歇脚的驿站。这一方面打破了公盂先祖们所冀求的宁静，另一方面带来了高山传统村落的经济繁荣。

（二）河口谷地型

正如仙居县域以永安溪为主河谷进行县城及各乡镇建设，众多传统村落也围绕着永安溪支流进行村落营建。这在仙居传统村落中占据着不少数量。所谓河口谷地，一般指由于河道改变方向（如拐弯），并由水流冲刷而形成的冲积小平原。

---

① 仙居县志编纂委员会：《仙居县志》，浙江人民出版社1987年版，第475页。

这类由于河流改变与水流冲刷而形成的河口谷地，从地形学来说，由于河流长期冲刷，河口谷地深层变得坚硬无比，其地质具有无比的坚硬度和稳定性。与此同时，由于河流冲刷，上游众多夹杂着树枝、树叶等形成的谷地，有众多有机物，地质松软，非常适宜农业耕种。由于地处河口，用水充裕，为用水量大的农业生产奠定了基本条件。综上所述，河口谷地具有地质坚硬、土地肥沃、用水充裕等特性，因而往往成为对土地和用水有着高度依赖性的农业生产的首选区域。仙居由永安溪及其众多支流所形成的众多河口谷地，满足了众多传统村落的营建之需。这或许就是这一类型传统村落为何占比较高的原因。

由表1-6分析可知，河口谷地型与山间盆地型两种传统村落有着截然不同的空间形态结构。正如山间盆地的基本结构条件为山体及其围合出来小平原，并最终呈现为盆形空间形态。河口谷地的基本结构要素为河流及其冲刷出来的小平原，其空间形态呈现为带形或半圆形的空间形态。相比之下，山间盆地具有封闭性与稳定性，河口谷地具有流动性与易变性。这种相对容易变化的根本原因是河流流向、流速以及流量带来的变化，紧随着变化的是谷地平原的数量、面积、质量等发生变化。此外，河口谷地地形具有部分平原地形特征，其地形相对平坦，其面积相对平原村落而言要略小，同时也略带坡度。河道中间流速平缓，河面较宽，一般能够防御较大水流冲击。此外，相较山间盆地而言，河口谷地温度较高，并利用周边山体挡御寒风。上述种种涉及土地、用水、通风、防寒、温度等条件都有利于农耕劳作，符合了农业生产需要。

表1-6　　　　　　　　　仙居河口谷地型传统村落

村名	所属乡镇	具体地理环境特征
仁庄村	溪港乡	两山夹一谷，三坑汇溪流
苍岭坑村	横溪镇	片山成一谷，两水竞相拥。择水定而居，集中连成片
油溪村	淡竹乡	又称"石头村"，已无油溪，水环境的变迁较大
尚仁村	淡竹乡	地处平地面积较少的狭窄河谷，十三都坑穿村而过
山下村	皤滩乡	山水佳秀，盐商古道；山下村依山傍水，地处永安溪中游

续表

村名	所属乡镇	具体地理环境特征
李宅村	田市镇	面临十八都坑；青山高耸，溪谷纵深
九思村	田市镇	紧邻十九都坑，沿前门溪东西向发展
西炉村	步路乡	永安溪干流坐落在村落北侧，水资源丰富
兴隆村	朱溪镇	一川溪流，数亩梯田；依山而建，临溪而居
朱家岸村	朱溪镇	村落四面重山围合，前面溪水川流而过
朱溪村	朱溪镇	群山拥翠，五狮坐卧，良田美景，溪水贯通
上王村	双庙乡	山水依托，双庙传统村落
白岩下村	大战乡	背靠白岩山，面临山下溪
祖庙村	广度乡	临溪而建，靠山而居；盂溪自北向南穿过村庄

注：本表根据作者2015年7月仙居典型传统村落调研成果统计而成。

田市镇李宅村很好地说明了河口谷地的微地形特征。李宅村坐落于田市镇南部，离镇区大约5千米，南北西三面环山，东面靠溪十八都坑。村落为河口一小型谷地，半为村落半为耕地。谷地中部隆起俗称眠牛山，隐喻富足。牛头伸入东边溪中饮水。在此，山与溪构成了李宅村的基本形态，谷地则是山溪围合出来的半圆形空间。其中，西北因山体阻挡住西北风而有利于居住和耕种，南边靠缓山而日照充足，东边靠溪流而用水充足，这些河口与谷地构成了农业生产的必要条件。

（三）平原型

根据地理学家定义，平原指的是土地平整，适宜于耕作的区域。平原型村落指的是村落位于平原地带。平原型村落所依赖的平原，具有地势平坦、起伏和缓等特征，是农耕文明最适宜农业活动的场所。

总的来说，平原地带的形成基本与河流水系有关。一般情况下，在区域主干河流冲击下，形成冲积平原。我国几大平原都是在区域河流冲击下形成的，如黄河下游的华北平原、长江中游的江汉平原、松花江流域的松嫩平原等。

同样，总体呈盆地结构的仙居中部平原也是永安溪流域冲击下形成的小平原。由于仙居地处浙东南山区，因而这仅有的平原地带弥足珍贵。

第一章 仙居传统村落的空间分布与环境构成

仙居总体地形呈现为盆地结构，其中围绕着主干流永安溪两岸为平原。这片平原总体上呈现为带型，集中着横溪、白塔、县城和下各等主要城镇，同时也散落地分布着众多传统村落。由于永安溪干流的存在，这些传统村落用水充足。同时由于地处平原地带，这些传统村落耕地富裕。正是由于耕地和供水的富裕，在此基础上发育出来的传统村落往往规模较大，空间形态完整，耕作文化精细。如湫山乡四都村在此基础上发展出来的耕作灌溉系统可作典范，白塔镇高迁村的耕读文化也为其中翘楚。平原型传统村落呈现出完整的空间形态结构，耕作用地由于人口增长所进行的细分呈现出明显的几何形态。

由表1-7分析可知，平原型传统村落完全不同于河口谷地型和山间盆地型，它有着独特的空间形态结构。总体而言，平原地形相对稳定而不易改变，这使得平原型村落相对而言更具有人为性，因而村落空间形态呈现出较为规则的圆形形态或带形形态。平原型村落最主要的空间要素是平原，水系有时也成为重要因素，两者构成了平原型村落的重要自然因素。这与农耕文明依赖水利有着密切关系。此外，平原型村落既缺乏河口谷地型与山间盆地型两类村落的山体等因素，因而其气候变化均匀，也缺乏传统村落营建过程的可意象空间。这些都需要在村落营建过程中进行人为改造和提升。

表1-7　　　　　　　　　仙居平原型传统村落

村名	所属乡镇	具体地理环境特征
四都村	湫山乡	三港冲击平地——永安溪、杨岸港、四都坑
上江垟村	横溪镇	仙居县山间平原中心地带，近永安溪
溪头村	横溪镇	地势平坦，临溪而建，古道商居，苍岭古道官渡口
十都英村	埠头镇	背靠大雷山，面临永安溪、九都港、十都坑
西亚村	埠头镇	"布袋口"地形口袋处，且有河流经过
枫树桥村	皤滩乡	依山傍水，地处永安溪支流和韦羌溪西面
高迁村	白塔镇	地处白塔平原
西炉村	步路乡	永安溪干流坐落在村落北侧，水资源丰富

续表

村名	所属乡镇	具体地理环境特征
上王村	双庙乡	山水依托，双庙传统村落
管山村	南峰街道	山上青天山下溪，白云流水两相宜；永安溪包围三面
垟墺村	下各镇	山脚地带，临永安溪
羊棚头村	下各镇	鲤鱼汲水——两山夹一谷，清流贯全村

注：本表根据作者2015年7月仙居典型传统村落调研成果统计而成。

仙居平原型传统村落的代表是高迁村。高迁村地处仙居主干流永安溪南侧平原，北距永安溪数千米，南靠仙居括苍山主脉景星岩山系。高迁村地处平原，土地肥沃，用地充足。高迁村在此基础上孕育出以农业耕作为主的团块空间形态。与此同时，高迁村为了适应传统的"靠山面水"文化心理，为了改变"南山北水"的自然格局，以适应传统文化"北山南水"的文化诉求，便在村落中人为构建"七星塘"和"七星墩"，以象征"北山南水"的文化空间意象。此外，高迁村梳理村落三条水系，构成"川"字形态，使得村落、农业耕作与平原地形很好地适应在一起。

平原型村落独特的空间关系，绝不仅仅在村落内部体现出平原空间特征，还体现在平原农业生产方面。地处永安溪上游的湫山乡四都村因地处"三水交汇"的上游平原而发展出文明程度极高的古堰文化。这些古堰将四都村三面环绕的永安溪、杨岸港和四都坑三条水系引入环绕村落四周的平原农业用地，从而保证了农耕用地的用水充足。四都村的平原型空间特征也可以从四都古名"湫峰"中得知，"湫"即低洼湿地，"峰"即为村北龙母峰，"湫峰"意为龙母山下由上述三条水系夹击形成的用水充足、土地肥沃的小平原。

《仙居县志》载，"本县地瘠民贫，水旱频仍"[①]。这使得村落在选址时不能离水太近，防止河水泛滥，同时又不能离水太远，否则生产生活

---

① 仙居县志编纂委员会：《仙居县志》，浙江人民出版社1987年版，第230页。

又会不便。这种平原型村落与水系之间的紧密关系，在埠头镇西亚村得到了极致的体现。西亚村是一个既怕水又靠水滋养的村落。西亚，原名"西Ya"（水字缺右边部首），"Ya"字是当地居民自创的一个字，在字典上基本查找不到。这个字一直沿用到中华人民共和国成立后。它意味着西亚村一方面随时容易遭受永安溪洪水袭击，另一方面农业生产又难以摆脱水利灌溉的两难境地。"Ya"字表达了西亚村人对水又爱又怕的复杂情感。

西亚这种与水共生的两难境地，可以通过村名考证进一步得知。在当地的传说中，"Ya"字的来历则与水灾有关。据说西"Ya"因地处永安溪北岸中游地带，建村后曾屡遭水灾，居民苦不堪言，为护佑平安，故将水字去掉一半作为村名，并念作"Ya"。这或许比较贴近事实——西亚地处古镇皤滩的永安溪北岸，水患曾一直威胁着该村。

不过，"Ya"的发音在仙居方言中大多数仍是与水相关，如"漾""洋"等；同时，"Ya"也与"酿""养"音近，而这样的发音则带有以水来酝酿、积累、滋养的意思。因此，对于本来地处低洼，害怕水的西亚来说，却又需要水来滋养——金生水，水能润金，水影响着西亚村，可以说"与水共生"，而村民将水字去掉一半作为村名，真可谓用心良苦。

如果说白塔镇高迁村落营建是建立在"靠山面水"的文化意象之中，那么南峰街道管山村落营建更多的是出于安全防卫角度。管山村，地处永安溪东岸，永安溪呈三面环绕型包围着管山村。管山村因而地处永安溪三面环绕所包围出来的冲积平原上。这个冲积平原对于管山村至少有两个好处：一是管山村地处永安溪包围的凸岸，避免了上游因洪水冲刷导致村落安全受到威胁；二是三面环绕冲刷形成的冲积平原沉积了树枝等有机物，则使土地肥沃，适于耕作。清溪环绕，翠峰围列，碧水芳洲，塔影波光，风景秀丽，是管山微地形空间特征的最佳写照。此外，管山村也强调河口小山置塔以镇河妖水患，反映了平原村落的文化需求。

总而言之，平原型村落最大的空间特征就是用地充足，这是满足农耕文明的首要条件。此外，由于农耕文明离不开水利灌溉，因而这些村落又呈现出紧邻水系的第二个空间特征。因此，平原与水系是平原型村落微地形的两大基本特征。在此基础上，每一个村落都有着对微地形的不同空间理解，如高迁村进行微地形改变以适应"北山南水"的文化意象，西亚村在村名上做文章强调村落与水利关系，管山村强调安全防御体系，四都村发展出古堰体系。

土地是人类生存的根基，作为农业大国的传统中国来讲，"生于斯，长于斯"的人们拥有着特别浓厚的土地情结，不仅包含农业的种植，还有风水的营建。这些都是开籍祖在选址时要考虑的因素，特别是地形、地貌等，平原地形有利于农业的开展，风水的营建又需要山水得宜。

建立在上述微地形分析基础上，可以得出仙居传统村落土地主要有以下两个方面的特征。

一是山多地少特征。这与县域总体特征山多地少相一致，是由四周山脉所围绕的山间盆地型地理形态所决定的。反映到众多传统村落的微地形空间，总体上也呈现为山多地少的特征，可耕作用地少，平均耕地面积不足1亩/人。台州有俗语言："温黄熟，台州六县足；仙居熟，不够六县一餐粥。"① 尤其是众多位于山区的传统村落，耕地很少，人均耕地面积更少。

平原型村落中有的村落规模较大，如高迁、管山两村；有的规模较小，如上江垟村、溪头村、枫树桥村等。但不管村落大小，人均建设用地都较少。河口谷地型村落因可以占用缓坡地带，人均建设用地甚至比平原型村落要高，比如垟奥村、羊棚头村、西炉村、仁庄村等。此外，值得注意的是，考察主要自然资源，发现杨梅种植基本超过农业种植的50%，这自然让人想到养活现代仙居的"一颗杨梅"。

二是山水并存特征及其带来的空间意象。这同样与仙居山水格局并存的总体特征相一致。传统村落往往都有着一定的山形水势，为基于传统风水文化的村落营建奠定了一定基础。白塔镇高迁村的"七星望月"、

---

① 仙居县志编纂委员会：《仙居县志》，浙江人民出版社1987年版，第77页。

田市镇李宅村的"眠牛汲水"、横溪镇金村的"石托蟒口",等等,都是地理空间文化意象的表现。后文将结合传统村落空间营建进行详细描述,此处不再赘述。

四 传统村落微地形中的人文要素

微地形分类中不应忽略作为非地形因素的人文因素主要包括以交通为代表的技术因素和以民俗为代表的文化因素对微地形分类的影响,前者包括依赖水运、陆运、水陆转换所形成的传统村落,如皤滩村就是依赖永安溪水陆转换而形成的商业型传统村落;后者指宗族信仰、语言和风水对传统村落分类的影响,如按照宗亲关系或语言圈形成的村落群体,仙居中部就形成了以白塔高迁、田市厚仁等吴氏宗亲传统村落群体。

(一)交通因素

维托尔德·雷布琴斯基认为,"交通依然是影响城市形式的最重要的外部因素之一"[1]。为了支持这个论点,雷布琴斯基详尽考察了从步行、马车到汽车、公共交通所带来的能源消耗、居民出行方式和城市开发模式的影响。[2]

站在历史的今天,我们可能会设想那些定居穷乡僻壤的传统村落如何与外界发生交流。交通因素对于传统村落出行的确是一个重要的外部影响因素。在交通技术落后的遥远往昔,先民们只能依靠最原始的双腿走出山谷,跨越河流,来到城镇,与外界发生着经济社会交往。然而,也正是这些原始交通,造就了一条条古道。[3]

仙居传统村落不乏众多依赖古道形成的传统村落,苍岭古道是浙东通往浙西乃至赣东的重要盐茶古道,是海上丝绸之路的内陆延伸,同时

---

[1] [美]维托尔德·雷布琴斯基:《嬗变的大都市:关于城市的一些观念》,叶齐茂、倪晓晖译,商务印书馆2016年版,第171页。

[2] [美]维托尔德·雷布琴斯基:《嬗变的大都市:关于城市的一些观念》,叶齐茂、倪晓晖译,商务印书馆2016年版,第171页。

[3] 浙江省古道可分为古驿道、名人古道、商旅古道、乡野古道,它们"既承载着生生不息的历史,也承载着绚丽多彩的风俗文化,更承载着饱经风霜的经商之道"。参见浙商证券编《浙商古道行》,新华出版社2016年版,第5页。

由于山岭险峻而被称为浙南第一岭，也是重要军事要塞。依附于苍岭千年古盐道动力，苍岭坑应运而生，成为苍岭古道的起点。李宅村也是依附联系浙南与浙北的李宅古道而生发出来的传统村落。李宅村前的十八都港和山路南连永嘉、黄岩，北联水运要道永安溪，这条通道便成了台温两地非常重要的陆路贸易营运和私盐行贩线路，古道对该村后期空间扩大与肌理形成产生了很大影响。这种依赖古道形成的传统村落还有很多，地处仙居东南部山区，毗邻黄岩的朱溪等村，与苍岭坑村、李宅村有着类似的生发历史。

传统村落先民们并不完全依赖古道出行，水运就是依赖最原始技术的另一种交通方式，将人们从完全依赖人力、畜力中解放出来。皤滩就是仙居因水运而生发的典型水运交通传统村落，它所依赖的永安溪是联系苍岭古道的盐茶水运航线。当水运到皤滩因水位搁浅无法前进，而不得不转换为人力或畜力的古道交通。皤滩成为水陆转运枢纽从而生发出村落，成为物资补给地的同时发展出各种商业设施。此外，在村落空间形态上发展出沿溪而建的街道空间形态，因其空间形态蜿蜒曲折，又因国人对龙文化的崇拜，遂称之为"龙形古街"。

近现代修建省道、国道和高速公路等交通技术的发展，导致这些原本处于交通要道的传统村落经济社会衰退。苍岭古道上苍岭坑由于盘山公路35省道和台金高速公路开通，逐渐成为无人问津的僻壤之地，原本就少的商业设施人去楼空，人口开始严重流失，村落空间也逐渐衰败。而皤滩因其地处平原且有省道经过而发展成为集镇，从而避免了衰败的命运。

作为非地形因素的交通对传统村落的选址、营建和生发有着重要的影响。随着交通技术的日新月异，村落交通条件会越来越好。不过，对传统村落来说，交通技术仍然是一把"双刃剑"，它既可以带来便捷，也使得村民们更容易流动出去。这一交通悖论下的传统村落发展很难抽象地讨论孰优孰劣，只能在具体村落中予以剖析。当然，其中交通区位仍然起到关键作用。不久的将来，仙居将开通台金高铁、杭温高铁，这将带来更大的交通便捷，我们期待着能为仙居丰富的传统村落带来好运。

(二) 文化因素

人工环境的形成主要依托于古村落的地理环境。地理环境对于古村选址和营建具有决定性的影响。这些影响包括生理和心理的影响，有时后者起到更重要的作用。在生理影响方面，最为经典的要数《管子》中所言："高毋近阜，而水用足；下毋近水，而沟防省。"[1] 这几乎成为古代城市和乡村营建的基本原则。在心理影响方面，无论是皇城、农宅还是阴宅，都非常讲究风水，图1-2所示的风水选址（峦头法）的理想布局几乎人人皆知。因此，地理空间环境在生理上影响到古村营建的日常生活，如饮水、防御等要求，在心理上有着不可言喻的文化隐喻。而在具体调查中，对于古村周边的地理环境，需要予以重点关注。如古村周边的山脉、水系、农田等，以及这些要素构成的地理空间形态，诸如平原、盆地、河谷，以及古村与这些要素和形态之间的关系，如古村倾向于河谷冲积平原，因为有着肥沃的土地；或倾向于河道凸岸，可以避免洪水的冲击。而从仙居县的典型传统村落选址特征来看，基本上全为"背山面水"而建，这是符合传统村落布局的风水原则。

传统文化中良好的选址要有山水环抱，尤其是在风水峦头（山势）中有相应的理想配置，分别对应着"四灵"或"五行"。左边山脉代表青龙，五行中为木；右边山脉代表白虎，五行中为金；前边山脉代表朱雀，五行中为火；后边山脉代表玄武，五行中为水；中央便可为穴，是建筑选址的最佳位置，五行中为土。[2] 当然这是风水中的最理想选择，具体实践中多以此为方向进行选址操作，但囿于具体地形山势仍会有些不同。

中国的营建传统基本上是面南而建，希望南面临包括水面在内的开阔地带，北面靠蜿蜒曲折的龙山。然而在仙居高迁村营建中，可以发现其村南面正对巍峨险峻、山形奇特的括苍山主脉景星岩，北边临水运要

---

[1] （春秋）管仲著，吴文涛、张善良编：《管子》，北京燕山出版社1995年版，第47页。
[2] 亢亮、亢羽编著：《风水与建筑》，百花文艺出版社1999年版，第82页。

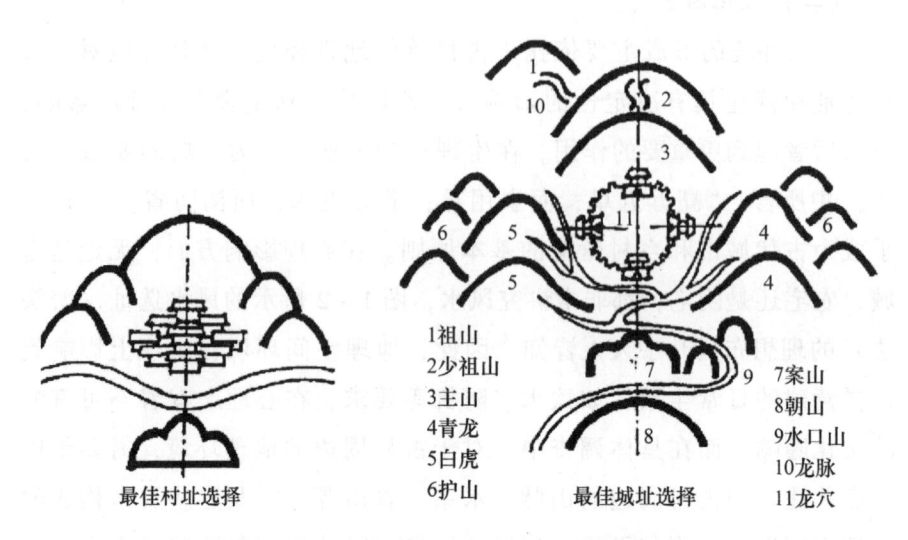

```
1 祖山
2 少祖山
3 主山
4 青龙
5 白虎
6 护山
7 案山
8 朝山
9 水口山
10 龙脉
11 龙穴
```

最佳村址选择　　最佳城址选择

图 1-2　风水选址（峦头法）的理想布局

注：图片来源于亢亮、亢羽编著《风水与建筑》，百花文艺出版社 1999 年版，第 82 页。

道永安溪，这明显有悖于传统营建理念。在实际营建中，高迁村在村后营建了七星墩以为靠山，村前开挖了七星塘以为水眼，将自然地貌按照传统文化理念进行逆转，从而回归到传统文化秩序。

宗教信仰也是文化因素的另一种载体。如三井村原来只有一座三井寺，后来王氏后裔迁居至此，围绕三井寺而居。此外，还有祖庙村因庙而得名，元代贡奎的《仙居县杜氏二真庙诗并序》对此有详尽的记载[①]，此地以"祖"命名并非偶然——祖庙是古代仙居县城居民男女约会和祭祀祖先的场所。证据之一就是祖庙周边的岩画，如中央坑岩画等，内容反映的应该是典型的生殖崇拜及祭祀祖先的场所。生殖崇拜对我国早期社会而言，是非常常见的。

通过上文将众多仙居传统村落按照地理因素分为山间盆地型、河口谷地型和平原型三种类型。这种分类具有两方面的意义，一方面反映了

---

① 仙居县地方志编纂委员会标注：《光绪仙居县志》（标注本），同济大学出版社 1990 年版，第 684 页。

传统村落与整个县域的分形同构特征,从而可以通过对传统村落局部空间环境的分析,推论出仙居总体地理环境对经济社会活动的影响;另一方面反映出微地形空间环境对传统村落营建的重要影响,准确来讲是对以农业生产为主要经济活动的农耕文明的影响。

这种分类并非单纯考察传统村落中的地形特征,更重要的是考察微地形在传统村落营建过程中对生产、生活的影响。准确来讲,是对以农业生产为主的农耕文明的影响。如上文分析可知,山间盆地型在满足自给自足生产、生活之下,具有很强的防御体系,因而也具有很强的封闭性。河口谷地型的用水条件充裕,同时具有小平原特征,且土地肥沃、日照充裕、寒流不进等因素,有利于农业生产。平原型更是重点解决了农业生产的关键性土地因素。

尽管三种类型侧重有所不同,但其核心仍然是紧紧围绕农耕文明进行空间理解的,与之相伴的则是对于微地形的改造利用。随着这一行为的深入,则是社会结构逐渐完善和空间形态逐渐形成,从而满足其基本生产生活需求,如温饱和防御等。当然,其起点仍然是地理空间结构与形态,其重点则是作为安居乐业的传统村落本体,更准确来讲是选址营建中必然遭遇的人地关系,包括人为营建与自然地形之间的矛盾,还包括人口增长所带来的用地不足矛盾,等等。

第三节　仙居传统村落中的迁徙与营建

一　仙居传统村落的人口迁徙

历史上,人类时刻都在进行着迁徙与在地认同。就仙居县分布的传统村落来讲,其迁入的时间、原因、来源有着共同之处,却又有差别。2015年7—8月,笔者团队对该地传统村落进行了考察,调查结果显示,具有典型传统村落面貌的均为行政村,其中60%是明代以前即已建成,18%是明代所建,18%是清代所建,4%是民国所建,这反映出仙居县的传统村落建成是比较早的。

从数量来看，明代以前的大大多于明清以来的。究其缘由大致有三，一是就调查的传统村落而言，有的可以追溯到开籍祖，如上江垟村、十都英村、公盂村、白岩下村等，其中白岩下村的《徐氏族谱》明确记载，徐氏祖先明中期由河南信阳迁温州永嘉，再由永嘉迁至白岩村。该村有300多年的历史，民风淳朴，人文资源丰富，明监察御史卢明章（大战乡格垟村人，明代嘉靖四十四年科考中进士）曾在金龙寺求学。[①] 而有些传统村落追溯不到最原始的来源，只能根据口述史资料尽量向前溯源。村民给出的时间多是元代以前的一个大致年代，故从统计结果来讲，元代以前的自然较多，这也说明仙居县传统村落的年代久远性。二是明清以前几百年的动荡局势对仙居县传统村落的影响，而明清时期相对稳定，使得仙居传统村落在早期选址时，因躲避战乱而使得北方、南方人口与整个家族更多地定居在相对偏远一些的地方。前文已述马濂在《重修县治记》中记载仙居在宋代时期是比较好治理的，但宋代之后，"古灵之政，远则礼让之教息。宁一者或迁而扰矣，淳茂者或迁而浇矣。昔之称易治者，又安在哉。嘉靖辛亥予奉命来兹，蚤夜怵惕，惟弗克供职，是惧窃，谓斯民也"[②]。可见，政治动荡局势的存在。三是就调查本身与传统村落所处地形而言，在最终确定典型传统村落的时候，地处平原地带的村落由于更易受现代文明的冲击，使得其传统性丧失而没有被作为调查对象；但相对偏远的传统村落由于其地形相对封闭，使得其传统性保留尚好，故被列入调查对象。

基于此，就调查的仙居县传统来看，人口迁移是它们形成的关键，而各种要素不仅是仙居自然环境的吸引，还有唐宋以来的经济重心南移。另外，不可忽略的是由于政治的动荡而带动的人口迁移。就一个聚落而言，其形成的推动力或许是多样的，但为便于直观反映问题，故在分析所调查的29个传统村落形成原因时，都定性了一个主要原因。具体而言，仙居县传统村落的人口来源可见表1-8。

---

① 作者团队2015年7—8月仙居传统村落实地考察内容。
② 沈在秀点校：《万历仙居县志》（点校重印本），同济大学出版社1993年版，第129页。

表 1-8　　　　　　　　　仙居传统村落人口来源分类

序号	所属镇名	村名	来源	主要原因	时间	备注
1	A1 横溪镇	苍岭坑村	—	商业聚居	(宋)元以前	有《戴氏宗谱》
2		上江垟村	朱溪镇大洪村	人口增长	清	—
3		溪头村	—	官宦还乡	元以前	有《沈氏宗谱》
4	A2 埠头镇	十都英村	朱溪镇大洪村	人口增长	清	有《张氏宗谱》
5		西亚村	—	地理条件	清	有《周氏宗谱》
6	A3 湫山乡	四都村	温州市	家族迁徙	元以前	—
7	A4 溪港乡	仁庄村	—	地理条件	元以前	—
8	B1 白塔镇	高迁村	—	官宦还乡	元	—
9	B2 田市镇	李宅村	南峰街道管山村	家族迁徙	元以前	—
10		公盂村	田市镇九思村	人口增长	元以前	—
11		九思村	台州市	人口增长	元以前	—
12		垟塘村	—	地理条件	元以前	—
13	B3 蟠滩乡	枫树桥村	湖南省	战乱影响	明	—
14		山下村	桐庐县	家族迁徙	明以前	有《方氏宗谱》
15		蟠滩村	—	商业聚居	明以前	—
16	B4 淡竹乡	尚仁村	河南省	战乱影响	明	—
17		油溪村	白塔镇高迁村	人口增长	清	—
18	C1 南峰街道	管山村	—	文化聚居	明以前	—
19	C2 步路乡	西炉村	—	家族迁徙	明以前	—
20	C3 广度乡	三井村	—	文化聚居	明以前	有三井寺
21		祖庙村	—	文化聚居	明以前	—
22	D1 下各镇	羊棚头村	—	文化聚居	明以前	有道教括苍洞
23	D2 朱溪镇	朱溪村	仙居县	家族迁徙	明以前	有《朱氏宗谱》
24		朱家岸村	朱溪镇朱溪村	人口增长	明以前	—
25		兴隆村	朱溪镇溪上村	人口增长	明以前	—
26		上畚村	—	家族迁徙	清	—
27	D3 大战乡	白岩下村	金华市	家族迁徙	明以前	有《徐氏宗谱》
28		大战寮村	横溪镇	战乱影响	清	—
29	D4 双庙乡	上王村	山西省太原市	战乱影响	明以前	—

注：本表根据作者 2015 年 7—8 月仙居传统村落实地考察内容统计而成。

就仙居县典型传统村落的人口来源而言，有的是从外省迁入，如枫树桥村从湖南省迁入，尚仁村从河南省迁入，上王村从山西省迁入；有的是省内迁入，如四都村从温州市迁入，九思村从台州市迁入，山下村从桐庐县迁入，白岩下村从金华市迁入；有的是县内迁徙，此种情况是最多的，最为典型的便是朱溪镇的人口迁徙。朱溪镇地处较为宽阔的河谷地带，经济较为发达，而且有较大家族朱氏的迁入。朱溪镇镇内或县内的人口迁徙，恰恰也符合古人在无特殊情况下不随便远距离迁徙之习惯，朱溪镇的迁徙往往是人们为了保障生产生活而移动的，但这种移动依旧保持着和原来村庄的沟通，距离不远。此种迁徙原因往往也是社会关系所致，宗族关系的因素也是使得人们从较大家族分离出来，进而独立成村。同时需要注意的是，由于时局动荡与仙居县的地理位置，其外来人口也是非常多的，主要是从西部、北部而来。

汉末河南尹方紘因避王莽之乱，弃官到安徽歙县落籍，自此方氏家族大举南迁。故河南方氏多紘公之后裔也。歙邑为浙皖接壤地，古时浙之淳安、桐庐等地曾归歙管辖。故桐江各邑多方姓。方干公祖籍淳安，后迁居桐庐白云源，因仕途不得志，隐居绍兴鉴湖。应友人乐安进士孙郃之邀，共游仙居，慕恋仙居山水秀绝，故其裔迁居板桥，为板桥方氏之始祖。

仙居县传统村落的人口流动是比较常见的，特别是朱溪镇的人口迁徙最为显著，不仅有镇内迁徙，还有镇外迁徙。这些村落生发时间多集中在元代，而元代恰处于战乱频繁的时期，蒙古族是一个好战的民族，其与周边民族之间的战争持续了数年，继而发动蒙宋之间的战争，使得宋王朝南迁临安（今杭州）。1276年临安被蒙古军队攻占，宋室南迁；1279年，崖山海战爆发，宋末帝赵昺被大臣陆秀夫背着跳海而死，南宋覆亡。可以看出，宋王朝南移过程的很长时间是在浙江省，所以不管是战乱的影响还是经济的集聚效应，都促使着流动人口的增加。而商业的效应也有所表现，如戴氏宗谱里记载的该村与"苍岭古道"的关系，古道多为经济活跃的象征，促使了其家族迁徙。

埠头村，北依白冠山，南临永安溪；西面、西北面有苍岭古道、仙杭古道；东北有山枣岭古道；东南面与商业重镇皤滩交界，旧时曾是一个商贸繁荣之所。据传说，埠头祖居王姓，王氏祖先们曾利用便利的水路交通介入货物运输及销售行业，渐渐积累了资金，并开设了盐埠店、南货店。特别是在食盐的贸易上，他们雇佣挑夫，通过苍岭古道，将盐销往缙云、丽水、武义等地，并将当地的土特产收购运回仙居、临海等地进行销售。经过数辈的经营后，使村子的名声大噪，村埠头船只停靠的数量与日俱增，商贸往来日益繁盛，于是便将村子定名为埠头村（又称"埠头王"）。埠头商贸繁荣的同时，也促进了周边村落商业、手工业的发展。当地传唱已久的童谣"埠头扣构盖，座坦草鞋店，后里绿豆面，西东山打铁店，东杜缸窑厂，周岙买菜秧"，虽不失滑稽与揶揄，但所描绘的正是手工业生产十分兴盛的情景。明清时期，埠头村（分坑东与坑西）还在坑东建立了一条"一、四、七"的集市。当时，坑西以及白泉村、十都英村村民都要过来做市，可坑上只有一座独木桥，常有老人、小孩儿掉下去。于是，光绪二十五年（1899）春的一天，村中的王氏族长商议在坑上建一座高6米、长10米的石拱桥，桥下可供运货长船和竹筏通过，桥上可供车马和行人过转。该桥于是年夏初动工，重阳竣工，后命名为"重阳会"。不过，埠头的商贸在民国后期，如同皤滩一样，随着永安溪水道的消退而逐渐走向衰败。[1]

历史上，埠头一带便利的水路交通也使其较县内的其他区域有更多遭遇兵燹的可能。如明代平倭将军戚继光曾在埠头东面不远的牛轭头山与倭寇展开拉锯战；清初，埠头北面的里林、洪坑也曾是徐守平率领的白头军反清复明的根据地之一，而东北面的十都英至王伯府一带则是清军与白头军作战的主战场等。[2]

同时，宗教关系也是十分重要的，在羊棚头村括苍洞曾修真过的历代高道有汉代的徐来勒、王远，三国的左慈、葛玄、蔡经，晋代的郑思

---

[1] 仙居县志办：《埠头｜一个承载永安溪北岸旧时风物的区域》，仙居史志，http://weixin.niurenqushi.com/article/2015-04-16/3183565.html，2017年3月10日。

[2] 仙居县志办：《埠头｜一个承载永安溪北岸旧时风物的区域》，仙居史志，http://weixin.niurenqushi.com/article/2015-04-16/3183565.html，2017年3月10日。

远、平仲节、羊愔，唐代的叶藏质，宋代的陈会真、马自善，当代的闻玄真，等等。可以看出，道教历史的延续与村落的关系，以及先民在选址时是很看重风水思想的。

羊氏是浙中一带的小姓，目前主要分布在仙居、缙云、磐安三县。据史料记载，浙中羊氏的始祖即为东晋时期的羊忻、羊愔两兄弟。羊忻曾是仙居的首任县令，他及其后人在仙居留下了两大影响。一是将县衙从金家店迁到了青尖山前。《万历仙居县志》记载，羊愔兄羊忻（忱）是东晋时的县令。"永和三年初置乐安，公以荫补令，移县治于青圭前，有创始之劳。"① 二是羊愔的后人在下各修建了宋代古堰汤归堰。羊愔任期满后并未离开仙居，而是隐居在了归仁乡羊家园，即现今的羊棚头村一带。到了其第十一代子孙羊溥时，羊氏成为当地富户，有良田300多亩。尔时，羊氏与逃避五代战乱迁居下各的汲氏、顾氏皆为当地的大族，且与汲氏世代姻亲。为了解决位于下各平原的田地灌溉问题，羊溥与汲渊倾家修建水堰，并由怀仁进士顾拙轩引"彼桑林之祷，人颂汤不衰，是雨自天，而功归汤"② 之典故，取名为汤归堰。传说汤归堰修至后期，羊、汲二公家财耗尽，连羊婆、汲婆及家人的私房钱都捐出了。今仙居县下各镇一带已无羊、汲两姓传人。但羊、汲二公舍财兴修水利之功铭记在后人心中，现下各镇所在地的怀仁村路北顾姓戏台上还绘有羊公、汲公、羊婆、汲婆的画像，两侧对联"吃饭难忘种田人，放水难忘开堰人"③ 所述说的就是羊、汲二公修堰的故事。

此外，从村铺及口述调查中可知，羊愔最初隐居于此时，曾牵着一只羊来拜访这里的道家高道，将羊拴在了山下的树上，独自上山求道，慢慢来这里求道的人多了，也就成了后来的羊棚头村。

传统中国社会往往形成祖先崇拜抑或祖先信仰。在村落里，人们一般追寻他们的开籍祖，并建立祠堂，定期祭拜。而祖先崇拜是指人们尊崇、敬奉、祭祀祖先的功德，祈求祖先保佑自己，帮助自己达到某种目

---

① 沈在秀点校：《万历仙居县志》（点校重印本），同济大学出版社1993年版，第87页。
② 陈家麦：《归汤之堰》，载陆春祥主编《2021浙江散文精选》，百花文艺出版社2022年版，第65页。
③ 杨建武编著：《仙居史话》，浙江教育出版社2000年版，第35页。

的，以便将祖先开创的事业发扬光大。①

二 仙居传统村落选址及营建

仙居县多山、多谷的地理情况，决定了其大多数聚落都靠山、临山、临水而建。② 观察仙居县的典型传统村落选址特征，可以发现其共同特点是"背山面水"的布局，这恰恰符合传统村落规划中的风水原则。此外，这些村落还遵循"左青龙，右白虎，南朱雀，北玄武"的布局方式。聚落多分布在河谷地形的地势较高地带。仙居县的传统村落恰好验证了这些基本理论。

调查结果显示，具有典型传统村落面貌的均为行政村，其中62%是元代以前即已建成，15%是明代所建，19%是清代所建，4%是民国所建，反映出仙居县的传统村落建成是比较早的，有750年左右的历史，而作为多山的仙居县来说，大致可以推断出比较大规模的人口迁移也是在这一阶段。随着人口迁移，带来了生产技术的交流与革新，从建筑结构来讲，使得迁入地有更多元的建筑形式，所以建筑形式、风格、装饰的多元与否可反映一地区在特定时期的人口流动情况。如仙居"三透九门堂"建筑的出现，便是这种交流带来的结果。

再回到仙居传统村落的建成环境角度分析，由图1-3可以看出，此地传统村落从元代开始建设，历经明、清两代，民国也有存留，发展轨迹大致是"外围—中心"结构发展，亦即先民定居先是从边缘地形区开始的，这也从一定程度上验证了为躲避战乱而形成的传统村落的存在。而就数量来讲，元代的大大多于明清以来的，其中城市化的因素对传统村落的破坏不可忽略。从仙居有人口居住开始，就是一个不断地改变建成环境的过程，历代的累加使得建成环境不断改变，从

---

① 吉成名：《论祖先崇拜》，《湘潭大学学报》（哲学社会科学版）2015年第4期。
② 2019年7—8月，笔者团队又从五个方面对仙居传统村落进行了考察，分别是基本情况、村落环境、格局风貌、传统建筑、传统文化。在基本情况方面，包含：村貌，如村落属性与形成年代，村域面积与户籍人口；经济，如主要产业与经济收入；遗存，如物质方面的文保单位、历史建筑与历史环境等和非物质方面的级别、传承人、活动规模与传承时间等两个层次；保护情况，如获得的规划、传统村落现今使用情况等。

仙居的总体地形来看，有着多种因素混杂而成。有最早的山地居住，进而向平原发展；战乱的影响，又有外来人口寻山而居，如李宅村和管山村等。

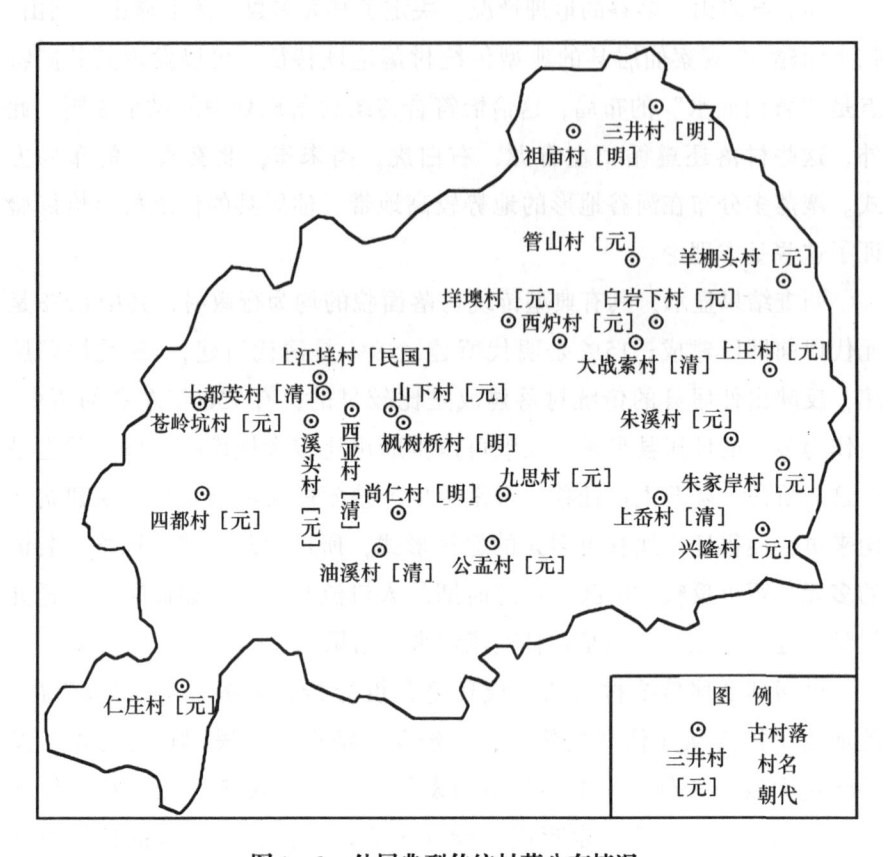

图 1-3　仙居典型传统村落分布情况

注：本图根据2019年7月仙居典型传统村落调研成果绘制。

李宅村先祖于公元956年，自苍坡迁居黄岩李山，后又由李山分临海大汾、下渡桥，族甚兹大。十四祖讳伦居港头，族亦纷繁。十五祖讳昆居蓬川始盛终衰。李宅李氏则于南宋初年迁入仙居，奉李朴为始迁祖。李朴，字守贞，号盘谷，为苍坡李氏第六代裔孙，家族中行十，族中后人尊称其为十府君。宋高宗建炎初年，李朴和兄弟九府君名梧、十一府君（名不祥）及儿子彻为避乱一起离开苍坡，到了台州府仙居县境内，李朴父子在一个叫"赤石"的山谷里定居。① 因李朴的后裔人数日渐增多，族众纷繁且将宅院建于山谷之中，"赤石"便在后来改名为李宅村。在迁徙仙居的时间上，管山李氏比李宅李氏早三百多年。

历史上，仙居管山、李宅两支李氏曾"各祖其祖，各设谱牒"②。李宅宗永嘉苍坡为祖籍地，而苍坡则把福建长溪作为祖籍地。苍坡始祖李岑于五代后周显德二年（955）为了躲避兵燹，从福建长溪迁徙至位于楠溪江边仙居乡的苍坡定居。管山李氏据考证也有可能来自福建长溪。因此，李宅之李与管山之李事实上可能是"异枝而同根"，同为"唐室天潢"。在1933年重修谱牒时，管山与李宅历经九百多年后终于进行了合谱，统称为《乐安李氏宗谱》。③ 现在，李氏在仙居的聚居点有管山、林下、下陈、上家岙、雅里、寺前、溪田、关后、金家坑、李宅等，总人口约2.65万人。

管山村的最初营建与宗教有关。隋朝天台宗第五代方丈灌顶大师云游四海宣扬佛法来到仙居，见城南永安溪溪面上镶嵌着一片绿洲：绿洲像一把平躺着的鲫鱼，头朝西、背朝北逐浪在溪面上；绿洲上渔者很多，但无定居；人人生活简单而无常年温饱；族帮争斗时有发生。他就在洲北面的山丘（安洲山又名九句）上筑坛讲经；号召渔民放弃杀生，垦荒务农，安居生息；亲自规划设计村庄建设；亲手拟定建村、垦荒属地条约。在大师的统一指挥下，三个以姓氏聚居的小村庄相继建成：洲西山脚下集居唐姓人，山名为"唐山"；洲北面与"安洲山"并肩的山叫"彭氏山"，山南集居彭姓人；洲南以"火石岩山"为屏障的集居金氏人。后人为纪念灌顶大师这次的传教之行，将此地命名为"灌山"，后俗称为"管山"。

唐长庆元年（821），唐穆宗执政时，李世民六世孙李道古深感朝政

---

① 《李氏家训》，载中共仙居县委宣传部、仙居县地方志办公室编《仙居家训》，中国文史出版社2016年版，第130页。
② 《李氏家训》，载中共仙居县委宣传部、仙居县地方志办公室编《仙居家训》，中国文史出版社2016年版，第130页。
③ 《李氏家训》，载中共仙居县委宣传部、仙居县地方志办公室编《仙居家训》，中国文史出版社2016年版，第131页。

复杂，于是卖宅带资并携三、四两子及崔夫人到仙居管山小夹岭隐居。自此，李氏族人在管山一带生息繁衍，逐渐成为当地望族。[①] 至明清时期，管山村已具相当的规模，成为仙居李氏望族聚居地之一，遂成仙居有名的大村。村落紧挨永安溪，距离县城三千米，风光秀丽，群山环抱，永安溪萦绕。

此外，在村落的营建过程中，还体现出营建者对自然环境的尊重。如在村落选址布局中，仙居传统村落以减少对原始地形、河流、植物等自然环境的破坏为原则。村落往往选址于地形平坦区，以减少土方填挖等带来的时间、人力及财力的耗费。当平坦地区消耗殆尽，村落向坡地、丘陵区域拓展时，道路、建筑布局会顺应地形地势、河流走向等，尽量降低对自然环境的破坏。在村落营建过程中，仙居传统村落会综合考虑天、地、田、林、水、人等因素的相互关联性，尽量维持和保护原有自然景观和自然过程。例如，在建筑、街巷布局中尽量顺应地形，不破坏自然河流、森林植被和动物迁徙廊道。

[①] 《李氏家训》，载中共仙居县委宣传部、仙居县地方志办公室编《仙居家训》，中国文史出版社2016年版，第129—130页。

第二章

仙居传统村落的家训与社会

家训是中华传统文化特有的表达形式之一,亦是社会价值取向的缩影。它可作为家庭教育的教科书,亦可称为社会秩序的稳定器,其名为"家训",实则起到行为世范的作用。① 中国家训有悠久的历史,至今仍发挥着重要作用。家训对家风的塑造至关重要,深入探究传统家训的精神内核,传承并发扬其中的积极内涵,对如今的家庭关系和社会秩序而言,无疑有着十分重要的作用。

第一节 仙居传统村落的家训形式和特征

中国传统社会中,宗法制度在维护社会秩序方面起着重要作用。在敬宗收族的影响下,中国建立了自上而下的宗法体制,并形成"家国同构"的社会关系模式。在此模式下宗族成为社会治理的基本单位。宗族在长期发展中形成了一套文化系统,这种文化系统的外在体现便是各自的家法族规,而无形抽象的文化体现便是家风家训。家风家训不仅是一种观念,更是激励族人、维护族人的精神纽带。它在号召族人奋发图强、团结一致、传播家声的同时,也有利于社会秩序的稳定。仙居传统村落保存有大量宗族家谱,其中不乏有关家训的文字记载。它们不仅反映了

---

① 潘晓明认为,家训是一种家庭教育传承的形式,是一个家族修身立业的道德规范。参见潘晓明《中国古代家训与中国传统文化的大众化》,湖北人民出版社 2018 年版,第 2 页。

仙居人的精神风貌，也承载着仙居传统村落的文化内核。

一 仙居传统村落中家训的表现形式

家训，又可称为家诫、家箴、家规、宗规或族训等，一般认为它是由家族中的长辈（有时是族长）为家族成员（常为子孙后代）所制定的有关为人处世、生计务本等方面的训诫和教条。① 传统村落的家训与国家的政治变迁、家族的荣辱兴衰密不可分。可以说家训中蕴藏着浓厚的家国情怀，对其梳理和探究有利于促进中华优秀传统文化与新时代社会主义核心价值观的结合。

仙居全县共有姓氏200余个，但人口在万人以上的姓氏仅有12个，分别是王、张、陈、吴、潘、李、朱、应、徐、周、郑和杨；人口在千人以上万人以下的姓氏有34个，人口在百人以上千人以下的姓氏有46个，人口在十人以上百人以下的姓氏有66个。② 在传统村落中，同姓族人多聚集而居，可进一步影响、塑造村落文化，分析仙居家族中的家训，可折射出仙居传统村落的文化风貌。

在人口普查的基础上，中共仙居县委宣传部联合县地方志办公室，以突出地方特色为标准，收集了近100部宗谱内的家训1200余则，并编纂成《仙居家训》一书。③ 此书以仙居历史悠久且相对独立聚居村落的姓氏为主线，内容涉及修身养性、生计务本和婚姻祭祀等方面，可较为全面地反映仙居传统村落中人们的家教和家风情况。

---

① 关于家训的概念不同的学者亦有差异，陈瑛等认为，家训是长辈对晚辈、上对下的口头告诫或文字规训，参见陈瑛、温克勤、唐凯麟等《中国伦理思想史》，贵州人民出版社1985年版，第376页；徐梓认为，家训不应是口头化的，非正式的文字亦不应纳入家训，它应是规范化的原则或教条，参见徐梓《家范志》，上海人民出版社1998年版，第1—2页。以上学者对家训的定义多为长辈对晚辈，在一定程度上忽略了家训在同辈或上下家庭成员之间互相勉励的作用。对此，徐少锦等便拓展了家训的主体，其认为家训不仅包括长辈对晚辈的谆谆教诲，亦包括兄弟姐妹之间的勉励，或夫妻之间的叮嘱托付，参见徐少锦、陈延斌《中国家训史》，陕西人民出版社2003年版，第1页。

② 《后记》，中共仙居县委宣传部、仙居县地方志办公室编：《仙居家训》，中国文史出版社2016年版，第498页。

③ 《序》，中共仙居县委宣传部、仙居县地方志办公室编：《仙居家训》，中国文史出版社2016年版，第1—2页。

从表现形式上看,仙居家训可分为口耳相传、木石雕刻和书面文字三种形式。首先,口耳相传是仙居家训最早的表现形式,在传统社会中人们识字率普遍不高,这种耳提面命的传播方式不仅直接而且效率较高,更能在潜移默化中影响族人的成长。如"多做好事,不做坏事,好人有好报""老实做人,诚实做事"等,通俗易懂之语。① 其次,木石雕刻多为仙居大家族所采用,以祠堂或居住庭院的柱子、门窗和匾额等为主要载体,言语简洁却意境深长。最后,书面文字是目前家训最重要、最普遍的载体,且有着多样的文体表现形式。

散文序言是仙居家训常见的文体,多收录于家谱,如仙居《万氏家训》便有《遗训序》一文。

遗训序

立人品端志趣。凡子孙初知章句,便教之爱亲、敬长、忠君、信友之道,庄敬持身谦恭,处世上不愧天,下不作人,志气向上,毋为下流。有能游泮水登科第者,此有光于吾门也,宜加优奖,寒食长在,祭祀除应得席外,持加一席以表其贤;如有浪荡好闲、不务生理、嫖赌偷窃,初则尊长族人到家,劝勉喻示不法,次则祠堂惩责,勉其自新;倘怙恶不悛,许尊长族人据诚送官,如律出族,族人亦当从公,不得怀挟私仇,伤害有理,违者必罚。

婚礼凡人之本,自古重之,但今礼渐废矣,然本族伦序定不紊。凡议婚当察其壻(按:同"婿")与壻之宜及家法如何,不可慕其富贵,不然鲜有不轻其夫而傲舅姑者,异日遗患曷有极乎。

此谱重修悉昭旧样,不敢妄有更改以厚证其间。仍此始祖衍支分派条例行藏,岂可附会一紊其昭穆。②

---

① 仙居赵氏家族中便多有此类口语化家训,参见《赵氏家训》,载中共仙居县委宣传部、仙居县地方志办公室编《仙居家训》,中国文史出版社2016年版,第326页。

② 《万氏家训》,载中共仙居县委宣传部、仙居县地方志办公室编《仙居家训》,中国文史出版社2016年版,第9页。

仙居万氏家族主要聚居于官路镇寺前万村，家族编纂有《乐安万氏宗谱》，除敬宗收族外，万氏家训非常注重对族人成长的培养。似万氏一般有散文序言作为家训的家族还有很多，如居于西郭垟的上官家族有《家规文序》，居于五都潘的何氏家族有《家规》，居于船山村的郭氏家族有《家规小引》，居于白塔的暨氏家族有《家训引》。①

在仙居家训中，部分内容以条例形式呈现，采用命令式的训诫语气，旨在警醒族人。以居住在仙居萍溪的胡氏家族为例，其《胡氏守则》内容简洁明了，具体条款如下：

要继承祖先忠国爱民，多行善事，要急国家之所急，想人民之所想。

要遵纪守法，有法必依，用法律规范自己的行为。

要立大志创大业。善于经营农工产业，为创建高度物质文明而努力奋斗。

要勇攀文化和科技高峰，努力争取做个新时代的"新状元"。

要继承中华民族孝敬父母长辈之美德。对父母、长辈要咐心倾听，多方照顾。

兄弟姐妹要团结互助，互相照顾。

夫妻之间要互敬互爱。平等相处。反对搏（按：笔者认为应为"男"字）尊女卑。

对子女要严加管教，古人云，"爱子勿令偷安"，"不求金玉重重贵，但愿儿孙个个贤"。故必须教育子女勘（按：笔者认为应为"勤"字）学苦练，努力成才，做个德才兼备的人。

---

① 《上官氏家训》，载中共仙居县委宣传部、仙居县地方志办公室编《仙居家训》，中国文史出版社2016年版，第15—16页；《何氏家训》，载中共仙居县委宣传部、仙居县地方志办公室编《仙居家训》，中国文史出版社2016年版，第145—150页；《郭氏家训》，载中共仙居县委宣传部、仙居县地方志办公室编《仙居家训》，中国文史出版社2016年版，第376—390页；《暨氏家训》，载中共仙居县委宣传部、仙居县地方志办公室编《仙居家训》，中国文史出版社2016年版，第469页。

要严于律己。要勤劳致富，不偷不盗；作风正派，不嫖不娼。乡村邻里要和睦相处，平等相待。①

这些相对直白的话语更能使人理解，在仙居家训中亦较为常见，如仙居俞氏家族有《合族规约十条》，娄氏家族有《祖训十二则》，钱氏家族有《钱武肃王遗嘱》，等等。②它们多为一句话一个中心，缺少前后铺垫，却让人直截了当地明白其中教义。这种使用罕譬而喻的方法，亦确实符合家族中长辈对晚辈的训诫。

仙居家训中还有词组的表达形式，它们并非由句子组成，而是由含有警示意义的词语组成。仙居县朱溪镇溪上村有项氏家族聚居于此。由于环境优美，山清水秀，项氏家族不仅在此长期居住且子孙后代枝繁叶茂。仙居项氏家族的家训《项氏宗规十二则》，便为词语组成，其言："敬亲长　睦兄弟　肃内外　教子女　视葬祭　厚宗姻　谨语言　慎交游　遵法宪　务勤劳　端品行　学含忍。"③这种由词组构成的家训，更便于记忆和传承，是可在族人处于幼年时期便背诵家训的"三字经"。

此外，有些家训还会刻在墓碑上，砌在碎石路中，镌在照壁上，放在子孙后代名字的辈分内（如"忠""孝""义""礼"等）。"迎面照壁，壮我宅色。达摩面壁，终成正果。我镌家训，规教子孙。"④总体而言，仙居家训的表现形式丰富多样，且无不体现出传统文化对其影响。

---

① 《胡氏家训》，载中共仙居县委宣传部、仙居县地方志办公室编《仙居家训》，中国文史出版社2016年版，第316—317页。
② 《俞氏家训》，载中共仙居县委宣传部、仙居县地方志办公室编《仙居家训》，中国文史出版社2016年版，第330—333页；《娄氏家训》，载中共仙居县委宣传部、仙居县地方志办公室编《仙居家训》，中国文史出版社2016年版，第348页；《钱氏家训》，载中共仙居县委宣传部、仙居县地方志办公室编《仙居家训》，中国文史出版社2016年版，第362—364页。
③ 《项氏家训》，载中共仙居县委宣传部、仙居县地方志办公室编《仙居家训》，中国文史出版社2016年版，第308页。
④ 《曹氏家训》，载中共仙居县委宣传部、仙居县地方志办公室编《仙居家训》，中国文史出版社2016年版，第400页。

二　仙居传统村落中家训的内在特征

仙居传统村落中的家训虽产生于家族内部，但结合了仙居社会生活和国家发展需要。家训凝结了家族先人的人生经验和感悟，在其一代代的传承中不仅拥有着丰富的内涵，也带有独有的特征。概言之，家训特征可分为以下几个方面：

首先，仙居传统村落的家训是家族性和国家性的内在统一。① 家训是为规范家族成员而制定的行为准则，希望子孙后代有所成就、有所作为，希望家族绵延、长久不衰。直观而言，这种家族的家训有一定的排外性，但它又非完全的域外隔绝，家是国的组成部分，有国才有家，在历史的长河中，国家的兴衰往往和家族的起落密切相关。家族是社会的基本单位，而早期的中国便是在家族联盟基础上产生的，简言之，家族联盟是小国的基础。② 中国早期的国家政治制度与氏族血缘宗法制度紧密相连。历史上，促使人们将对家之情感自然地转移至君王、国家，形成中国独特的家国情怀。儒家传统思想主张，天下的根本在国家，国家的根本在家族。③ 儒家经典中更为明确地表述，臣子与君王之间的关系，犹如子女对父母，弟弟对兄长，呈现出自下而上的层级格局。在儒家思想的熏陶下，家族观念与国家意识在思维层面逐渐趋于一致。在具体实践中，家族将个人成长与国家发展联系在一起，建立起移孝作忠的文化。④ 故而仙居传统村落家训的内容常常会直观体现"忠君爱国"之思想。

聚居在仙居高迁、厚仁等村落的吴氏家族在家训中便有忠于事君之

---

① 不仅仙居家训有此特征，著名的《颜氏家训》《朱子家训》等亦有此特征。它们对维护国家权益有重要意义，国家反过来亦会对其不断宣扬，扩大其影响。参见曾元星《传统家训厚植家国情怀研究》，硕士学位论文，华东师范大学，2023年。
② 卜工：《历史选择中国模式》，科学出版社2009年版，第206—211页。
③ （宋）朱熹：《四书集注》，岳麓书社1987年版，第399页。
④ 相关研究参见蔡杰《"移孝作忠"的概念申说——以〈孝经〉诠释史为中心》，《湖北工程学院学报》2018年第4期；陈志雄《论作为爱敬之德的孝道如何使"移孝作忠"成为可能》，《成都理工大学学报》（社会科学版）2017年第5期；李蕾《浅析〈孝经〉里的"移孝作忠"》，《哈尔滨学院学报》2022年第4期；等等。

语。其言："君成吾身，授之职，以试其学；予之禄，以养其廉，恩云渥矣！吾家世多荩臣，鞠躬尽瘁。近今虽少科第，而祖宗有灵，谅不绝响。为孙子者其以康肃、忠恪二公为法。"① 当然，随着时代的进步，人们的思想观念也在不断变化，原来传统家训中的"忠君"思想渐趋消失，变为直接的爱国情感。居于仙居湫山四都村的宋氏家族有家训言："虚心学习，热爱祖国，热爱劳动，遵纪守法。"② 仙居断桥林氏家族亦有家训言："爱国爱民，孝悌睦邻；好学上进，自立立人。"③ 这些家训在强调发展自身的同时，也体现出爱国思想，但还不够具体。仙居胡氏家族的家训便更为详细地阐明了爱国思想，"要继承祖先忠国爱民，多行善事，要急国家之所急，想人民之所想"④。总之，仙居传统村落的家训在思想上是"家国同构"的结合体，既要照顾家族权益，也要保护国家利益。

其次，仙居传统村落家训是道德观念养成和生活秩序构建的统一。仙居家训的内容多是由儒家伦理衍化而来，潜藏着家国礼法。儒家主张贵贱、尊卑、长幼、亲疏有别，要求族人的生活方式和行为符合他们在家族内的身份和社会、政治地位，不同的身份便有不同的行为规范。族人自幼便受家训指导下的家规熏陶和制约，在成长中会潜移默化、耳濡目染地养成儒家伦理主导的道德观念。家族还会通过祭祀仪式、日常生活等途径使族人对家训达到熟稔。这样族人方能增强对家族、家乡的情感认同和心理依赖。当然，认同和依赖与族人自立并不矛盾，儒家伦理道德观念的实践是重在修身养性。《大学》云："古之欲明明德于天下者，先治其国。欲治其国者，先齐其家。欲齐其家者，先修其身。欲修

---

① 《吴氏家训》，载中共仙居县委宣传部、仙居县地方志办公室编《仙居家训》，中国文史出版社2016年版，第142页。
② 《宋氏家训》，载中共仙居县委宣传部、仙居县地方志办公室编《仙居家训》，中国文史出版社2016年版，第185页。
③ 《林氏家训》，载中共仙居县委宣传部、仙居县地方志办公室编《仙居家训》，中国文史出版社2016年版，第251页。
④ 《胡氏家训》，载中共仙居县委宣传部、仙居县地方志办公室编《仙居家训》，中国文史出版社2016年版，第316页。

其身者，先正其心；欲正其心者，先诚其意；欲诚其意者，先致其知；致知在格物，物格而后知至，知至而后意诚，意诚而后心正，心正而后身修，身修而后家齐，家齐而后国治，国治而后天下平。自天子以至于庶人，壹是皆以修身为本。"① 国之本在于家，而家之本在于自身。家族是由个体的族人所组成，什么样的族人便决定了什么样的家族。"修身"的首要目的在于"齐家"，故"修身"便也成了家训中的核心要义。

居于仙居上沈、下沈的沈氏家族家训便有贵立身之语，其言："人生处世，对民族宜尽孝，对国家宜尽忠。持己宜严，待人宜宽，爱人如己。接物以诚，见义勇为，见利思义，胆欲大而心欲细，智欲圆而行欲方。勇于公战，怯于私斗，毋弃仁而背义，毋卑身而屈节。克勤克俭，无谄无骄。为人如此，庶乎近焉。"② 沈氏家训教导族人从尽孝爱国、为人处世和严于律己等方面来立身。仙居断桥林氏亦有明德行之言，"大丈夫须有顶天立地之志，处世存心要有容忍度量，而勿求容于人。人必善忍其业，乃有成。必有容其德，乃得大君子。立身未有不成于忍，惟能忍方能恕于人。合众志以成大事业，不忽视小事物，方能谨慎处事而致成功"③。此外，在日常生活交往中，仙居各家训多强调宽容、自省、戒骄戒躁等品格，如不揭他人短，不炫己所长；路狭时为他人留一处行步，味甘时替别人留三分品尝；誉过其实，当加以警惕，切勿沾沾自喜。这些均与儒家倡导的伦理相适应，亦是家族各先祖在日常生活中积累的宝贵经验。

最后，仙居传统村落家训是蒙学引导和奖惩融合的统一。历代家训均重视"蒙养"，主张从族人幼时便加强教化管理。正如《三字经》所言："养不教，父之过。教不严，师之惰。幼不学，老何为。"④ 蒙学在于使族人从小养成正确的人生观和价值观。此过程要不徐不疾，在日

---

① 刘兆伟译注：《大学》，人民教育出版社2015年版，第1页。
② 《沈氏家训》，载中共仙居县委宣传部、仙居县地方志办公室编《仙居家训》，中国文史出版社2016年版，第181页。
③ 《林氏家训》，载中共仙居县委宣传部、仙居县地方志办公室编《仙居家训》，中国文史出版社2016年版，第242页。
④ 肖辉主编：《三字经》，中国言实出版社2020年版，第7页。

常生活中下功夫，莫令一时走过，莫使一念放作。"教训子孙，始于蒙养，宜于幼时，教以孝悌、五伦之道，揖让谦虚之仪，洒扫应对进退之节。"①仙居传统村落家训中的儿童教育内容多从行为举止、生活习惯的养成入手，在细微处引导儿童成长。例如，断桥林氏家训便非常重视对儿童的教养。

> 天无不慈之父母。但庭训不立则溺爱不明者有之。故父母之于子女必幼而教以孝悌。稍长而授以学业。其顽劣者亦必严为教训。勿姑息以养其非。为父母者，尤须以身作则，务使其子女自幼即有行为规范。
>
> 人家子女多，为儿童时任其所为，日渐月溃乃逾规矩，此举而不教之过，及其长大爱心渐疏，见其小过又以为大恶，怒责拳打，此极憎之过，二者皆非父母教养之道。教育必自孩童始。若幼即骄（按：笔者认为应为"娇"字）惯语言不逊，举动不端，勿以为幼小无知，而漫不加纠正，习久成自然，日后虽欲变其气，习不可得矣。为人父母者当澡（按：笔者认为应为"早"字）体此意。
>
> 子女资质敏缓（按：笔者认为应去掉"缓"字）捷固然可喜，然应防其天才外溢。流于非途宜早加训诲，以学礼范其行，以读书励其志。长大之后方与性成，行为自不违规。②

对于幼童的教育不能放纵，亦不能动辄打骂，要注重对蒙学时期族人的引导。家训中常常以通俗生动的故事来讲明人生道理。这些故事有些从历史典故中来，有些则结合现实生活或自身经历就近取材，现身说法。著名的《颜氏家训》便多论时事，而《温公家范》则多取材于历史掌故，与之类似的《了凡四训》，亦采用很多讲故事的形式来

---

① 《何氏家训》，载中共仙居县委宣传部、仙居县地方志办公室编《仙居家训》，中国文史出版社2016年版，第147页。
② 《林氏家训》，载中共仙居县委宣传部、仙居县地方志办公室编《仙居家训》，中国文史出版社2016年版，第234页。

劝善惩恶。① 仙居家训中也常借用典故，教化子孙。如分布在横街、广度、白塔等地的鲍氏家族家训有言："学孟母，教以严，相夫教子守本份（按：笔者认为应为"分"字）。"② 这里不仅是将孟母教子的故事讲给长辈听，同时也是让儿童明白父母爱子女之良苦用心。当然，子女资质不同，能力亦有大小，蒙养期间还需要注重因材施教。仙居彭氏家训云：

  为父兄者，孰不愿子弟成一个人，要他成一个人便要教他做成一件事，秀者习诗画，朴者力田亩，大则光宗耀祖，次亦足衣足食免求于人。切勿娇养纵肆，致使惰傲性成，若溺爱不明，反为扯长护短，一到不成器时悔之晚矣。为父兄者宜知之，为子弟者尤宜勉之。③

  仙居彭氏对族人的教养理念在于"树人"，使族人成为自食其力者，无论是读书还是耕田，只要有一技之长，丰衣足食便是达到了"成人"的最基本标准。似彭氏一般"树人"的家族，仙居还有很多，如何氏家族家训亦言："聪明颖异者，须择师教训，以成其举业；如中材之品，亦训诲所及，以望其它成，如医卜、堪舆等术，亦可习一艺以成名，以为养身之策。"④ 科举、行医或务农等，均可成为务本养身之业，不必苛求一途，择其善者从之便可。

  此外，对子孙的教育要惩罚与奖励并行，这样规训方能有更好的效果。"凡宗族长幼人等，或有过错，违犯教令。许诸人，直言无隐，指

---

① 参见刘舫编注《颜氏家训》，浙江古籍出版社 2013 年版；（宋）司马光《温公家范》，王宗志注释，天津古籍出版社 1995 年版；（明）袁了凡《了凡四训》，净庐主人译，百花文艺出版社 2007 年版。
② 《鲍氏家族》，载中共仙居县委宣传部、仙居县地方志办公室编《仙居家训》，中国文史出版社 2016 年版，第 461 页。
③ 《彭氏家训》，载中共仙居县委宣传部、仙居县地方志办公室编《仙居家训》，中国文史出版社 2016 年版，第 423 页。
④ 《何氏家训》，载中共仙居县委宣传部、仙居县地方志办公室编《仙居家训》，中国文史出版社 2016 年版，第 147 页。

实呈首于族长处，从公究治。"① 家训中的奖励可分为两种：一为家族内部直接的经济支持，如对有志读书，但个人少资产者，给予经济上的帮助；二为家族对遵守家训进行名誉上的奖励，如遵守孝道、兄弟和睦或教子有方等族人，送给其匾额或立牌坊等。奖惩属于正向激励或反向的规训，似此一般家训中也有语言的正面引导、教化和进行训诫、防范。如人品端正，则寝食无惭，俯仰无愧，"达而在上可亢身而亢宗，穷而在下亦淑身而淑世，非然者，逞其奸险，挟其诈谋，趋为刁梟，流为阴贼，不独人品堕坏，凡事而瓦裂，且人祸天刑昭报不爽"②。此假借天道轮回、报应不爽的伦理还劝诫族人，是借上天之奖惩来激励或劝诫族人。这种奖惩并存的规训，也使长辈可以严慈相济。这样既不会失去家长权威，又能保证与子女的良好关系。诚如《颜氏家训》云："父子之严，不可以狎；骨肉之爱，不可以简。简则慈孝不接，狎则怠慢生焉。"③ 总之，家训的对象主要为族人中的晚辈，且多主张从幼儿时便要进行规训和教育，在具体实践上要张弛有度、宽严相容，方能更易有所成。

第二节　仙居传统村落家训中的家庭和生计

在历史上，家户而非个人，是中国国家治理体系中最基本的社会单元，前者规制着中国国家治理的样态和走向。④ 众多家户还会组成家族，并在社会治理中拥有一定的独立性和自治性。它们多承担着维持生计、管理生育、发展教育等社会职能。家族为了更好地教化族人，多会制定

---

① 《刘氏家训》，载中共仙居县委宣传部、仙居县地方志办公室编《仙居家训》，中国文史出版社2016年版，第111页。
② 《郭氏家训》，载中共仙居县委宣传部、仙居县地方志办公室编《仙居家训》，中国文史出版社2016年版，第379页。
③ 李花蕾译注：《颜氏家训译注》，岳麓书社2021年版，第7页。
④ 黄振华、常飞：《家户与宗族：国家基础性治理单元的辨识及其逻辑——基于"深度中国调查"材料的分析》，《华中师范大学学报》（人文社会科学版）2021年第4期。

家训族规,[①] 并以此管理家族或家户, 形成自我管理、自我教育和自我发展的治理秩序和格局。[②] 仙居传统村落中的家族在制定家训时, 主要侧重家庭生活、职业规范和品格修养三方面。这些家训族规不仅对当时乡村的社会秩序起到了重要作用, 而且对今日新农村之建设仍有重要的借鉴意义。

传统中国人口是主要的生产能力, 在农业生产方式的影响下, 人们理想的家庭生活是累世同居的大家庭。这样便不仅可以集中发展生产, 还可以抵御和防范自然和人为的潜在风险。然而, 家庭人口的增加, 其内部人际关系便更加复杂。在有限的资源下, 如何维护内部的安定团结, 减少家庭成员之间的矛盾, 便是一家之长最为关心的问题之一。同理, 包含多个家庭的家族亦面临着同样的困境。为了协调不同家庭成员或族人之间的利益, 家训族规便是很好的切入点。

一 家训中家庭的纵向关系

此处所谓纵向关系, 指辈分长者与辈分低者之间的关系, 如父母和子女的关系、祖辈与孙辈的关系、婆婆与儿媳的关系和叔侄关系等, 这是纵向的上下之间的关系。家庭关系以此为轴心进而推衍展开。辈分长者不仅对晚辈有着血缘上的天然压制, 在经济和社会地位上也大多优越于晚辈。家训族规中, 慈孝文化是维护纵向关系的重要观念。

苍岭坑村名自古道, 原名为戴村, 多戴姓族人。始祖南宋时来自福建莆田, 在苍岭坑村有保存完好的宗谱, 详细地记录了其家族和村落的历史。有完善和严格的家规、族规, 世代相传。关于"孝", 戴氏家训有言:"孝, 人尽父兮生我。母兮鞠我。恩斯勤斯。欲报之德昊天罔极。虽尊亲养志, 古今无几。而服劳奉养, 以承其欢, 即愚夫愚妇, 皆可知能。倘于五不孝中一有所犯, 便与禽兽无异。况吾家孝子之名, 炳于史册。为子孙者, 必充粟斋之实, 而尽爱敬之文。永锡尔类, 乃

---

① 本书将家训族规放在一起进行讨论研究。
② 朱现省:《家规家训: 传统时期内生性规则与乡村秩序——基于河南省登封市韩界头村韩氏家族的调查》, 硕士学位论文, 华中师范大学, 2020 年。

为得之。"① 在戴氏看来，不肖子孙，与禽兽无异，类似的家训在仙居还有很多。

李宅村的"十训八诫"中第一诫便是针对"孝"而言："盖报答深恩，昊天罔极。自天子以至庶人，靡不尊有亲也。且豺祭兽，獭祭鱼，乌鸟反哺，彼物类尚知报本，何以人而不如乎？倘有忤逆者，视其轻重，小则公罚，大则拘入家庙，伏列祖神位前，答责三十，即于谱中涂抹名字，不许复归本宗。"② 从材料中可以看出，李氏对违反孝道的子孙惩罚之严，严重者不仅施以体罚，还要在族谱中除名，并不许"复归本宗"。

仙居娄氏主要以对垟、东坞、郑固为主要聚集地。在《对垟娄氏宗谱》中有言："盖报答深恩，昊天罔极。自天子以至庶人，皆以尊亲本。上之于亲若不能尽其孝，下之于子将何以树其型。"③ 娄氏认为，上至天子，下至庶人，皆倡导孝道，若人不能"尽其孝"，则不能为其后辈树立榜样。其潜在含义则言，若人不能孝，则亦不能享受子孙之孝。

仙居俞氏在北宋真宗年间（998—1022），由现在的江苏省南京市一带迁入。仙居俞氏同宗同谱者，则有俞店、桥亭、河塘增仁、下俞、横垟、东山、茶溪、山枣、三丘田、增仁、下王、沙湾、东俞等30余个村落。俞氏家训中首诫不孝，据《九郎溪俞氏宗谱》记载："天地者人之始，父母者身之始，人无父母何以有身，每见乡邻不肖之徒，显倍天亲种种忤逆，此等蠢物，断绝生理。有犯此者，小则族长会众惩责，令其改悔，大则削谱逐出，毋使在境乱俗。"④ 俞氏从"身之始"的伦理出发，指出孝道的天然合理性，并制定了家族内相应的惩罚措施。

仙居丁氏主要分布在朱溪梅岙、官路主部、石牛、杏村等地。在丁氏家训中，首诫便是"戒忤逆不孝"。其言："五行之属三千，而罪莫大

---

① 《戴氏家训》，载中共仙居县委宣传部、仙居县地方志办公室编《仙居家训》，中国文史出版社2016年版，第492页。
② 《李氏家训》，载中共仙居县委宣传部、仙居县地方志办公室编《仙居家训》，中国文史出版社2016年版，第135页。
③ 《娄氏家训》，载中共仙居县委宣传部、仙居县地方志办公室编《仙居家训》，中国文史出版社2016年版，第353页。
④ 《九郎溪俞氏宗谱》，2001年重修，仙居县档案馆藏。

于不孝忤逆者。"① 丁氏在家训中还列举了众多不孝的行为,对长辈詈骂反讥、侧目横视、停丧不葬当是不孝行为,但丁氏还将懒惰贪财、偏爱妻子、勇于私斗看作不孝的行为。可见,丁氏家训中对"孝"行的内涵更为广泛。

仙居传统村落中家族的孝道,往往是家训强调的首要内容,相关史实,不胜枚举。这种家族内的上下关系,不仅是维护家族生活秩序的重要支柱,同时也是对君权的"忠"在基层家族生活中的缩影。总体而言,仙居家训中的"孝"文化对当今乡村社会的秩序仍有重要的借鉴意义。

二 家训中家庭的横向关系

在家族生活中,夫妻关系和长幼关系是最为重要的两对横向关系。夫妻是小家庭组建之始,对家族秩序的稳定起着重要的作用。夫妻关系的建立以婚姻为前提,传统社会中婚姻多是家族意志而不仅仅是个人的行为。传统社会中的家族长辈主要从家族的延续和发展方面来决定晚辈的婚姻。对于将要结为夫妻的当事人而言,配偶的选择多是父母之命,媒妁之言,而非自由恋爱的产物。② 步入婚姻后,夫妻二人多各有分工,共同维持着家庭的运转,这种责任也是夫妻关系的基础。

关于配偶的选择,仙居汪氏家训言:"婚姻不可妄求高门也。昔贤谓娶妇须择不如己者,嫁女须择胜己者。予谓嫁女亦何必胜己,惟于长厚士农之家,以修整择其子,以温柔择其女,如斯而已。若来系求授夫妇之道必苦,岂为人父母所宜出此哉。"③ 汪氏认为,前人基于对妇人在家庭中强于丈夫的担忧,故而才有娶妻要"不如己"等之言。然而,汪氏更看重的是对方的品性,并认为这才是夫妻之道的关键所在。仙居顾氏

---

① 《丁氏家训》,载中共仙居县委宣传部、仙居县地方志办公室编《仙居家训》,中国文史出版社 2016 年版,第 3 页。
② 费孝通:《乡土中国·生育制度·乡土重建》,商务印书馆 2011 年版,第 175 页。
③ 《汪氏家训》,载中共仙居县委宣传部、仙居县地方志办公室编《仙居家训》,中国文史出版社 2016 年版,第 177—178 页。

在家训中亦告诫子孙，娶妻当更重视品性，故而仙居顾氏选妻有"重贤轻色"① 之言。

仙居吴氏多分布在高迁、吴桥、田头、白塔、上吴、大佳和岭下等地。吴氏家训中亦有"和于妻子"之说。其言："夫妇人伦之始。语云：阴阳和而后雨泽降，夫妇和而后家道成。每有一时之嫌，遂至反目，甚或以家贫貌丑两相乖离，不祥莫甚也。举案齐眉，鹿车共挽，为内为外各宜知之。"② 吴氏家训强调，妇不以夫家贫，夫不以妇貌丑，夫妻同心，各尽其责，共同经营家庭。

"性"是影响夫妻关系的重要因素之一。仙居各家族家训中，关于"性"提及最多的话语，便是"万恶淫为首"。如应氏家训中有言："闺门之内风化攸关，淫为恶首，天地鬼神所共恶也。敢有犯者，按其踪迹，实属行户之流罚银三两，惩以警后，倘染清白良家，或关五服姻眷，众共禀公究治。"③ 对于家中男性，冯氏家训告诫"别人妻女不容贪"④，还列举了商纣沉迷女色而丢失国祚的史实，以警示后世子孙。在此方面，家训中不仅对男性作出要求，劝诫其远离女色；而且对女性亦有相关的规定，要求其遵守妇道。徐氏家规便言："妇女必须谨饬闺门，确守妇道姆仪……或有犯淫变之大者，出之。"⑤ 家中女性尤其要注意"男女有别，授受不亲。嫌疑须避，内外须分。责在家长，约束严明。防微杜渐，寡欲清心。三姑六婆，断绝逢迎。词严法肃，玉洁冰清。闺门之内，聿着仪型"⑥。传统社会中家训对男女在"性"方面的劝诫，无疑有助于夫妻关系

---

① 《顾氏家训》，载中共仙居县委宣传部、仙居县地方志办公室编《仙居家训》，中国文史出版社 2016 年版，第 373 页。
② 《吴氏家训》，载中共仙居县委宣传部、仙居县地方志办公室编《仙居家训》，中国文史出版社 2016 年版，第 141 页。
③ 《应氏家训》，载中共仙居县委宣传部、仙居县地方志办公室编《仙居家训》，中国文史出版社 2016 年版，第 170 页。
④ 《冯氏家训》，载中共仙居县委宣传部、仙居县地方志办公室编《仙居家训》，中国文史出版社 2016 年版，第 82 页。
⑤ 《徐氏家训》，载中共仙居县委宣传部、仙居县地方志办公室编《仙居家训》，中国文史出版社 2016 年版，第 366 页。
⑥ 《罗氏家训》，载中共仙居县委宣传部、仙居县地方志办公室编《仙居家训》，中国文史出版社 2016 年版，第 266 页。

的和睦。然而，传统社会毕竟以男性为尊，强烈的"夫权"注定男女在"性"方面的不平等。男性可以因生子之由纳妾，而妻则不能阻止，如仙居彭氏认为妇人中有"不容娶妾生子者，尊长训之，不悛，即出之"①。

此外，在夫妻分工方面，传统社会的家训多强调"男主外，女主内"，女性不能超越男性的权力和地位，妻子要依附于夫权。如何氏家训便称："牝鸡司晨，惟家之索夫。为妻罔令，其必敬必戒，无非无仪是矣。何有须眉丈夫反为妇人女子所抑制，而甘于奴颜婢膝，以承之者乎！"②这仍旧是传统社会"夫权"的表现，认为女性主外，或比男性更强势些，便是牝鸡司晨。

当然，随着社会的进步和人们思想观念的变化，现在传统村落中的家训关于婚姻又有了新的变化。如仙居姚氏家训中言：

> 儿女终身事情，按照国家规定自由恋爱、婚姻自由。父母只有参考之权利，无包办权。不能买卖婚姻，更不能索要财礼。这些都不符合社会文明进步步伐。置办结婚生活日用品，应有（按：笔者认为应为"由"）双方自理。
>
> 本宗族姓氏三代近亲严禁通婚，直属血亲和旁系血亲近亲禁止通婚，与异族通婚必须符合医学要求，这也是婚姻法之规定。倘若通婚其后代必有患害，这是我族务必遵循的。③

在姚氏的新家训中，婚姻恋爱自由，长辈仅有建议权而不能包办，且不能要彩礼。结婚所需花费，男女双方共出，这在一定程度上也反映了男女平等。而婚姻中的婚检也在家训中出现，使婚姻在情感自由的基

---

① 《彭氏家训》，载中共仙居县委宣传部、仙居县地方志办公室编《仙居家训》，中国文史出版社2016年版，第426页。
② 《何氏家训》，载中共仙居县委宣传部、仙居县地方志办公室编《仙居家训》，中国文史出版社2016年版，第148页。
③ 《姚氏家训》，载中共仙居县委宣传部、仙居县地方志办公室编《仙居家训》，中国文史出版社2016年版，第360页。

础上更有了科学的保障。姚氏家训对婚姻的规定，也说明家训在社会发展中不断与时俱进。

虽然传统的家训对夫妻关系有重男轻女的规定，但在"夫权"影响下，族权与政权无形地结合，那样的规定恰恰使传统社会中的夫妻关系有序进行。人们一方面看到传统家训中存在的不足，另一方面也应该认识到这种不足是历史的局限性造成的。若将家训放在其所处的历史时代，在婚姻中要求重男轻女和"男主外，女主内"并无不妥，反而能维护所处时代中的夫妻关系。

横向关系中除夫妻关系外，紧随而至的便是长幼关系。广义而言，长幼关系包括兄弟、姐妹、姑嫂和妯娌等关系。在养儿防老、传宗接代和多子多福等思想观念影响下，传统家庭中趋于多生孩子。① 在多子家庭中，长幼关系对家庭和睦至关重要。结婚之前，兄弟间虽会有竞争或偶有冲突，但总体上仍能彼此信赖，保持良好关系。婚后，兄弟之间会受到妻子、财产等因素的影响，多有隙间和矛盾。为减少矛盾，协调家庭秩序，传统家族多要求兄友弟恭，此谓之"悌"。

仙居朱氏家训便言："兄之所贵者，友也。弟之所贵者，恭也。"② 兄弟之间的年龄差异，确立了兄弟之间的自然等级和关系规范，既要求兄长爱护和管教幼弟，也要求后者对前者顺从和尊敬。季氏家训中言："试观夷齐让国，厥（按：笔者认为应为"蕨"）根可餐；田氏合爨，荆花复庇。"③ 季氏以东周时期的伯夷与叔齐为兄弟情义而互让国君的故事，说明兄弟之情比权力更为重要。周氏家训中对兄弟之情的维护方式进行了详细的阐述。

> 兄弟怡怡，圣人之教。世人多因听妇言，以致骨肉相仇，生死

---

① 乐章、肖荣荣：《养儿防老、多子多福与乡村老人养老倾向》，《重庆社会科学》2016年第3期。
② 《朱氏家训》，载中共仙居县委宣传部、仙居县地方志办公室编《仙居家训》，中国文史出版社2016年版，第92页。
③ 《季氏家训》，载中共仙居县委宣传部、仙居县地方志办公室编《仙居家训》，中国文史出版社2016年版，第295页。

不顾。无子而不继侄为后，或多子而不继为兄弟后，甚有不恤兄弟之贫，膳亲必值供如一，宁弃亲而不顾，塟（按：即"葬"）亲必欲均费，宁留丧而不恤。嗟乎！难得者兄弟，易求者财利，妻可再娶，而兄弟不可再得。同气连枝，一生能得几时欢聚，而竟以手足相残，至此极乎！因妻言而争小利，因小利而不顾父母孝，友之谓何倘不幸。而兄弟早丧必须持侄犹子教养成人，所有田产保守掌管，不得废壤，勿听妇言乖。兄弟为衣冠禽兽，倘有不遵，家长公坐，叱罚！①

兄弟本为天性至亲，本同根生，切不可兄弟阋于墙。周氏家训中要求子孙不能偏听妇人言，致使兄弟之间生有间隙；兄弟间贫富差距大者，富者应接济贫者；父母去世，丧葬之费，兄弟之间应该均摊；兄弟中有早丧者，生者应照顾死者的亲属和财产，且不能因财物，废弃兄弟之情。若有不遵从者，则家族中的长辈可主持公道，并进行责罚。以现代的眼光来看，周氏家训中虽忽视了女性的发言权，但在维护兄弟情义方面有可借鉴之处。华氏家训则言，不仅兄弟之间要保持好关系，妯娌之间也要相互关心、体谅，"弟兄妯娌能如此，家资自然渐渐宽"②。兄弟之情不仅是天生自然形成的，也需要后天的规训和培养。家训教导长幼有序、兄弟和睦，利于家族内秩序的安定，其后方能有更长远的发展。

中国传统社会崇尚"四世同堂"类的大家庭生活，但"众口难调"。随着家庭人口的增加，利益诉求便会各不一样，矛盾亦不免时有发生。因此，为维护大家庭的良好秩序，家训从不同侧面规定了每个角色的行为准则和道德规范。正如费正清所言："在大家庭里，每个孩子一生下来就陷在一个等级森严的亲属关系之中，他有哥哥、姐姐、舅母以及姑

---

① 《周氏家训》，载中共仙居县委宣传部、仙居县地方志办公室编《仙居家训》，中国文史出版社2016年版，第283页。
② 《华氏家训》，载中共仙居县委宣传部、仙居县地方志办公室编《仙居家训》，中国文史出版社2016年版，第98页。

母、姨母、婶母、叔、伯、舅、姨父，各种姑、表、堂兄弟和姐妹，各种公公、婆婆、爷爷、奶奶，乃至各种姨亲堂亲，名目之多，非西方人所能确记。这些亲属关系不仅比西方的关系名义明确，区分精细，而且还附有按其他地位而定的不容争辩的权利和义务。"① 正是这些家训详细的规定和措施，在一定程度上促进了大家庭生活秩序的维护。

三 家训中务本的治生之道

仙居家训在职业选择上采取务实精神，十分重视治生。职业是治生的重要手段，保身存家最基本的便是解决生计问题。传统家族并无专一针对生计的职业化教育。仙居家族中的家训往往将家庭教育与职业教育合二为一。这些教育主要体现在良好性格的培养塑造和不良行为的警示震慑等方面。

"勤劳"通常在民间社会的日常生活规范和道德伦理中占有重要地位，也是维持个人和家族生计的关键途径。因此，仙居家族中的家训教育常常以"勤劳"勉励子孙。仙居县官路镇寺前万村的万氏家训中便言："职业以勤为本　勤读则名成，勤耕则家裕，工勤则技精，商勤则财聚。"② 在万氏族人看来，读书、耕田、做工和经商均离不开"勤"字，有勤为本，则各行各业都能出彩。仙居湫山乡方宅村的方氏家训道："士农工商皆为生理。生理：勤则成，荒则废。故业士者，必朝吟夕咏，精进学业。然而深耕易耨，日省月试，人取我与，亦各守其分，而生理有成也。"③ 万氏族人认为士农工商的本质在于谋生，而若欲在这些行业中有所成就，便必须勤劳不辍。仙居淡竹乡尚仁村的冯氏家训亦言："懒惰焉能福长久，不谋正业任抛荒；耕耘竭力饔餐继，诵读惟勤姓字扬；饕餮因循衣食窘，嬉游罔厌性情戕；寸阴古圣无虚度，我等尤宜爱

---

① [美]费正清：《美国与中国》（第四版），张理京译，世界知识出版社2019年版，第24页。

② 《万氏家训》，载中共仙居县委宣传部、仙居县地方志办公室编《仙居家训》，中国文史出版社2016年版，第10页。

③ 《方氏家训》，载中共仙居县委宣传部、仙居县地方志办公室编《仙居家训》，中国文史出版社2016年版，第39页。

惜光。"① 冯氏从勤奋与懒惰的对比，来劝诫族人不要虚度光阴，而要勤学苦练，方能衣食无忧。

此外，还有家族在家训中规定懒惰之人的种种危害和对之的惩治措施。如孙氏家训便以"勤"的反面对子孙进行劝诫，其中关于人生"务本"的言论有：

> 子孙人等，于士、农、工、商，各事一业。并不许游手好闲，蠹食五谷。如有田土荒芜不耕，以至衣食失所者。许族长督责该房尊长，及本人。然后给田十亩，并牛种与之。耕佃岁入租税，备祭用度，仍许入祠堂学舍栖身。但不可毁坏祠堂、庙宇，阶石、墙垣、木料等物。如耕十年仍故，懒惰无依者。逐出，不许入录。②

"勤"是人生务本的重要品质，勤能补拙、笨鸟先飞是各家族共同遵循的价值取向。在山多田少的背景下，浙江民众除了务农便是经商，浙商精神便涵盖勤劳致富的价值观。③ 为了能更好地务本，仙居张氏家训中还强调做事"贵有恒"、做人"留余地"等品格，其言："第一贵早起，第二贵有恒。圣贤将相本无种，立志方能成大业，所谓立也；我要处处行得通，须知他人也要行得通，所谓达也。今日我处顺境，预想他日也有处逆境之时；今日我以盛气凌人，预想他日人亦有盛气凌我之身，或凌我之子孙；常以'恕'字自惕，常留余地处人，则荆棘少矣。"④ 务农不易，经商创业亦难。林氏家训有言："创业之难毋难于登天。而败坏事业之易则往往由于不知不觉之中。谚云：由俭（人）奢易由奢

---

① 《冯氏家训》，载中共仙居县委宣传部、仙居县地方志办公室编《仙居家训》，中国文史出版社2016年版，第82页。
② 《刘氏家训》，载中共仙居县委宣传部、仙居县地方志办公室编《仙居家训》，中国文史出版社2016年版，第111页。
③ 本报评论员：《幸福生活都是奋斗出来的——共同富裕先行示范系列谈》，《浙江日报》2021年10月16日第1版。
④ 《张氏家训》，载中共仙居县委宣传部、仙居县地方志办公室编《仙居家训》，中国文史出版社2016年版，第189页。

(人)俭难。大抵事业有成总有勤俭,而其覆败总由怠奢,故谨身节用,量入为出,勿先其度,则罕有倾败之由。一家之中男女皆不坐食。虽操作辛苦,然知物力维艰,由是养成朴实节俭美德。小则可一家自足,大则可以利物济世矫俗成风。"① "不想流汗,休想吃饭""一年之计在于春,一生之计在于勤",反映勤劳的民谚俗语数不胜数,仙居家训中对勤劳的价值亦无比重视。每个家族的族人能力有大小,起点有高低,但只要勤劳奋斗总能在人生务本方面做出自己的贡献。仙居家训中的这些价值观也在一定程度上反映出整个浙商的某些经商特质。

人们治生不仅要重视优秀品质的培养,更要警惕不良风气的影响。赌博是传统村落中的重大陋习之一,严重影响着乡村的社会秩序和个人的生产生活。然而,赌博却又是"人的一种基本的本能活动,古往今来,赌博一直活跃于世界绝大多数地区的各色人等之中"②。赌博场中"十赌九输",会造成人们失去大量财物。同时赌博易使人上瘾,输者想继续赌博将失去的赢回来,赢者仍欲从赌博中捞快钱。故而,赌博易使人品性败坏,并引发打架斗殴、坑蒙拐骗和偷盗抢劫等违法犯罪行为,扰乱社会秩序。

仙居丁氏家训中直言,赌博会导致物质损失和精神颓废。"呼掷一笑千金,人故迷而不悟,不知觊想他人财物,却虚自己囊中。一人于此,始则荒时废事,终必败产荡家。"③ 这是赌博带给个人最直接亦是最明显的伤害。社会矛盾产生的根源之一便是贫穷,它会使原本和睦的家庭关系变得充满焦虑,故俗语有言"贫贱夫妻百事哀"。赌博行为不仅造成家产流失,还会使人不事生产,昼夜聚于赌场。这与传统社会"士农工商各有本业"④ 的观念相悖,且会引起父母之怒,招致配偶之怨,更有甚者会出现为还赌债贱卖妻子儿女的情景。为防止此情况出现,丁氏家

---

① 《林氏家训》,载中共仙居县委宣传部、仙居县地方志办公室编《仙居家训》,中国文史出版社 2016 年版,第 239 页。

② 罗新本、许蓉生:《中国古代赌博习俗》,陕西人民出版社 2002 年版,第 4 页。

③ 《丁氏家训》,载中共仙居县委宣传部、仙居县地方志办公室编《仙居家训》,中国文史出版社 2016 年版,第 6 页。

④ 朱文广:《清代禁赌活动中的乡村自治》,《华南农业大学学报》(社会科学版) 2014 年第 4 期。

训中规定："吾族若有此辈，父兄先治以家法，再蹈前辙，送诸公庭究惩。"① 为了更好地劝诫族人，季氏家训中还特有《戒赌十条》，其明言：

赌之害人，甚于水火盗贼，无不破产倾家。乃官府示禁而不能止，父兄约束而不肯听，执迷不悟，甚为可悯。请再以情理劝之，愿知非改过者及早回头，莫终沦落也。乃作戒赌十条以示。

一坏人心

一入赌场，遂成利薮。百计图维，总是贪心。两相倾危，转生无穷恶念。虽至亲对局，必暗设戈矛；即好友同场，亦俨如仇敌。只顾自己赢钱，那管他人破产。心术岂不坏哉？

二丧品行

凡人良贱高下，各自有等。惟赌博场中，只问钱少钱多，那计谁贵谁贱？生无伦次，厮役即是朋友；分无尊卑，奴仆居然兄弟。任情嘲笑，信口称呼。有何体统？成何品行？惜哉！

三伤性命

赢了，乘兴而往，不分昼夜；输了，拼命再来，那计饥寒。从此耗精疲神，必致损身丧命。更或负债难偿，相对无面（按：笔者认为应为"言"字）。含羞忍辱，遂致多病相牵；计屈势穷，且拼一死塞责。枉死城之去路，即赌博场之归着也。岂不可伤？

四玷祖宗

送了人的银钱，还笑浪子发呆；破了人的家产，转嗟痴儿作孽。不能光祖耀宗，反致辱门败户。乡党皆归咎其先人，祖父必含恨于死后。

五失家教

赌博一事，引诱最易。家庭之内，见闻极亲。寻常教训，子弟都说须学好榜样；当场窥看，父兄且云愿照现规模。父子博，兄弟博，奴仆博，亏法成何家法？白日赌，深夜赌，密室赌，败风且酿

---

① 《丁氏家训》，载中共仙居县委宣传部、仙居县地方志办公室编《仙居家训》，中国文史出版社 2016 年版，第 6 页。

淫风。家教大坏，可谓寒心。

六荡家产

始而气豪，则挥金如土；终而情急，则弃产如遗。祖父一生辛苦，仅立门户；子孙片时挥霍，遂败家声。衣裳典尽止留身，亲朋谁惜？田宅鬻完犹负债，天涯何归？想到此间，岂不可怜？

七生事变

通宵出赌，彻夜开场。门户不关，盗贼每多乘间；灯烛不熄，室庐犹致被焚。甚至浪子夤缘而生计，匪人窥视以为奸。灭火搞门，主宾莫辨；绝缨解襦，男女逾闲。祸机所伏，岂不可怜？

八离骨肉

士农工商，各勤职业；父母妻子，互相欢娱。此天伦之乐，亦人事之常。自入赌场，遂沉苦海。典质钗钏，妻子吞声而饮恨；变卖田宅，父母蒿目而攒眉。只计一人豪爽，不思举室怨嗟。抚心自问，其何以安？

九犯国法

赌博之禁，新例最严。轻则杖一百，枷两月，害切肌肤；重则徒三年，流三千，长别家乡。绅士照例革斥，成何面目？吏役加倍发落，须顾身家。与其事后而悔，何如先事而戒？

十遭天谴

历看赌博之家，每多横祸；赢钱之辈，偏至奇穷。总由噬人血肉，饱我腹肠；敛彼怨愁，供我欢笑。所以鬼神怀忿，报复不肯相宽；天道循环，彼此同归于尽也。通场看来，更有何益？[①]

季氏家族从"坏人心""丧品行""伤性命""玷祖宗""失家教""荡家产""生事变""离骨肉""犯国法""遭天谴"等方面详细阐述了赌博劣行之危害。在传统乡村社会，仅依靠官府或村落领袖来抓赌，力

[①] 《季氏家训》，载中共仙居县委宣传部、仙居县地方志办公室编《仙居家训》，中国文史出版社2016年版，第302—305页。

有不逮，需要发挥村落各家族的作用，管理、教导族人远离赌博，专心从事生产、生活，方能取得较好的成效。

第三节 仙居传统村落家训的作用和价值

浙江省仙居县山地多、耕地少，耕种面积既少又不便利，在与大自然抗争和共生中，孕育了勤劳质朴、勇敢冒险、不断进取的精神。仙居传统村落的家训不仅记载于家谱之中，还会雕刻在建筑的栏杆、砖石和家具等日用品之上，用于时刻警醒族人。这些"训诫规范，是一种社会理想、人生观念的体现，也是生活的写照，研治社会生活史于此取材，是不可忽视的一个方面"[①]。传统村落的社会发展速度相对较慢，整体结构变化平缓，而各阶层相对固化，流动性不大。在此背景下，以中国儒学伦理为代表的传统治生教育体现出经济活动较强的实践性。[②] 这与传统村落中家族的家训文化密不可分，两者相辅相成，交相辉映。

一 仙居传统村落家训的历史作用

家训是祖先留给后世子孙的宝贵精神财富。近代以来，随着中国对外战争的屡次失败，中华文化也遭受了抨击和长期质疑。家训也曾被认为是封建糟粕文化的遗毒而备受冷落。然而，家训在历史中却发挥了重要作用，对族人潜移默化的熏陶和后天的成长均至关重要。仙居传统村落中世代的家训也影响了众多历史人物的成长。以仙居横溪镇苍岭坑村为例，原为戴村。始迁祖在南宋时来自福建莆田，宗谱在苍岭坑村保存完好，且详细记录了其家族和村落的历史。宗族中有完善和严格的族规，世代相传，并使族人保持着良好的风气。关于"孝""悌"，戴氏家训云：

---

① 冯尔康：《中国社会史概论》，高等教育出版社2004年版，第187页。
② 廖声丰、孟伟：《明清山西商人的家族教育文化——以山西商人规程和武氏家书为例》，《运城学院学报》2023年第4期。

第二章　仙居传统村落的家训与社会

孝

人尽父兮生我，母兮鞠我。恩斯勤斯，欲报之德昊天罔极。虽尊亲养志，古今无几。而服劳奉养，以承其欢，即愚夫愚妇，皆可知能。倘于五不孝中一有所犯，便与禽兽无异。况吾家孝子之名，炳于史册。为子孙者，必充栗斋之实，而尽爱敬之文。永锡尔类，乃为得之。

悌

伯叔之尊同于父，兄弟之序秩自天。行则随，坐则侍。循分尽礼，理所宜也。如或以贤智而欺凌尊长，为资财而伤手足，本根既拔，则枝叶从之。天道昭昭，定有果报。有人心者，必不若是。吾族其各笃友于无致乖气。①

在戴氏家族历史中，有很多诠释孝悌之义的族人，其中戴彦信最具代表。戴彦信，仙居苍岭坑村人，明代人，具体生卒年月不详。彦信之父名为养原，治家有方，略有资财。邻居陈某因犯罪被官府没收家产，在抄家时，陈某谎称有大量钱财藏于养原住处，致使养原受牵连，蒙冤入狱。彦信痛心父亲无辜受累，不断上诉且表示愿以己身替父入狱。官府因彦信所请，将其父从狱中放出，而关彦信于狱中。不料，彦信竟卒于监狱之内。此事一时间在乡野间广泛流传，听者皆称彦信为孝子。为表扬戴彦信的孝行，其以身代父的事迹还被记录于县志，② 使戴氏的家史成为官府叙事的一部分。

婚姻是传统村落家族关注的重要事情之一，家训中亦常有对婚姻的规范和教化。对此，戴氏家训中云："男女为阴阳之偶，夫妇开子孙之祥。奠雁御轮以正始也，同年合卺，礼甚重矣。不可欺贫慕富，务必门当户对。吾家籍祖宗之遗，颇称望族，倘以贪莫为礼，甘为微贱联姻，

---

① 《戴氏家训》，载中共仙居县委宣传部、仙居县地方志办公室编《仙居家训》，中国文史出版社 2016 年版，第 492 页。

② 沈在秀点校：《万历仙居县志》（点校重印本），同济大学出版社 1993 年版，第 99 页。

败蕨世类,贻玷前人,削名出族,永不入宗。"[1]仍以戴彦信为例,彦信夫妻关系甚好,在彦信代父死后,有人劝彦信妻沈氏改嫁他人。沈氏则斩钉截铁地表示,其头可断,但其对彦信之心不可变。最终,沈氏奉姑教子,毕其一生未改嫁。[2]不独彦信与沈氏,仙居在明代时还出现了裘氏嫁给徐氏家族,年二十守寡,始终无玷;嘉靖时王氏嫁于张氏家族,年二十三守寡,矢心植节,终身不二。[3]在传统社会无论是家训,还是志书,均对守节之妇予以精神上的赞扬。这在一定程度上,促使守寡之妇不再改嫁。

耕读传家是众多家族家训的主要内容之一,戴氏家族亦如此,关于耕读其家训云:

勤耕读

吾族以科第起家,耕亦不乏。然耕必日出而作,日入而息,无朝夕之暇。耕三余一,耕九余三,虽凶岁无忧。否则,以愉惰为安,以竭蹶为瘁,而饥寒立至,仰面求人,愧悔不亦晚乎。读者斯迈斯征,三更灯火五更鸡,以圣贤为心,诗书为业,则科名反手而得,印绶累累。宗族交游,亦与光宠。倘效读书之名,无读书之实,则不稂不莠,终为游惰之民。不稼不樯(按:笔者认为应为"穑"字),势至饥寒之苦,勉旃勉旃。[4]

戴氏族人中不乏勤奋读书考取科举功名者,其中戴弘演(1372—1444)便是典型的例证之一。戴弘演之父戴蒙,育子较严,常常以戴氏家训和儒家经典教导戴弘演。因此,戴弘演自幼便养成爱读书之习惯,

---

[1]《戴氏家训》,载中共仙居县委宣传部、仙居县地方志办公室编《仙居家训》,中国文史出版社2016年版,第495—496页。
[2] 沈在秀点校:《万历仙居县志》(点校重印本),同济大学出版社1993年版,第101页。
[3] 沈在秀点校:《万历仙居县志》(点校重印本),同济大学出版社1993年版,第101—102页。
[4]《戴氏家训》,载中共仙居县委宣传部、仙居县地方志办公室编《仙居家训》,中国文史出版社2016年版,第494页。

且资质聪慧异常，七岁便能背诵数千语。

在苍岭坑村，流传着一段关于戴弘演的传奇故事。据传，弘演年仅七岁之时，浙江学台曾途经村旁的商道，闻讯而来的村中掌事者率领众人，至村口恭候学台大人的光临。小弘演亦随众人一同前往，他身着绿色衣裳，头梳双髻，恰好被学台大人所目睹。学台大人见人群中有此聪慧伶俐之孩童，颇为惊讶，遂出言试探道："小小年纪，竟敢接天？"弘演闻言，毫不怯场，迅速回应道："学台高高，地亦相连。"学台大人见弘演对答如流，智慧过人，心中不禁生出考究之意，于是又出一联："出水清廷着绿衣。"弘演略一思索，便对出下联："落汤螃蟹穿红袍。"学台大人对弘演的才气大为惊奇，遂下轿将弘演抱起，以示嘉许。在村中掌事者的极力推荐与努力下，弘演得以跟随学台大人继续深造。这段传奇故事在苍岭坑村流传甚广，成为村民们茶余饭后的谈资，亦是对弘演才智的一种赞誉与传承。① 后来，戴弘演在明永乐二年（1404）高中进士，授庶吉士，后奉旨参与编纂《永乐大典》。② 戴弘演取得功名，且能够参与《永乐大典》的编纂，足以证明其读书成就之高。

对于族人有为官者，戴氏家训最重要的劝诫便是廉洁，其云：

廉

廉者洁身之义。方正之为，畏四知，凛一介廉也。行为易矩，处不易方，宁非廉乎哉。吾祖官居侍御，归而囊橐萧然。芳徽具在，凛而遵之。

耻

人之饬身励行，不失足于人，不妄行于己，皆耻心为之也。箪食豆羹，不受呼蹴之食；鸡鸣狗吠，甚为士行之羞，诗云：人而无耻，不死何俟。慎之慎之。③

---

① 此故事很可能为后人所杜撰，在别的书籍中会将学台换为台州知府，但故事主体大同小异。历史中真实戴弘演确实勤于读书，并取得了科举功名。相关传说参见仙纪《风骨：仙居御史故事》，广西师范大学出版社2020年版，第98页。

② 仙居县政协学习文史委员会编：《仙居县古贤录》，内部发行，2010年，第60页。

③ 《戴氏家训》，载中共仙居县委宣传部、仙居县地方志办公室编《仙居家训》，中国文史出版社2016年版，第494页。

永乐六年（1408）末，《永乐大典》编纂完成，戴弘演因功受到明成祖赏赐，并调任至吏部任职，不久又升任为江西监察御史。江西权贵凭借朝中有大员庇护对外来的戴御史并不畏惧。他们不仅大量兼并土地，甚至还直接强抢民女。对于这些严重违法乱纪的官员，戴弘演不惧威胁，抵制诱惑，依法检举揭发权贵的恶行，其终获得朝廷支持，将目无王法的权贵缉拿归案并依律处置。戴弘演还将权贵所犯罪行和受到的惩罚向百姓公开，百姓因感其功绩，特称其为"皋陶"①。此后，戴弘演又转赴南京、苏州等地任职，到致仕为止，共为官二十二载，"廉介自持，仁慈御下，督运营造，所至有声"②。戴弘演清正廉洁的品格使他被同僚信任，受皇帝赞赏，使百姓诚服。因戴弘演为官时期多与监察有关，故在嘉靖四十一年（1562）出身仙居的左都御史吴时来赠戴氏族人一块匾额，上书"南台世范"③，以表彰戴弘演为官时期刚正不阿、公正廉洁的品格。时至今日，仙居苍岭坑村戴氏祠堂内仍悬挂着这样的匾额。

戴弘演的廉洁不仅践行了戴氏家族"廉"之家风，更激励了后代子孙延续此风。戴弘演幼子戴臻象（字仲维，号四斋）曾任常山县令，在位时勤政爱民。他为解决民众饮水灌溉问题，率领民众亲自上阵开渠建坝兴修水利。戴弘演玄孙戴天瑞（字国贤，号沧州）为嘉靖三十四年（1555）进士，曾任江西宜黄县令，在位时爱民如子、嫉恶如仇，不仅严厉打击盗贼、整顿吏治，还抗旱救灾，深受百姓爱戴。戴天瑞之弟戴天端（字国良，号括南）天资聪慧，不仅精通经义，更能针砭时弊，深得人们敬仰，与当时仙居籍御史吴时来齐名。④

仙居县山多地少，在传统社会时期，常有盗贼出没，为保家护院，

---

① "皋陶，亦名咎繇，曾两任舜和禹的司法官，是中国远古时期司法文明的缔造者。他在处理司法断狱的过程中还总结经验，使个别的法律调整上升为一般的法律调整，也就是史书所说的'皋陶造律'。可见，他又是中国古代最早的立法者，对后世影响深远，他在中华法文化史上书写了极为光彩的一页。"参见张晋藩《皋陶造律：中华法文化的光辉篇章》，《人民法治》2019 年第 15 期。

② 沈在秀点校：《万历仙居县志》（点校重印本），同济大学出版社 1993 年版，第 70 页。
③ 仙纪：《风骨：仙居御史故事》，广西师范大学出版社 2020 年版，第 98—99 页。
④ 仙纪：《风骨：仙居御史故事》，广西师范大学出版社 2020 年版，第 100—101 页。

亦为强身健体，常有人习武好勇，故而争斗之风较强。戴氏家训中多禁私斗，其云：

禁争斗

　　人以温柔为贵，勿以刚健为能。南方之强，宜学北方之勇，莫为锥刀之末。不以让人尺寸之土，争为己有，父兄有所不顾，亲戚亦所不恤，一朝之忿，忘身及亲。试看大辟罪人，孰非以争而起者。吾族人多顽悍，难免争端，为父兄者，当戒之于幼冲；为子弟者，克凛之于壮岁，则永无患矣。①

　　戴希贤，字国贤，号与斋，生卒不详。南宋淳祐元年（1241）得中武进士，复中特奏名，仕至国子学录，工诗文，著有《周易正义》。这说明戴希贤虽是参加的武科举，但其文化素养亦不低。在儒家伦理的浸染下，习武之人要未习武，先观德，武力的使用须讲究"武德"。"武功一道，非有坚忍不拔之志者，难得有大成功；非忠义纯笃者，难得有大造就；非谦和恭敬者，难得有好善终。"② 以武逞狂、恃强凌弱者，最终亦不会有好结果。故武德更要求习武之人谦虚温和，戴希贤便是仙居戴氏族人在此方面的代表。

　　戴氏家训详细阐明了孝、悌、忠、信、礼、仪、廉、耻、勤耕读、勿盗窃、禁奸淫、慎婚嫁、禁争斗的各种行为规范。在内容上，此家训不仅涉及为人处世、修身养性和务本生计等方面，还详细书写了违背家训的惩处措施。在效果上，戴氏家训确实影响了一批戴氏族人，较为出名者包括戴希贤、戴弘演、戴臻象、戴瑞、戴彦信等。家训是祖先遗留下的宝贵人生经验和感悟，以上戴氏族人既是戴氏家训的践行者，又以身作则为戴氏后世子孙树立了良好的榜样。限于篇幅，不能一一介绍仙居家训在历史中产生的作用，但见微知著、一叶知秋，仙居其他家族的

---

① 《戴氏家训》，载中共仙居县委宣传部、仙居县地方志办公室编《仙居家训》，中国文史出版社2016年版，第496页。

② 万籁声：《武术汇宗》，商务印书馆1929年版，第142页。

家训在历史上已发挥了重要的作用。在以下篇章中，仍会有所涉及。

二 仙居传统村落家训的当代价值

家训是传承和历史的统一，"家之有训，为作人而设也。前为之训则盛而传，后为之训而美而彰。率而为训，勉而为作"①。家训是广大人民群众经过长期社会实践与思想沉淀形成的修身、齐家之道。它们深植于中华传统文化之中，有着儒家经典的精神内核，在表达形式上却比儒家经典更通俗易懂，更易于普及民众。当下，传统村落的精神文明建设仍需要借助家训中的优秀文化，如在方式方法、价值取向和实践活动等方面家训仍有重要意义。

首先，从方式方法层面而言，家训中的蒙学教育对传统村落中的文化建设有重要意义。家训素来重视对传统村落中幼儿的教育，这不仅利于仙居传统村落良好家风的形成，而且利于人们对传统村落乡土观念的养成。为此，仙居非常重视将传统的家训引入小学课堂，举办"家训润童心 家风伴成长""好家风伴成长，清廉之风代代传"等活动。② 在新时代，小学生先学习家族历史，了解家训内容，再通过绘画、抄写、背诵等方式感悟家训，养成良好的道德情操。如仙居安洲小学三年级丁子语同学以《和以兴家 善以安家》为主题作画，表达了和为贵、德为先、勤为本的家训理念；四年级陈沛瑜同学以《扬家风 传家训》为主题作画，表达了重礼谦让、勤俭持家、诚实守信和尊老爱幼等家训理念。

此外，仙居传统村落文化建设还可以借鉴家训中的"讲故事"方式，探寻当代人物对传统美德的诠释，来彰显家训文化的生命力。仙居传统村落的家训还蕴藏丰富的名言警句，可利用当代年轻人雅俗共赏、喜闻乐道的传播方式，如通过微信网文、抖音短片等，扩大家训的影

---

① 《小南门陈氏家训》，载中共仙居县委宣传部、仙居县地方志办公室编《仙居家训》，中国文史出版社 2016 年版，第 207 页。

② 参见《浙江仙居：家训润童心 家风伴成长》，图说浙江，https://baijiahao.baidu.com/s?id=1768661998763018046&wfr=spider&for=pc，2023 年 12 月 30 日；《仙居：好家风伴成长，清廉之风代代传》，浙江省纪委省监委网站，http://www.zjsjw.gov.cn/zhuantizhuanlan/qinglian-wenhua/shuhuasheying/202306/t20230608_9805778.shtml，2023 年 12 月 30 日。

响力。

其次，从价值取向层面而言，仙居传统村落家训中虽有一些封建糟粕，但其中更不乏与当代社会主义核心价值观相适应的精华。仙居传统村落中的一些家训因家谱编修不及时等原因，家训亦未时时更新，甚至仍旧保留了重男轻女或男女有别的内容。然而，大多数家训能做到与时俱进，能将男女平等的理念写入家训。家训"既要注重创造性地继承前人的优秀成果，同时还应立足新时代的时代特点，准确地把握时代脉搏"①。如传统时期家训中"忠于事君"思想更浓，"爱国"情怀与之相比提得较少，只因传统社会中忠君便是爱国。②然而，在当下新立的家训中，则多将"忠国爱民"放在首位。③传统社会中家训崇尚家法家规，其中某些"家规"因时代的局限性，已不适应当代社会，但其规矩观念可以转化为当代人们的法治观念，故现在家训则更多地引导族人遵纪守法，用国家法律规范自己的行为。此外，在传统儒家文化影响下，"爱国""尚礼""勤劳""敬业""清廉""节俭"等价值理念是传统家训中的重点内容。这些价值取向在当代仍有重要的现实意义，与社会主义核心价值观在伦理思想和道德观念方面一脉相承。对待传统村落的家训，要在继承祖制的基础上，面向未来吸收符合当代文化理念的思想，激浊扬清，引导和培育出新的家训文化。

2013 年，仙居县溪港乡金竹岭脚村在乡政府的支持下，对村落中的吕氏宗祠进行了重新修葺。吕氏宗祠一直是此村落传承家风、祭祀祖先的重要场所。吕氏家规家训分为两章 12 条，内容主要涉及廉洁、孝道、勤俭持家、与人为善、保家卫国等。当地乡政府还计划依托礼堂与宗祠，进一步挖掘整理传统家规家训和廉政典故，建设一个廉政教育基地，进一步弘扬廉政文化，让大家在传承中感受优秀文化的力量，接受廉洁理

---

① 周泓利：《中华优秀传统家训助推新时代家风建设研究》，硕士学位论文，成都医学院，2023 年。

② 《吴氏家训》，载中共仙居县委宣传部、仙居县地方志办公室编《仙居家训》，中国文史出版社 2016 年版，第 142 页。

③ 《胡氏家训》，载中共仙居县委宣传部、仙居县地方志办公室编《仙居家训》，中国文史出版社 2016 年版，第 316 页。

念的熏陶。①

最后，从实践层面而言，家训文化可以与当代家族建设、传统村落发展紧密结合起来。当代家庭与村落依旧面临着夫妻分工、子女教育和奉亲养老等问题。应从家训"修身""齐家"等优秀的文化思想中，寻找当代家庭和村落发展的精神标杆。基层部门和社会组织也可推进寻家训、严家规、育家风等活动，在向家庭注入精神活力的同时，形成以家庭建设带动村落有序良好发展的格局。通过在村落中评选"先进家庭""模范夫妻"等活动，加强正面引导。在网络日益发达的背景下，可借助自媒体等舆论平台，谴责违背传统美德和破坏家庭的人和事，以达到激浊扬清的目的。

2019年清明节，仙居县下各镇的顾氏家族举行了以"追寻祖先足迹，传承御史文化"为主题的传承家风家训的祭祖活动。他们谈家训、听家风、晒家训、讲族规，顾氏宗亲欢聚一堂聆听、分享良好的家风，并探讨如何将之发扬光大。探讨的家训多与孝老爱亲、子女教育和邻里和睦等方面有关。下各镇通过顾氏族人的家训探讨，与新时代文明实践"传家风"宣讲活动相结合，动员人民群众广泛地参与其中，促进建立"爱国爱家、相亲相爱、向上向善、共建共享的社会主义家庭文明新风尚"②。晒家训是一种传承和弘扬家风的方式，通过分享家族的家训和传统，可以让更多人了解和传承家族的文化和精神内核。下各镇的这些活动也可以让家族成员更好地了解自己的家族传统和文化，从而更好地传承和弘扬家族的优良传统和文化精髓。

---

① 《仙居：以长带幼诵家训 怀古咏今传家风》，浙江党建网，http://www.zjdj.com.cn/zx/ff/zyqf/201610/t20161021_2013540.shtml，2023年12月28日。

② 赵忠心、周雪敏：《中国家庭教育发展史》，江西高校出版社2020年版，第531页。

第三章

耕读与慈孝文化中的仙居传统村落

耕读文化和慈孝文化是仙居传统村落文化内涵的重要组成部分。"耕读"是传统村落中士人跨越阶层的重要途径,也常是士人描绘下的理想生活图景。"耕读文化是建立在我国传统小农经济基础上,以村社为活动空间,以宗法氏族为单元结构,以儒家伦理为核心,在实践中将耕作劳动与学习知识相结合而衍生的亦耕亦读的文化生态模式。"[①] 耕读文化中常将"耕读"作为手段,将"传家"作为理念,其最终目的往往是更大的入仕关怀。慈孝文化是家族内部长辈与晚辈"双向交往"的基本行为范式。它是报恩与亲恩的互动影响,"孝"是对晚辈的规范,"慈"是长辈的表率。慈孝文化蕴含着儒家伦理中重要的道德规范,往往是传统村落评价人们道德情操的重要依据。

无论是耕读文化,还是慈孝文化,均会在潜移默化中塑造仙居传统村落的社会习俗和人们的行为习惯。它们不仅是传统村落历史上的社会共识和集体认同,而且是未来保护和发展传统村落的重要文化资源。充分认识和挖掘相关文化,并对其适当创新和运用,将其融入传统村落的时代诉求,可令乡村振兴战略在文化方面产生内在动力。

[①] 葛欣旭:《出而负耒,入而横经——耕读文化的内涵与传承》,《农村·农业·农民》(A版)2024年第1期。

第一节　耕读文化中的仙居传统村落

传统村落中的耕读文化是从空间意象到文化意象的升华。传统村落形成之初多为农耕时代的文化载体，而耕读文化恰恰是传统村落将农耕社会和士人文化相结合的产物。这种文化在传统社会中比较普遍，是人与自然和谐相处的典范。[①] 耕读文化并非伴随儒家文化产生而产生，它的形成与社会秩序的稳定与否也有一定关系，且是在漫长的历史长河中形成的。

耕读文化是传统村落人们的生活理念和行为方式，践行耕读文化的传统知识分子主要分为三类：一是有些文化水平的小地主或较为富裕的自耕农；二是像"竹林七贤"一样的隐士，有较高的文化素养，但不愿或不能出仕为官；三是有耕读生活经历，为官后仍关心农业生产的政府官员。[②]"耕"和"读"的结合，还是传统文人对田园悠闲生活的一种文化意象。耕读生活作为传统文人的一种理想的生活方式，既有儒家"穷则独善其身"的写照，又有道家"复归返自然"的理念。[③] 当然更多的耕读者或许只是在等待更好的时机，遇乱世暴君则退隐耕读，以待社会安定或明君雄主便"朝为田舍郎，暮登天子堂"[④]。当然，传统村落中耕读文化的内涵有很多传统知识分子主观的意义。

这种意象包括人与自然的山水情怀、重农抑商下的田园情怀和宗族社会中的传家情怀。耕读文化的产生与古代自然环境紧密相连，传统士人多有追求宁静、向往自然的浪漫主义情怀，如"采菊东篱下，悠然见南山"的陶渊明和"萋萋春草生，王孙游有情"的谢灵运。山与水也是

[①] 王维、耿欣：《耕读文化与古村落空间意象的功能表达》，《山东社会科学》2013年第7期。
[②] 邹德秀：《中国的"耕读文化"》，《中国农史》1996年第4期。
[③] 胡念望：《楠溪江古村落文化》，文化艺术出版社1999年版，第28页。
[④] 徐海荣主编：《神童诗·小学诗·千家诗》，华夏出版社2002年版，第4页。

耕读文化村落自然景观最重要的审美对象。山水情怀使得传统村落的选址除了实际考量外,又增添了新的情感因素。虽然耕读文化所在的传统村落不一定有山有水,但山水意境是耕读士人永远的追求。通过科举进入仕途者在读书人中毕竟属于少数,大多数人仍旧需要在读书的同时另谋他路,或入私塾教书,或归田务农。这种士人读书的人生理想与入仕现实存在极为不协调的反差。[1] 田园中的读书人多是失意的文人,他们在科举落榜后,选择与田园为伴,在品尝诗书的同时,也在田园挥洒汗水。而在宗法制比较浓郁的传统社会,村落中的"耕读传家"更是人们根深蒂固的理想生活。[2] 每个宗族总是希望子孙后辈坚持读书,一朝金榜题名,鲤鱼跃龙门,便可光大门楣。故而,很多宗族会建立自己的私塾,供子弟们读书。如"曾国藩家族不是普通的农家,他的家族经营的要求是以农为本,半耕半读,以耕养读,以读促耕,将耕读作为持家立业兴族的根本"[3]。曾国藩在给家人的信中亦时刻反映出耕为本务,读可荣身的理念,他曾对其弟言:"吾家子侄半耕半读,以守先人之旧,慎无存半点官气。不许坐轿,不许唤人取水添茶等事。其拾柴收粪等事,须一一为之;插田莳禾等事,亦时时学之。"[4] 曾国藩已位极人臣,但仍坚持以耕读传家,是其忧患意识的外在表现。他想让族中子孙避免骄奢淫逸,以耕读磨砺心性,方能庆延数代而不止。当然,更多的宗族秉持着平凡而务实理念,只读而不耕则饥寒交迫、坐吃山空,仅耕而废读则礼仪遂亡、碌碌无为。"耕是衣食来源,是仰侍父母、俯畜妻子的立足之本;读是入仕之阶,是修身、齐家、治国、平天下的必经之路。"[5] 正因如此,在传

---

[1] 周炽成、潘继恩:《儒家人生理想与中国古代知识分子的人生现实》,《华南师范大学学报》(社会科学版) 1995 年第 3 期。

[2] 邱国珍:《耕读文化与人居环境的互动关系——以楠溪江流域古村落为例》,《温州师范学院学报》(哲学社会科学版) 2001 年第 5 期。

[3] 范大平、刘建海:《耕读文化:曾国藩家族经营的基本文化理念》,《湖南人文科技学院学报》2011 年第 4 期。

[4] (清) 曾国藩:《曾国藩全集·家书》(一),邓云生编校标点,岳麓书社 1985 年版,第 682 页。

[5] 王维、耿欣:《耕读文化与古村落空间意象的功能表达》,《山东社会科学》2013 年第 7 期。

统村落中耕读文化才会根深蒂固，影响众多地区。

仙居传统村落亦深受耕读文化影响，其中典型代表村落有皤滩乡山下村、"书画故里"九思村、"耕读传家"高迁村和"会选科第"管山村。以下便详细介绍相关村落的情况。

一　皤滩乡山下村

山下村位于仙居县皤滩乡境内，村东有括苍山，并与板桥村接壤；村西为秀溪，且有马鞍山与皤滩古镇；北依永安溪，东南部为南山。山下村处于河谷平原之中，南北都为耕地。山下村因位于马鞍山之下，旧时称为马鞍山村，在"五四运动"之后改为山下村。[①] 2015年，山下村有户籍人口910人，常住人口600人，主要产业为农业和手工艺品，农业主要包括种植杨梅、桃子、梨等，手工艺品主要有花灯和沉香木雕。图3-1为山下村村落形态分布。

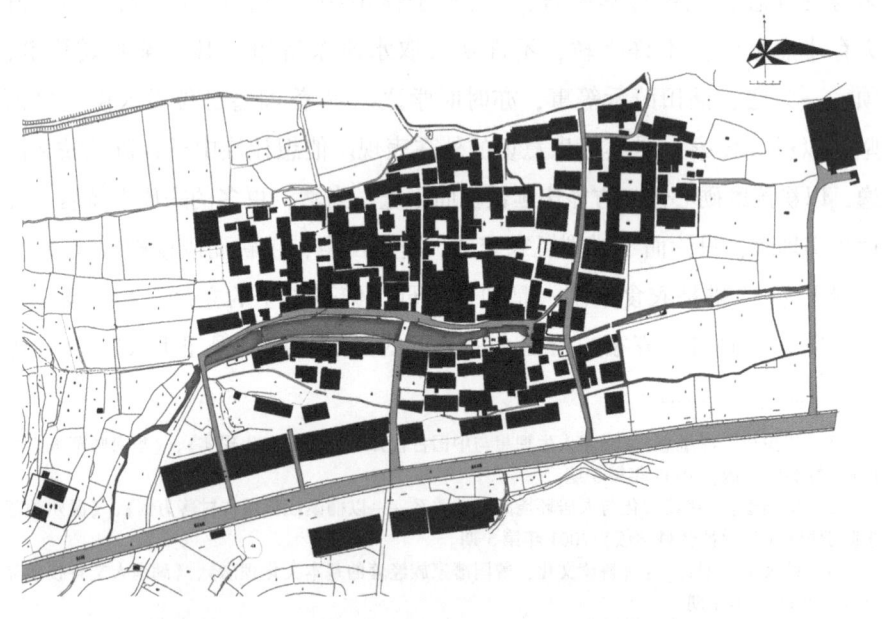

图3-1　山下村村落形态分布（作者团队自绘）

---

① 浙江省仙居县地名委员会编：《仙居县地名志》，内部发行，1983年，第129页。

第三章　耕读与慈孝文化中的仙居传统村落

山下村历史悠久，其起源可追溯至唐代，宋元时期得以孕育发展，至明代已初具村落形态。至清初期，山下村开始迎来显著的发展阶段，而在清中晚期更是步入了全面繁荣的鼎盛时期。本村以方姓居民为主，其方姓族谱可上溯至方干公。方干公因仕途失意而选择隐居桐庐白云源，后受友人邀请共游仙居，因对仙居山水之美深感倾慕，遂定居于板桥。其后代子孙逐渐繁衍壮大，并陆续迁入山下村，从而形成了现今以方姓为主的村落格局。

山下村建筑肌理保存较好，南侧古建筑沿小溪过渡，古道沿侧建筑以古河道进行布置，街巷肌理主要分布在鉴湖南侧，古建筑相对较集中，与新建筑相对较分离，主要建筑类型为四合院，另有石、木、砖、夯土墙等类别。其中代表性文物有桐江书院、道渊庄古宅、山下古戏台和道济小庙等。从图3-1可直观感受山下村的建筑肌理。

桐江书院为南宋方斫[①]率族人所建，因其祖方干曾隐居于桐庐的桐江之畔，为纪念方干故名为"桐江书院"。[②] 方氏族人在书院附近置义田数十亩，作为书院学生的膏火之资。在方斫的倡导和影响下，书院的名气渐长。相传朱熹途经仙居，曾听闻方斫在乡创办义学，便前来巡视与讲学。浙江省乐清梅溪人王十朋得知朱熹在此讲学，慕名翻山而来。两人在山下村附近探讨诗文，追求学问，后王十朋赴京赶考高中状元，也为书院留下一段佳话。如桐江书院中有对联言："文公访道地，殿元受业家。"[③] 王十朋在高中后，还曾亲书"东南道学世家"[④] "理学名崇"两块儿匾额，送于书院。朱熹又过台州，见桐江书院中王十朋所赠匾额

[①] 方斫，生卒年不详，字宗璞，号子木，浙江省仙居人，以经学名，在绍兴间（1131—1162）为诸儒领袖，学者尊称其为韦溪先生。方斫是宋乾道八年（1172）特科进士，曾在嘉州（今四川乐山）为官，后来辞官归乡，继承先祖的遗愿，在仙居皤滩，开坛讲学，收徒授业，终老一生。参见王天忠《桐江岂止八十里——探访仙居桐江书院》，《今日桐庐》2023年6月21日第3版。

[②] 政协台州市文史资料委员会、政协仙居县学习文史委员会、仙居县文化局等编：《艺术·中国——皤滩古镇》，西泠印社出版社2001年版，第66页。

[③] 胡佳编著：《浙江古书院》，浙江古籍出版社2012年版，第131页。

[④] 仙居县地方志办公室整理：《民国仙居县新志稿》（点校本），内部发行，2000年，第67页。

心有所感，亦手书"桐江书院""鼎山堂"两块儿匾额，① 以希望桐江书院在文化上有如山一般的影响力。不久，朱熹又遣子就读于桐江书院，并作《送子入板桥桐江书院勉学诗》。诗云："当年韩愈送阿符，城南灯火秋凉初。我今送郎桐江上，柳条拂水春生鱼。汝若问儒风，云窗雪案深功夫。汝若问农事，晓烟春雨劳耕锄。阿爹望汝耀门闾，勉旃勉旃勤读书。"② 朱熹将其子送入桐江书院，不仅促进了桐江书院的发展，亦对仙居的历史文化产生了深远影响。

桐江书院促进了当地的科举成就，培养了众多的文人儒士，仅南宋时期学有所成的便有陈庸、张布、黄宜等人。陈庸，字时中，仙居人，绍兴二十一年（1151）中进士，后又历任御史台主簿、常州知州、太府少卿、中书门下检正诸房公事、抚州知州、提点江西刑狱等职。他为官以廉洁著称，"每辞官归，惟图书数卷"③，朱熹闻其卒，特著挽诗以缅怀。张布，字伯敷，临海人，乾道八年（1172）中进士，历任太学博士、枢密院编修、工部侍右郎官、秘书丞等职，著有《六经讲解》等。黄宜，字达之，淳熙二年（1175）中进士，历任明州定海主簿、国史院编修、实录院检讨、权中书舍人兼太子侍读等职，后以敷文阁侍制、提举上清太平宫致仕。黄宜为人简重端默，刚正不阿，在任公正廉明，多受士民称颂。其卒后赠金紫光禄大夫，累赠少傅。黄宜治学严谨、重于务实，撰著有《黄达之诗》20卷、《掖垣制草》2卷、《读书手抄》2卷、《丧礼》2卷、《药书》10卷。④ 由此可见，桐江书院不仅有利于方氏族人读书治学，也推动了浙东南的学术发展。

桐江书院在政权更迭中曾多次遭兵祸毁坏，然而方氏族人又多次重建。宋元交替时，书院被毁，到元代皇庆年间（1312—1313），由方志道重建。至明嘉靖三十二年（1553）桐江书院因倭寇入侵再一次被毁。现存桐江书院为清同治九年（1870）重建，当时方氏族人在方作梅等人

---

① 杨建新主编：《浙江文化地图》第一册，浙江摄影出版社2011年版，第156页。
② 钱国丹、林海蓓主编：《山风海韵》，四川文艺出版社2022年版，第200页。
③ 沈在秀点校：《万历仙居县志》（点校重印本），同济大学出版社1993年版，第91页。
④ 浙江省天台县志编纂委员会编：《天台县志》，汉语大词典出版社1995年版，第703页。

的带领下，在桐江书院旧址历时三年方修建完成。"为四合院式结构，主体建筑为前后两座讲堂，雕梁画栋，石柱圆形，粗壮雄伟，其上镌刻有歌颂先贤及书院的对联多副。"①民国年间，桐江书院曾被改为方氏祠堂。中华人民共和国成立后，桐江书院曾作为山下村小学。现在桐江书院不仅是当地重要的文化景观，也是山下村深厚历史积淀的具体表现。

二 田市镇九思村

九思村是位于田市镇南部山区的行政村，西为神仙居风景区保将岩，南为景东村与公盂村，是公盂岩景区的必经之处。九思村辖柯思下宅、塘员、东岸溪、叶山四个自然分村，其中，柯思下宅、塘员与东岸溪三个自然村分布在十八都坑两岸山体间河谷平地，而叶山村则在西面山坳处。九思村村落肌理分布见图3-2。

寿云峰（东）、景星岩（北）、保障岩（西）、公盂岩（西南）山峰成环状拱护着村庄，十九都河与前门溪汇成"丁"字横卧境内，自然村依山傍水分布在各自独特的地貌上。

历史上钱塘郡是柯氏的郡望，追溯仙居柯姓，可至唐文宗时的奉议大夫柯宏慎，其祖籍为福建晋江，随父逊公任台宁海判簿，因椿萱仙逝，公奉榇还乡，途经安州之阳，于柘溪眠牛之地见其山川秀美，安厝结芦，娶室后仁吴氏夫人。广拓田园，奠定基业于柯桥头。

柯宏慎幼子廷遂公是九思村的始迁祖柯谦。柯谦曾任翰林国史检阅、江浙儒学提举等职，是元代仙居出现的较为显扬的官宦之一。②他历经官场二十年，其间曾四次迁居：钱塘（杭州）→大都（北京）→钱塘（杭州）→仙居白塔镇柯桥头村。宦海沉浮的柯谦早已厌倦其中腐败，再加上仕途上的不得已，最后决定遁隐于仙居十八都新都坑的山峇。此后，柯氏族人便以峇聚集，繁衍生息。柯九思（1290—1343），为柯谦

---

① 王天忠：《桐江岂止八十里——探访仙居桐江书院》，《今日桐庐》2023年6月21日第3版。

② 杜学霞、卞芳选注：《黄河古代散文选》，河南大学出版社2020年版，第80页。

图3-2 九思村村落肌理分布（作者团队自绘）

之子，字敬仲，号五云阁吏，曾随其父在杭州生活、求学，并开始涉猎书画。后柯九思曾拜书画大师赵孟頫门下学习，并与其子赵雍交往甚深。元文宗时，柯九思被授予典瑞院都事，后迁奎章阁鉴书博士，负责皇室所藏金石书画的鉴定。柯九思因鉴赏水平高超，深受文宗喜爱。正因如此，柯九思时常遭朝中官僚嫉妒，文宗去世后，朝中对柯九思的排挤日重。柯九思迫于无奈，辞官南下，退居松江。①

柯九思有诗、书、画三绝，并各有特色，且影响深远。在诗歌方面，因久居元大都之内，从柯九思的诗词内容可窥探出大都宫廷生活的概貌，

---

① 黎孟德：《绘画小百科》，巴蜀书社2019年版，第88页。

对研究元代上层人物的交往方式和相应礼仪有一定的意义。① 在书法方面，柯九思诸体皆擅，尤其长于行书和楷书，且受欧阳询、苏轼和赵孟頫影响较大；其代表作如《行楷题赵孟頫补书唐人临王右军瞻汉二帖》，清雅劲拔，书风质朴，为后世所重，现已被私人所收藏。② 在绘画方面，柯九思主张以书入画，书画结合，柯九思最擅长画竹，关于画竹石方面的技巧，柯曾言："写干用篆法，枝用草书法，写叶用八分，或用鲁公撇笔法，木石用折钗股、屋漏痕之遗意。"③ 柯九思的绘画主张继承了赵孟頫的理念，成为后人作画的重要理论之一。柯九思画竹极富雅致，虽着墨不多却生趣盎然。

柯九思诗文留有《丹丘生集》，存世书迹有《老人星赋》等，画有《请问阁垦竹图》及《竹谱》等。柯九思因其诗、书、画作品，对后世影响极大，柯氏族人为纪念柯九思，遂将其周边村庄合称为柯思乔村，后简称"柯思村"。在经过行政村规模调整后，村名又改为如今的九思村。

其村落建筑则成型于元代至元到天历年间。四合大院有三十余座（现已拆毁十余座），余为排屋及独家小院等结构屋宇，民居旧房约有800间。公共设施建筑有始祖祠、魁星阁、揽秀楼、旗杆坊、古塔、望星台、私塾（上大坪草庐、新屋里私塾）、戏台、广场、寺庵（西坪禅寺、悬门寺、自思庵、娘娘殿）等。小桥流水、池塘亭榭、斗石老樟，时有所见。所有建筑凭借那条延伸出魁星阁拱门外的"丫"形巷径串成整体，串出活力。

九思村始祖祠的形制为江南宗祠独步。祠堂四进各为五开间，外带戏台，仿皇家太庙格局。这已是封建王朝中超越规制的赫赫建筑，其之所以得以建造并延续了数百年（1328年建造至1975年因火灾而毁），是柯九思凭借功绩、私谊奏请皇帝，文宗恩赐而实现的。从现在九思村中的九思书院和文昌阁等建筑遗存中可以看出，柯九思虽已离去，其读书

---

① 杨富有：《元代上都诗歌选注》，中国书籍出版社2018年版，第340页。
② 张毅、于广杰编著：《宋元论书诗全编》，南开大学出版社2017年版，第322—323页。
③ 黎孟德：《绘画小百科》，巴蜀书社2019年版，第88页。

思想却一直激励着柯氏族人。

三 白塔镇高迁村

高迁村位于仙居县城西南20千米处的白塔镇境内,高迁村凭借其深厚的历史文化积淀、独特的地理环境、源远流长的文物古迹,成为仙居著名的江南古村。① 村落由上屋村和下屋村两个自然村组成,全村总面积为12平方千米。村落拥山环水,地形四周高、中间低,周边为海拔较高的群山,中部为较大面积平地,适宜进行农业生产;村内自然环境优越,并拥有"神仙居景区""景星岩景区"等旅游景点。高迁村风水形态见图3-3。

在建筑上无论是房屋、院落,还是村庄的整体布局,均有相应的风水学知识,注重与周边自然环境的结合,并有一定的寓意,要求"负阴抱阳"。然而,相传高迁村的先祖在择地建村时并没有风水学中所描绘"负阴抱阳"的理想宅居地,当时并没有高大的案山可倚靠,也没有足够多的溪水环绕。先祖们听从风水师的指点,担泥土夯墙挖塘导水适地适树,堆山墩弥补案山不足。上屋村根据星象北斗七星图系而营建七星墩,又在其前种树挖凿七星塘,再加上月鹿河如一轮弯月湖泊,故有"七星伴月"之称。祖先们通过引水、挖塘、种树等手段,精心设计,勤力实践,以"山为丁水为财"为筑造理念,造就并保存了高迁村聚落民居选址的最佳方案。祖先们想通过山水要素组合的风水格局,表达其"红顶当头文章显势"之意,这也是"耕读世家"所追求的目的。

高迁村是仙居吴氏家族的聚集地之一。仙居吴氏宗族,祖根无锡梅村,先祖可追溯于五代(梁)银青光禄大夫吴全智。吴全智世居遂昌,进士出身,曾官后梁银青光禄大夫、国子祭酒兼侍御史等职,于唐光化年间(898—900)由遂昌迁居仙居下砾村。古往今来,吴氏宗族人才辈出,如南宋龙图阁直学士吴芾、南宋左丞相吴坚(右丞相为文天祥)、

---

① 高迁先祖从仙居厚仁迁移而来,因地势比厚仁较高,故名为高迁。参见浙江省仙居县地名委员会编《仙居县地名志》,内部资料,1983年,第108页。

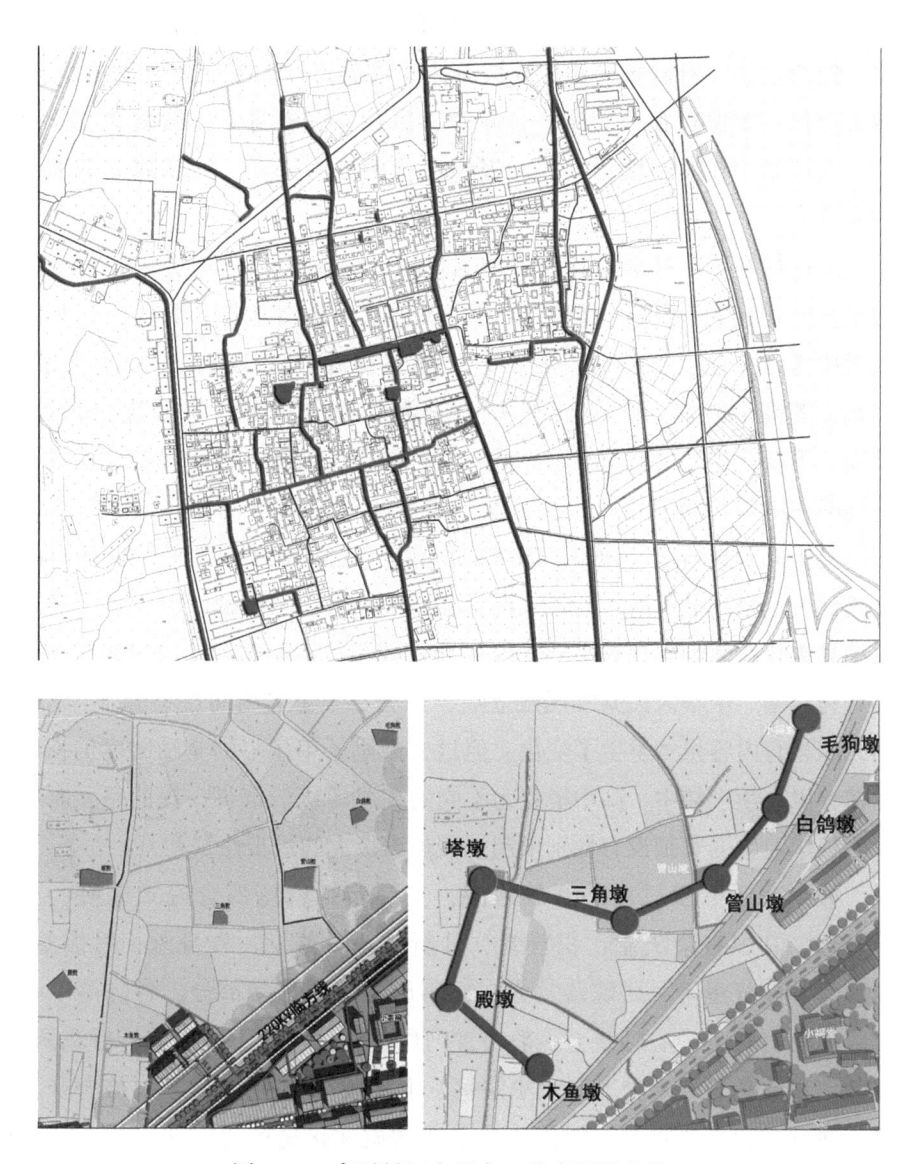

图3-3 高迁村风水形态（作者团队自绘）

明代左都御史吴时来等杰出人才。吴氏子孙不仅多有官宦，具有功名之人也较多，进士及第有60多人，举人有20多人。据统计仙居吴氏历代名人有651人之多，若计现代名人或文人于内有1164人。高迁村现存捷

95

报52张，保存完好、清晰易读的捷报有14张，其余捷报大多因时间久远，经历动荡，有破损、污损或被涂抹的情况，只有部分文字还可阅读。相关捷报主要保存在积善堂、日新堂、慎德堂、省身堂、思慎堂、新德堂、余庆堂中，其中慎德堂的捷报保存状况最为完好，大多数文字仍清晰易读。

高迁村在传统社会能有众多功名之人，与吴氏家族对文化教育事业的重视密切相关。吴氏家族常以物质激励族人勤奋求学。清代，凡有族人考中秀才，便会在清明祭祀祖先之际多发放粮食或物品，以示鼓励。当然，若高中举人，甚至进士，则族中会给予更多奖励。祭祀祖先时发放奖励，不仅有物质层面的鼓励，更有精神层面的鼓舞。清末民初，新式教育逐渐在中国传播且深入，高迁吴氏亦紧紧跟随社会潮流，创办新式学校。吴氏族人吴培孚（1853—1936）在高迁创办的民实学堂是当时较早的新式学校。辛亥鼎革后，高迁大祠堂曾作为民智小学校舍。1931年，高迁乡绅吴锦仪在乡创办育秀小学，1938年该校与民实小学合并成为仙居县乡办育秀小学。中华人民共和国成立后，育秀小学更名为高迁小学。"学校形式和教育内容虽然发生了变化，但过去鼓励子弟读书的奖励制度仍长期存在，以小学、初中、高中毕业为不同的奖励等级。值得一提的是，对新式学校毕业生的奖励没有性别限制，表现出极大的进步性。"[1]

如今高迁下屋村对外开放旅游，主要包括六座四合院式宅院，共十一透，其中有余庆堂、积善堂、日新堂、慎德堂、省身堂、思慎堂、新德堂、旗杆里等民居院落，为古村落历史建筑精华部分。各院落中心轴线左右对称，中心轴线上一般布置门厅、外院、正堂、中院、后花园。月鹿河以北约200米处，有大小宗祠、七星墩等古迹。"在乡村旅游开发中，耕读文化备受重视。如传统耕读非物质文化遗产浙江仙居县高迁村通过修缮保护高迁村古建筑群、传承和弘扬耕读文化，再现'三百年古村，耕读立家'的特色风貌。"[2] 空间建筑的遗存，已成为高迁村耕读文

---

[1] 《诗书传家》，记忆高迁网，http://gqjy.bjjy.cn/slcj/，2023年11月12日。
[2] 石培华等编著：《乡村旅游发展的中国模式》，中国旅游出版社2022年版，第200—201页。

化的重要物质载体。

四 南峰街道管山村

管山村位于浙江省台州市仙居县东南部,现属南峰街道,距离仙居县城3千米,村域面积为10平方千米。村庄的农业主要是种植蔬菜,此外村内还有一些村办企业,因此村内居民的生活水平相对较高,村民人均年收入为14000元。管山村建筑肌理分布见图3-4。

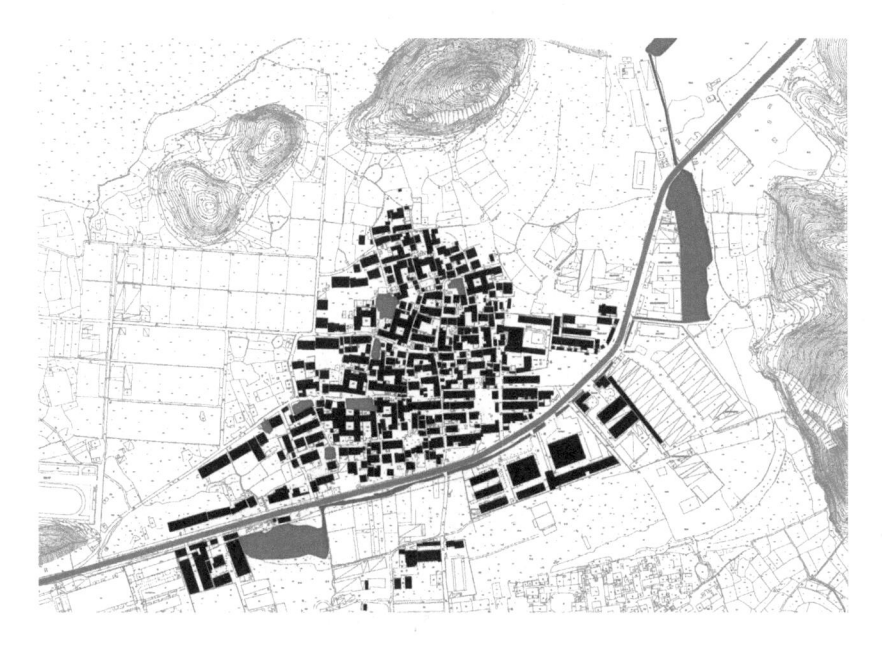

图3-4 管山村建筑肌理分布(作者团队自绘)

村落起源较早,隋末唐初天台宗五祖章安灌顶大师[①]曾来安洲山(管山村附近之山)一带传经说法。后人为了纪念灌顶大师,特称此地

---

① 灌顶(561—632),俗姓吴,字法云,椒江章安人,7岁于章安摄静寺出家。陈至德元年(583),拜天台山智顗为师,直到师寂,未离左右,记师所说。灌顶将师遗书及《净名经文疏》带至扬州,献于晋王杨广。灌顶奉杨广之命,于隋开皇十八年(598)主建天台寺(大业元年改国清寺)。灌顶著有《国清百录》《智者大师别传》《天台八教大意》《涅槃玄义》《涅槃经疏》《观心论疏》等,被后人尊为天台宗第五祖师。参见沈在秀点校《万历仙居县志》(点校重印本),同济大学出版社1993年版,第107页。

为"灌山",后因谐音便将此地称为"管山"。据传,唐长庆元年(821)李世民六世孙李道古深知朝政复杂,卖掉宅邸,携带三子、四子及夫人到仙居管山小夹岭隐居。自此,李氏族人便在管山一带生息繁衍。至明清时期,管山村成为仙居有名的大村落。

管山村处于群山环抱之中,与风光秀丽的南峰山遥相呼应。据民国甲申年(1944)续修的《仙居管山李氏宗谱》载,管山旧时有"灌山八景"之说,并有诗作留存。八景中的"石龙淋雨",被列入"仙居八景"之一,历代骚人墨客多来此赋诗题咏。民国时期曾有一位诗人题诗云:"一山屹立在溪边,七级浮屠镇上巅。返照夕阳看倒影,塔光山色入深潭。"① 此诗形象地描述了管山美景。

通过对大部分古村落的整理可以发现,大多数古村落沿仙居—金华古道分布,管山村便是古道沿线中发展较早和较好的地区。管山村与其他传统古村落不同,其特点主要表现在两个方面:一是离城区较近,属于县城区块内,发展程度较高,居民生活水平也较高,且有组织较好的文化活动;二是传统建筑面积所占村内建筑的比重较高,但由于村庄的经济发展程度较高,传统建筑及传统文化遭受的冲击也较为严重。

截至2016年,管山村有县级文保单位7处,全部传统建筑占村庄总面积的55%,历史环境要素共计12类20处。管山村建筑风貌整体破坏较为严重,但少数保存的完整度较高,建筑质量也较好。其中保留较为完整的古建筑有南峰耸翠台门、会选科第台门、李氏宗祠等。

南峰耸翠台门始建于清晚期,占地1714.75平方米,主体建筑共有四进。其留存的雕花完整度极高,包括门侧的对联、彩绘,以及"梅兰竹菊"的图案,都极具保存价值。除此之外,用于防火的鸱吻,装饰用的狮子绣球、喜鹊登枝和"管山景"壁画,都充满了美感。这些都是管山村历史文化的象征。

会选科第台门建于清同治庚午年(1870),占地1122.04平方米,

---

① 庞乾奎、申志锋、周志永:《仙居传统村落踏访》,浙江工商大学出版社2018年版,第35页。

外墙置六翼马头，门楣上留下较珍贵的史迹。它是一个单体四合院式结构的台门。门楼前，有一排空斗式照壁，立于塘北岸。门楼全用青油石砌筑，门楣上镶着一块石匾，题额为"会选科第"。匾额四边有花草、卷云等浅浮雕，形态简洁生动。门楣上的深浮雕似两龙戏珠，又似彩绸系结，颇具威武之感，又含吉庆之气。

李氏宗祠在管山村村东。它坐北朝南，砖木结构，主体建筑分为正堂、戏台、文昌阁三部分，呈四合院式格局。

管山村的古建筑尽管遭受了较为严重的破坏，然而其建筑特征依旧保持得相对完整。其中，特色鲜明的牌坊、门前的水塘以及精美的影壁等建筑元素，均严格遵循了中国传统的建筑理念。此外，这些传统建筑还展现出别具一格的特点。例如，在其他地域常见的三叠鹊尾式马头墙，在管山村却演变为独具特色的四叠鹊尾式马头墙。同时，一些建筑更是体现了中西合璧的独特风貌。

在建筑细部方面，由于传统社会中管山村多出官宦仕子，所以村内的建筑较为精致，除特色的雕花、门楣、文字外，方、圆形中心对称的石窗也有所保留。其中的建筑特色主要表现在以下三个方面：一是萧墙，这在其他古村落中较为少见；二是石柱，其中"八福"雕花的墩柱体现了主人的善意；三是旗杆，在传统社会时，中举者家门前多会立一根旗杆，可惜年代久远，大多数旗杆已不复存在。另外，官宦人家方可放置的石鼓，石雕铜钱铺地等，可谓管山村的另一个特色，这些建筑无一不是在诉说它们的主人昔日的地位与辉煌。

管山村村民非常重视对传统文化的保护，这不仅可以从古建筑的细节之中窥见，还可在村民的日常生活中，看到其与传统文化的高度结合，如传统的捣麻糍、磨豆腐、民间的舞蹈、传统体育活动、戏剧表演等均是传统文化在现实生活中的重现。

官山村的李氏族谱至今修谱十六次（见表3-1），1944年修谱人口数是10000人，截至最后一次修谱总人口数是23000人，主要分布在白塔、横溪、城区、大战、安岭、温岭、义乌、龙游、嵊州市、江西瑞金等地。李氏家族人才辈出，文化源远流长，其中1944年李氏第十五次修谱由现代著名的文学家周作人为谱作序。

表3-1　　　　　　　　管山村李氏编修家谱情况

编修次数	第一次	第二次	第三次	第四次	第五次	第六次	第七次	第八次
编修年份	1132年	1381年	1411年	1477年	1519年	1599年	1694年	1710年
编修次数	第九次	第十次	第十一次	第十二次	第十三次	第十四次	第十五次	第十六次
编修年份	1737年	1760年	1791年	1826年	1873年	1920年	1944年	1995年

注：本表根据2015年7—8月仙居传统村落实地考察内容统计而成。

在耕读文化影响下管山村还有众多历史名人，如宋朝时期管山村还出了9位进士，分别是李由、李由弟李康、李由子李道夫、李介石、李次葵、李居安、李塤、李元英及李元光。除此之外，管山村的名人还有兴建正觉寺的李举，任都察院分巡江西道御史的李孝丰，曾被授予陆军中将的李振华。

第二节　慈孝文化中的仙居传统村落

在传统社会中慈孝文化通过宗法制度等代代相传，并由小推大，成为齐家治国中的重要一环。关于慈孝文化的起源，学界尚无定论，但早在西周时期便已有了相关的伦理观念。春秋战国时期，礼崩乐坏，百家争鸣，在儒家的大力宣扬下，慈孝文化进入了新的历程。此后，儒家对慈孝文化不断系统化、理论化，并形成专论《孝经》。儒家以慈孝作为家庭伦理关系的基础，并通过推己及人的方式将血缘关系推广至一般人际交往中的亲疏远近。在这种人伦关系影响下，"原本属于家庭伦理范畴的'孝'演变为治国理政的'忠'"[1]，并最终形成家国同

---

[1] 魏艾：《传统"慈孝"美德的农村社会治理之维》，《东南大学学报》（哲学社会科学版）2016年第2期。

构的治理模式。统治者更是不断将孝的内涵扩大化、政治化，并采用以孝治天下的理念。故而，慈孝文化不仅是家庭成员之间和谐相处的牢固基石，更是国家治理体系中保障政治稳定、维护君臣一心的重要保障之一。

随着社会变迁，虽然慈孝文化产生时的封建家庭伦理已失去了原来的社会经济基础和政治环境，但慈孝文化对现代社会仍有着重要的教化意义。当下，人们依旧将是否慈孝作为评判一个人道德水平的重要标准之一。在具体实践中，慈孝文化是双向交往的权利与义务，即"父母慈"与"子女孝"的双向互动。唐孟郊的《游子吟》便是对这种双向互动的绝佳诠释，"慈母手中线，游子身上衣。临行密密缝，意恐迟迟归。谁言寸草心，报得三春晖"[1]。孟郊从儿子身上看到了母亲的付出，其"慈"的表现不仅有外在行动上的，更有内在精神上的；这种生养之恩也使在外的游子时刻挂念着母亲，并希望能早日尽孝道以报答恩情。孟郊此诗虽无豪言壮语，但却用最质朴的文字描绘出最伟大的亲情。

在村落之中，高深的理论农民或许不懂，但最为质朴的亲情，最为简单的慈孝文化早已深入人心。慈孝文化早已作为中华优秀传统文化的重要组成部分，在村落中发挥着重要的治理作用，并与当前的时代主题相呼应。

首先，慈孝文化有助于家庭和谐。现代社会家庭结构与传统社会虽然发生了很大改变，但慈孝依旧是家庭伦理中最重要的价值观，在村落和社会中亦是如此。父母之"慈"可促进儿女更好地成长、成才，拉近少年与父母的关系；儿女之"孝"可推动老有所养、有所依靠，兄弟姊妹之间方能更为团结。家庭建立在慈孝的亲情之上，也会更加和谐安定。

其次，慈孝文化可促进村落的精神文明建设。家庭安定是村落和社会安定的基础。在发挥慈孝文化"安家"作用的同时，可将这种品德从"家庭"推广到社会群体。村落可通过多种形式、多种渠道讲明孝理，

---

[1] （清）蘅塘退士编：《唐诗三百首》（注解本），管又清注解，岳麓书社 2015 年版，第 42 页。

宣扬孝道，践行孝义，传承和弘扬慈孝文化，树立良好家风，培育淳朴民风，倡导文明乡风。因此，慈孝文化在乡村中可以形成一种良好的氛围，使人们寻觅到个人的精神寄托。

最后，慈孝文化可以辅助村落进行治理和建设。家庭和睦、乡村和谐为"和美乡村"的基础，尤其是村落中的家庭关系在村落治理和建设中占有重要地位。村落社会中的人们仍是"熟人社会"，慈孝不仅能使人与人之间的感情快速拉近，还能激发村民们的创造力和行动力。建设宜居村落不仅是政府的职责，更要发挥村民内在动力，而慈孝文化便是这种动力之一。父母之"慈"，促使村民努力为儿女创造更好的生活和成长的条件；儿女之"孝"，激发村民更好地奋力拼搏。如此，便能更好地激发村落社会活力"建设宜居宜业和美乡村"。

目前，仙居县也在大力弘扬慈孝文化，并促使其由"虚"变"实"，由"个人行孝"变"集体行孝"，使慈孝文化成为践行社会主义核心价值观的主要抓手。[①] 仙居传统村落蕴藏着浓郁的慈孝文化，如"龙母有灵"四都村、"孝廉故里"枫树桥村、"十训八诫"李宅村和"忠孝两全"上吞村，对它们慈孝文化的挖掘对村落的发展和保护有重要的现实意义。以下便是相关情况的介绍。

一 湫山乡四都村

四都村是仙居县湫山乡的一个行政村，地处永安溪畔。在交通方面，过去横溪镇通往一、二、三都的古道和今日的仙安（仙居至安岭）公路，均穿过四都村。四都村形成的年代比较久远，在唐开元元年（713），其始迁祖便已定居在乐安（即后来仙居）县湫峰龟岩下，若依此计算，村落距今已有1300多年的历史。

明朝仙居行政区域设为三十八路，湫峰属四都，时代变迁，地名更迭，四都村却一直沿用古代都名，以"四都"为村名。四都村因祖居陈姓，又称"四都陈"，四都村原辖李公山村、石星村两个自然村。主村

[①] 金雄伟：《以慈孝文化构筑文明"仙居"》，《人民论坛》2012年第S2期。

仍保留有明清时期古建筑群，村域内有县级文保单位2处。清代中后期，永安溪上的水道开始消退，陆路开始兴起。从横溪小埠头等地出发，途经湫山、四都的古道，是仙居通往温州永嘉、丽水缙云等地的主干道，士农工商皆往来其间，络绎不绝。因有古道，诸如沈氏等家族开始迁入湫山。他们一方面凭借固有的关左堰、岁丰堰等水利设施发展农业，另一方面利用交通上的便利，从事商贸贩卖活动。直至民国时期，湫山村落规模已经逐渐扩大，并成为当地农商并茂的一个大村落。这也是至今可以看到村中保留有超过50%传统建筑的重要原因。

四都村的历史格局与风貌特色可以概括为"左狮右象，背山面田，以堂为心，以树为卫"。村庄选址依山傍水，体现了古人"择水而居"的选址理念。村落在永安溪南岸，东面紧邻四都坑，四都坑从南汇入永安溪，其北面为杨岸港，港的两岸分布着鸡笼山与观音山两座大山。观音山上的龙母峰，古时又称湫峰。湫，乃指低洼平坦的湿地；峰，便是指村北那座顶天立地的龙母峰，湫峰意为龙母峰下一片平原。

关于龙母，村庄流传着一段龙母生龙子的故事：四都邻村碗口村俞家有一位十七八岁美貌的姑娘，因误食三颗珠子而意外怀孕。为避闲言碎语便藏于鸡冠岩，最终产下赤、白、黑三条龙子。姑娘生产时其父意外身亡，姑娘知道后呼天唤地，仍唤不回其父亲。痛苦绝望的她便端坐自尽，化作成龙母岩。从此她与龙子一起庇护当地百姓，保一方水土。当地百姓常常向其祈雨，或向龙母许愿保佑农业生产风调雨顺，年年丰收。百姓的许愿往往皆能灵验，因此当地百姓无不称颂龙母恩德及三龙神威。

村庄的南面之山为岩龙背，其岩石沿着山体自然延伸，状似一条巨龙，足有十余千米长，并贯穿整个村庄。象鼻岩地处四都村东南角位置，为岩龙背的起始端。象鼻岩处还有一棵树龄千年以上的古樟，耸立其中。此外，村庄的西南角，沿龙背的脚下有一个形似乌龟的岩石。正因如此，村庄始迁祖陈氏才能见其地势寓意吉祥，加之周边风水合理，便选址此处定居繁衍。

从四都村的整体建筑肌理来看，它的传统建筑多集中保留在村落中部。从永济桥开始沿龙背形成的一条古驿道，驿道一侧为一条水渠及几处池塘，另一侧则是沿街建筑，其中还分布着多处商铺。村庄北面的传统建筑，主要有大院里、十三间、衍庆宫、陈氏祠堂与净乐寺等公共建筑。新建的建筑多集中分布在村庄北面的溪下线两侧。

建筑风貌主要以青石建筑为主，还有一些具有仙居特色的夯土建筑和石砌建筑。建筑类型有以十三间、大院里、下塘沿与三门堂等为代表的民居建筑，以陈氏祠堂、衍庆宫、净乐寺及太公庙等为代表的公共建筑，以及沿街商铺、牲畜棚、一字跨街楼等一些居民生产所用建筑。

大宅院是当地具有特色的四合院民居，为一位举人府邸，建筑细节较为精美，至今保留较为完整。此院中保留的以卵石铺地的图案有铜钱、荷花等状，这也是仙居传统村落民居建筑中的特色。

衍庆宫是四都村供奉陈十三娘娘的道观，院落内保留修缮的古戏台气势恢宏，是清初建成的仙居县最为精美的两个戏台之一。唐代古刹净乐寺始建于唐咸通三年（862），旧名兴乐寺，宋代治平三年（1066）皇帝御赐改为净乐院。明万历年间，经过僧人水心的修葺，变得较为壮丽。光绪年初，盗寇经常出没，寺庙也因之被破坏。在明清时期，净乐寺不仅是当地佛教的圣地，还是乡约和社学的所在地。仙居的八正书院之一诚正书院便曾在此寺中。20世纪70年代后，净乐寺逐渐衰败，原有的寺院一部分（现村改为幼儿园）已经被拆毁，保留的部分做过粮仓、基督教堂等，现今几经拆改的它早已处于衰败之中。

四都村现保留的建筑细部最为完好的是大宅院、衍庆宫。这些传统建筑在牛腿、雀替及门窗上雕刻有狮子、龙及花瓶等精美图案，甚至较为少见的双龙戏珠雕梁也能在其中找到。外墙保留了带有壁画与石刻的马头墙、门台、门楣等。

四都村整体街巷空间尺度主要是以人为准的人行街巷尺度。主街巷为沿龙背沿线的古驿道街巷和十三间与下塘沿之间的街道。在主街巷中可以看见一些跨在街巷或胡同上的一字跨街骑楼。骑楼底下可以通行，许多村民还会聚集在骑楼下休憩、活动。

从四都村整体面貌可见，它保留着许多完整的古建筑院落和古街道。

此外，村里的传统资源较为丰富，有古树、古桥、石刻、碑文、奇石与水塘等。除象鼻岩下的古树，北面村口的村委楼后还有一片古树群，村民常聚于此进行舞蹈活动。村庄东面的四都坑上的永济桥，是全县现存最完好的石拱桥，修建于民国，全长77米，使用石板铺面，商旅多从此经过，桥身也因行走过多而变得油光发亮。永济桥的修建与人流之多也能反映出湫山繁荣的景象。村庄内还有多处石刻与碑文，如"永禁溺女""节孝流芳""钦褒节孝"等碑及舍利塔等与传统文化相关的遗迹，遍布村中各处。另外，村中有多处与水渠相连供人们取生活用水的水塘。四都村的历史建筑种类和数量众多（见表3-2）。

表3-2　　　　　　　　四都村历史建筑

序号	名称	所处级别	所在地址	修建年代	面积（单位：平方米）	备注
1	陈氏宗祠	—	村东部	—	434	四合院形制
2	静乐寺	—	村东部	—	4582	曾为诚正书院
3	十三间	县级	村中北部	清	1744	—
4	下新屋	—	村东部	清	320	—
5	四方地三幢	—	村南部	清	1158	二层骑楼
6	下塘沿	—	村中部	清	1343	二层骑楼
7	三门堂	—	岩龙背山脚	清	414	带前院
8	衍庆宫	—	岩龙背山脚	清	1476	附有戏台
9	大院里	县级	村中北部	清	1774	即"镜屏毓秀"民居
10	永济桥	县级	村东侧	民国	—	—

注：数据来源于2017年的课题组村落调查。

四都村还是慈孝文化的发扬地。村里流传着很多关于慈孝的故事，这种故事对其村庄文化影响深远。其中，很多故事还能与街巷中的碑刻、牌坊相互对应，如"戴氏节孝"碑、"广种福田"碑等。此外，村中的传说也均以慈孝为主，像"龙母生子"、陈十三娘娘等，这些具有传统宗教文化的故事对四都村的慈孝文化也有深远的影响。

二　蟠滩乡枫树桥村

枫树桥村是蟠滩乡韦羌村行政村下辖的一个自然村,北与大丘田村相邻,向南是本村的官渡(古河塘),往西是白殿山。村庄西南边的地势在风水上称为"五马回槽"。明代,有周氏三兄弟从永嘉而来,见此地风景秀丽,且风水良好,于是便在此处定居,逐渐繁衍后代最后形成现在的枫树桥村。此村东南水堰旁边早年曾有株大枫树,其树根横架于水堰之上,以供人当桥行走,故村名为枫树桥村。①

周氏族人不仅在村落选址时考虑风水,更是在建设村落时将风水因素作为其中的重点之一。为锁住风水以求得保佑家族的兴盛,村中建筑大多朝西,并且在三透九门堂宅院的西面正门留有大片草坪空地,村东种植风景树作为聚拢风水的屏障,这种人居建筑与自然的和谐,合乎中国传统村落"负阴抱阳"的风水理念。枫树桥村结构肌理见图3-5。

村落的整体风貌较为古朴且协调,多为古色古香的青砖黑瓦或石砌建筑,墙体基本上以土墙为主。枫树桥村的街巷保留着石块铺地的步行道路,也有的道路以卵石铺地,还有些未经改善的泥土道路。

村落的建筑类型主要包括村庄北面青砖与石砌混合立面的三透九门堂民居建筑、石砌三合院形式的民居建筑、"一"字形的夯土民居建筑、台门式的四合院建筑,以及仓储用房等。其中,一些居民生产建筑为夯土与石头混合建造的磨坊。村中保留的周氏宗祠是仙居县规模最大的三透九明堂式的建筑之一。

在传统文化方面,孝行和清廉并举的"孝廉"文化成为枫树桥村重要的乡风民俗。翻开该村至今保存完好的周氏家训,第一条便是"生我育我,罔极之恩。明发不寐,有怀二人温情;定省孺慕之常;愉色婉容,人子之职。故事父母,必须养体、养志、致爱、致敬,奉甘旨、问寒暖、

---

① 浙江省仙居县地名委员会编:《仙居县地名志》,内部发行,1983年,第129页。

图3-5 枫树桥村结构肌理（作者团队自绘）

曲尽其情。至于父母有疾，择请名医，亲尝汤药，多方调治，颐养元和。又必妻子不失其敬，兄弟不失其和，宜室宜家乐尔妻孥，以慰父母之心"[1]。这些家训不仅写在纸上，还以石刻的方式存在枫树桥村的周氏宗祠之中，以求警示世人，教育子孙。

周氏宗祠建于清代中晚期，位置在枫树桥村北部，墙体四面为砖石结构，坐东朝西。宗祠有着三进式的建筑格局，门厅三开间，明亮宽敞，两次间为封闭式结构。过门厅后，有一小池塘，池塘之上架有石桥，这种建筑格局在仙居并不多见。跨过石桥便为前殿，前殿亦为三开间。前殿长廊柱子之上雕刻有凤凰等寓意吉祥之物。前殿之后便为正厅，两者之间是一个长方形的天井。正厅面阔三间，在各石柱之上均刻有楹联，如"祖烈犹存细柳军营跨汉代，孙绳勿替经芝柬帖艳清时"和"日暖蓝

---

[1] 《周氏家训》，载中共仙居县委宣传部、仙居县地方志办公室编《仙居家训》，中国文史出版社2016年版，第282页。

田军帐貔狱豪闲寄，霜披白简谏垣獬豸迈彝伦"①。此副楹联讲的是汉代周亚夫屯兵治军的典故，其中"细柳"为古地名，在今天的咸阳市附近，而"獬豸"则是掌有审判之权的神兽。还有一联为"爱莲著说推君子，观梓垂行重懿亲"②，是讲宋理学大家周敦颐之典故。从中可以看出，枫树桥村的周氏族人，将周亚夫和周敦颐认为先祖，祖宗要"廉"，否则视为不孝。所以枫树桥村周氏族人常以孝廉精神激励自身，为更好地传播孝道理念，枫树桥村还建有慈孝堂，以时刻令族人警醒。

三　田市镇李宅村

李宅村位于仙居南部山区，距离仙居县城20余千米，所处地貌为浙东沿海与浙西山地交会之处。李宅村先祖于955年始居温州苍坡，约至1127年李氏先祖李朴与子昌徹及兄弟徙居仙居，后李朴的后裔而居，故名李宅。因始迁祖李朴号盘谷，所以李宅村也有盘谷村之称。"祖居李姓，宋时由温州苍坡迁入落户发族，故名李宅。明嘉靖时，都察院副督御史李一瀚的故里。"③ 因为交通便利，所以李宅村曾一直是乡政府驻地。民国时期，李宅村所在的乡号为眠牛，后改为景星，1949年后定名为李宅乡，1992年并归田市镇。

李宅村虽经久变迁，但至今仍然保存着清道光年间（1821—1850）的村落格局，并留下了丰厚的历史人文资源。李宅人在此地休养生息已近千年，在"以耕以读"中积累了极为深厚的历史文化底蕴，2013年李宅村入选全国第一批传统村落。

李宅村传统民居建筑群气势恢宏，以李氏大宗祠为中心向四周扩散。大宗祠正面朝西，前面为池塘，是整个村落的风水气眼。村落最初的主体建筑就是位于大宗祠西南的两个朝南三进院落，每座院落之间相隔数米，整体分布井然有序，从山上俯视呈"双喜"字形格局，为典型的

---

① 政协台州市文史资料委员会、政协仙居县学习文史委员会、仙居县文化局等编：《艺术·中国——皤滩古镇》，西泠印社出版社2001年版，第81页。
② 2017年课题组在仙居调研考察所得。
③ 浙江省仙居县地名委员会编：《仙居县地名志》，内部发行，1983年，第152页。

"三透九明堂"建筑模式。随着村落的发展,李宅村向外建设了数个古民居建筑,也出现了排屋的住宅形式,但村落仍以古民居建筑模式为主。改革开放以后,经济社会的发展促进了村落各方面的加速发展,尤其是村落东面田柯线(县道:田市—柯思)的建设。此后,村民便"逐路而居"并不断沿线发展,村落内部古民居在这样的环境下逐渐走向破败,新的空间形态正在逐渐形成。

村落周围拥有李宅八景奇观:"眠牛汲水""双峰排闼""狮子挪球""岩门瀑布""黄龙出洞""鲇鱼戏水""木兰挺秀""一石墩珠",形成了独特的自然旅游景观。"风水之说,自古有之,故阴阳二宅须善择焉。但牛眠吉地必有善良之心地,而后可以遇之大雅云。乃眷西顾此维与宅堪与家云。天生积德一人,地留发福一穴,此之谓也。若徒恃巧力图谋、而谓人定可以胜天,则世代仕宦当在曾杨子孙矣。凡求风水者,宜豫积于公之德。"① 从李宅村的周边环境可知,此村落在选址营建时便遵照了上述的风水选址之学。

1127年,辽邦侵犯中原,致使温州一带民不聊生,李氏先祖朴公带领妻子、兄弟避乱至此,开始在此地繁衍生息,附近十里方圆皆为其直系后裔。以"修身、齐家、济天下"来概括李宅李氏传统家风是十分恰当的。李宅传承至今已有900年的历史,代代相传的"十训八诫"是李姓家族的行为戒律和精神信条,成为家族成员为人处世与自我约束的规矩,更是家庭和睦、村居和谐、社会安定的根本保证。完好保留至今的"三透九门堂"古民居则是家族和睦、全村一家的象征。时至今日,古老的族规依然被李氏后人严格遵循,敬老爱幼、兄友弟悌早已蔚然成风,全村秩序井然,平安祥和,夜不闭户、路不拾遗的古风犹存。

"十训八诫"是李宅李氏的祖训,最早出现在明朝成化元年(1465)修编的《乐安李氏宗谱》中。截至2004年,《乐安李氏宗谱》总计修编

---

① 《陆氏家训》,载中共仙居县委宣传部、仙居县地方志办公室编《仙居家训》,中国文史出版社2016年版,第223页。

了12次,"十训八诫"祖训始终代代相传,成为家族成员的道德准则和行为规范。具体内容如下:

祖训
训为子

行莫先于锡类,品尤重乎克家。用力用劳,事固分其大小;致爱致敬,孝无间于安危。是故舟不遊,道不径,无忝尔所生;于焉习有业,行有常,乃弗亏厥职。恶则悉归于己,善则务称其亲。致孝义予逮存,当知爱日;扬休名于后世,必贵守身。

训兄弟

教重彝伦,谊敦天显。毋因小忿而废懿亲,岂可以安宁或偏朋友。如手如足,御侮乃见心同;一体一技,相容备征意合。为雅儒为恭士,莫让善于古人;或合席或对床,思齐贤于前哲。式相好,无相尤,留为儿曹榜样;同厥甘,分厥痛,究与俗辈径庭。

训夫妇

道盖成于乾坤,位当乎外内。和而义者,诚不愧于丈夫;柔而正兮,才可称为妃匹。惩忿窒欲而反目何由,履洁怀芳斯同心相助。勃谿因乎重色,诟谇起自败名。冀缺之相敬如宾,因见推于白季;伯鸾之好贤若渴,故诚服乎孟光。

训交友

顺亲始堪信友,罔上起自党同。非可亲而妄因,失斯多矣;未成交而先择,尤庶寡乎。淡以成者,白头仍旧如新;甘而密兮,反眼若不相识。须认立心,奸险昵比,必受其株连;尤防举念,邪淫狎优,实时为鲍化。秦楼楚馆,燕游悉是淫朋;美馔香醪征逐,岂成良友。倾肺肝合因权利,权利尽而交疏;指天日誓同死生,死生临则情变。

训为士

士者人中之秀儒,为席上之珍。说礼敦诗何惭风雅,履仁蹈义始擅高华。立身端戒脂华,涉世休同闵茸。耻耻面蘖,乃白璧之无瑕；惧惹烟花，为青衿之最贵。莫怪无端之辛螫，谁令尔卉蜂；须知不解之纠缠，实自家作蛹。

训为农

学书不成去而学稼，忧道无分且以忧贫。游手好闲，此真不稂不莠；用心以率作，庶免告饥告馑。卤莽而耕，良田鞠为茂草；辛勤肯播，破户易为高檐。手成胼而足成胝，其劳可矜也；仰有事而俯有畜，此乐何极焉。饼不罄且宴姻亲，椒有馨可宁胡考。倘辍耕而好六博，终作惰民；若负耒而横一经，或成髦士。

训为工

工先慎于择术，艺亦足以代耕。法必师承，何至偭规改错；品虽末业，却堪济世资贫。毋镂刻以伤农，惟刮摩而善事。作淫巧以荡心智，害先及身；造新奇而诳货财，祸不旋踵。饬材成器，有技方可全家；毁瓦画墁，无功何由求食。以子多，各成一艺，其教创自古人；为亲老，暂作六工，此中岂无豪杰。

训为商

阜通货贿，职列周官。操擅奇赢，弊惩汉律。惟思通财待乏，何可同恶相求。牵车牛而服贾，义重养亲；乘冠盖以为商，罪严急上。虽云刺文绣不如倚市门，若但析秋毫胡以见家督。勿为狭斜所赚，良贾若虚；必求垄断而登，丈夫斯贱。

训持家

家本易齐，修身尽非容易。成固难守，创业尤自繁难。纵子弟而樗蒱，无以基弗弃；训儿孙以耕读，务本斯肥。夫奢何如俭，过俭则受厌难堪；须宽以济严，太严则贼恩莫大，不慈不孝，虽才华盖世毕竟无根；有礼有恩，只清白传家，殊为出色。有财偏于鄙吝，可笑房，但守钱无实，妄自矜张，还嗤倭不识宝。语言劣而文学优，出身或成俗吏；阴鸷亏而技能显，回首难望才郎。

训为官

职无虚设，禄岂妄干。学古然后入官，作忠斯称报国心。勤抚字讵必用力为，催科志在功名，勿漫驰情于富贵，驭下稍邻苛刻，恶报延及子孙。居高倘涉贪饕，谷征现自鬼祟。满腔皆热血，惟求仕版无亏。两袖止清风，遑恤宦囊告匮。一时轩冕，回头即虚空。百姓脂膏到手，宁非罪孽。亏尽治国家之道，人莫大焉；苟为保妻子之臣，品斯下矣。

祖诫

诫不孝

盖报答深恩，昊天罔极。自天子以至庶人，靡不尊有亲也。且豺祭兽，獭祭鱼，乌鸟反哺，彼物类尚知报本，何以人而不如乎？倘有忤逆者，视其轻重，小则公罚，大则拘入家庙，伏列祖神位前，笞责三十，即于谱中涂抹名字，不许复归本宗。

诫不悌

盖天显之谊，详载虞书，酾醑有祝，贵不敌亲，何以四民而不悌乎？倘于长上出言不逊，罚以警之；甚至以器具殴伤者，其笞责弃逐与前规同。

诫奸淫

闺门之内，风化攸关，淫为恶首，天地鬼神所共恶也。敢有犯者，按其踪迹，实属行户之流，罚银三两惩以警后；倘染清白良家，或关五服姻眷，众共秉公究治。

诫窃盗

盖礼义廉耻，国之四维。窃盗之人，四维俱丧，上玷祖宗，下辱族党，倘有犯者，笞责弃逐与首条同。

禁赌博

四民各安其业，乃可资生。赌博之人，游手好闲，不惟有妨本业，抑且荡废家产，甚至鼠窃狗偷，皆势所必致也。初犯罚银一两，再犯拘入家庙笞责二十。

禁酗酒

宾客燕饮，自有常期，礼仪卒度明有节也。武公睿圣，犹作抑戒；大禹圣王，且疏仪狄，况庶人乎？倘有日夜饮酒，肆无忌惮，或乘醉以语言伤人，罚以惩之；甚至干名犯分好勇斗狠，勒伏神位前笞责三十。

禁匹配非耦

夫良贱异族，以类相从，自有礼制。以来名分攸关，罔敢有越之者。每见无知之人，不顾理义，或婪其色或贪其财，不别出身微贱，竟尔妄为联姻，匪特贻笑他姓，抑且大污族党。如有犯者，笞责弃逐与首条同。

禁身充贱役

清白传家，奕世着美。我族虽非阀阅世家，亦颇以诗礼遗训。窃见贪利之徒，不顾廉耻，身充皂吏，阳奉官差，阴受货贿，不惟上玷祖考，抑且遗患子孙。倘有犯者，笞责弃逐同前。

以上十训八诫，愿世世子孙恪守无违，交相勉为善良，毋以长凌幼，毋以幼凌长。条例森然，各宜遵之。①

李宅村"十训八诫"中的"训"是劝谕，前八训教育族人该如何做人，也就是"修身"，第九训谕的是"齐家"，第十训谕的是"济天下"；"诫"是律令，"八诫"都事关"修身"，禁止族人做何事，违反了要受到相应的处罚。"训"与"诫"既相互呼应，又各有侧重，严令世世子孙恪守无违："条例森然，各宜遵之。"

四　朱溪镇上岙村

上岙村是朱溪镇的一个行政村，位于朱溪镇西南方向约8千米处的山林中。据《仙居县地名志》载："因地处山岙，位于利坑、大加两村之上，故称上岙村。"② 明代时，上岙村属于庆云乡；入清后，属三十三都；民国时，其属溪上乡；中华人民共和国成立之初，属岭梅乡管辖。

---

① 《李氏家训》，载中共仙居县委宣传部、仙居县地方志办公室编《仙居家训》，中国文史出版社2016年版，第131—138页。
② 浙江省仙居县地名委员会编：《仙居县地名志》，内部发行，1983年，第271页。

1992年，岭梅乡裁撤并入朱溪镇，之后，上岙村属朱溪镇管辖。

上岙村村落建筑布局与选址都依据自然环境，因地制宜，与自然山水相契合。顺应水流，依靠山势便也成了建筑布局的原则。村中的建筑物盘踞于群山的山脚之下，呈南北走向。建筑选材也遵守顺应自然、利用自然的理念。上岙村的建筑多就地取材，以木为主要支撑结构，以石为主要的外部围护结构，整体风格朴素自然。村落内沿着羽状溪流布置道路，溪流主体纵贯南北，既是村民生产生活废水的排泄处，又是山洪排泄的通道。上岙村内道路小巷高低错落，顺山就势，疏密有致。村内的主干道沿着河道蜿蜒至村口，构成村落与外界的交通纽带。上岙村的建筑及交通街巷的布局、走向、排水均以地形地貌为依托。整体风格朴实无华，具有明显的务实特征。这正符合朴素而天下莫能与之争的道家美学思想。村中居民、建筑、生活与环境一脉相承，体现了以人为本的建筑理念。

村中民居的建筑分布在溪流两边的山坳之中，通过曲径小巷相联系，形成三级台地式布局，可见图3-6。村落建筑整体上由西向东分为三层，分布在不同高度的山坡台地上；它们风貌协调，都为古色古香的青砖黑瓦或石砌建筑。村落入口处坐落着宗祠、广场与小学，构成了村中的主要公共空间，而村中心溪流交汇处的磨坊和会堂形成了次要的公共空间。由此可见，村中空间结构分布得层次多样、分明且合理。上岙村一直有尚武的传统，且村中的宗族组织相对完整，村内的祠堂保存得较为完整，宗族的习俗也得以延续。习武是对国尽忠，祭祖是对先祖尽孝，因此上岙村称得上"忠孝两全"。

村中有多种建筑类型：村庄北面的民居建筑有青砖与石砌混合立面的三透九门堂、石砌的三合院、"一"字形的夯土样式建筑。此外，村中还有一些居民生产建筑，如夯土所建的仓储、石砌的磨坊等均带有较强的地方特色。村中保留的小学与会堂带有典型解放初期的建筑风格。村中还有祠堂与土地庙等祭拜性的公共建筑，其中祠堂是清代的传统四合院建筑，现经过一定漆面刷新，但主体未作改动。

祠堂与三透九门堂形制的杨氏祖宅，是村内比较有特色的建筑形式。

第三章 耕读与慈孝文化中的仙居传统村落

图3-6 上岙村结构肌理（作者团队自绘）

它们内部的建筑细节非常精美，雕刻的图案也较为丰富。祠堂内的门楣、窗体、雀替及牛腿中的细部雕刻有狮子、花卉等精美图案。祠堂墙上的漆画保留较多且完整。祠堂内还有一些青砖砌制的窗框十字造型。此外，至今祠堂内仍保留着一些木质的家具。与之不同的是，村内其他民居中的木雕图案多只呈现在窗框上，没有祠堂内的精美与丰富。

祠堂与祖宅均为木质结构建筑，内部有廊柱环绕，且多保存较好。外墙保留了带有简单石刻的门台与精致的漆画。此外，许多建筑内还保留着大量工艺精湛的传统雕花大床、橱柜等家具，以及村庄内武师练功所留下的石锁。

村内保存下来的传统建筑多是民居，众多民居中有一座杨先昌的故居。杨先昌不仅是抗倭名将，还曾是当地有名的拳师，教导乡民习武抗倭。杨氏祖宅为上岙村始迁祖杨显昌的子孙所建，该建筑由两座四合院以过街楼的形式南北相连，后因诸兄弟分家，过街楼便被拆除。如今南部一座四合院形制尚保存完整，有杨氏后代继续居住使用。国内革命战争时期的游击队队长杨通海故居也在上峇村，只不过此故居受到严重的破坏，所留下来的仅剩下一些遗址。从抗倭名将到革命先烈均可以体现出上峇村的习武传统，这是村内一个突出的文化特色。时至今日，村中多处可见到练武的器具，如石锁等。

村中居民多姓杨氏，且村内宗族意识尚浓，宗族族人大多数在外发展，为了提高族人内部的凝聚力，村民们仍旧较为注重祭拜祖先。家族内的家谱也在不断地重新编纂。在祠堂里面会举行一些公共活动，杨氏宗祠是村人祭祀祖先和办理婚、丧、寿、喜活动的重要公共场所。同时，村庄一直保留着的宗祠祭典活动，代表着全村人的信仰和文化。可以说，宗祠是村落居民传统生活方式的文化载体。因此，现在祠堂内的文化类型至今仍比较丰富。

第三节 耕读和慈孝文化在空间中的外在体现

20世纪90年代以来，中国学者开始逐渐关注传统村落与乡土空间营造方面的关系，尤其注重传统村落中历史建筑对文化传承和乡村遗产保护的作用。[1] 在仙居传统村落中，耕读文化和慈孝文化于建筑空间上的外在体现最为常见。这种空间上的文化特征，属于场所精神[2]的一种，是人与空间在历史上互动而产生的结果。即使空间实体发生了改变，人们固有的感知也会在一定时间内惯性地延续。

一 耕读文化在建筑空间中的外在体现

耕读文化，作为一种深深植根于农耕社会的文化形态，既体现了对

---

[1] 刘梦轩、谢青、徐玮佑：《基于场所精神的乡村公共空间重构路径与图景呈现》，《创意设计源》2024年第1期。

[2] "场所精神"指人们通过与建筑空间的相互作用和复杂联系后，会逐渐形成特定的情感意识，是人的情感与所处环境之间所产生的内在共鸣，它将人的情感、记忆和建筑共同经历的历史融为一体后，赋予了建筑以精神意识。参见［挪］诺伯舒兹《场所精神：迈向建筑现象学》，施植明译，华中科技大学出版社2010年版。

第三章 耕读与慈孝文化中的仙居传统村落

土地的敬重和对农业知识的追求，又强调了读书与耕作的并重，以及家庭、孝道和自给自足的生活方式的重视。这种文化不仅影响了人们的生活方式和价值观念，也在建筑空间中留下了深刻的印记。具体而言，耕读文化在建筑空间中的外在体现是多方面的。

首先，从建筑的整体布局和风格来看，耕读文化强调的和谐、自然与平衡的理念得到了充分体现。由于耕读文化强调对土地的敬畏和依赖，建筑往往采用与自然环境相融合的设计，利用地形、水系等自然条件，营造出一种与大自然和谐共生的氛围。同时，建筑的风格也往往追求简约、朴素，避免过多的装饰和奢华，最大限度地利用土地资源和自然环境。这种与自然和谐共生的设计理念，使得建筑空间既实用又美观，同时也体现了人们对大自然的尊重和敬畏。山下村、九思村、高迁村等传统村落形态多依照地势修建，且多靠近河流。前者是与自然保持和谐，后者则是在选址时多考虑耕作和生活的便利性。

其次，耕读文化在建筑空间中的体现还表现为对功能性的重视。耕读文化强调自给自足的生活方式，因此建筑空间中往往设有农具房、粮仓等农用设施，以满足农业生产的需求。同时，为了满足读书学习的需要，建筑中也会设有书房或学堂，体现了耕读并重的理念。这些区域不仅布局合理，而且装饰和细节处理也体现了耕读文化的精神内涵。例如，农具房和粮仓的设计往往注重实用性和耐用性，体现了耕读文化中节俭、实用的精神；而书房则往往布置得宁静雅致，以营造一种良好的学习氛围。

以高迁村吴氏家族为例，一些宅院也是耕读文化在建筑空间中体现的重要场所。这些宅院往往有着悠久的历史和深厚的文化底蕴，建筑中充满了对耕读文化的传承和体现。省身堂反映了吴氏族人德行修炼的崇高思想境界。此堂为吴培洪（字世金，1798—1854）所建。相传其人遵循孔孟之道，每日在此"三省其身"，而取其名；通过这种方式，吴培洪不仅恪守情操、德高望重，还备受人们敬仰。折桂堂则寓意吴氏在追求文化中的目的与成就。"折桂"是指求得上进、博取功名之意。慎德堂也是耕读世家的居所，处处充满了书香气味。慎德堂为清代乾嘉年间吴树凤、吴熙河所造。此堂奉行以德养人，以俭治家，是典型的耕读世家的表现。思慎堂是练武世家的居住地。吴孔星（1684—1793）是在此居住过的最有名的武举人，为浙江省试第十九名武举人，其二子也先后考中武举。据统计此堂先后共有七位武举人在此居住，该堂也因此闻名遐迩。相传堂内石板裂缝较多，是武举人在此长期习武的缘故。

最后，在建筑空间的细节处理上，耕读文化的影响也随处可见。例如，在门窗的设计上，耕读文化注重通风和采光，因此门窗往往开得较大，这不仅有利于农作物的晾晒和存储，也体现了对自然光的充分利用。此外，在建筑的装饰和雕刻上，耕读文化也留下了丰富的痕迹。例如，檐坊、梁架等部位的雕刻往往寓意吉祥、平安和丰收，反映了人们对美好生活的向往和追求。

仙居传统村落民居的檐坊设计便在细节上体现出耕读文化的影响。这些檐坊往往被做成月梁形状，而在梁头部分，会有各种精细的雕刻。例如，雕饰三只羊，寓意着"三阳开泰"，象征着吉祥和好运；雕饰群猪，则寓意"诸事顺意"，表达了人们对生活顺遂的期盼；雕饰鲤鱼，则象征"年年有余"，反映了农耕社会对丰收和富足的渴望；雕饰牡丹，则寓意"花开富贵"，展现了人们对美好生活的向往。在村落民居建筑的檐廊梁架上，往往会镶嵌一组花卉、宝瓶、人物或动物图案的花板，这些图案不仅美观，更寓意深刻。它们象征着吉祥平安、招财进宝、富贵如意等美好愿景，体现了耕读文化中对和谐、富足生活的追求。

如高迁村的省身堂北门上的浮雕，刻有"三娘教子"等富有教育意义的传说故事，表明主人十分重视对后代进行德行教育。在高迁村折桂堂门口，立有一门匾，写有"椿树长荣，齿德兼贞"字样。此外，折桂堂内西侧还贴有官报十多条。高迁村的日新堂西边的窗上雕刻着宋代理学大师程颢所作《秋日偶成》的诗句，从"富贵不淫贫贱乐"的诗句中，可以窥见出当时富甲一方的吴氏族人自我勤勉的上进精神。

二　慈孝文化在建筑空间中的外在体现

"慈孝文化"作为中华优秀传统文化的璀璨结晶，代表了基于先天道德属性所展现的对人、对物、对社会、对世界的爱,并衍生出种种爱的行为的文化体系。这种文化在建筑空间上的体现,是对传统价值观和道德观念的具象化展现,通过建筑元素和布局来传达和强化慈孝文化的精神内涵。

建筑的装饰元素和独立的牌坊碑刻是展现慈孝文化的重要载体。吉祥图案、传统雕刻以及寓意深远的绘画等,都可以用来表达慈孝文化的内涵。这些装饰元素不仅美化了建筑空间,更通过其背后的故事和寓意,传递了慈孝文化的精神实质。据《民国仙居县新志稿》载,早在元代仙居便已修建忠孝坊,后人还曾写《忠孝坊记》以纪念。[①] 在湫山乡四都村的四都娘娘宫门前的节孝亭内便矗立着一块儿高大的"节孝流芳"碑。此碑刻是为表彰清代陈桂兰妻戴氏孝待公婆,一心育子的事迹。此事迹被光绪皇帝知悉后,亲自下诏赐"节孝流芳"予以褒奖。

建筑空间的功能划分和使用方式也体现了慈孝文化。在传统建筑中,常常设有专门的祭祀空间,用于供奉祖先和举行家族仪式,如宗祠、祖坟等。祠堂是家族祭祀祖先的场所,是慈孝文化在建筑中的集中体现。祠堂的建筑风格通常庄重而肃穆,内部装饰精美,供奉着家族的祖先牌位。每年的祭祀活动都在这里举行,家族成员通过参与祭祀,表达对祖先的敬仰和怀念,同时也强化了家族的凝聚力和对慈孝文化的传承。这些空间不仅是对祖先的敬仰和纪念,更是家族成员团聚、交流感情的重要场所。

田市镇李宅村古建筑群气势恢宏,以李氏大宗祠为中心向四周扩散。祠堂之西南、西北是古建筑分布的主要区域,从西面山上俯视呈"双喜"字形格局。大宗祠正面朝西,前面是宽阔的池塘,这便是整个村落的风水气眼。祠堂里面有一个隽秀幽雅的戏台,戏台的造型为典型的仙居做派。主体古建筑位于大宗祠西南,数个朝南的三进院落一字排开,每座院落之间相隔数米,整体分布井然有序。这些院落的分布格局便是

---

① 仙居县地方志办公室整理:《民国仙居县新志稿》(点校本),内部发行,2000年,第73页。

典型的"三透九门堂"建筑模式，这类建筑显著特点在于强调建筑的整体性。传统村落承载着丰富的历史信息，体现着农村的魅力与特色。在李宅村村民看来，至今保留完好的"三透九门堂"古民居，是李氏家族和睦、全村一家的象征。与仙居其他地方的古建筑相比较，李宅古建筑群的墙体壁画内容之多、保留之完好十分少有。当初营建如此规模宏大的建筑，每块石头、每张瓦片都要考究再三，精心挑选，所耗费的财力、精力是可想而知的。在整体性以外，古建筑的内部结构与建筑局部非常协调。民居也大多有一个典雅的名称，如"康乐堂""和亲堂""和乐堂"。院子的地上铺着精美光滑的石子，也是各有图案，寄托美好之意。

横溪镇苍岭坑村的戴氏宗祠修建时间最早可追溯至明代，为苍岭戴氏宗族祭祀和供奉祖先灵位的场所。位于苍岭坑村口。清咸丰十一年（1861）遭粤匪之惨，庙灾殆无余烬。同治初，裔孙戴在田、戴炳烈、戴炳秦、戴炳煦、戴炳英、戴日昱等建议重造。遂鸠工庀材，始于同治四年（1865），终于光绪四年（1878）。越数载，然后规复旧制，遵观厥成，即今之宗祠。现祠堂结构保存完整，门柱对联上书"宋室翰远第 明廷御史家""丹桂冠群英文章报国 白华赓百世孝友传家""祖德宗功绵永远 灯光月色恰同辉""春祀秋尝遵万古圣贤礼乐 左昭右穆序一家世代源流""阐天地大文四十九篇光萤 遵祖宗遗训百千万代酌鸡彝"[①]，内部仍保存有大量雕饰，并挂有"南台世范""百世不迁""明德维馨"等匾额。

总之，慈孝文化在建筑空间上的体现是多方面的，通过建筑装饰、布局结构、功能划分以及现代设计理念的融入等方式，将传统文化的精神内涵融入现代建筑，使得人们在日常生活中能够时刻感受到传统文化的熏陶和影响。这些建筑不仅为人们提供了生活的空间，更成为传承和弘扬慈孝文化的重要载体。慈孝文化的传承和发扬不仅有助于弘扬中华民族的传统美德，而且能够促进社会的和谐与发展。

---

① 2017年课题组在仙居调研考察所得。

第四章

商旅与民俗文化中的仙居传统村落

在传统社会，商业对村落的兴起、发展有着重要的影响。在这些商业要素中，交通的区位因素至关重要，有靠近古道而兴起的村落，有邻近渡口而发展的村落。商业的繁荣不仅为村落发展提供了动力，也在潜移默化中改变人们的生活习俗和思想观念。传统村落的习俗是地域特色的典型代表之一，是地域文化的特殊样本。民俗文化多是非物质文化遗产的重要组成部分，展现了传统村落文化的独特魅力。"传统村落传承延续的民风民俗、生产生活方式及传统技艺，既给游客带来了独特的文化及互动体验，又给文化创意产业的发展提供了便利条件。"[1] 因此，对仙居传统村落的商旅与民俗文化的探讨，有利于为当下传统村落的保护、发展提供借鉴。

第一节 商旅文化中的仙居传统村落

传统社会中，商业对村落兴起的影响深远且多维。这种影响不仅体现在经济层面，还深入社会结构和文化习俗等多个方面。

首先，从经济角度来看，商业活动为村落的兴起提供了强大的推动力。在传统的农耕社会中，村落的经济活动主要依赖于农业生产。然而，

---

[1] 王思明、伽红凯：《中国传统村落与产业兴旺之路》，江苏凤凰科学技术出版社2021年版，第44页。

随着商业的逐渐兴起，村落开始与外界进行更频繁的贸易往来。村民们通过销售农产品、手工艺品等获取更多收入，进而提升了生活水平。同时，商业活动也吸引了外来商人和资金的流入，为村落的经济发展注入了新的活力。

其次，商业活动促进了村落社会结构的变革。在商业的推动下，村落中逐渐出现了专门从事商业活动的阶层，如商人、小贩等。这些人群的出现不仅丰富了村落的社会角色，也加强了村落与外界的联系。此外，商业活动还促进了村落内部的分工和专业化，使得村民们能够根据自身特长和能力选择适合的职业，进一步推动了村落的社会进步。

最后，商业活动对村落的文化习俗也产生了影响。随着商业的兴起，外来文化和商品开始进入村落，为村民们带来了新的生活方式和观念。这种文化的交流与融合不仅丰富了村落的文化内涵，也促进了村落文化的创新和发展。同时，商业活动也推动了村落的开放和包容，使得村民们更加积极地参与社会的交流与合作。然而，需要注意的是，商业对村落兴起的影响并非全然积极，过度的商业开发可能破坏村落的自然环境和人文景观，导致村落丧失特色。因此，在推动商业发展的同时，也需要注重村落的保护和可持续发展。

传统社会中商业对村落兴起的影响是复杂而深远的。它不仅推动了村落的经济发展和社会进步，也促进了文化的交流与融合。然而，在享受商业带来利益的同时，也需要警惕其可能带来的负面影响，以实现村落的可持续发展。

一 横溪镇苍岭坑村

苍岭坑村原名为戴村，位于浙江省仙居县横溪镇西部，因地处苍岭东坡的山坑之中，故称为苍岭坑。① 村落附近有条古道名为苍岭古道，位于缙云县与仙居县交界的苍岭山之上，是仙居通往内地的一条盐道，还是海上丝绸之路的重要延伸。苍岭古道是从婺州（今金华）、处州缙

---

① 浙江省仙居县地名委员会编：《仙居县地名志》，内部资料，1983年，第34页。

云（今丽水）通向括州临海（今台州）的交通要道，又被称为"婺括孔道"。北宋时，浙江省、江西省和安徽省等地的食盐多是台州所出产，在运输方式上多采取水运。食盐在台州黄岩晾晒，于台州湾装船经过灵江、永安溪到达仙居皤滩镇。皤滩是多条河流交汇之地，航运的商品多在此处集散，并逐渐发展为一个大型的水运中心，形成商业区。为将皤滩镇食盐更好地运输各地，盐商便集资在苍岭坑铺设了一条盐道，供挑夫行走。①

苍岭古道为当时通往金华、丽水及江西内陆的交通要道，在整个仙居县内围绕苍岭古道设置了类似运盐的驿站，而苍岭坑村便是当时一个驿站所在地所逐渐发展起来的村落。古道西起缙云县壶镇的苍岭脚村，经过黄秧树、槐花树、冷水、黄泥岭和海拔 800 多米的南田等村，出风门后，下岭 2 千米多，直到仙居县的苍岭坑村。② 因测量方法和标准不同而有所差异，古道总长度有多种说法，一种说法是全长约 25 千米，另一种说法是全长 17 千米（仙居境内 6.7 千米），还有种说法是总长度 26 千米。至 2016 年，古道已被不同的盘山公路切割为多个段落。苍岭坑村周围亦是如此，保存较为完整的路段长约 5 千米，沿途景色秀丽。"这是一条通往内地的必经之路，两侧大山夹峙，山势险峻。古道两侧山坡上多枫树，一到深秋，霜天丹枫，似朝霞，如火焰，因此'苍岭丹枫'为古代仙居八景之一。"③

2013 年，原苍岭坑村与坎下、竹湖、桃山村落合并为新苍岭坑村。村民收入主要以农业及外出务工为主，当地农业主要为种植水稻与水果。

"片山成一谷，两水竞相拥；择水定而居，集中连成片"④ 是苍岭坑村的选址风格，苍岭坑村的村落结构肌理见图 4-1。村南部为牛头山与狮子山，苍岭坑村在依托苍岭古道的基础上傍水而居，发展成为一个房

---

① 浙商证券编：《浙商古道行》，新华出版社 2016 年版，第 195 页。
② 浙商证券编：《浙商古道行》，新华出版社 2016 年版，第 194 页。
③ 袁占钊主编：《处州文化史》，浙江古籍出版社 2010 年版，第 21 页。
④ 庞乾奎、申志锋、周志永：《仙居传统村落踏访》，浙江工商大学出版社 2018 年版，第 51 页。

屋成片布置的村落形态。村中的传统资源极其丰富，拥有古道1处、古树8处、古水潭1处、古桥5处、古河道2处、驿站2处、古井3处、古石碑石刻8处、路廊1处、龙王殿1处、七星水塘1处及传统公共空间3处，这些古遗存均保存较好，能够清晰地反映古时人们的生活场景与生活状态，具有极高的研究价值。

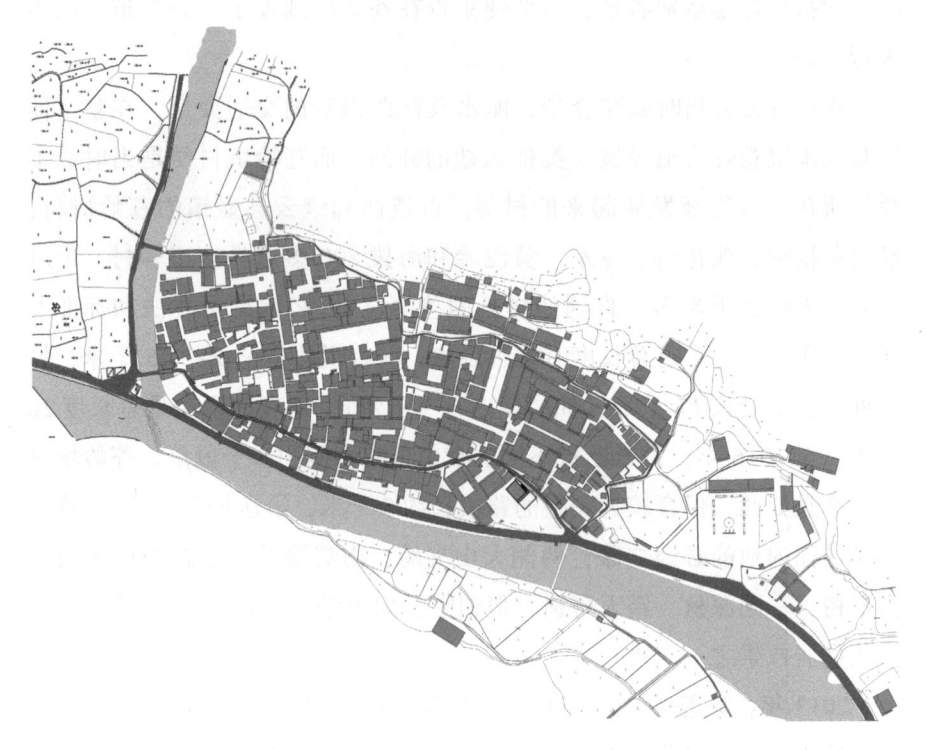

图4-1 苍岭坑村结构肌理（作者团队自绘）

村落的建筑以传统的四合院格局为主导，道路设计采用独特的"8"字环形路网，紧密贴合街道布局。房屋排列错落有致，既显紧凑又不显拥挤，街巷曲折幽深，别有一番古朴典雅的韵味。村落内建筑类型丰富多样，包括戴氏宗祠、古戏台、清代商铺、清代纺纱厂以及清代民居等。其中，戴氏宗祠作为县级文物保护单位，具有极高的历史价值和文化意义。

村落中保存下来的古建筑形式十分精美,包括马头墙、窗花、门罩、门楣、斗拱、雀替等,每一处细节都彰显着匠人的精湛技艺。特别是木结构房屋,保存状况良好,其内部的木雕刻构架尤为引人注目。屋檐下的凤梁、斗拱、牛腿、雀替、月梁等雕刻丰富,技艺精湛。尤为独特的是,牛腿和斗拱的雕刻以人物戏曲表演的形式展现,栩栩如生。同时,门上、窗上也刻有形式各异的雕花,既增添了建筑的美感,又展现了当地独特的建筑文化。这些雕刻作品不仅具有极高的艺术价值,更是当地历史文化的珍贵载体,为后人留下了宝贵的文化遗产。

此外,因苍岭坑古道的便捷和繁荣,使村落加强了与徽商联系的同时,也使村落深受徽州文化圈影响,越剧和徽剧的印记在村内均能找到。每逢重大节日和婚丧嫁娶,村内都会有组织地进行戏剧表演。这种艺术是文化的传承者,记录了村民的集体记忆。

二 横溪镇上江垟村

上江垟村在明清时期属于清风乡八都。据《仙居县地名志》记载:"十都英之南称下江,之北称上江,该村地处上江的田垟中,故名之。"[①]中华人民共和国成立之初,上江垟村曾是上江垟乡政府所在地,1958年撤并,现属横溪镇管辖。上江垟村位于仙居县城西偏南约22千米处,位于横溪镇东北方,永安溪北岸盆地中部。村庄位于永安溪的冲积平原,视野开阔,地势平坦,土地肥沃,地下水资源丰富。周边主要为风景秀丽的田园耕地,白鹭成群,北面可见巍峨的白冠山,其余三面能远远望见山体,永安溪在村庄南面3千米处,上江垟村结构肌理见图4-2。至2016年,村庄户籍人口有1022人,村庄占地10公顷。

"垟"在仙居的方言中有田地、平原的含义。顾名思义上江垟者即上江的田地或平原。其位于八都垟平原的南端,与十都英村南北相望,也是八都与九都南面的分隔村落。民国时期,八都一带曾流传着这样的歌谣,"长长十三都。阔阔八都垟。以前八都垟。种田一大畈。割谷弗

[①] 浙江省仙居县地名委员会编:《仙居县地名志》,内部发行,1983年,第48年。

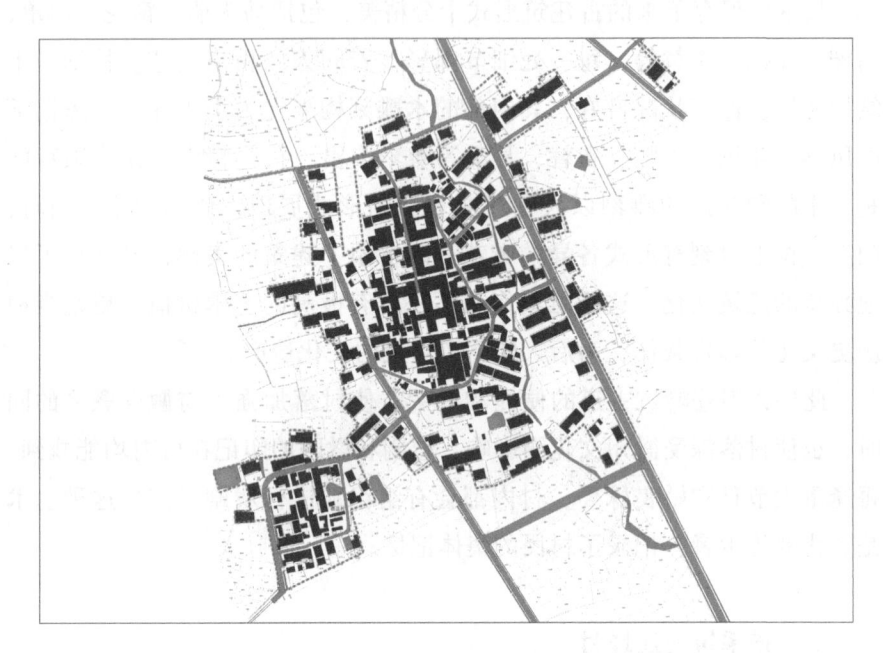

图4-2　上江垟村结构肌理（作者团队自绘）

满担。捣米用酱槽。煮粥用沙罐。爸吃妈只相，囝囡倒得吖"[1]。中华人民共和国成立后在许多资料记录中，八都垟一带仍被认为是产业单一、生活贫困的代名词。然而，上江垟作为八都垟平原的一个村落，从现存的村落建筑群来看，其却是八都垟以至仙居境内为数不多的富庶村落；在当地人的记忆中，上江垟也曾是一个出财主最多的地方。其中原因，很可能是与上江垟村村民经商有密切关系。北部有九龙山、白冠山，曾是仙居于缙云、磐安的界山，又有仙杭古道穿山而过，或许上江垟村旧时的富庶可能即与古道的贸易有关；抑或农耕其实只是上江垟村曾经财富来源的表象，其真正的财富积累可能是来自商业贸易。

上江垟村落约始建于清康熙年间，村落的始迁祖张鉴望是从仙居迁至八都上江垟，后在此定居繁衍，现村中仍以张姓为主。张氏家族已传

---

[1] 《八都垟》，载中共仙居县委宣传部、仙居县地方志办公室编《仙居歌谣》，中国文史出版社2016年版，第70—71页。

三十九世，有二十五房。因张氏家族经营有方，财力较为充足，在村落中建有规模宏大的三透九门堂的民居建筑群。"三透九门堂"为连进式四合院家族建筑群落，是仙居县内一种独特的乡土建筑风格。上江垟古建筑群为张氏历代祖先在其一世祖宅的基础上向北不断加建院落形成的，其演变过程也是张氏家族发展历史的具象体现。如今村内现存传统建筑既有该地区典型的"三透九门堂"类型，又融合了新派民居"十三间头"与"十八间头"的特点，建筑艺术价值极高。因上江垟村内古建筑群布局规整、保存较好，是仙居横溪镇乃至台州西部河谷平原保存最好、规模最大的一处民居群落，故在2017年被浙江省人民政府公布为省级文物保护单位。

仙居上江垟村的三透九门堂建筑，是中国传统民居建筑的杰出代表，尤其在浙江省地区，其独特的建筑风格和深厚的文化底蕴令人赞叹。所谓"三透"，指的是建筑共有三进院落，形成层层递进的空间布局。而"九门堂"则是指建筑内部有多个门洞和院落，这些门洞和院落不仅丰富了空间的层次，还增加了建筑的通透性，使得整个建筑在视觉上显得更为宽敞和明亮。仙居上江垟村的三透九门堂建筑是中国传统民居建筑的瑰宝。这些建筑不仅体现了中国传统民居的精髓和实用性，也承载了丰富的历史和文化信息，具有重要的历史和文化价值。

在建筑风格上，三透九门堂建筑体现了中国传统民居的精髓。其外观古朴典雅，色彩朴素而鲜明，多采用青灰色的瓦片和砖石本色的墙体，给人一种宁静而庄重的感觉。同时，建筑的细节处理也十分精致，无论是门堂天井的铺设，还是门窗的雕刻，都体现了工匠们精湛的技艺和审美情趣。

在内部布局上，三透九门堂建筑充分体现了中国传统民居的实用性。其内部空间布局合理，每个房间都有明确的功能划分，如堂屋、卧室、厨房等。同时，建筑内部的通道和走廊设计也十分巧妙，不仅方便了人们的日常生活，还增强了空间的流通性和互动性。这种布局方式不仅使得建筑在功能上更加完善，也增加了居住者的生活便利性。

在文化内涵上，三透九门堂建筑也承载了丰富的历史和文化信息。

这些建筑往往承载着家族的历史和记忆,是家族传承和发展的重要载体。同时,这些建筑也体现了中国传统文化的精髓,如天人合一、和谐共生等思想理念,这些思想理念不仅影响了建筑的设计和建造,也影响了居住者的生活方式和价值观念。

三透九门堂建筑在建筑风格上展现出独特的特点,这些特点不仅体现了中国传统民居的精髓,也展现了地方文化的独特魅力。三透九门堂建筑在建筑风格上展现出对称布局、院落组合、精致雕刻、色彩朴素、屋顶设计、木构体系以及文化寓意等特点,这些特点共同构成了三透九门堂建筑独特的魅力和价值。

在对称布局方面,三透九门堂建筑通常采用对称布局,即建筑的中轴线贯穿始终,左右两侧的建筑布局相对称。这种布局方式使得建筑在视觉上更加和谐统一,同时也体现了中国传统文化中"中庸之道"的哲学思想。

在院落组合方面,三透九门堂建筑由三个或更多的院落组合而成,每个院落之间通过门洞相连,形成层层递进的空间布局。这种院落组合的方式不仅丰富了空间的层次,还使得建筑内部的空间流通性增强,给人一种宽敞明亮的感觉。

在精致雕刻方面,三透九门堂建筑的雕刻艺术十分精湛,无论是门窗、梁架还是斗拱等构件上,都可见到精美的雕刻图案。这些雕刻图案往往以花卉、鸟兽、人物等为主题,寓意吉祥、富贵和幸福,体现了工匠们的精湛技艺和审美情趣。

在色彩使用方面,三透九门堂建筑多采用朴素自然的色彩,如青灰色的瓦片、原木色的木构和土黄色的墙体等。这些色彩与周围的环境相协调,营造出一种宁静、祥和的氛围。

在屋顶设计方面,三透九门堂建筑的屋顶通常采用硬山顶或歇山顶的形式,坡度适中,线条流畅。屋顶上覆盖着青灰色的瓦片,不仅具有良好的防水性能,还使得建筑在外观上更加古朴典雅。

在木构体系方面,三透九门堂建筑以木构体系为主,木材经过精心加工和雕刻后用于建筑的梁、柱、枋等承重构件上。这种木构体系不仅具有良好的抗震性能，还使得建筑在外观上更加轻盈灵动。

在文化寓意方面，三透九门堂建筑在设计和建造过程中融入了丰富的文化元素和寓意。例如，门洞的数量和位置往往与家族的辈分和地位相关，建筑的朝向和布局也体现了风水学的思想。这些文化元素和寓意不仅丰富了建筑的文化内涵，也体现了居住者的信仰和追求。

此外，村里的传统资源较丰富，除了民居外还有古井、寺庙、祖墓与下汤遗址等。下汤遗址位于村庄西面不足1千米处，村庄西北面有垟连寺，村内有大圣庙为村庄土地庙。

三　朱溪镇兴隆村

兴隆村是仙居县朱溪镇的行政村，位于朱溪镇东南角，在与黄岩交界的西部山区，村庄周边几乎都是山体，溪流从村前穿过，溪边少有的平地显得弥足珍贵。此村庄原为包下村与大邵村两个自然村。包下村位于朱溪镇东南方向约12千米处。村庄历史可追溯到约500年前的明代。因当时家族发展，兄弟分家，其村庄始迁祖从朱溪镇溪上村迁出，定居包下村现址，后逐渐形成村落。大邵村位于朱溪镇区东南方向19千米处，在大邵坑北岸的缓坡上。大邵村因邵氏族姓而得名，邵氏先祖于南宋绍兴年间（1131—1162）由金华迁至台州温岭，后又从温岭迁入现仙居大邵村址。邵氏族人在仙居主要从事农耕和手工生产活动。

明代时，兴隆村属于归仁乡。清光绪年间，县下设都，兴隆村属于三十三都；都下设庄，两个自然村分别称为包下庄和大邵庄。1930年，仙居下设区（镇），区下设乡，大邵村属于溪上乡，隶属于朱溪区。中华人民共和国成立后，大邵村亦属于溪上乡，直到溪上乡撤并至朱溪镇。2013年，行政村规模调整，撤销大邵村、包下村村建制，合并后设立兴隆村，村委会设在原大邵村。兴隆村结构肌理见图4-3。

纸张制造在仙居有着悠久的历史。元代时，仙居制造的土纸曾被纳入岁贡。明清时期，曾有多任仙居县令废除一些纸业陋规，鼓励造

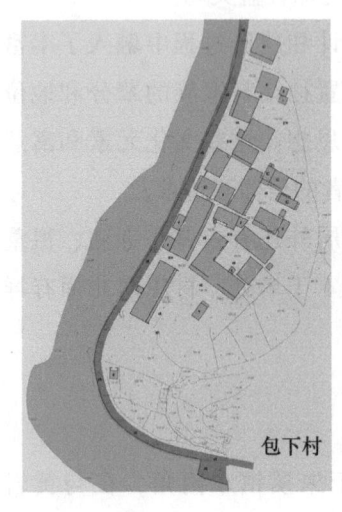

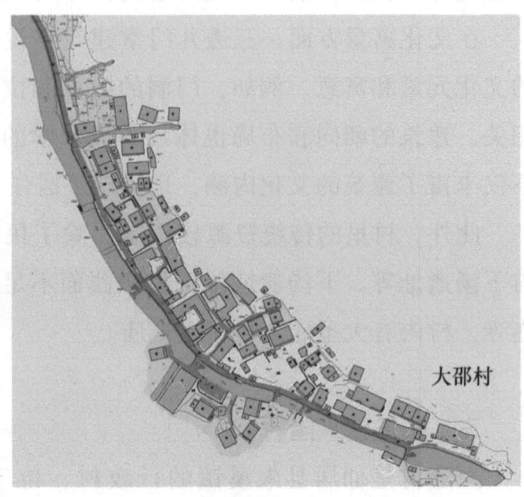

图4-3 兴隆村结构肌理（作者团队自绘）

纸业的发展，而朱溪大邵和上张方山一带则是纸张的主要产地。抗战胜利后，仙居大邵村造纸业开始走向衰落。尤其是随着学校和工厂的陆续回迁，以及外地机器制造纸张的涌入，大邵村手工生产的纸张在竞争上逐渐处于劣势，并出现了滞销的情况。在1973年前后，历经数百年的大邵造纸产业宣告终结。

兴隆村靠近山区，整个村庄周边有很多毛竹，村民古时会利用毛竹造纸或者充当部分食物。包下村比较小，突出特点是村子里所有的建筑都是用石砌的形态，故有"石头村"的称号。大邵村沿溪而建，沿西南方向则会走到相邻县市，所以它是仙居的一个交通点。因大邵村、包下村地处相对比较偏远的位置，所以还保留了一些歌谣。如《九溪十八渡》所言，千年古道上，每渡一道河，都要挽起裤子，甚至有人说，九溪十八渡都要脱裤子。[①] 通过歌谣，可以推断出千年古道的位置比较偏远，或当时他们走过的路上有着蜿蜒的水道，这也反映了先祖们经商的

---

① 庞乾奎、申志锋、周志永：《仙居传统村落踏访》，浙江工商大学出版社2018年版，第60页。

不易。

兴隆村的传统资源以古树为主，此外还有一些石桥。这些石桥多是古时盐商文化留下来的。石桥不是用较大的石头所砌，而是就地取材用村子附近的软石所建。这些大大小小的软石在河道中极为常见，一些地方的石头会特别大，如披头岩、披头石等。关于披头石还有这样一个传说：太上老君一次下凡来到此地寻找炼丹需要的五彩斑斓石，在仙黄古道（仙居至黄岩）中偶遇一位生病的盐商。盐商因为连日病困，精神萎靡，就连走路也摇摇晃晃；后终因体力不支而倒下。倒下去时头恰撞在了石头上，而那块石头正是太上老君所要寻找的五彩斑斓石。那石头碰到了血便会有五彩之色，平时只是一般石头的样子。太上老君见状，让盐商披着头发躺在那石头上，片刻之后盐商的病便好了。而类似那块五彩斑斓的普通石头，也随之被附近的人们称之为披头石。若说古树是兴隆村中分布最多的传统资源，那仙黄古道则是兴隆村最重要的传统资源了。仙黄古道至今依旧保留着比较完整的古步行道。道旁还有记载治水的神鱼碑，进行宗教活动的太公庙，以及战争遗留下来的防空洞。

在村庄的选址方面，大邵村处在两座大山之间；若从大邵村向山上行，则会发现朱溪在半山腰中有一块儿面积较小的平地。因为整条溪流中间很少出现平地，夹着溪两岸的多是陡峭的山坡，所以此地便成为包下村先祖定居的地方，古人在此临溪依山而居，后逐渐发展成为现在的包下村。

包下村作为朱溪镇兴隆村的一个自然村，距离朱溪镇 12.5 千米。在清末民初，有一条从温岭、黄岩通往江西方向的盐道，包下村是必经之地，往来商贩络绎不绝，村里当时还有客栈、粥铺等为商贩提供服务。

兴隆村的村民已经把街巷的石板路用水泥来代替，两边建筑物的材质多以石头为主。这是兴隆村建筑的一大特色，但同时也使街巷的空间在视觉上发生了一定的改变。祠堂、大会堂、手工制品（笋干之类）的作坊是大邵村的特色建筑类型，其余主要以民居为主。大会堂建于中华人民共和国成立初期，是一个相对较新的建筑，也是一个具有历史特色的建筑。包下村的石砌工艺建筑，多临近取材。在分布上，建筑物呈长条形，一间一间坐落在村落的古道旁。这里的建筑形式没有像平原地区出现比较多的合院式的建筑，但在大邵村则有合院式建筑空间存在，或是三合院，或是四合院。至今包下村内仍有60多间石头建筑，历经数十年风雨，依然如故，村中还保留着三间清代老宅和一个完整的四合院。清澈碧绿的包下溪静静地从村中穿过，几棵三百多年的参天古树挺立岸边，置身于传统村落，仿佛来到世外桃源。

经过抖音和微博等平台的传播，包下村已经成为网红打卡地，各地的游客慕名而来，在此露营游玩。包下村紧紧抓住"传统村落经济"的发展契机，积极对接旅游产业投资商，发展文旅产业为村集体经济增收。2023年，兴隆村党支部书记、村委会主任项自友说："在政府的扶持下，这两年我们的古村落建设已经开展起来了，接下来我们要把村里闲置的土地利用起来，目前已有投资商跟我们洽谈中，我们要把兴隆村的旅游产业搞上去，把实体经济带上去。"①

四　溪港乡仁庄村

仁庄村位于仙居县西南端的溪港乡，距离仙居县城约44千米。仁庄村的建村传说最早可追溯于东汉末年，若依此推算村落已有1900多年的历史，可谓一座千年古村。仁庄村最早为陈姓氏族聚集之地，村落名因此被称为陈庄。后来陈姓族人渐绝，因在仙居"陈"字发音与"仁"相近，崇尚仁义的陈庄便逐渐改为仁庄。② 明代时，仁庄村属遂宁乡怀化里；清代时，仁庄村属二都。民国时，仁庄村属金竹乡。中华人民共和国成立初期，村落归缙云县陈庄乡，1958年为陈庄生产队，1961年改为陈庄大队，1962年划归仙居管辖，1984年改称仁庄村民委员会，1992年并入溪港乡后仍沿用此名。2013年行政村规模调整，撤销仁庄村、上湖岭村村建制，合并后设立新的仁庄村，村委会设在原仁庄村。村内曾

---

① 刘博：《包下村：以古村落建设为契机　助力共同富裕》，《今日仙居》2023年9月21日第2版。

② 浙江省仙居县地名委员会编：《仙居县地名志》，内部资料，1983年，第100页。

经商业繁华,店铺林立,古建筑众多,已被列入第四批中国传统村落保护名录。

村落周边环境优越,被青山、绿水、河滩、农田等自然环境包围。相传正是这里的山清水秀,鸟语花香,吸引了仁庄的先祖来此定居。"两山夹一谷,三坑汇溪流"①,村庄两侧青山对峙,永安溪从中流过,负阴抱阳,背山面水,山水环抱,藏风聚气的地势,符合中国传统风水观念中村落选址的基本原则和格局。同时,这样的地形特点造就了仁庄狭长的带状平面形态,也使其内部道路纵横交错。

仁庄村自古为通衢之地,是交通要道经过之处。在其东有天顶寺、老乌嘴诸峰等,与永嘉相接;其西有四方岩、牛角坞尖诸山等,与缙云相交。仁庄村因此成为仙居西乡通往温州要道上的重要村落。仁庄村在交通上的便利也造就了其商旅的繁荣。传统社会中,仙居西南的黄皮、章山(现属于温州永嘉辖区)山区盛产药材,安岭西部出产的铁制器具,亦经由仁庄村运往仙居县内的中心地带。温州及浙闽交界的沿海地带出产食盐、海味等,亦经过仁庄销往仙居、缙云等地。正因如此,仁庄村在仙居西南部商贸上的重要地位与北部曹店(与仁庄相似有着交通便利,因店铺林立、农商并茂而闻名)相齐名。②

交通要处、常为兵家必争之地,仁庄村的区位因素亦常使其遭受战火的侵扰。据《康熙仙居县志》载:南起温之界坑山,层峦叠嶂,绵延于安仁、广福之间,岭背即永嘉县界。西与缙云接壤,民性犷悍,彼此同俗,类能首乱。③ 明末清初,社会动乱、民不聊生,永嘉饥民多涌入仙居,仁庄附近更是各类匪寇洗劫的对象。清康熙至咸丰年间,仁庄村附近曾有百余年的安定,商业贸易逐渐恢复并发展。不过,晚清时的太平天国运动,对仁庄造成了极大的冲击,令村庄损失较大。在抗日战争

---

① 庞乾奎、申志锋、周志永:《仙居传统村落踏访》,浙江工商大学出版社2018年版,第66页。
② 浙江省仙居县地名委员会编:《仙居县地名志》,内部资料,1983年,第84页。
③ (清)郑录勋修,(清)张徽谟、张明煜纂:《康熙仙居县志》(点校本),季之恺、王巧赛点校,中华书局2016年版,第37页。

和解放战争时期，仁庄村曾成为台州特委驻地和永仙缙交通站，这也与仁庄的交通优势和传统商贸有关。

仁庄村的街弄空间保存得较好，街巷四通八达，从整体上看是以村中心的水池为核心而呈扇形分布，通过5条弄口向外辐射，再由大大小小的27条弄口连接而成。街弄内至今仍然保留着建于20世纪60年代左右的驿道，这条驿道是通往温州的必经之路。因此，传统社会中的担盐者、挑货人及一般的行路人在赴温州途中，多会选择在这里落脚。这便造就了古时仁庄村的繁荣，驿道两侧曾有18家经销店（小商店）。由于交通方式的改变，失去了原有功能的古道逐渐萧条，但驿道两侧建筑的结构仍保存完好，这些建筑外观恢宏简朴，造型庄重，色彩素雅，院落层次丰富，有着典型的浙派建筑风格。这些建筑与村庄的其他建筑一起展示了仁庄村的风貌。

仁庄村传统建筑的类型多为三合院、四合院建筑。合院建筑多为两层，依山势而建，拥有悠久历史的石头屋遍布全村且造型独特。据统计，目前石头屋保存完整的有158座，除了石屋建筑，仁庄村最具特色的莫过于工艺精湛的夯土建筑。总体而言，仁庄的建筑主要有以下三大特点。

一是建筑类型丰富。从建筑用途角度来看，现在的建筑类型有大会堂、古商铺、基督教堂、庙宇、政府用房、民居住房等多种类型。其中民居建筑又依据建筑材料分为夯土民居、石墙民居及夯土石墙混用的民居。各类型建筑依据其功能用途在尺度、外观设计等方面也各不相同，但可通过色彩、山墙等元素实现整体风貌的统一与协调。

二是建筑特色显著。在材质使用上，石材主要用于墙体和铺地，借以体现山地建筑的特色。此外，马头墙林立，檐角飞翘，又展现出江南建筑的简洁灵动、婉约俊秀。

三是细部构造精美。建筑细节主要存在屋檐、墙壁、门楣、门扇、窗体、月梁、雀替、牛腿、檐柱、柱础等方面。由于村落建筑多建于清代，再加上后期破坏较少，所以仁庄村的建筑细部保留较为完好。建筑飞檐翘角，灵动俊秀；部分墙壁刻有花纹，宅门的门楣有绘制或雕刻的花纹，部分居室的门楣、窗体则进行雕花镂空处理，美轮美奂、精巧绝伦；最精彩之处莫过于月梁、雀替和牛腿三处的设计。部分建筑有大月梁和小月梁双层月梁，经过艺术加工，月梁形弯如弓，再在其上进行雕刻，增强了他们趣味性和美观性。而与月梁联系紧密的雀替和牛腿则更加细致和精美，其上有狮子、仙鹤、鹿、凤、花卉等木刻图案，寄托了美好的寓意。精美的细部设计体现了先人对古建筑极高的审美要求和精湛的雕刻技术，这些都是我国古代宝贵的建筑文化和地域文化遗产。

古老的历史还给仁庄村留下了众多的历史印迹，这里有8棵古树（树龄短则数百年，长则千年，树种以柏树和樟树为主）、15处古井（仍然是村民日常生活的重要组成部分）、14处古商铺、3处古池塘（旧时为防火及日常用水而修，在风水上是村庄的气眼）、3处传统公共空间、1处口水殿（村庄宗教场所，周边古樟树成群）、1处基督教堂（建于民国时期），这些历史要素已经融入仁庄的日常生活和生产中，至今仍在为村民服务。

第二节　民俗文化中的仙居传统村落

一　埠头镇十都英村

十都英村位于浙江省仙居县埠头镇西部，与横溪镇上江垟村接壤。"清朝时，以都为行政区划，该村属十都，居民大多姓应，故名十都应。清末张姓渐发，认为村名不能为应姓独占，故改今名。"[①] 至2015年，其村域面积为1.5平方千米，常住人口有1685人。在农业方面，十都英村现以种植水稻和毛芋为主，这也是该村的支柱产业。该村四面山水环抱，四周近处多为农田，远处可见山体巍峨挺拔。在村庄东西两面各有一条水系，最终汇集流入村庄南边的永安溪。十都英村结构肌理见图4-4。十都英村最具特色的莫过于选址和分布格局，而且有着建筑风格较

---

① 浙江省仙居县地名委员会编：《仙居县地名志》，内部发行，1983年，第59页。

为鲜明的大量遗存的传统民居。从村落的选址缘由、形成背景、格局特征等多方面分析后，便可明白十都英村的地貌特征、风水格局和地域特征。

图 4-4　十都英村结构肌理（作者团队自绘）

十都英村起源于战国，最早生活于此的是应氏家族，后张氏锡荣于康熙年间重编里甲之际由仙居大洪外迁居于十都埠头，后逐渐发展为十都英村。1981年，十都英村因管理需要被分划为一、二、三村，其中仙居西门张氏属十都英二村，应氏属十都英一村、三村。

十都英村的选址受古代农耕文化的影响较重，因此非常重视对水资源的考虑。将村庄选址于多河地段，主要是为了满足农田灌溉的需求。但同时又不能使村庄离河岸太近，因为要考虑到防洪防涝，所以村落需要与永安溪保持一定的距离。村民对水资源重视，还反映在其生活中，现村庄内部还有很多遗留下来的古井。其中以圆形和六角形的水井为主，这些水井主要存在于居民的四合院或庭院之内，此外，道路旁边也会时

第四章　商旅与民俗文化中的仙居传统村落

有分布。同时，为了提高生活的舒适度，村民还从西边的秀溪中引水，因而形成了两条弯弯曲曲的小河道和数口水塘。为了满足出行的要求，依着河道建有一座古石桥。

村落周围全部由农田围绕，永安溪支流对村落的进一步发展起到了至关重要的作用。它不仅解决了居民的生产生活和消防用水，还具有调节气候、创造良好人居环境的作用。十都英村的整个村庄都在群山环抱之中，所以在传统社会中，永安溪对十都英村，还具有天然的安全防御功能。

建筑则沿着道路平行或垂直分布，村庄建筑整体风貌保存较好，整体风格以灰瓦白墙为主。建筑的形制呈四合院式和"一"字形式，总体上体现出明清时期典型的江南民居风格。村中的建筑是仙居传统民居的代表之一，但是由于村庄建设用地的限制以及村内居民新建住房的需求，会出现很多翻新的房子。而村内的传统建筑则被大量地破坏，面对这种情况的传统建筑急需得到整治和保护。村庄内部的主要道路呈"井"字形，因此建筑之间的内部街巷四通八达。十都英村古巷幽深曲折，对内连接大屋的各个部分，对外连接古街道，从而把各片大屋连为一个整体。

在厅堂、天井与廊道共同构成的通风系统中，天井的作用至关重要，它不仅起到了通风的作用，还是重要的室内采光和排水系统。天井是建筑本身的内部空间，由建筑内四面（或三面）不同房间围合，这些房间的屋顶是连接在一起的，因此形成一个方形的空间，从空中俯瞰，恰似向天敞开一个井口，故有"天井"之称。

村落的传统建筑主要集中在村东部。村中现有 9 处整体结构保存完整的三合院或四合院建筑，其中民居有 5 处，寺庙有 2 处，祠堂有 2 处。四合院在形式上可分为一进的四合院和两进的四合院，在整体的风貌格局上，四合院之间相互并联或串通，和邻村上江垟村的三透九门堂形式略有神似。大多数四合院外部都是砖砌墙，内部则为木结构，并且建筑层数大多数为两层。这在一定程度上也反映了当时的建筑水平。从建筑的细部来看，四合院普遍采用了马头墙的形式，且以三叠雀尾式马头墙居多。在马头墙上，有用石头雕刻的石窗图案或圆或方，且形式多样。

在建筑的内部以木雕刻的构架较为突出，如屋檐下的檩、梁、斗拱、牛腿、雀替等雕刻丰富，体现了当地独特的建筑文化和艺术造诣。其中尤具特色的是其牛腿和斗拱，细细观察这些木构件的图案可以发现，其上刻有龙凤等瑞兽的纹路。牛腿的整体形状做得也近似狮子，斗拱雕刻得则像树桩。同时，窗上还有镶嵌着彩石的木雕和刻有戏曲的浮雕。此外，四合院中还有卵石铺地，这些不同色彩的卵石在地上组成不同的精美图案，其中蕴含着一定的寓意。这些都反映了十都英村传统建筑的精致。

然而，应该指出部分雕花因气候的原因而发霉，也有一些窗花于"文革"期间被毁。近年来，甚至出现了因主人拒绝买卖而致使传统民居中的窗花被盗的事件。这些均在提醒人们应加大对传统民居的保护力度。

村落东部有张氏祠堂、应氏祠堂、镇福庙，村落北部有宝相寺等传统建筑。十都英村的三个村庄各占有部分传统建筑，但这些建筑亟须保护。其中，村东南的两处四合院因年久失修，两面墙已坍塌。村内典型的民居有多处，具体情况如下：

第一，灿头屋民居。该民居现由张氏族人居住，据说房子是现任房主的曾太祖建造的，这幢建筑已有150余年。房屋中的一些斗拱雕花因湿气太重的缘故已霉掉，另有一些木制窗木雕花在"文革"期间被损毁，还有部分则被人挖走倒卖。

第二，西新屋民居。这所民居曾经居住过全国政协委员张相麟。张先生曾在建筑的二楼为家中子弟教书，具体地点即现在东面二楼屋内。

第三，花玹屋民居。现今在这幢民居内居住的是张氏族人。因为木制雕花门上的雕刻太过精美细致，所以常有人趁主人不备而偷门。为防盗贼，此地居民便将门卸下来藏在屋内席子后面。民居中有一位老婆婆信仰基督教，她是全家唯一信仰基督教的人，因此会在门上贴画有耶稣像的日历。

第四，东新屋民居。此建筑原为三合院，院南面曾有一座大门楼牌坊。民居内居民均姓张，共五户人家，他们均是一个老太公的后代，此家族现今在世的老人最高年龄为93岁。

第五，张氏祠堂。该祠堂保护较为完整，内部各种雕刻的牛腿、雀替依然完好。建筑形制为四合院式祠堂，之前曾租给村民用作制造面粉。张氏祠堂的地基比相邻的应氏祠堂地基高，这也可能是它保存相对较好的重要原因之一。

第六，应氏祠堂。与张氏祠堂相邻，但其只有外形保存完好，内部损坏较为严重。

第七，宝相寺。宝相寺位于村落内部，寺内各殿堂都已翻新，寺内还有一口六角井、2棵古树，整个建筑保存完好。

村内还有很多"一"字形的建筑，有的是居民房，有的是生产用房，外部构造总体上没有四合院式建筑精致。它们的材质多是以石头垒或夯土为主。其中用土加工成素土砖，然后再叠成整体的砖墙便成了少有的特色。石头垒的建筑中石头呈倾斜状排列，呈自然纹路状。从建筑细部来看，"一"字形的建筑比起三合院、四合院的建筑简单许多，且显得较为朴素，只是大多数的构件缺少精细的雕琢。

此外，村中还传承着做麻糍、麦饼、仙居八大碗等传统的饮食技艺。每当逢年过节，十都英村村民都会做这些当地的美食，和家人一起享用。在民俗方面，传承着舞龙、走高跷等传统习俗。在元宵节前后，村民们会一起舞龙灯和祭拜。

二 朱溪镇朱溪村

朱溪村是位于仙居县东南朱溪镇内的一个村落。明代，其属于归仁乡；清代，其属于三十三都。1930年，仙居县行使镇区制，朱溪属朱溪区方岩乡。中华人民共和国成立之初，朱溪区分朱溪、南塘、方岩、盘坑等四个乡，朱溪属朱溪乡；1958年，县内以区进行行政建设，朱溪村属于朱溪管理区；1961年，朱溪管理区改建为朱溪人民公社，朱溪村属之。之后，朱溪村一直属于朱溪镇管辖。

朱溪村自古便有着重要的地理位置，据《光绪仙居县志》记载，清政府曾在此地设粮仓，文曰："三十三都原捐谷四百十二石，仓设朱溪庄，现盘存谷三百八十四石。"① 朱溪村现以种植茶叶、高山蔬菜、杨梅等为主要产业。

朱溪村的所在地为县东南众溪会诸的溪谷平地。其地势东南高，西北低。境内发源于括苍山的溪上、岭梅、大洪、盘坑诸水在村落的西北三溪口汇聚形成大溪。自古以来，朱溪村周遭多山，水源充足，土地平阔，使其成为人们栖居的理想之地。村落附近群山拥翠形似五狮坐卧，村庄周边良田围绕，三面临溪（见图4-5）。朱溪村的选址反映了中国的农耕文化以山水田园为核心，靠山依水而建的特点。

图4-5 朱溪村结构肌理（作者团队自绘）

朱溪村内有众多传统资源：现存有古井5口，古栎树1棵，树龄为200—300年；有三座古天池，分别是上清池、方岩背、仰天塘；古道1处，名为方岩古道；古墓1处，为始迁祖孟祥公之墓；古街两条，岩下街与龙鳞街。此外，村内还有一处古城墙与古庙。古城墙是元代农民起

---

① 仙居县地方志编纂委员会标注：《光绪仙居县志》（标注本），同济大学出版社1990年版，第83页。

义领袖方国珍所建的军防工事遗址。古庙则为全国四大悬空寺之一。

朱溪村村内的建筑形式以三透九门堂建筑为主，它们在空间上呈四合院"井"字式空间布局，四合院之间以马头墙相隔，马头墙多为四叠式，四合院的外墙上还有精美的山花砖雕，体现了当地独特的建筑艺术。四合院的内部以木雕构架最为突出，屋檐下的檩、梁、斗拱、牛腿、雀替等建筑细部上的雕刻十分丰富。尤其是木檩，雕刻着许多具有美好意义的图案，如龙凤呈祥、鲤鱼跃龙门等。四合院地面以卵石铺地，并组成梅花鹿的形态，寓意着民居主人长寿。朱溪村村中街巷四通八达，曲径通幽，环境十分优美。

小方岩凿磨岩画（蝌蚪文）是仙居古越族岩画群的四大岩画片区之一。经专家鉴定为西汉时期的作品，被列为国家级保护文物。周边方岩山为国家重点风景名胜。村内的九狮挪球灯为国家第二批非物质文化遗产。朱溪村四周地形有五狮坐卧之势，所以前辈艺人用大小五狮花灯庆祝元宵节。1950年为庆祝中华人民共和国的国庆节，村内还特意展现了五狮花灯。朱溪村的朱三福、王洪福两位老艺人在继承五狮坐卧的基础上，对10多位队员进行了培训，使他们掌握了九狮挪球灯的技艺。他们还在传承九狮挪球灯的基础上，对材料、工艺等方面进行了更高的改良，力求做到对此技艺的精益求精。1999年，九狮挪球灯改为提线木偶手法。同年10月，九狮挪球灯表演队参加台州市首届民间艺术表演节，获表演类特别奖。2000年正式将其改成九狮挪球，同年获县"元宵灯会"金龙奖。

九狮挪球灯的表演由操作架和表演人员共同构成。此技艺的核心在于提线木偶术和地面舞狮的完美结合。九头小狮子通过九名表演者的精细操作，在空中前后腾跃、上下纵扑，形象逼真，表演生动。每只狮子都由红绸布装裱成形态逼真的外观，通过细线连接在操作架上，由表演者控制其动作。在整个表演过程中，九狮争抢衔在主狮口中的圆球，场面热闹非凡，充满了浓厚的喜庆色彩。九狮则暗指"九五之尊""九五飞龙在天"等含义。九狮挪球灯技艺不仅展示了民间艺人的高超技艺，也反映了人们对美好生活的追求和向往。这一技艺在吉庆佳节的夜晚进行表演，成为庆祝丰收、祈祷国泰民安的重要表现手段。同时，九狮挪球灯技艺也具有重要的历史价值，是中国民间艺术的重要组成部分。2001—2004 年，九狮挪球灯表演队曾参加路桥、临海、椒江等地元宵节活动，受到各地群众欢迎。

2018 年春节期间，朱溪村举办了首届"庆丰收迎春节"民俗文化节，在此活动期间村落中有捣麻糍、磨豆腐、煎油饼、写春联和跳歌舞等传统节目。① 在元宵节，朱溪村会举办大型的灯会，除九狮挪球灯外，还有很多传统的表演项目，如腿弹虾灯、双龙灯、双狮灯、孔雀灯、凤凰灯、走马灯、鼓亭灯、十二生肖花灯表演活动等。

此外，朱溪村至今保存的民间传统技艺有竹编技艺、木艺雕刻及传统草鞋、草席的编织技艺等。其中，前两者为县级非物质文化遗产。

三　大战乡大战索村

大战索村属于大战乡，乡政府所在地"大战"原名为"顾家庄"。据《仙居县地名志》记载："宋时，农民起义军领袖吕师囊与宋将姚平忠曾战于此，吕大败，故改名大辟（'大辟'即败而逐之的意思）。明初，农民起义军领袖方国瑛与明将朱亮祖曾大战于此，故而得名大战，一直沿用至今。"② 大战索村原名为大战栅，因此处重峦叠嶂，沟壑纵横，地处大战岙坑上游，沿溪两岸陡峭，形似栅栏，故而方有此名，直到 20 世纪 80 年代方才改为大战索村。③

2013 年行政村规模调整，撤销桐园村、山吴头村、马加田村、大战索村村建制，合并后设立新的大战索村，村委会设在原大战索村。④ 至 2016 年，大战索村共有 350 户，1065 人。村内风景优美，山清水秀，植被繁茂，植被覆盖率达到 94%。大战索村利用独特的自然环境和水土优

---

① 蒋岸坊、项瑞国：《朱溪镇朱溪村首届"庆丰收迎春节"民俗文化节》，《今日仙居》2018 年 2 月 8 日第 1 版。
② 浙江省仙居县地名委员会编：《仙居县地名志》，内部发行，1983 年，第 230 页。
③ 浙江省仙居县地名委员会编：《仙居县地名志》，内部发行，1983 年，第 245 页。
④ 《关于同意大战乡行政村规模调整方案的批复》（2013 年 9 月 17 日），仙居县人民政府文件，文号：仙政发〔2013〕136 号。

势，主要种植各种绿色无公害高山农作物，如高山杨梅、板栗、日本甜柿、毛竹等。它们因产品质量好而销往多个省市。

大战索村不仅以其独特的地理位置和美丽的自然风光著称，更以其丰富的建筑艺术和深厚的民俗文化吸引了无数游客。大战索村拥有不同时期、不同种类、不同风格的建筑，因此可以称得上为"建筑博览园"。高山胜地，坡地村庄是大战索村的整体选址特征。[①] 大战索村四周环山，依山而建，村庄高差较大，下山头和周山自然村对外联系仅靠一条盘山公路，村庄南侧为大战岙溪。大战索村结构肌理见图4-6。

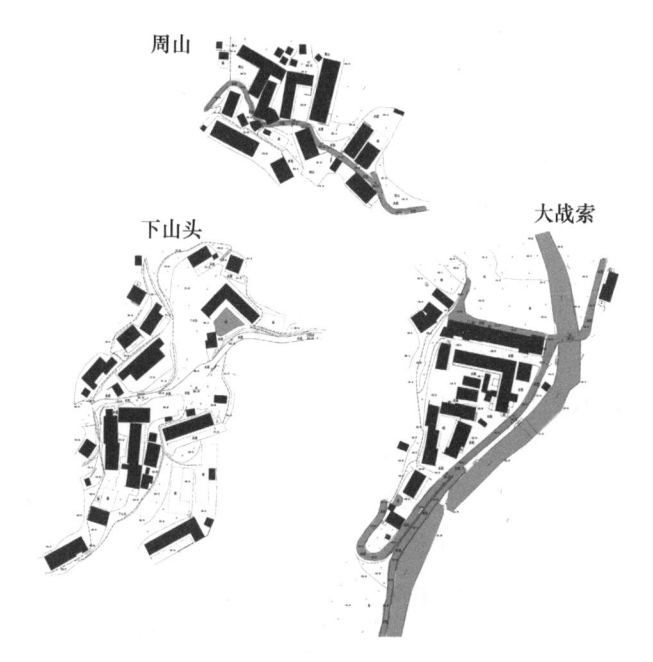

图4-6 大战索村结构肌理（作者团队自绘）

大战索村的建筑艺术主要体现在其古朴醇厚的石头房子上。这些房子依山而建，错落有致，与周围的自然环境和谐相融。石头房子的选材和建造方式都体现了村民们对自然的尊重和对生活的热爱。首先，从选

---

① 庞乾奎、申志锋、周志永：《仙居传统村落踏访》，浙江工商大学出版社2018年版，第130页。

材上看，大战索村的石头房子多采用当地的石头和木材，这种就地取材的方式不仅降低了建筑成本，也体现了对环境的尊重。石头和木材的结合，使得房子既坚固又美观，同时也有着良好的保温隔热性能，实现了"冬暖夏凉"的效果。其次，从建造方式上看，大战索村的石头房子采用了传统的榫卯结构，这种结构不需要使用钉子或黏合剂，而是通过木材之间的凹凸结合来固定。这种结构不仅牢固耐用，也体现了村民们对木材的巧妙运用和对技术的精湛掌握。最后，从建筑风格上看，大战索村的石头房子古朴醇厚，充满了传统韵味。房子的外观简洁大方，线条流畅，色彩自然，与周围的自然环境相得益彰。房子的内部布局合理，功能齐全，既满足了生活需求，也体现了村民们对美好生活的追求。

村庄建筑错落有致，依山而建，建筑朝向多受地形的影响，并反过来也影响了村落的建筑格局。村内历史建筑样式比较丰富，有混土房、石头房、木屋、石木混合房等形式。建筑整体以石头材料建筑为主。建筑中多有丰富的马头墙构造及石刻雕花等。四合院内的廊、门、木窗都有精美的木结构装饰，体现了仙居特色的建筑风格。

村内的建筑类型包括精致的条石建筑、石砌排屋、石砌木结构民居、木结构排屋、前门民居、夯土木结构民居、三合院以及"L"形民居。其中，较有特色的建筑类型有废石料砌成石屋及相关的门头、门前石阶、立面转角、内廊等。村中传统建筑集中连片，整体体现了清代时期典型的江南民居风格，也是仙居传统民居的代表。村落内三个村庄各自建造的房屋，各有特色。三个村庄有不同的建筑风格，甚至同个建筑中也有多种风格。正因如此，大战索村保存的建筑类型才能成为仙居县最多的村庄之一。

大战索村的传统手工艺非常独特。村民们擅长制作各种手工艺品，如竹编、木雕、剪纸等。这些手工艺品不仅具有实用价值，也富有艺术价值和文化内涵。在制作过程中，村民们会运用各种技巧和工具将原材料加工成各种精美的手工艺品。这些手工艺品不仅深受游客喜爱，也成了村民的收入来源之一。

四 双庙乡上王村

括苍山，海拔 1382 米，是浙江省名山之一。括苍山山势雄拔陡绝，峰峦叠嶂，山上长年云雾缭绕。在大山南麓脚下有一个古老、美丽的村落——上王村，宁静地靠在风光旖旎的双庙溪旁。它秀丽、安详，有着陶渊明田园诗风光的意境。诗中那种悠然自得的精神便是仙居上王村村民田园生活的真实写照。村落四面山峰环绕，山体美景随时渗透于村庄。双庙溪自西向南穿过村庄，形成山水相依之势。此外，村落还背靠白岩山，如太师椅般朝西坐向，前有新郎新娘石像，左有方岩为辅，右有大牛山为弼，后有秀溪绕村，而中间平地宽广。可见，村落在选址时还考虑到了溪水水运和灌溉便利的区位优势。上王村结构肌理可见图 4-7。

相传上王村先祖于唐咸通年间（860—874）从太原迁徙至钱塘施水清水巷，后又迁到黄岩宁溪，南宋末年又转迁至仙居秀溪（今上王村）。[1] 上王村的始迁祖继昌公有三子，大子据守白岩（仙居秀溪），二子据守黄岩（黄岩宁溪），三子据守乌岩（仙居横溪），时人称之为"三岩三溪"。他们是台州王氏之祖。上王村是秀溪王氏的发祥地，目前上王分支已有五万余人。至今已迁入八百户，中间子孙迁居各地，如临海、白水洋、东山等。据传，上王村原名陈家园，因村祖居陈姓，后来一王姓人家迁入，初仅给陈姓家放牛。后因陈姓家族常遭火灾，遂迁居至村南的前溪村，故将陈家园原所在地让予王家，故称让王。当地方言"让"与"上"同音，后遂演变为上王。还有一种说法，王姓所居之地正处于"秀溪"源头之上游，因此，王姓族人将"前溪"改为"秀溪上王"，这也是上王村之由来。

清雍正七年（1729），置三十四都上王庄。1943 年，置一瓢乡第一至三保。上王村因人口多，面积大，中华人民共和国成立后，自北至南

---

[1] 《王氏家训》，载中共仙居县委宣传部、仙居县地方志办公室编《仙居家训》，中国文史出版社 2016 年版，第 24 页。

传统村落的历史、空间和日常

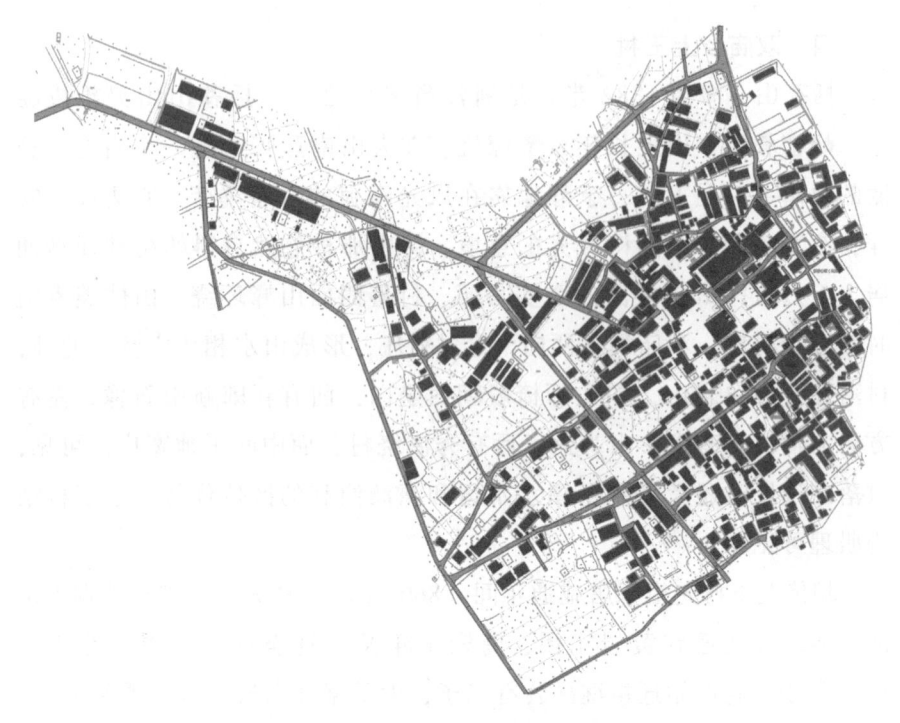

图4-7 上王村结构肌理（作者团队自绘）

按顺序排列，将上王村划为一至四村4个建制村。后因城市化进程，乡村人口减少，2013年行政村规模调整，撤销上王一村、上王二村、上王三村、上王四村、大岙村、长岗山村村建制，合并后设立上王村，村委会暂设在原上王二村。

上王村建筑整体风貌以青砖材料建筑为主，有丰富的马头墙构造、石刻雕花等。庭院内的廊、门、木窗都有精美的木结构装饰，是具有江南风格的特色建筑。上王村传统建筑集中连片，整体特点体现了明清时期典型的江南民居风格，也是仙居传统民居的代表。村庄兴于唐宋，繁于明清，明清时期因村内官宦较多，奉旨建有节孝牌坊三座、旗杆19对，可惜却在"文革"期间被毁。同样因出身官宦之家的缘由，建造的房屋也各有特色。最初全村有三十多个全台门，因年深日久，许多破旧倒塌，现仍有二十多座台门建筑保存较好。上王村在历史上由于被分为多个村落，传统建筑每个村庄都有部分保存，这使得历史文化村落和传统村落的申报难以开展，因此部分传统建筑没有得到很好的保护。村庄的合并为开展统一的古村落保护打下了基础。现存传统建筑多有人居住，维护较好。上王村传统建筑建造工艺精湛，现存传统建筑多为官宦大族居住场所，马头墙、壁画、灰雕、窗花、门楣都极为精致，无形中是在向世人诉说着昔日的辉煌和荣华。为更好地继承和弘扬建筑艺术，如今在上王村专门修建了"建筑艺术展示馆"和"建筑艺术小广场"等。

此外，上王村的根雕艺术亦颇有特色。据考古出土实物证实，中国的根雕艺术可追溯至战国时期，宋元时期根雕艺术开始在上层社会广泛流传，明清时期根雕艺术繁荣发展且技艺不断完善，至民国渐趋走向衰落，根雕艺术濒临灭绝。[1] 改革开放后，根雕艺术方又渐渐复苏，相关艺人亦逐渐增加。上王村的根雕艺术亦是在此阶段开始不断发展。完成一件根雕艺术作品，需耗费大量心血，要经过选材、造型、构思到具体制作等阶段。所以每件根雕作品的完成均殊为不易。在此背景下，上王村仍建立了一座以根雕艺术为主题的博物馆。

2023年5月，颇具特色的乡村根雕博物馆——"双庙乡根雕博物馆"在上王村开馆。场馆建筑面积2800平方米，总投资300万元。馆内共收藏浙江省技能大师工作室领衔人、省级非物质文化遗产"仙景根雕"传承人吴先金[2]近1000件根雕作品，分"红色馆""记忆馆""体验馆""传承馆"四个分馆。馆内专门设有红色研学基地，自开馆以来，吸引了大批学生、游客前来参观体验。吴先金的根雕作品多以千年古香樟、崖柏的枯树根为原料，以人物、山水、花鸟等为题材，经过构思、画图、雕刻、打磨等步骤后，栩栩如生的浮雕被他刻画出来。"根雕博物馆"是上王村积极探索文旅融合发展，实现乡村振兴战略的新路径，把非遗传承、科普教育、根雕研学等功能融为一体，打造"参与式"体验研学乐园，串联形成了一条美丽乡村"红色研学"特色路线，最终实

---

[1] 张炯炯：《雕塑艺术的分类审美》，吉林大学出版社2020年版，第106—107页。
[2] 吴先金，17岁便学习雕刻艺术，其所创的"花刀"技艺被列入台州市非物质文化遗产代表项目。参见蒋虎雄《吴先金和他的根雕世界》，《台州日报》2017年10月17日第3版。

现以企带村、以工补农、协调发展、共同繁荣。

第三节 仙居传统村落的技艺与民俗传承

仙居拥有着源远流长的非物质文化遗产，丰富多彩，独具特色。为了更好地了解和保护这些宝贵的文化遗产，仙居县在过去的几十年里，先后开展了至少三次大规模的普查工作。早在20世纪90年代，仙居县就开始了全县范围内的民间文学普查，旨在挖掘和整理流传于民间的文学作品、民间故事和传统歌谣等。此举不仅对仙居的非物质文化遗产保护起到了积极的推动作用，也为后来的普查工作奠定了基础。

2003年，仙居县启动了为期三年的民间艺术资源普查。此次普查的范围较广，涵盖了传统美术、音乐、舞蹈、戏剧、曲艺等各种艺术形式。通过这次普查，仙居县对本土的民间艺术资源有了更为全面和深入的了解，为今后的保护和传承工作提供了重要参考。2007年5月，仙居县在全省范围内率先启动非物质文化遗产普查，目标是"查清资源、规范整理、保护传承、合理利用"。在普查过程中，仙居县严格按照"不漏村镇、不漏线索、不漏种类、不漏艺人"[1]的要求，对全县范围内的非物质文化遗产进行全覆盖的调查和登记。此次普查不仅全面了解了各类民俗文化资源的种类、数量、分布情况、生存环境和保护现状，还为后续的保护和传承工作提供了重要依据。[2]

普查工作结束后，仙居县建立了融声、画、文为一体的文字资料、影视资料、图像资料电子文库，以便对非物质文化遗产进行更好的保护和传承。这一举措不仅为研究者提供了丰富的研究资料，也让更多的人有机会了解和欣赏到仙居县的非物质文化遗产，进一步增强了文化遗产

---

[1] 周耀林等：《非物质文化遗产档案资源建设"群体智慧模式"研究》，武汉大学出版社2020年版，第88页。

[2] 张肖斌、方学斌：《串起散落在民间的"珍珠"——仙居县非物质文化遗产保护工作纪事》，《台州日报》2008年11月27日第1版。

的保护意识。

仙居县在非物质文化遗产普查工作中，始终秉持着严谨、全面、系统的工作态度，力求为保护和传承非物质文化遗产作出贡献。相信在全县人民的共同努力下，仙居县的非物质文化遗产将会得到更好的保护和传承，为后世留下宝贵的文化遗产。

一　花灯技艺传承

（一）花灯铜锣

仙居淡竹"花灯锣鼓"自明清时期起，每逢元宵节，婚丧喜庆等，花灯锣鼓伴随各项队伍演奏。演奏的曲目按不同的灯种来敲打，如"鼓亭"敲打、"龙灯"敲打、"跳狮子"敲打等。由于敲打的方法不同，其音韵亦各异。淡竹的花灯锣鼓的演奏技巧代代相传，一直保留至今。

仙居淡竹的"花灯锣鼓"分为三种表演：一是"鼓亭灯"演奏；二是"跳狮子"演奏；三是十二生肖灯演奏。鼓亭的演奏主要以鼓为主，由一个人演奏，还配有大锣、京锣、苏锣、小锣、大钹、小钹、吊铮等，共有十四人，每人各执一器，按鼓声节拍演奏。"跳狮子"演奏以锣为主。狮子潜伏时，锣声低沉，随着狮子的起舞，锣声高昂，两者配合得"天衣无缝"。十二生肖灯的演奏是以鼓声来指挥，以节拍整齐、锣声刹音准为佳。其敲打的节拍是按三、五、七演奏，配慢板散打。

花灯铜锣在道具方面有鼓亭架、鼓棒和锣锤。在传承状况方面，淡竹"花灯锣鼓"是一种流动性的表演，由老一辈传新一代，代代相传。至今，表演者既有八十多岁的老翁，也有年轻力壮的青年，凡喜爱都自愿好学，演奏人亦颇多。

（二）板凳龙灯

据传在清光绪年间，仙居乡村中头脑较灵活的人在外地看见舞龙，见其表演简单，参与人数不限制，制作工艺不复杂等特点，便学习了制作工艺带回家乡。在每年农历正月十五夜进行表演，庆祝丰收，欢度元宵。龙头由宗谱里的房头依次负责制作，龙肚每户一节，在十五夜拼成一条长龙活动。民国时期由于户数增加，活动日期分为两夜，即"上、下宅"各分一夜，活动日期改为正月十四与十五两夜。中华人民共和国成立初期，龙灯制作与表演曾一度停止，直到1978年后才重新恢复活动。

板龙活动过去一直都不出村，活动前"龙头"必须开龙眼。在佛殿祭拜后，绕村三圈后再去空旷平地。由龙头与龙尾为主体相互赛跑比赛，有圆形的（称尼姑转），有形如剪刀的（叫剪刀转），龙尾围住龙头则为龙尾方胜，反之则为龙头胜。板龙表演场地常选择在溪岸旁，观看者可看到倒影，实为壮观。活动夜吃过晚餐，龙肚（每户一节约2米长）按顺序接入龙头，依次相连成一条长龙。每条龙都点上几支蜡烛，在绕村转时有民望的户要在门前放祭品祭祀，以祝愿年年平安、五谷丰登。板龙活动就似在运动场上争夺冠军一样，因此参加活动的人也多是年轻力壮、体力旺盛之人。

板凳龙灯表演对服饰没有一定要求，过去脚穿草鞋，用布片扎住小腿，腰挂紫刀，龙头长4米，高2.67米，龙肚长2米，龙尾长约3.33米。每节用上等硬木棒连接成长龙。此外，还需白牌两面（上写"国泰民安""五谷丰登"字样）、龙头球、香、烛、烟火等。就传承状况而言，以前做龙头的传承人比较多。村民一般都能制作龙肚，村中板龙活动没有集体组织，多是由个人组织自发开展。

（三）针刺无骨花灯

仙居针刺无骨花灯结构独特，工艺复杂，是相当难得的民间艺术精品。台州俗语中就有"临海的城，仙居的灯，黄岩的乱弹呀呀声"[①] 之说，足见针刺无骨花灯的历史名声和地位。针刺无骨花灯被誉为"中华第一灯""华夏一绝"。

仙居针刺无骨花灯因灯面图案由针刺完成且灯身无骨而得名。其发源地在浙江省仙居县皤滩。因起源于唐朝，又称"唐灯"或"神灯"，明清时期技艺趋于成熟。据当地宗谱记载，明朝万历年间，仙居皤滩古镇已有盛大的闹花灯活动。家家挂上"状元灯"，表示书香门第，预祝

---

① 陈可易、陈朝华编著：《仙居花灯》，浙江摄影出版社2009年版，第11页。

状元及第。现在皤滩古街的"大明堂""大学士府"的梁柱马腿上就雕有这种"无骨花灯"。清朝时期,灯的式样、品种进一步发展增多。其中有一种叫"珠兰灯"的花灯,灯周围的花纹是由一种叫"水上浮"的绣花针刺成的,是进献皇帝的贡品。它在杭州展出时,外宾均对之赞不绝口,称之为"神奇的无骨花灯"。

在艺术特色方面,仙居针刺无骨花灯融绘画、刺绣、建筑艺术为一体,造型别致,空间感强,立面变化丰富,结构细腻生动,是传统女红技艺的杰作。"仙居针刺无骨花灯资源经深入发掘,成功开发出27个传统品类,52个分支品种。2006年3月,曾多次获省级、国家级奖项的针刺无骨花灯参加首届中国非物质文化遗产保护成果展,并为中国艺术研究院指定收藏。"[1]

在单灯种类方面,仙居针刺无骨花灯单灯主要有花篮灯、奎头灯、球形花篮灯、小宫灯、绣球灯等几大类。

在工艺流程方面,仙居针刺无骨花灯的制作工艺十分复杂,要经过绘图、粘贴、熨纸、剪订、凿花、拷贝、刺绣、竖灯、装饰等十多道主要工序,每道工序都有专门技术人员操作。琉球灯是由六十四个等腰三角形所构成的,以其边界互相衔接在一起形成立体空间。菊花灯是由四个外八边形内十六边形内镶嵌十六锥体、八个外六边形内十二边形内镶嵌十二锥体、十二个长方体、两个八锥台体所构成的,以其边界互相衔接在一起形成立体空间。荔枝灯的形状像个大荔枝,由32片纸片粘贴拼凑而成,造型奇特,结构复杂。绣球灯由30片纸片粘贴拼凑而成,直径25厘米左右,灯面有凹有凸,活像个古代大绣球。2014年,针刺无骨花灯荣获联合国教科文组织颁发的"2014世界杰出手工艺品徽章"。

在技艺保护方面,仙居花灯2006年经国务院批准被列入第一批国家级非物质文化遗产名录。仙居花灯传承人主要包括国家级传承人李湘满、

---

[1] 张肖斌、方学斌:《串起散落在民间的"珍珠"——仙居县非物质文化遗产保护工作纪事》,《台州日报》2008年11月27日第1版。

省级传承人王汝兰以及陈朝华等。

（四）九狮挪球灯

仙居九狮挪球灯，又名九狮图，是提线木偶术和地面舞狮相结合而产生的民间舞蹈艺术。明初朱元璋一统天下，民间兴起闹舞狮庆祝太平，因为朱溪镇的坐五狮之势，具有灵感的艺人创造了五狮图，以五狮争球之势进行表演，后经不断发展，逐步演变成九狮。

九狮挪球灯属木偶提线式花灯，操作架长5米。在九狮挪球灯的顶端安装一定数量的定轮和活动轮，九只狮子通过九位表演者提线操作，可以在空中前后腾跃、上下纵扑、凌空展示动作，形象逼真，表演生动，具有较强的欣赏价值。[①] 九狮挪球灯可以固定表演，也可以流动表演。

九狮挪球灯，这一独具特色的民间艺术形式，以其鲜明的民族性、民间性和地域性成为中国传统文化中的一颗璀璨明珠。它不仅是一种视觉盛宴，更是一种对真善美的追求和对生活美好的向往。

每当吉庆佳节的夜晚，人们便会欢聚一堂，欣赏激动人心的九狮挪球灯表演。在璀璨柔和的灯光下，九只雄狮凌空飞舞，强劲刚猛，抢夺着象征着团圆和幸福的彩球。欢快的音乐节奏与舞狮的矫健身姿相互辉映，营造出一种热烈而动人的氛围。

九狮挪球灯的表演内容丰富多彩，既有群狮抢球的壮观场面，也有单狮戏球的俏皮可爱，还有双狮挪球的默契配合。这些表演形式各具特色，但都展现出人们对生活的热爱和对美好未来的憧憬。独特的道具、鲜明的服饰以及优美的音乐舞姿，共同构成了这一和谐美好的表演形式。

九狮挪球灯不仅是一种表演艺术，还蕴含着深厚的文化内涵。制作工艺的粗犷豪放与细腻逼真相结合，画面上描绘的龙凤呈祥、松鹤延年、八仙过海等图案，象征着风调雨顺、五谷丰登的美好愿望。这些图案和意象充满了鲜明的民族特色，同时也散发着浓郁芬芳的乡土气息。

[①] 林虹、严洪明主编：《碧水蓝天　绿野仙居》，浙江科学技术出版社2012年版，第76页。

此外，九狮挪球灯的群众参与性也是其魅力所在。在表演过程中，观众不仅可以欣赏到精彩的舞狮表演，还可以参与其中，感受到那份快乐和喜庆。这种自娱自乐的方式使得整个场面洋溢着快乐的喜庆色彩，极富感染力。"'九狮图'趋利避害的寓意反映了民众的祈福性诉求，诠释了民间信仰所具有的功利性与务实性，同时'九狮图'其乐融融的生活图景是家庭本位伦理关系的具象化演绎，是人们对美好生活的向往与追求，从而强化了民众的认同感、幸福感和归属感。"[1]

总的来说，九狮挪球灯以其独特的艺术形式和深刻的文化内涵成为中国传统文化中的瑰宝。它不仅丰富了人们的文化生活，也传承了中华民族的优秀传统。在今天这个多元文化的时代里，我们更应该珍惜和保护这样的民族艺术瑰宝，让其在世界文化的舞台上绽放出更加绚丽的光彩。[2]

1978年，九狮挪球灯重演，妇孺老幼皆知，无不拍手称快。1999年，朱溪灯舞开始走出大山，"九狮挪球灯"在"台州市首届艺术节·民间艺术大会"上展演，并荣获特别奖。2007年，九狮挪球灯被列入浙江省第二批非物质文化遗产名录。2008年，九狮挪球灯被列入国家级第二批非物质文化遗产名录。

（五）朱溪腿弹虾灯

朱溪腿弹虾灯在1936年由朱寿英老前辈按照溪滩水中腿弹虾弹跳动作，用笔竹纸制作，以2人前后跳弹，参加元宵节花灯活动，在庆祝1949年国庆节活动中，受到群众的欢迎。1999年10月，腿弹虾灯表演队参加了台州市民间艺术节表演，获得铜奖。2000—2004年，腿弹虾灯表演队参加了台州市路桥区、临海市、玉环海屿节等活动，受到各地群众的欢迎。腿弹虾灯表演队每年都参加由县市举行的各种灯展活动。1999年以来，朱三福、王洪福两位老艺人对腿弹虾灯进行了改进。目

---

[1] 谢佩尧、白真、谢本超等：《"九狮图"仪式的符码构造及其意涵阐释》，《体育教育学刊》2024年第1期。

[2] 《国家级非物质文化遗产——九狮图》，仙居网上文化展馆，https：//www.rjxj.com.cn/Museum/fwzwhyc/gj/9st/，2023年12月6日。

前，在原有腿弹虾灯的道具、材料、服装等方面都有了进一步的创新。腿弹虾灯由头、身、尾三部分构成。头部长约0.9米，嘴边张挂12根触须，上下颌各6根；身躯长约3.3米，分6节；尾部2.3米许，两翼分开，翼尖开衩。腿弹虾灯表演技术性较高，操作者步履必须协调一致。其由2人操作表演，1人擎头，2人擎尾，2人同时向里跃一步，则虾灯全身弓缩；二人反跃步，则虾灯伸直；二人同步向前跃进，则头部向前伸；脚步紧，虾灯伸缩自如，一缩一伸，在目不暇接的浮水掠影中，人们眼前的腿弹虾灯又恰似回到波光潋滟的水中，腿弹漂游，自由自在。

二　饮食民俗传承

（一）炒咸酸饭

咸酸饭又称杂饭，最早可追溯到明代，仙居比较流行吃咸酸饭。尤其是农村，平民百姓人家更喜欢吃咸酸饭，因为咸酸饭无须菜肴，方便就餐。但先前炒咸酸饭，是煮米至七八成熟时用笊篱沥干米汤，再放入锅内烧炒，放少许作料，然后再放入适量水继续烧炒。不过，这种烧制方法只局限在人数不多的情况下。1949年后，随着人口的快速递增，特别是遇到工匠、帮工多时，就餐人数多的情况下，上面的烧制方法就难以应对了。

在材料上，咸酸饭主料为大米，配料为猪肉、猪油、芋芍、番薯、鲜萝卜丝、青菜梗、南瓜、马铃薯、各种植物油等，可视经济条件而定。在工艺制作流程上，咸酸饭先食盐烧炒，具体步骤如下。

一是先将锅底烧红，放食用油熬少许，再放入适量食盐炒至黄色。

二是放入已经切好的芋芍、番薯炒拌适时，再放鲜萝卜丝，青菜梗续炒适时，把作料摊平。

三是头一次放入少许水，以防佐料烧焦。

四是将大米入锅在佐料上摊平。

五是再次放水入锅漫上米。水的满浅，可根据作料，同时也要考虑主料大米，如早米较硬、晚米较软等情况，灵活而定。

六是炒后续烧，接着就盖上锅盖，继续添柴烧火，至锅内米饭发出咧咧声，即可熄火。焖20分钟左右即可开锅。

七是炒拌：开锅即可炒拌调匀，成为咸酸饭。

仙居人教子有句俗语："要饱五更饱，要好从小好。"意思为早餐咸酸饭吃饱了，干活儿整上午，甚至整日不觉饥；教子从小教好了，长大了不会学坏。这是仙居在日常生活中，以吃咸酸饭寓教于育人的道理。随着社会的发展，生活水平的极大提高，吃咸酸饭已非时尚，尤其新一代人大多对此不以为意。不过，在山野农村，平民百姓家中吃咸酸饭仍不在少数，他们还以此为乐，以此为荣。

(二) 做麻糍

仙居做麻糍的习俗早自明清之前便有，然时至今日仍为人们所喜爱。麻糍是一种糯米食品，又是喜庆之兆，一般是在过年时做麻糍，一些农村也有在农历四月插秧时做，谓之种田麻糍。麻糍的特点有三：一是耐肚，因麻糍不易消化，一般上山担柴或背树携带可谓佳肴；二是可作礼物送人，都是子女送给父母长辈，或送给非农业区亲朋好友；三是过年做麻糍意味着团圆，家庭康裕，象征着来年一年的好景，是一种吉祥之兆。

做麻糍的工艺流程是先将糯米浸水一日一夜，再用篱箩沥干，用清水冲洗干净放入蒸桶蒸熟，再放入捣臼内捣，待捣到看不见米粒，才全部取出并放在木板上用手揉。木板上应先筛上炒好的玉米粉，再在麻糍上筛上玉米粉，以防黏液缠手，还要趁热揉开，待冷却后用刀切成方块。须七昼夜后，浸入冷水缸中存放，储藏时间可至七、八个月。

麻糍的制作工具有浸米用的缸，盛米用的面箩，蒸米用的饭蒸，捣米饭用的捣臼，赶麻糍用的面杖，放麻糍用的面板，千米、玉米粉或藩蓣米。制作的材料为纯糯米，不能掺搓籼米，因在食用时籼米老硬，难以下咽。

做麻糍很讲究，必须在立春前十日将冬水藏好，水温日不浸米，麻糍做好过7天浸水。麻糍在人们的行规里，年前不吃麻糍，须过了春节（正月）三月饥荒时吃。

在传承状况方面，做麻糍从明清一直流传至今，目前亦非常流行，但做法不同，现都用机械加工，也有许多村民仍旧手工制作，按老办法放在捣臼内捣。

（三）豆腐制作

仙居豆腐为卤水豆腐，口感细腻、嫩滑，味道鲜美，历史悠久。仙居的豆腐制作者遍布江南的城市、乡村，他们以辛勤的劳动、独特的技艺、优异的品质，赢得了良好的口碑，入选浙江省第三批非物质文化遗产名录。

仙居豆腐能广受欢迎，关键取决于其选取原料的特殊、工具的特殊和工艺的特殊等。原料特殊分三个方面：一是水的选择，俚语中有"豆腐是水做的"的一说，所以水必取优质井水或山泉水。二是豆的选择，豆则必选当地的大豆——六月白，六月白颗大饱满，豆味香浓，出浆率高。三是使用新鲜的盐卤为打浆剂，使仙居豆腐更具特殊的风味。豆的磨制工具为仙居本地出产的青釉石所制，青釉石质地坚硬、结构细密，使用此种石磨研磨出的豆浆特别细腻。

在制作工艺流程上，仙居传统豆腐为纯手工制作过程，可分为拣、舂、浸、磨、沥、煮、捞、打、裹、翻十道工序。

豆腐有很多的系列制品，如豆腐皮、豆腐锅巴、豆浆、豆腐脑、油泡（别的地方称油豆腐）、豆腐干（一般有两种：熏制与卤制）、千张、豆腐浆（咸）、霉豆腐等。仙居本地有大片豆腐烧法、豆腐圆烧法、做羹烧法、青菜豆腐等20多道著名的仙居豆腐菜肴。

仙居豆腐因使用凝固的材料、制作工艺及流程的不同，其营养成分是不一样的。最传统的仙居豆腐的凝固材料选择是盐卤，其主要成分是氯化钙及氯化镁，所以豆腐不但能补充人体蛋白质，还是补充钙、镁的良好来源。此外，豆腐还富含硒、维生素B1、烟酸等人体必需的元素。仙居豆腐除了具有营养价值外，它的传统手工制作工艺延绵了几百年，仍保留着原始的痕迹，是研究社会生产与社会生产力的活标本。

（四）麦饼烧制

做麦饼俗称"拓麦饼"，是在明清时期便有的习俗。拓麦饼是面粉类餐食中较难的一种，要掌握掺水的百分比，使粉块柔和。另外，馅儿亦要掌握好湿度和咸淡。麦饼可招待客人，亦可作礼赠送，如种田插秧须每个人两个麦饼，一咸一甜做点心给种田人带回家去，叫种田麦饼。更有逢农历四月初八为耕牛生日，即新麦的第一个麦饼喂牛之习俗，这谓之"赏心麦饼"。

在制作工艺流程上，做麦饼需要先将面粉掺水按比例拌好，放置20分钟左右，使其面性柔和，再将馅儿调好咸淡，拌好湿度。然后将面粉揉成饼状，放入馅儿封口，用小木棒从中心向四周揉，使馅儿射向四周。更要反复揉使两面厚薄相当，下锅烤时要猛火，翻烤时以小火为宜，避免烤焦，当内外皆熟后出锅。

在制作工具方面，需要盛麦粉的容器，如擀麦棒、麦饼样、窝灶。在制作的材料上，取上等小麦粉作原料，面粉发霉不能用，发霉面粉易吐水、粘手。馅儿根据家庭条件配料，可分为甜饼与咸饼两种。

做麦饼过去是有季节限制的，一般是小麦丰收，第一餐要做麦饼，意味着人们一年开开心心。饼，意味着合并的意思，象征全家开心。

在具体传承方面，历史上因为生活水平的限制，仅逢节气才能有此饼。现在随着家庭条件变好，早已不是逢节而食，麦饼成为家常便饭。以婆婆传媳妇，娘传女儿，代代相传。

三 木竹技艺传承

（一）沉香木雕

仙居木雕艺术最早可追溯至汉晋时期，当时木雕工艺简单，产品应用范围较为狭窄。隋唐以来，木雕艺术得到长足发展。从椅、橱、门窗等生活用品上完全可以领悟出当时木雕艺术线条自然、形象雍容的特色。明清年间，仙居木雕事业极为兴盛，且做工精细，镂空镌镂技艺高超，图案形象丰富多彩。许多作品都达到精巧绝伦的程度，使用范围也进一步延伸到房屋建筑乃至生产工具。李宅村与高迁村古民居的辉煌便是仙居木雕工艺的具体表现。

沉香木雕是利用沉香木的特殊材质，综合运用木雕与根雕的技艺而产生的一门独特的雕刻技艺，它兼具根雕的奇异古朴与木雕的形象生动，同时又以其清幽诱人的芳香，彰显出自己独有的魅力。沉香木雕作为一种独特的艺术形式，具有丰富的艺术特征和深厚的文化内涵。以下是沉香木雕在材质、处理工艺、创作构思以及雕刻手法等方面的艺术特点。

首先，在材质方面，沉香木雕具有独特的自然性和本性特征。沉香木是一种由芳香类植物在自然灾害如山洪、泥石流、地震等，以及人类伐木开山行为导致的掩埋于土层、河床的半矿质化材料，经过长时间的累积和地质作用，这些植物形成了沉香木。沉香木质地坚韧，纹理细密，散发着奇特的芬芳香气，为雕刻艺术家提供了极佳的创作素材。

其次，在干燥处理方面，沉香木雕保留了传统工艺的特征。根据沉香木形成环境的不同，采用的处理方法也有所区别。以仙居沉香木雕为例，使用的沉香木材料大致可分为"土沉"和"水沉"两大类。对于"土沉"材料，处理过程包括浸泡、清洗、去除泥沙与表皮，然后自然晾干。而对于"水沉"材料，先自然晾干，再去除腐败霉变部分。

再次，沉香木雕在作品构思和创作方面具有独特的特点。艺术家根据原材料的外观、形状、厚薄进行构思，充分发挥想象力和创造力，创作出具有生命力和个性的作品。沉香木雕的创作过程注重对原材料的尊重和体现，使每一件作品都具有独特的艺术价值和审美意义。

最后，在雕刻手法方面，沉香木雕呈现出多样性特征。雕刻艺术家既要运用粗犷的大刀阔斧的裁劈，也要有细腻圆润的雕琢。如在表现人物、动物等细节时，充分运用圆雕、浮雕等手法；在表现衣着、动物皮毛等方面，采用阳雕、阴雕和线雕等技法；有时甚至使用透雕手法，以展现作品的丰富层次和细腻质感。

仙居沉香木雕作为一种独具特色的传统工艺，其制作流程讲究精细与独特。在工艺流程方面，主要包括以下八道主要工序。

第一道，材料处理。选材是仙居沉香木雕的第一步。沉香木因其独特的香味和稀有性，被视为珍贵的原材料。在选择沉香木材料时，首先要考虑其质地、颜色和纹理，以保证雕刻出的作品具有较高的艺术价值。材料处理的过程包括对沉香木进行干燥、防腐、防虫等处理，为后续雕刻工序奠定基础。

第二道，构思。在正式开始雕刻前，创作者需要对作品进行细致的构思，确定作品的题材、造型和神韵。构思过程中要充分考虑沉香木的特性，以及如何最大限度地展现材料的天然美感。

第三道，凿粗坯。在经过深思熟虑的构思后，创作者开始运用凿子、锤子等工具，对沉香木进行初步的雕刻。这一阶段主要目的是将沉香木雕刻成大致的形状，为后续精细雕刻做好准备。

第四道，凿细坯。在完成粗坯雕刻后，创作者需要对作品进行精细修饰。这一阶段，创作者运用各种形状的凿子和刻刀，对作品细节进行精心雕刻，使作品逐渐呈现出丰富的层次感和生动的立体感。

第五道，修光。在细坯雕刻完成后，创作者还要对作品进行修光处理。这一阶段，创作者利用砂纸、刮刀等工具，对作品表面进行打磨，使其光滑平整，同时对作品细节进行进一步修饰，使作品更加完美。

第六道，打磨。打磨是仙居沉香木雕工艺中非常重要的一环。在这一阶段，创作者需要用不同型号的砂纸对作品进行反复打磨，直至作品表面呈现出光泽。打磨的目的是使作品更加光滑，同时展现沉香木的天然纹理和质感。

第七道，上漆。为了保护作品，延长其寿命，创作者需要对作品进行上漆处理。上漆能使作品表面形成一层保护膜，防止水分、尘埃等浸入，同时增加作品的光泽度。上漆过程需要经过多次涂抹、晾干、打磨等步骤，确保漆面均匀、光滑。

第八道，安装底座。最后需要创作者为作品安装底座。底座的选择要与作品风格相协调，既能衬托作品的美感，又能稳定作品。安装底座后，一件仙居沉香木雕作品就此圆满完成。

仙居沉香木雕的制作过程严谨而精细，每一道工序都考验着创作者的耐心和技艺。通过精湛的雕刻手法，创作者将沉香木的独特魅力展现得淋漓尽致，为世人呈现出一件件珍贵的艺术品。

沉香木雕作为一种具有悠久历史和独特艺术魅力的传统工艺，在我国的雕刻艺术领域具有重要地位。它凝聚了世代雕刻艺人的智慧和技艺，传承着中华民族优秀的文化传统，成为一项光彩夺目的艺术瑰宝。浙江省仙居县山下村的方炳青为该文化遗产项目代表性传承人，并被批准列入浙江省非物质文化遗产名录。

（二）木窗雕刻

木窗制作作为木雕工艺领域的一个重要分支，历来要求艺人具备精湛的技艺和全面的素养。这些艺人，常被尊称为"刻花人"，他们不仅需要熟练掌握多种木雕工艺技巧，还需要具备油漆技艺，以呈现出作品的完美效果。木雕作品不仅具备审美价值，更兼具实用性，因此深受人们的喜爱。

鉴于木雕技艺的复杂性和广泛应用，艺人们通常能够获得相当丰厚的报酬。然而，这也使得木雕艺人面临着"劣败优胜"的严峻挑战。为了适应市场需求和保持竞争力，他们必须不断学习、实践、探索，以提升自己的技艺水平。因此，木雕艺人的作品往往能够紧跟时代潮流，展现出与时俱进的特点。

以木窗制作为例，其发展历程充分展示了木雕工艺的精湛技艺和创新精神。从最初的简单条棱木条组合，到后来的多样式木条块拼合；从一两个图案的创设，到数十个图案的丰富多样；从十几个零部件的构建，到上百个零部件的精细组合，整扇木窗的形象也实现了从木讷到自然别致的蜕变。这一变化不仅彰显了木窗制作在木雕事业中的重要地位，也反映了木雕工艺发展的轨迹和创新的速度。

近年来，尽管木窗制作技艺几近失传，但木雕事业依然焕发着勃勃生机。越来越多的人投身于木雕工艺品事业，其中仙居地区近10%的人便从事于此。这些木雕作品以装饰和观赏为主要目的，数量众多、式样齐全、质量上乘，为木雕事业的繁荣发展注入了新的活力。因此，仙居也被称为"中国工艺品城"，木雕工艺还成为仙居财政的支柱产业之一。

整体设计是木窗的艺术创作之源。窗户大小、长宽厚度的精确测量，可确保窗子的稳定性和美观性。在测量窗户尺寸的基础上，根据空间环境和使用需求构思出窗户的整体形象，包括造型、风格等。在整体形象的基础上，对窗户的各个组成部分进行详细设计，包括形态、图案、色彩等，这一步骤需要充分考虑窗户的整体美感、实用性和创意。

以下为木窗雕刻流程详解。

第一，木坯的制备。木坯的制备是木窗户创作的基石。根据艺术品的大小、厚薄和形状，将木头锯割为不同形状的木条、板块，这一步骤要求精确、细致，以确保木坯的质量和窗户的稳定性。为了保证绘画和雕刻的效果，需要对木条、板块的表面进行打磨、抛光等处理。

第二，绘画。绘画是木窗艺术的灵魂。使用铅笔在处理好的木条和板块上勾勒出各种图案为后续的雕刻做好准备。在勾勒图案的过程中，要注重线条的流畅、画面的和谐，以及色彩的搭配，使窗户更具艺术美感。

第三，剔空。剔空是木窗户艺术的立体呈现。在绘画的基础上，根据图案需要，用钻、钢丝锯等工具剔除多余的木质，使图案呈现出立体感。在剔空过程中，要保证图案的完整性、立体感和美观度，同时注意保持木质的稳定性。

第四，雕镂。脚雕镂是木窗户艺术的精致展现。在剔空的基础上，运用凿、刀等工具，对木条和板块上的图案进行精雕细刻，使图案更加生动、精致。在雕镂过程中，充分发挥创意和技巧，使每一个细节都充满艺术魅力。

第五，刨光。刨光是木窗户艺术的完美收尾。在雕镂完成后，对图案形象进行磨锉、光滑处理，使窗户更加平整、美观。在打磨过程中，使其表面光滑、手感舒适，提升窗户的质感和品质。

第六，组装。组装是木窗户艺术的呈现载体。将雕镂好的木条和板块按照设计图纸组装成一个窗子的整体，确保窗户的稳定性和美观性。在组装完成后，对窗户进行检查，确保各个部件的连接牢固、整体结构稳定。

第七，着色。着色是木窗户艺术的点睛之笔。根据设计方案，为窗户的各个图案形象上色，使窗户更加丰富多彩。

第八，油漆。油漆是木窗户艺术外在展现的重要过程。在窗户上色完成后，用青漆将整个窗户刷一遍，使窗户更加庄重、典雅。

经过以上八个步骤，一扇富有艺术美感和实用价值的窗户才能完成制作。在整个创作过程中，注重细节、发扬创新精神，才能使窗户艺术更加绚丽多彩。

木窗技艺的原材料需要柏木、樟木、红木等。仙居本地选用红木质材少见，因为红木过于贵重。一般用户，板块选用樟木，条块多用柏木。因为樟木树纹交错不一，有一种自然美，且木质细腻，雕起来脆里带韧，不易脱落；干后不易变形，有香味不易虫蛀；板块拼接的胶力好；上染颜色也好处理，并且价格适中。木窗的油漆主要是青光漆。木窗工具主要有锯、刨、斧、钻、钢丝锯数把，形状大小不一的凿数十支，大小厚薄形状不同的刻刀上百把，各种画笔，锉纸若干。

仙居田市区域的木窗制作自唐代起就代代相传。近期传承谱系如下：第一代，以李昌发（1825年生）等为代表；第二代，以李西良（1868年生）等为代表；第三代，以李世致（1898年生）等为代表；第四代，以李小多（1931年生）等为代表；第五代，以范富贵（1972年生）等为代表。如今仙居田市区域木雕艺人多达数百个，以合伙和个体经营为主，规模大小不一，有的在田市、县城建有工厂，有的居家揽活儿做工，主要从事出口的工艺品制作。木雕技艺在西炉村、朱溪村、大战索村、祖庙村、尚仁村、垟墺村、朱家岸村、上岙村与公孟村等也有传承。

(三) 箍桶技艺

箍桶是祖传的木工技艺。其历史源远流长，不知始于何朝，现今已无从考证。按用途箍桶可分为农用、家用及嫁妆等；按形状分则有扁的、圆的、长的、有盖、无盖、有底、无底的差别。其中桶从何时起成为多种多样的家具中的一部分，也不得而知。制作过程主要包括取材、锯板、刨平、拼接、箍桶和安装桶底等环节。木桶的材质丰富多样，如柏木、杉木、樟木以及毛竹等，每种材质都有其独特的特点和用途。

以下为箍桶技艺流程详解。

第一，取材。制作木桶的第一步是选取合适的木材。柏木、杉木、樟木等木材具有天然的香气、耐腐蚀、质地坚硬等特点，非常适合制作木桶。此外，毛竹也是一种常见的原材料，其质地轻便、坚韧耐用，适用于制作不同类型的木桶。

第二，锯板。将选取的木材按照桶的长度和高度锯成段，然后再将段锯成桶板。这一步骤需要精确计算和精湛的锯木技艺，以确保桶板的厚度和尺寸符合要求。

第三，刨平。利用推堂（长刨的一种，仰向不动）按照桶的大小和斜度刨平桶板。这一步骤要求工匠熟练掌握刨木技巧，确保桶板的平整度和光洁度。

第四，拼接。根据桶的尺寸，用索钻在桶板的一边钻好孔，再用竹梢和鱼胶按照孔穿透，将桶板胶连起来，拼凑成圆形。这一步骤考验了工匠的计算能力和动手能力，也需要精湛的钻孔技艺。

第五，箍桶。用竹丝制作箍，将桶箍起。然后二次刨光，最后换成铁箍箍牢。这一步骤要求工匠熟练掌握箍桶技巧，确保桶身的结构稳定。

第六，安装桶底。根据桶的大小尺寸，计算出桶底的长度和圆度，将桶底锯好安装进桶里。这一步骤需要精确的计算和细致的操作，以确保桶底的平整度和桶身的契合度。

通过以上六个步骤，一个精美的木桶便制作完成了。传统木桶工艺不仅体现了我国民间工艺的高超技艺，更是中华民族优秀文化的瑰宝。在今天，越来越多的人开始关注传统工艺，致力于传承和发扬这一宝贵的文化遗产。

箍桶技艺所需的工具有推堂、锯、凿子、长尺、墨斗、圆规、鸟刨、圆刨、短刨等，这些工具各司其职，共同构成了箍桶工艺的独特魅力。箍桶工艺所使用的材料主要是木头、毛竹，两者皆是我国丰富的自然资源，为箍桶技艺的发展提供了有力保障。木头和毛竹在箍桶工艺中各有其优势，木头质地坚硬，适合制作承重部位；毛竹轻便且韧性好，常用于制作桶身。此外，鱼胶和铁箍也是箍桶工艺中不可或缺的材料。鱼胶具有很好的黏合力，可用于黏合木板；铁箍则用于固定箍桶的轮廓，使其更加牢固。

在箍桶技艺中，各种工具的运用尤为重要。推堂是箍桶工艺的核心工具，主要用于测量和校正木料的厚度。锯的作用是切割木料，根据所需尺寸进行裁剪。凿子则用于雕刻和修整木料，使其符合桶身的形状。长尺和墨斗用于绘制箍桶的轮廓，确保桶身的对称和美观。圆规、鸟刨、圆刨、短刨等刨类工具则主要用于刨平木料表面，使其光滑平整。这些工具在操作时需要熟练的技艺和丰富的经验，只有技艺高超的工匠才能制作出精美的箍桶。

做桶的技艺传自上辈艺人，而且对做桶的工夫天数，亦有规定。像女子的嫁妆桶种有30多种，且要成双成对。仅桶盘大小就有十多种名称。但不管桶的大小，平均一天做一个。不得与同行比快慢，不准同行克妒。做桶的传统手工技艺多是三代祖传。嫁妆桶为细作，现这种工艺已濒临失传。家用的大桶、稻桶、便桶、水桶为粗作。但目前因塑料桶已代替了木桶，也很少有人做了，多是修修补补而已。

（四）毛竹造纸

我国浙江省台州市仙居县的朱溪镇兴隆村地势起伏，绿意盎然，这里的一大特色便是毛竹资源丰富，毛竹的生长覆盖率极高。村民们不仅对毛竹进行传统的简单加工，如制作竹筷、竹席等日常用品，还深入研究并掌握了用毛竹造纸的古老技艺。

毛竹造纸工艺流程烦琐，需要经过多个环节才能完成。首先，村民们会挑选山上较为嫩绿的毛竹作为原料。这些毛竹经过砍伐后，与石灰一同放入纸塘中浸泡，这个过程通常需要几个月的时间。这样做的目的是让毛竹中的纤维素得到充分溶解，以便于后续的制作过程。接下来，将浸泡好的毛竹捞出，将其打成纸浆。纸浆制成后，将其放入纸槽中，并加入适量的水，使纸浆变得稀释。随后，用特制的帘子将纸浆从纸槽中捞起，通过帘子的细孔，将纸浆均匀地铺在帘子上，形成一层纸膜。此时，纸膜还饱含水分，需要经过压榨过程去除多余的水分。

经过严格的水分压缩处理，纸膜随后被精准地传送至晒纸车间，作为整个生产流程的终章。在晒纸车间中，纸膜被精心铺设于经过适度加温的纸墙之上，确保其在恒定的温度环境中逐渐干燥。经过一段精心安排的晾晒时间，原本饱含水分的纸膜逐渐蜕变为我们所熟知的纸张形态。

朱溪镇兴隆村的毛竹造纸技艺历史悠久且深厚，历经世代村民们不断对其进行传承、改良与优化。这一独特的传统技艺不仅为当地带来了可观的经济回报，更为全球纸张市场注入了多元化的选择。随着现代社会对传统文化的日益关注与重视，毛竹造纸这一古老的技艺也重新获得了人们的瞩目与认可。

仙居大邵传统的毛竹制纸工艺更是具有悠久历史和深厚文化底蕴。这种制纸工艺工序复杂，制作周期长，全部依赖于人工操作，充分体现了我国传统手工艺的精致和独特。据了解，这种制纸工艺最早可追溯到明代，堪称是我国制纸工艺的瑰宝。在仙居县，这种工艺是唯一以毛竹为原材料造纸的技艺，具有鲜明的地域特色。然而，令人遗憾的是，这种传统技艺如今已濒临失传，会这种工艺的老人已不再用此法造纸。青年一代中，更是没有人能够完全掌握这种技艺，也没有人愿意去学习。这无疑给这种传统技艺的传承带来了巨大的挑战。

为此，应采取措施，保护和传承传统技艺。首先，政府应当加大对传统手工艺的扶持力度，提供资金和技术支持，帮助传承人改善生产条件，提高制作技艺。其次，教育部门应当将这种技艺纳入教育教学体系，培养更多的年轻传承人。最后，社会各界也应当积极参与，通过参观、体验、购买等方式，支持传统手工艺的发展。只有这样，才能使这种大邵传统制纸工艺得以传承和发扬，为我国的非物质文化遗产增添新的活力。同时，也让更多的人了解和认识到我国传统手工艺的价值，为传统文化的传承和发展贡献力量。

（五）竹工技艺

竹工技艺是随着竹子本身的气质和特性，通过人们的慧眼和巧手，创造了一系列的竹子工艺品。从精雅细巧的竹子编织到天然质朴的竹子装饰；从巧夺天工的竹筒、竹节造型到鬼斧神工的竹根雕刻，无不体现了竹子清雅朴实的材质美，给人以智慧的启迪和视觉上的享受。

以下为竹工技艺流程详解。

第一，取材。毛竹是我国传统家具制作的重要原材料。竹子生长迅速，资源丰富，抗压抗弯性能强，是理想的家具制作材料。

第二，初步加工。先将砍伐下来的竹子进行刨去竹节和外梢的处理。

这个过程需要精细操作，以保证竹材的平整度和光洁度。

第三，切割长度。根据家具设计的需求，使用锯子将毛竹切割成适当的长度。这一步骤要求精确，以确保家具的整体尺寸和比例。

第四，竹片处理。将竹材劈成均匀的竹片。这个过程需要耐心和技巧，以确保竹片的宽度和厚度一致。

第五，分层处理。将竹片进一步劈成六层、八层等不同的薄片。这一步骤是为后续的制作过程提供丰富的层次感。

第六，制作竹板。将篾片根据厚度不同而组合在一起，形成帘状的竹板。这一步骤要求篾片的厚度分布均匀，以保证竹板的平整度和强度。

第七，家具角部处理。选用较厚的竹片制作家具的角部。并非所有的家具都需要角部，根据设计需求进行选择。

第八，藤条缠绕。用藤条对家具进行缠绕固定。藤条的柔韧性使得家具更具弹性，同时增加家具的美观度。

通过以上八个步骤，一件精美的竹制家具便制作完成。这一工艺流程充分体现了我国传统家具制作技艺的精湛和独特，也为现代家具设计提供了丰富的灵感来源。

自古以来，竹子作为一种生长迅速、可持续利用的自然资源，在中国文化中扮演着重要的角色。竹制品因其轻便、耐用、环保等特点，广泛应用于人们的日常生活中。以下将详细介绍几种常见的竹制产品及其用途。

第一，竹制面箩是农村地区常见的农具之一。它主要用于担运粮食，如稻谷、小麦等。面箩的编织工艺精细，结构稳固，能够承受较重的物品。此外，竹制面箩还广泛应用于装运各种食物，如蔬菜、水果等。这种传统农具不仅体现了劳动人民的智慧，还承载着丰富的农耕文化。

第二，竹制大簟是晒粮食的重要工具。在中国南方地区，由于气候湿润，粮食容易受潮发霉。因此，晒粮食成为农民必须面对的问题。竹制大簟以其透气性好、易于清洗等特点，成为晒粮食的首选。在阳光明媚的日子里，农民将粮食铺展在大簟上，利用太阳的光照和风力进行晾晒，以保证粮食的干燥和质量。

第三，竹席也是中国传统家居文化的代表之一。它通常放在床上，供人们睡眠使用。竹席具有凉爽、透气、吸汗等优点，是夏季床上用品的首选。在古代，竹席还常被用于铺设在书房、客厅等地方，作为待客之用。竹席的使用不仅体现了人们对自然材料的喜爱，也展示了中国传统文化的简约与雅致。

第四，担篮是民间礼尚往来中常见的物品。在传统节日、喜庆场合或拜访亲友时，人们常常使用担篮装载礼品，如糕点、水果等。担篮的编织工艺讲究，外观美观大方，既能承载礼品，又能展示送礼者的诚意和品位。担篮的使用不仅促进了人与人之间的情感交流，也丰富了中国的礼仪文化。

竹制产品在人们的日常生活中发挥着重要作用。它不仅具有实用价值，还承载着丰富的历史文化内涵。在未来，随着科技的进步和人们生活水平的提高，我们期待竹制产品能够在更多领域得到应用和发展。

以下为竹工的传统技艺的传承与发展困境。

第一，竹工技艺的传承现状。在我国，竹工技艺曾经是一种非常普遍的手工艺，涉及日常生活、建筑、家具等多个领域。然而，随着现代化进程的推进，竹工技艺逐渐面临着失传的危险。如今，愿意学习竹工技艺的人越来越少，技艺的传承情况不容乐观。

第二，传统技艺的困境与挑战。竹工技艺面临的困境并非个例，许多传统技艺都面临着类似的挑战。一方面，现代生活方式的改变使得许多传统技艺失去了生存的土壤；另一方面，传统技艺的学习过程较为艰辛，投入与回报不成正比，导致年轻人不愿投身于此。

第三，传统技艺的传承与创新。为了应对这一困境，我国政府和相关部门已经开始重视传统技艺的传承与创新。通过开展非物质文化遗产的保护工作，加大对传统技艺的扶持力度，培养新一代的传统手工艺人。同时，鼓励传统技艺与现代生活方式相结合，创新产品形式和应用领域，让传统技艺在新时代焕发出新的活力。

四　其他技艺与民俗

（一）卷地龙舞

在中华大地这片龙的国度，龙的传人世代传承着龙舞文化。仙居田市镇水口山村的卷地龙舞起源于清代顺治、康熙年间。据传，当时村民郑贤台因不满清朝统治，渴望安居乐业，于是在村头设立祭坛，早晚祈祷上帝降龙，平定天下。后人感念他的爱国之情，以"九节龙"形象示人，寓意龙主降临，告慰英灵。至光绪年间，卷地龙舞逐渐发展为灯舞形式，呈现于世人面前。1933年，郑小部将单龙舞扩展为双龙舞，创新了"鲤鱼蹦滩、鱼鳞背"等高难度舞蹈动作。双龙舞阴阳相济，刚柔并重，使得龙舞更加璀璨夺目。近年来，卷地龙舞频繁出现在春节和重大庆典活动中，滚动在台州市的大地上，已成为家喻户晓的"吉祥龙"。

每当卷地龙进村，村民们先在村口放鞭炮置福礼（用牛、猪、羊等作为福礼）供奠。随后舞龙绕村一周，说是可以庇护民安畜旺、地盘稳定。接着再向东南西北方各舞一圈，表示向四海龙王朝贺。卷地龙灯舞，规模宏大（一般要60人参与），气势不凡。在锣鼓队演奏的欢快音乐中，两面"白牌"在前面引路，两颗龙嘴灯导引两龙（由18人撑持）从容进入活动广场，其左右和后面，由36面龙旗拥护着。两龙各随龙灯反向绕场一周后，开始表演"二龙戏珠""双开门""双关门""翻江倒海""喜降春雨""二龙钻洞""内外拥抱""二龙抱珠"等阵式。"白牌"、龙旗一般位列卷地龙的四周，偶尔穿插行为也是为了增添龙威。其中，"翻江倒海"阵式，龙腹紧贴地面，卷动幅度特别大，造成千钧声势。龙舞中，龙身、白牌、龙嘴灯、龙旗有主有从，配合紧密；阵式繁简不一，但是环环相扣，变化多端。龙舞临近结束，两龙身躯互相拥抱，龙头高挺，似在放声高歌，让表演气势更为恢宏。最后往后畅游二周，以示其龙腾云驾雾飞回天庭。

卷地龙舞是一种富有民间特色的舞蹈表演，具有深厚的历史文化底蕴。它的表演道具和服饰独具特色，充分展现了中华民族的传统文化。下面将对卷地龙舞的服饰、道具进行详细介绍。

首先，道具部分。道具主要包括 2 条黄龙，或一黄一绿双龙。这两条龙可以是自制的或购置的。龙嘴灯一对，龙旗（红色、绿色）36 面，白牌 2 面。这些道具象征着祥瑞、吉祥，代表着人们对美好生活的向往。

其次，服饰部分。卷地龙舞的服饰有 60 余套，主要为武打服装，上衣下裤。上衣采用对襟黄布钮设计，下穿灯笼裤，颜色分为红、绿两色，均镶黄边。这些服饰既体现了传统武术的韵味，又彰显了卷地龙舞的独特风格。

最后，乐器部分。卷地龙舞的伴奏乐器包括锣鼓 1 套，二胡、唢呐等乐器若干，也可配备其他大型乐器。这些乐器既能演奏出激昂的旋律，又能营造出浓厚的氛围，使得卷地龙舞更加生动、形象。

卷地龙舞的服饰、道具丰富多样，既体现了传统文化的韵味，又具有较高的艺术价值。在表演卷地龙舞的过程中，演员们身着华丽服饰，手舞龙珠，配合着激昂的乐曲，将舞蹈推向高潮。这种富有民间特色的舞蹈表演，在我国的传统文化中占有举足轻重的地位，值得传承和发扬。

当前的传承工作以田市镇政府及水口山村为主导，市、县两级负责指导与协调工作，镇、村两级负责具体的队伍建设及相关工作。2000 年，在水口山村旧小学设立卷地龙艺术创新基地，旨在吸纳新知识，强化舞蹈艺术人才的专业技能。当前面临的主要挑战有以下两点：其一，龙舞艺人队伍年龄结构偏老，新一代舞蹈人才短缺。其二，经费时常紧张，相对于其他商业活动而言，卷地龙舞传承人所获得经费支持仍旧相形见绌。近代龙舞传承谱系大致如下：第一代，以郑炳更（1845 年出生）等为代表；第二代，以郑锡名（1872 年出生）等为代表；第三代，以郑小部（1901 年出生）等为代表；第四代，以郑名荣（1939 年出生）等为代表；第五代，以郑小台（1950 年出生）等为代表。

（二）板龙舞

皤滩板凳龙很早就有了，据传最早可追溯到汉代。由于人们对龙的崇敬、信仰，认为龙是天上吉祥的动物，是保护并造福人类的。因此，许多村庄都要请板凳龙去表演或每年正月按惯例自行巡演。其目的，一是丰富人们的春节文艺生活；二是保佑未来一年国泰民安、风调雨顺、五谷丰登及六畜兴旺。

每逢春节、元宵节，舞龙队就敲锣打鼓，穿村绕庄地游行，给传统节日增添了热闹的气氛。板凳龙制作精细，气势雄伟，别具一格。舞龙时间一般在元宵节前后，每条板凳龙由数百人组成舞龙队。

板凳龙，这一具有深厚传统文化底蕴的民间艺术，在我国的许多地区都有着悠久的历史。它主要由龙头、龙身和龙尾三大部分组成，同时配备白牌、鼓乐伴奏，以及鞭炮齐鸣和大锣开道，营造出热烈、激昂的氛围。

龙头部分由八人扛抬，象征着权威和尊严。龙身则由数十甚至数百节组成，每一节都代表着一种独特的韵味和意蕴。龙身的数量越多，表演的欣赏性便越高，但同时难度也越大。龙尾部分由四人负责扛抬，与龙头相互呼应，共同展现板龙的生动与活力。

板龙舞的表演场地通常选择在平坦开阔的广场，如果没有广场，也可以在成片的麦田里进行。表演过程中，由前面的白牌引路，龙头紧随其后，经过大盘坛、小盘坛、倒旋等精彩环节，让观众目不暇接，感受到浓厚的民间风情。

在表演过程中，鼓乐伴奏、鞭炮齐鸣、大锣开道，这些元素的融入不仅增添了热闹的气氛，更是对传统文化的传承和发扬。板龙表演所展现出的团结、协作、奋发向前的精神，也是我国民间传统文化的一种体现。

板龙舞是一种富有中国特色的民间舞蹈，具有悠久的历史和深厚的文化底蕴。在表演板龙舞时，服饰和道具的选择以及舞蹈音乐的搭配都非常讲究，旨在呈现出最佳的舞蹈效果。

板龙舞的服饰要求简洁、大方、干净。表演者只需要穿着平日里清洁、整齐的服装，无须化妆。这样既能展现舞蹈者自然、朴实的风貌，又能让观众更好地关注舞蹈动作本身。在板龙舞的道具方面，表演者无须额外准备，因为舞龙本身就是最大的道具。在表演过程中，舞蹈者通过默契的配合，使板龙舞动起来，展现栩栩如生的龙姿。

板龙舞的舞蹈音乐丰富多彩，主要包括京二胡、唢呐、笛子、京锣、大铜锣和鼓等传统民间乐器。这些乐器音色独特，既能表现出演奏者的技艺，又能营造出热闹的气氛，使得板龙舞更具吸引力。京二胡的悠扬、唢呐的激昂、笛子的悠远、京锣和大铜锣的浑厚，以及鼓点的激昂，共同为板龙舞营造出独特的音乐氛围。

在表演板龙舞时，舞蹈者要与音乐紧密结合，让音乐成为舞蹈的灵魂。舞蹈者需要跟随音乐的节奏，把握鼓点的变化，将音乐的情感融入舞蹈动作，使板龙舞更具表现力和感染力。此外，板龙舞的舞蹈动作要与道具——舞龙的起伏、蜿蜒、翻腾等动作相协调，让舞龙在舞蹈者的操控下栩栩如生，展现出浓厚的民间风情。

对板龙舞的服饰、道具和舞蹈音乐等方面的要求，都是为了呈现出最佳的舞蹈效果。通过简洁大方的服饰、真实自然的动作、丰富多彩的音乐，板龙舞将民间舞蹈的魅力展现得淋漓尽致。在今后的发展中，板龙舞应继续传承和弘扬这一优秀的民间艺术，让更多人了解、喜爱并传承这一独具魅力的舞蹈。

总的来说，板龙舞表演是一种富有韵味、独具特色的民间艺术形式。它蕴含中国人民的智慧和创造力，是中华文化宝库中的一颗璀璨明珠。让我们共同传承和发扬这一优秀的传统文化，让板龙舞的艺术魅力代代相传。

（三）制作草鞋

在我国辽阔的乡村地带，草鞋作为一种古老且实用的劳动防护工具，承载着丰富的历史与文化内涵。它不仅是农民辛勤劳作的见证，也是传统手工艺的杰出代表。在草鞋的制作原料与选材标准方面，主要为清洁干燥的稻草和络麻；稻草要选用较长且纤维坚韧的，以确保草鞋的耐穿性。络麻则用于编制鞋绳和加固鞋底，提高草鞋的稳定性。

以下为草鞋制作的基本流程。

第一，搓草鞋索绳。这是草鞋制作的第一步。将稻草和络麻搓成粗细适中的绳索，用于编制鞋面和鞋底。

第二，捶打稻草。去掉稻草中的梢叶，用木槌捶打使之变软。这一过程是为了让稻草更容易弯曲和定型，提高草鞋的舒适度。

第三，制作鞋底和鞋面。将捶打过的稻草编制成相应大小的鞋底和鞋面。在这个过程中，需要用到之前搓好的草鞋索绳。首先，在草鞋底上涂抹一层烛油，使其光滑，然后用草绳穿好草鞋的鼻头和小耳。其次，用捶打过的稻草填充鞋底和鞋面，保证鞋子的厚度和弹性。

第四，成品加工。将制作好的草鞋放入模具中，再次用木槌捶打，使其更加平整、结实。最后修剪鞋边，补充不足之处，使鞋子更加完美。经过这些工序，一双结实耐用的草鞋便制作完成了。

草鞋作为我国传统农耕文化的象征，承载着丰富的历史信息。随着现代社会的发展，草鞋逐渐被各种新型鞋类所取代，但其依然在一些特定场合发挥着重要作用。比如在户外徒步、登山等活动时，草鞋的舒适性和耐用性使其成为不可或缺的装备。

草鞋制作是一门古老的手工艺，其制作过程讲究技艺与经验。草鞋的制作材料主要包括青白、较长稻草、络麻和烛油。这些材料在草鞋制作过程中起着关键作用，它们的特点与性能直接影响到草鞋的品质。

第一，清白。清白是一种天然植物纤维，具有良好的弹性和韧性。它主要用于草鞋的鞋底制作，能够承受较大的压力，增加草鞋的耐磨性。

第二，较长稻草。较长稻草用于草鞋的鞋面，具有较好的柔软度和舒适性。在制作过程中，稻草需要经过挑选、浸泡、晾干等处理，以保证草鞋的质量和使用寿命。

第三，络麻。络麻是一种天然纤维，具有良好的透气性和吸湿性。它主要用于草鞋的鞋底加固，增加草鞋的稳定性和耐用性。

第四，烛油。烛油在草鞋制作过程中的作用是不可替代的。它能使草鞋更加耐磨、防水，提高草鞋的使用寿命。

草鞋制作需要用到一系列专业工具，这些工具在制作过程中发挥着重要作用。以下是草鞋制作的主要工具。

第一，草鞋扮。草鞋扮主要用于整理和修剪稻草，使其长度一致，便于后续制作。

第二，草鞋拗。草鞋拗用于将稻草编织成鞋底，具有较强的耐磨性和稳定性。

第三，草鞋楼梯。草鞋楼梯用于制作草鞋的鞋面，通过编辫子等方式，将稻草编织成鞋面。

第四，草鞋铐。草鞋铐用于固定草鞋的鞋面和鞋底，使其紧密结合，提高草鞋的整体强度。

第五，木槌。木槌用于敲打草鞋，使其更加紧密、平整。

第六，长凳。长凳是草鞋制作的必备工具，用于放置草鞋以便进行下一道工序。

第七，草鞋腰。草鞋腰是草鞋的最后一道工序，用于收尾和装饰。

草鞋制作技艺是我国民间工艺的瑰宝，它见证了历史的变迁，承载着中华民族的勤劳智慧。在旧时的条件下，草鞋是乡村农户在农事劳作、挑担、出外行走等各方面人人必需的劳保用品，如果没有草鞋，脚底难以承受与地面石子等硬物的摩擦，故为农户家必备之物。草鞋制作技能简单，属群体传承，由于需求量大，农户普遍代代相传。随着社会的发展，经济水平的提高，草鞋于 20 世纪 80 年代基本退出农户家庭。目前，为了传承这一传统技艺，我国一些地区已经开展了草鞋制作技艺的培训和体验活动，让更多人了解、喜爱并传承这一古老的技艺。在创新基础上，草鞋制作工艺得以发扬光大，成为独具特色的旅游产品和手工艺品。

(四) 草席编织

在我国传统的编织工艺中，草席制作技艺独具特色，历史悠久，源远流长。它起源于民间，是人们日常生活中不可或缺的实用物品。草席制作的主要工具有机架、纺席经日头和添草针等。机架是草席制作的核心工具，它起到了支撑和固定作用。在制作过程中，将席草固定在机架上，以便进行编织。纺席经日头是一种辅助工具，用于梳理席草，使其更加顺滑，便于编织。添草针是用来将席草固定在机架上，并在席草之间穿插，形成席子的纹理和图案。

草席的制作过程既讲究技巧，又注重材料的选择。草席的制作过程分为多个阶段，每一个环节都需要工匠们精心操作，悉心打磨，才能呈现出最终的成品。

初期阶段的首要任务是选取合适的材料。龙须草、罗桐皮和席草是制作草席的主要原材料，具有质地柔软、纤维细腻的特点，非常适合用于编织草席。在选取好材料后，接下来就是调纺环节。调纺草席经是草席制作的关键步骤之一，它要求工匠们用手一丝不苟地搓制草席边经，为后续的编织工序做好准备。

将调纺好的草席上架是下一个环节。根据草席的宽度，工匠们会将席经分档吊上机架，为接下来的编织工序做好准备。接下来是纬草打装环节，工匠们会将席草用竹针插入，然后轻轻敲打，使草席更加紧密结实。这一环节需要工匠们掌握恰当的力度和节奏，保证草席的质量和美观。

最后一个环节是晒席抹屑。将打好的草席放在阳光下晾晒，目的是让草席更加干燥，同时用手轻轻搓去草屑和黄叶，使草席更加整洁美观。这一环节对工匠的耐心和细心提出更高的要求。

总体而言，草席的制作过程既考验了工匠们的体力，也考验了他们的耐心和智慧。每一道工序都需要严谨的态度和专注的精神，这样才能确保草席的品质和美观。在我国，草席制作不仅是一种技艺，更是一种传承，承载着我国悠久的历史文化底蕴。在传统社会中，打草席的手工技艺，在低洼田较多，适宜种席草的村庄，皆由中老年、妇女群体传承，产品销售于各城镇、乡村，尤其是冬季，产品供不应求。随着现代科技的发展，手工的草席较为难觅，多被机器生产的工业品所替代。

（五）石匠技艺

石匠技艺历史悠久，源远流长。石器和石磨作为民间最早的食物加工工具，曾是石匠最主要的产品。在封建社会生产力较低的时期，生产和经营基本是以手工作坊为主。"作坊"一词也因此带有地域坊的概念。当时的作坊门脸均仿照牌楼的设计。店铺门脸多采用冲天柱式的石牌坊，这种风格至今仍有所流传。现今所见古石雕牌楼多为明、清两代的作品。尽管牌楼已失去原有的功能，但它作为独立的装饰性建筑仍然存在，且因其装饰性不断被强化，具有鲜明的传统风格，因而备受人们喜爱。

仙居石窗的历史悠久深远。早在新石器时代，吴越先民便开始加工石材，制作生活器具。唐宋时期，大型石仓得以开发，石材被广泛应用于日常用具、民居建筑及古墓构件。县级文物保护单位城关石仓洞为宋代石仓遗址。北宋时期，仙居括苍石屏闻名遐迩。明清时期，仙居石窗技艺日臻成熟、精湛。许多古村落建筑中仍保存大量明清时期的石窗。然而，至民国时期，这一技艺逐渐衰落。据统计，现今仙居民间尚留有经典性石窗80余种。

石窗制作是一项富有特色的传统工艺，它凝聚了我国民间艺术家的心血和智慧。石窗的制作过程精细烦琐，每一步都需要工匠们倾注心血和精湛的技艺。通过了解石窗制作的工艺流程，我们可以更好地领略这一传统艺术形式的魅力，也为传承和弘扬我国优秀传统文化提供了有力支持。

以下为石窗制作流程。

第一个环节是取材。在挑选原料时，工匠会选用坚硬、纹理美观的山岩和不至于过硬的石块。这是因为坚硬的岩石具有较好的耐久性和观赏性，同时也能更好地展现雕刻技艺。这一步骤考验了工匠们的眼力和经验，他们需要根据石材的纹理、颜色和硬度，选出最适合用于制作石窗的石头。

第二个环节是将大块的石头分裂成适合的小石块。这一过程需要用到专业的工具和技术，既要保证石块的尺寸合适，又要避免破坏石材的完整性。分裂后的石块将为后续的制作环节奠定基础。

第三个环节是制作初步模型。在这一步，工匠会根据设计图纸，在石块上勾勒出基本的形状和图案。这一过程看似简单，实则需要工匠对整个石窗的设计有深入的理解和把握。他们要巧妙地利用石材的天然纹理和颜色，使作品更具艺术美感。

第四个环节是进行细致的雕刻加工。这是石窗制作中最具挑战性的环节，也是最能体现工匠技艺和创新精神的部分。在这一阶段，工匠根据设计图纸，运用精湛的雕刻技艺，将石块精心雕刻成龙凤虎狮、鸟兽花草及对联碑文等图案。这些图案不仅富有寓意，而且具有极高的艺术价值。在这一过程中，工匠需要耐心、细心和对美的独特见解，才能使作品栩栩如生，令人叹为观止。

仙居石窗的制作工艺精湛，融合了浅浮雕、深雕、丰圆雕、透雕等多种艺术手法，形成了独具特色的镂挖、起地、刻线、钻眼、打磨等技术。这些技术不仅体现了石窗的艺术价值，更使其实用性与审美价值达到了完美结合。

仙居石窗的外形和窗花设计充分展现了审美与实用的统一。窗花题材丰富多样，其中包括儒、释、道三教的文化题材，以及反映了仙居民间百姓的宗教信仰、生活理想、文化观念和审美趣味的风俗题材。这些窗花不仅丰富了石窗的艺术表现力，也使石窗成为文化传播的载体。

深入探究仙居石窗的文化内涵，可以看到其中蕴含深厚的宗教信仰。在中国传统文化中，儒、释、道三教并立，它们各自的信仰观念和道德理念在仙居石窗的窗花设计中得到了充分体现。这不仅彰显了仙居石窗艺术的独特性，也揭示了中国传统文化的深厚底蕴。

仙居石窗的艺术风格也反映了民间百姓的生活理想和文化观念。窗花题材中的风俗画面，如农耕、捕鱼、狩猎等，都是对当时百姓生活的真实写照，展现了他们对美好生活的向往。这些窗花艺术作品，既具有很高的艺术价值，又是历史文化的珍贵记录。

在审美方面，仙居石窗以其独特的艺术手法和丰富的窗花题材，呈现出一幅幅生动的画面。无论是浅浮雕、深雕、丰圆雕，还是透雕，都使石窗在光线和空间的映衬下，展现出层次丰富的视觉效果。这种审美体验使仙居石窗成为我国艺术宝库中的一颗璀璨明珠。

仙居石窗作为一种独特的艺术形式，既体现了我国传统文化的深厚底蕴，又展现了民间百姓的生活理想和文化观念。它是一种实用性与审美价值完美结合的艺术品，更是我国历史文化中的瑰宝。在中国艺术史上，仙居石窗无疑占据着举足轻重的地位，值得我们继续深入研究和传承。

在传统建筑中，石匠起到了至关重要的作用。他们的技艺和知识，不仅体现在精湛的石雕技艺上，还体现在一系列的行规和习俗中。石匠的行规、习俗是我国传统文化的重要组成部分。他们在古建筑中的地位和作用，以及对吉祥、美好的追求和向往，都深深地烙印在我国的建筑史上。这些规矩和习俗，不仅是他们精湛技艺的体现，更是其对美好生活的向往和追求。

石匠在古建筑中具有重要地位。在建筑过程中第一步就是选择吉日良辰，为奠基和动土做好准备。这一步骤充分体现了我国传统文化中对天人合一、天时地利人和的重视，也彰显了石匠在建筑过程中的严谨态度。石匠在雕刻坟墓的面石时，也有着严格的规矩。已故者的名讳和雕刻字迹，都必须在黄道吉日进行。这是因为我国传统文化认为，这样的做法可以带来吉利，有利于后代的兴旺。在清代，建造墓穴时，墓面两边会立有两株栏杆柱。而到了乾隆时期，石匠改用石狮柱，寓意着儿子是百兽之王，能够镇邪，避免小兽拖尸骨。因此，石狮柱的使用越来越普遍。石匠在柱子上还会雕刻福、禄、寿和梅、兰、竹、菊等图案。这些图案不仅寓意着吉祥如意、福禄寿喜，还体现了石匠们高超的技艺和独特的审美。

石匠技艺在我国历史悠久的传统文化中占据着举足轻重的地位，其价值不容忽视。在艺术方面，石匠技艺通过窗花造型或几何化，实现高度的概括、夸张以及追求物象的形式美感。这使得形象与抽象得以和谐统一，创造出庄重、生动、华美或清雅的视觉美感。在民俗方面，石匠技艺的题材丰富，广泛展示了我国仙居民间百姓的人文风貌，成为研究仙居汉族民俗文化的宝贵非物质文化遗产。在学术方面，石匠技艺作为中国传统石窗文化的活标本，具有重要的文物史料价值，对吴越文化和江南美术史的研究具有重要的学术价值。在审美方面，石匠技艺融合了绘画、雕刻、建筑等艺术形式，赋予了其高度的审美观赏价值。然而，今天石匠技艺制造的牌坊、旗杆、石窗、石磨等都已不复制作，而仅留下墓地用的小型的狮子、花草等，且现今这种加工大部分以机器为主，以手工为辅。

（六）龙骨水车

龙骨水车具体发明的年代已无从考证，但据传三国时马钧曾予以改进，此后一直在农业上发挥巨大的作用。龙骨水车适合近距离，提水高度在1—2米，比较适合平原地区使用，或作为灌溉工程的辅助设施，从输水渠道直接向农田提水。用于井中取水的龙骨水车是立式的，水车的传动装置有平轮和立轮两种以转换动力方向。它提水时，一般安放在河边，下端水槽和刮板直伸水下，利用链轮传动原理，以人力（或畜力）为动力，带动木链周而复始地翻转，装在木链上的刮板就能顺着水把河水提升到岸上，进行农田灌溉。这种水车的出现，对解决排灌问题起到了极其重要的作用。最初的龙骨水车是用人力转动的，后来人们又创制了利用畜力、风力、水力等转动的多种类型水车。

龙骨水车，这一古老的灌溉工具，在我国农业历史中占据了重要地位。其独特的结构设计，使得它能够有效地将水源源不断地输送至地势较高的田地，为农作物的生长提供了保障。

龙骨水车的基本结构是以木板制成的水槽，尾部深深浸入水流，两端各设有一个小轮轴，其中一个轮轴固定在堤岸上的木架上，另一个轮轴则连接到踩动拐木的装置。当人们踩动拐木时，大轮轴就会转动，从而带动槽内板叶旋转，将水向上输送，最终倾灌于地势较高的田地中。

随着时间的推移，人们不断对龙骨水车进行改进，创造出更多适应不同环境和需求的型号。例如，后世出现了利用流水动力驱动的水转龙骨车，它相较于传统人力驱动的龙骨水车，能够更高效地灌溉大面积的土地。此外，还有以牛拉驱动齿轮转动的牛拉翻车，以及利用风力转动的风转翻车等。这些创新使得龙骨水车的应用范围更加广泛，成为我国农业生产中不可或缺的一部分。

此外，中国乡村还出现过一种轻便的手摇拔车。这种设备结构简单，操作方便，适用于田间水沟的灌溉。农民只需用手摇动装置，就能将水输送至需要的地方。这种便捷的灌溉方式，极大地提高了农作物的产量，受到广大农民的欢迎。

从古至今，龙骨水车在农业发展中发挥了举足轻重的作用。这一传统灌溉工具的不断创新和改进，不仅展现了农民的智慧和创造力，也为我国农业生产的持续发展提供了有力支持。现今，龙骨水车作为灌溉机具已被电动水泵取代，然而这种水车链轮传动、翻板提升的工作原理，却有着不朽的生命力。

(七) 烧炭技艺

烧炭技艺是一种传统的技艺,在我国有着悠久的历史。它是一种通过高温燃烧木材,将其转化为炭的过程。这个过程不仅需要对木材有深入的了解,还需要掌握一系列的烧炭技艺和工具。一般来说,山上的杂木是烧炭的最佳选择。这些树木生长在自然环境中,不受化肥和农药的污染,因此燃烧后产生的木炭质量优良。此外,烧炭还需要一些辅助材料,如黏性的泥和毛草。黏性的泥主要用于打窑,它是烧炭过程中的重要环节。毛草则用于盖厂,目的是防止火势蔓延和保护炭窑。

烧炭需要以下工具:首先是砟柴的刀,这是用来切割木材的工具。刀具的锋利程度直接影响到砟柴的效果,因此,匠人会定期磨刀,以确保刀具的锋利。其次是磨石,它是用来磨刀的工具。磨石需要保持干净,以便在磨刀时不会污染刀具。最后是锅,它是烧炭过程中必不可少的工具。锅的作用是燃烧木材,将其转化为炭。在烧炭过程中,需要不断添加木材和调整火势,这都需要用到锅。

烧炭技艺的工序烦琐且讲究技艺,其具体步骤如下。

第一,搭厂,即搭建烧炭人的温馨家园。

这间厂房可以用杂木搭建,只要保证其结构坚固,能遮风挡雨即可。

第二,选址,即寻找窑基的理想之地。

群山环抱、绿树成荫的深谷边缘是最好的选择。这里木材资源丰富,方便采集砟柴。同时,深谷的地理位置有利于烟气的排放,保证炭窑的正常运作。

第三,打窑,即塑造完美的炭窑结构。

炭窑的形状如同馒头,中央高,四周低。这样的设计有利于火焰的传播和炭火的均匀分布,使炭窑的效率最大化。

第四,祭祀,即祈求土地神的庇佑。

在建造炭窑的过程中,要举行一场庄重的祭祀仪式。用猪头、酒菜等供品向土地神表达我们的敬意,祈求神灵庇佑炭窑的建造顺利,炭火旺盛。

第五，砟柴，即筹备充足的燃料。

在炭窑附近，要采集大量的杂木砟柴。这些砟柴将作为烧炭的主要燃料，为炭窑提供源源不断的能量。

第六，点火，即点燃炭窑的熊熊火焰。

万事俱备，只欠东风。将干燥的柴火放入窑内，再将杂木砟柴堆放在上面，用火把点燃窑内的火焰。

第七，闷窑，即等待火焰的神奇魔力。

当炭窑后面的烟囱开始冒着青烟时，说明火焰已经渗透于砟柴中。此时，要将炭窑密封，让火焰在窑内闷烧。这个过程需要一天一夜的时间。

第八，出炭，即收获温暖的炭火。

经过一天一夜的闷烧，炭窑内的砟柴已经化为乌有。此时，炭窑内的炭火已达最佳状态。打开窑门，将炭火取出，就是传统社会日常生活中所使用的炭。烧炭技艺，从选址、搭建、点火到出炭，每一个环节都充满了劳动者的辛勤付出。

烧炭技艺是一种复杂的技艺，它需要匠人们掌握正确的材料、工具和技巧。只有这样，才能烧制出质量优良的炭。仙居淡竹一带上山烧炭，须先请山神，再动土挖窑基，窑打好后，奉土地，以三块石头砌成桥形，在请土地时，须念歌谣，如"窑门点火，窑背扑马，点窑满窑红，闷窑断火种，进窑柴十担，出炭千千万"等。

在传统社会，烧炭技艺不仅是一种传统的技艺，更是我国民间智慧的重要体现。烧木炭（白炭）技术要求很高，要有吃苦耐劳的精神。目前仙居乡村按照浙江省委文件精神为确保生态林的发展，已禁止上山烧木炭。

（八）冬至习俗

冬至节是一个团圆、祭祖的节日。冬至节在仙居老百姓中还有三种叫法——冬节、过小年、贺冬。节日的活动时间通常持续一个星期左右，主要活动内容包括吃"冬至圆"、祭祖、庙会、人会及"抢私下堂"（仙居方言）等五项活动。

第一，吃"冬至圆"是双庙冬至节的一项重要习俗。"冬至圆万事圆"是仙居人们的一句口头语，所表达的是人们对团团圆圆、万事大吉的良好祝愿。"冬至圆"实际上就是人们通常所讲的汤圆，内有馅。馅主要用三种料掺和而成，即猪肉、豆腐、葱。猪肉表示男人吃了身强力壮，干活儿有力的意思；豆腐表示女人吃了水灵、秀气的意思；葱表示小孩吃了聪明的意思。在冬至的当天中午仙居人通常将其作为主食来食用，并在冬至到来前的一个星期，就开始准备糯米等材料。

第二，在仙居县，冬至的祭祖与清明并重，甚至超过清明。祭祖期间，人们会到祖坟前烧纸钱，并设供品祭拜，有烧更饭叫请等习俗。在殡葬改革前，仙居人十分流行在冬至日修祖坟，认为这一天是百事无忌的。祭祖活动是对逝去亲人的一种追思，包含中华民族的传统美德——孝道。

第三，冬至的庙会活动很受人们欢迎，通常一个庙会便会吸引六七千人，甚至上万人参加。庙会会吸引周边各村的人赶来参与，涉及面很广，耗资大，持续时间久，需七天七夜。庙会期间的主要活动有做梁皇、拜水忏、七佛胜、布仙桥、施焰口、水陆等佛事。其中，最具地方特色的是做梁皇。据传，做梁皇是人们为了缅怀梁武帝而取的名，活动的规模很大，且形式独特。做梁皇时，先在寺庵内拜《梁皇宝忏》，首先，发文书、写疏文度碟、放焰口。其次，制作花船数只，每只花船长达5米多，用毛竹做骨架，外观用细白纸糊上，绘有龙凤图案。同时建有灯塔一座，犹如鼓亭灯，为八角玲珑，花船上放有经卷、钱物等。最后，在溪岸排成十里长廊，将花船上的蜡烛点亮。这项活动观赏性较强，很有节日味道。庙会活动寄托了人们对先祖的哀思，反映了老百姓对先人的深切缅怀之情，也使之成为当地人们实现修心养性的一个有效载体。

第四，人会活动是冬至节所有活动中最隆重、最热闹的一项活动，胜过元宵节灯会，表演的项目很多，如跳狮子、迎十二生肖灯、坐台角、扭秧歌、竖旗灯、鼓亭、细乐亭、花船、灯塔等活动。时间至少持续三天三夜，这项活动是人们自我调节生活节奏、自娱自乐的一种手段，既怡情养性，增强智慧，锻炼体魄，又能起到艺术启迪的作用。

第五，在冬至节临近结束的最后一天夜里，还有一项重要的活动叫

"抢私下堂"。届时，人们会集到溪边，将形似十二生肖的小馒头一抢而空。先供斋饭一桌，小馒头一大箩，然后请道士将冬至节期间人们所捐助的经卷、纸帛等用品都写好请旨。之后，再请佛人坛诵经。道士对天朝请，请毕按请旨宣读，叫当地土地神通知各鬼魂来领钱物。最后，人们将所有经卷等全部烧掉。待所有仪式结束后，会集在溪边的民众最后一起抢馒头（一般都是自己生肖属什么，就抢什么），抢到的话则表示今后能健康长寿。"抢私下堂"的主要象征意义在于人们对身体健康的祈求。

（九）清明祭祖

清明祭祖分为两种：一是宗祭，二是自祭。"宗祭"是指按房分派人去祖坟拜祭，须用三牲供品，并在当日祠堂里设宴会席。凡姓之男丁，不分老幼，每丁发馒头一个（清明馒头规定四两重一个）。"自祭"是指一家一户的子孙到自己的近代嫡系祖坟拜祭。拜祭程序为，摆好供品（大致是猪肉、豆腐、酒果、箬饼、蜡烛），先请后土（山神），宣读"清明后土祝文"；再请前土（土地），供品也和后土一样，宣读"清明前土祝文"；祭毕前后土，再插上坟头白纸，割扫坟前荆棘。因为在未请前后土之前，坟头上的一草一木都不能动。之后再祭祖先，有以下规矩：先摆好菜肴、酒果，点起蜡烛，坟前的所有子孙都要叩拜，并宣读"清明祭祖祭文"。当日晚，家中还要烧一桌丰盛的羹饭拜祭祖先，并相应地烧些纸帛经卷。

此外，清明节前后还有做青团、吃青团的习俗。青团最早是清明节扫墓用的祭品，沿袭至今，已成为清明节的一种传统食物。每到清明节，家家户户都会制作青团。青团的皮由糯米粉和一种仙居俗称"青"的野菜制作而成，这种野菜清明前生长最为旺盛。清明时节，村民们纷纷到田里采摘。现今春暖花开时节，摘青也因此成为当地的一种风俗。青团的馅则分咸、甜两种，一般咸的由咸菜、冬笋、肉丝等精炒而成；甜的一般以豆沙馅居多。仙居青团的制作工艺与其他各地不同，可谓一绝，它主要体现在外皮制作上。首先把新鲜摘来的青在热水中汆过，然后把青放到捣臼中捣烂，再把捣烂的青连汁放到烧开的水中，滤掉青的渣之后，把青汁倒入糯米粉中一起搅拌。其次将混好青汁的糯米粉放到捣臼中捣，直到糯米粉完全和青汁溶在一起，糯香飘逸再制作青团。最后配上广度乡特有的冬笋和咸腊肉作为内馅，味道可谓一绝。由于青团外皮制作工艺较为复杂，制作青团需要多人一起参与，特别是需要力气大的男子参与捣臼，过程热闹非凡。如今，这项制作工艺已成为一绝，流传于一代代的仙居村民中。村中老一辈人为了将工艺传下去，每年做青团时节都会叫上自家儿孙一起参与。

第五章

生态环境与建成环境中的仙居传统村落

在仙居传统村落中，生态环境与建成环境之间存在紧密且错综复杂的关联。这种联系不仅表现为二者间的相互影响与相互促进，还体现为它们共同塑造了村落的独特风土人情与文化氛围。

生态环境为建成环境提供了物质基础和空间载体。仙居的传统村落多位于山水之间，自然环境优美，这种得天独厚的生态环境为建成环境的传承和发展提供了理想的场所。例如，寺庙、道观等宗教建筑往往选址于山水环绕的清幽之地，这不仅体现了建成环境对自然环境的尊重与利用，也使得这些宗教建筑成为村落中重要的文化景观和旅游资源。

此外，生态环境和建成环境还共同影响着村落的社会生活和文化传承。在仙居的传统村落中，生态环境和建成环境相互交融，形成了独特的社会生活和文化氛围。村民们在参与建成环境的同时，也注重保护生态环境，形成了良好的生活习惯和道德风尚。这种生活方式和文化氛围不仅有助于传承和弘扬传统文化，也为村落的可持续发展提供了有力的支撑。

总之，仙居传统村落中生态环境和建成环境相互依存、相互促进，共同构成了村落独特的文化景观和生态环境。在保护和发展传统村落的过程中，需要注重生态环境和建成环境的协调发展，以实现村落的可持续发展和文化传承。

第一节 生态文化中的仙居传统村落

生态文化以崇尚自然、保护环境、促进资源永续利用为基本特征。在仙居传统村落保护中,这种理念被赋予了深厚的内涵。通过推广和实践生态文化,村民和保护者能够更深入地理解人与自然的关系,认识和谐共生的重要性,从而在保护过程中更加注重对自然环境的尊重和保护。

生态文化强调人与自然的协调发展、和谐共进,这与传统村落保护的目标高度契合。在仙居传统村落保护中,生态文化能够指导我们制定科学合理的可持续发展策略,包括合理利用资源、优化产业布局,推广清洁能源等。这些策略的实施将有助于降低对自然环境的破坏,促进村落的可持续发展。

仙居传统村落具有丰富的自然资源和人文资源,这些资源共同构成了村落独特的文化景观。生态文化在保护这些资源的同时,也注重挖掘和传承村落的传统文化。通过保护和传承传统建筑、民俗活动、民间艺术等,生态文化能够进一步丰富和完善村落的文化景观,使其成为展示中国传统文化的重要窗口。

生态文化的传播和实践能够增强村民的环保意识,提高他们保护自然环境的自觉性和积极性。通过组织环保知识培训、开展环保活动等方式,生态文化能够引导村民形成绿色、低碳、环保的生活方式,促进村落生态环境的改善。

仙居传统村落以其独特的自然景观和文化景观吸引了众多游客。在旅游业的发展中,生态文化能够推动其向绿色、低碳、可持续的方向发展。通过开发绿色旅游产品,推广生态旅游方式等,生态文化能够降低旅游业对自然环境的负面影响,实现经济效益和生态效益的双赢。总之,生态文化在仙居传统村落保护中发挥着不可替代的作用。通过推广和实践生态文化,我们能够更好地保护传统村落的自然资源和人文资源,促进村落的可持续发展,同时也为传承和弘扬中国传统文化做出积极贡献。

一　横溪镇溪头村

溪头村位于仙居县横溪镇，是一个较大的行政村，毗邻永安溪，靠近台金高速横溪互通出口。"该村南面是永安溪，东面是九郎溪，村处两溪汇合的顶端，故名溪头。"① 全村户籍人口共计2531人，村域面积为0.166平方千米，涵盖了许多丰富的自然资源和美丽景色。村庄前的山峰与永安溪共同营造出如诗如画的美丽画卷，如"双峰挺秀""双鱼戏水"等自然景观，吸引了众多游客前来欣赏。

在交通方面，溪头村的水上交通极为便捷，是古代官道的重要通道。在传统社会中，溪头村作为仙居通往婺州（金华）、处州（丽水）、衢州的交通要道——苍岭古道的重要官渡口，地位至关重要。这使得溪头村成为古代政治、经济、文化交流的重要节点，对于整个地区的繁荣发展起着至关重要的作用。溪头村结构肌理如图5-1所示。

溪头村的土壤肥沃，尽占地利之优势，堪称"风水宝地"。这亦是溪头村祖先选址定居的重要考量。自南宋时期起，溪头村村民在九龙溪畔开辟田地，建宅立户，已颇具规模。悠久的历史和丰富的文化底蕴，使得溪头村成为远近闻名的宜居之地。

村子里的人们和谐相处，共同努力，传承着悠久的历史文化，保护着这片美丽家园。随着现代社会的发展，溪头村也在逐步提升自身的基础设施建设，同时注重保护生态环境，力求在发展中保持人与自然和谐共生。这使得溪头村在不断发展壮大的同时，还保留了独特的自然风光和人文魅力，成为人们向往的宜居之地。

溪头村以沈姓族人为主，其始迁祖可追溯至沈鉴。沈鉴，字希古，曾任议郎。945年，沈鉴自永嘉（今温州）入赘乐安（今仙居）上坂（今溪头村西之上地）唐国戚李家为婿，于九龙溪（后改为九郎溪）畔新建堂宅，并定居于此，后世发展为溪头村。宋代太平兴国四年（979），沈鉴辞官归乡，于溪头奉敕建节度使牌坊，名新坊，其所居堂宅被诰封为

---

① 浙江省仙居县地名委员会编：《仙居县地名志》，内部发行，1983年，第37页。

第五章　生态环境与建成环境中的仙居传统村落

图 5-1　溪头村结构肌理（作者团队自绘）

"三善堂"，以彰显其功德。溪头村为新坊沈氏发源地，新坊沈氏自此繁衍生息，至今已传三十九代，历时一千多年。因此，溪头村声誉鹊起，成为闻名遐迩的沈姓大村。

溪头村位于永安溪北岸的冲积平原之上，村落南临风景优美的永安溪，东南方向为神仙居景星岩景区，北面平原为耕地田园，可遥望北面更远处的山体。村庄东北与西南两个入口均有百余年古樟树矗立，东北方向入口的樟树最大，树龄达三百余年。东北入口处的附近还有一处公园供村民休憩游玩。村内建筑可分为三类：一是公共建筑，以小祠堂、连兴寺、土地庙（德新殿）及溪头影剧院（现村委所在建筑）为代表；二是民居建筑，包括青砖、石砌、夯土材质；三是居民生产所用建筑，以沿街商业为代表。

溪头村自古佛教便比较兴盛，相关的名胜古迹也较多，据考证佛教寺庙有十多处。而唐武宗会昌五年（845）颁诏天下拆毁佛寺，溪头村历史上的古佛教寺庙很多便毁于当时。溪头村之连兴寺，始建于咸丰年间，历史悠久。寺内建筑古朴典雅，雕梁画栋，石柱上镌刻着名儒之对联，彰显文化底蕴。主体建筑为玉皇殿，供奉着至高无上的玉皇大帝，体现了村民的虔诚信仰。寺外，有长生潭环抱，石桥横跨其上，潭边百年溪椤树古朴苍劲，为村中增色不少。

村东北之土地庙，亦称德新殿，内有多处古井，流传着诸多民间故事。周边更有下汤遗址、垟连寺及景星岩等历史古迹，共同见证了溪头村之辉煌历史与文化传承。此外，村中尚有祠堂一座，现今坐落于小学操场之上，为后人缅怀先祖之地。祠堂内珍藏着一块古碑，详细记载了溪头村之历史沿革，是研究地方文化的宝贵资料。

南宋宝庆年间（1225—1227），溪头村已明确划分为南北二区，村中一条官道贯穿东西，畅通无阻。现存的官道两侧，传统建筑群落分布有序，南部被尊称为"翰林里"，北部则称为"院里"。此外，还散落着一些单院落式的"仁是里"门堂，这些建筑均采用四合院形式。这些住宅大多数仿照宫殿式样，布局规整严谨，气势磅礴壮观。

翰林里为当地特色四合院民居，建筑格局为三栋三堂。建筑形式具备檐廊环绕、墙展六叶、飞檐翘角、瓦栋翻弓、两厢合抱之美。宅院后方设有花庭，内有与宅同龄铁树一株。原有九个天井，现存七个。天井图案由永安溪"瓜子石"拼凑而成，形象生动，工艺精湛。天井四角各设一个开口，兼具排水与装饰功能。翰林里始建于清道光年间，曾是溪头村沈锡大的私人宅邸。这座古建筑坐落在一片广阔的院子里，有一圈外围墙环绕，形成了一个独立的空间。宅院的设计独特，每户人家都自成一个小型院落，紧密相连。

翰林里内的天井宽敞明亮，地面由50厘米正方石板精心拼凑而成，显得古朴典雅。天井前方两侧各有一座鱼池，寓意吉祥如意，增添了宅院的生机与活力。大门的石梁上，雕刻着生动逼真的狮子戏珠图案，展示了我国传统文化的精髓。

翰林里宅院的后方，设计师巧妙地设计了三个池塘，旨在保护宅院的风水，同时也为宅院增添了一抹宁静的美景。这三个池塘相互映衬，与周围的建筑物相得益彰，构成了一幅美丽的画卷。

整个宅院布局合理，结构严谨，充分体现了古代建筑艺术的卓越成就。宅院不仅是一座居住的场所，更是一部生动的历史画卷，见证了溪头村沈锡大家族的辉煌岁月。如今，这座庄宅成为一处珍贵的历史文化遗产，吸引了众多游客前来参观，感受古代庄宅的韵味。

在保护和传承古代建筑方面，仙居政府及相关部门也积极努力。通过对庄宅的修复和保护，使其得以重现昔日辉煌，同时也为后人留下了一份宝贵的遗产。这座庄宅不仅见证了历史的变迁，还将继续见证我国古建筑文化的传承与发展。

总体而言，溪头村庄建筑规模宏大，宅院形式以三合院与四合院为主导，彼此紧密相连，形成了典型的"三透九门堂"式布局，建筑群发展颇具规模。时至今日，村庄的整体格局依然保持不变，官道两侧保存的传统民居，约占全村建筑的2/5。因交通便利，官道两侧的民居中还设有众多商铺，为村民提供了极大的便利。

二 淡竹乡油溪村

油溪村位于浙江省仙居县淡竹乡，东与大源村接壤，南与上井村为邻，西与皤滩乡皤滩村陈山头自然村连接，北与尚仁村南木坑自然村接壤。油溪流域周边人家均有榨茶油的传统，故将此河流称油溪港，村亦以溪名，称油溪村。油溪村结构肌理见图5-2。

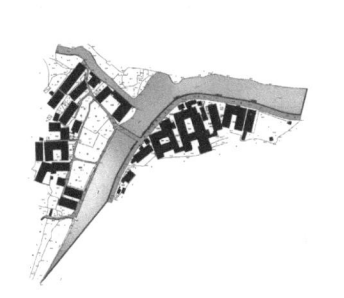

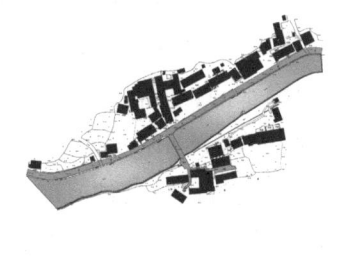

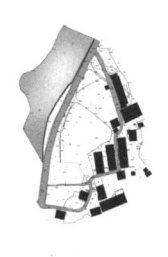

图5-2 油溪村结构肌理（作者团队自绘）

油溪村距淡竹原始森林主入口约 300 米，因该地拥有得天独厚的自然环境，所以在其旁边成立了原始森林淡竹休闲景区。此原始森林休闲景区占地总面积达 80 平方千米，是我国最大的亚热带原始林沟谷常绿阔叶林保护区之一。它以其独特的魅力，吸引了无数游客前来休闲、探险、学习。

景区内自然资源丰富，集休闲、科普、森林探险等多种功能于一体。这里有超过 2000 种动植物资源，其中 100 多种是国家保护和珍稀的濒危野生动植物。这些生物包括南方红豆杉、浙江楠、云豹、猫头鹰等，它们使景区享有"绿色基因"和"天然药物宝库"的美誉。

景区的原生态环境保持着最初的模样，没有过多的雕饰，却有着独特的品位。这里的自然资源构成了淡竹风景"山青、水秀、林幽、峰奇、瀑美"的独特风貌。游客在这里可以感受到大自然的神奇魅力，沐浴在清新的空气中，聆听溪水潺潺，欣赏奇峰异石，感受瀑布飞流直下的壮观景象。

油溪村原始森林休闲景区是一个让人远离喧嚣，回归自然的好去处。这里有丰富的自然资源，有深厚的人文底蕴，是一个集休闲、科普、探险于一体的综合性景区。无论是亲子游、情侣游，还是户外探险爱好者，都能在这里找到属于自己的乐趣。

油溪村现在的经济收入以农业为主，旅游业为辅，主要农作物有毛芋、红薯、水稻等。现在油溪村的村域面积为 25.2 平方千米。

油溪村始建于 300 年前，其先祖是由白塔镇高迁村迁入现址。因其村中石头遍布，房屋皆由石砌结构筑成，故该村又有"石头村"之称。先祖将村落选在青山绿水间，使得周边拥有大片农田，风景优美，远远看去，村庄就是坐落在农田包围的风景之中，给人一种世外桃源之感。一条终年不息的十三都坑从该村流过，溪边两岸有众多古树，其树龄均在三百年以上。其西侧靠近上吴自然村处有一块天然形成的奇石，该石远远望去形象似人，令人叹为观止。

油溪村北面的房屋全部为清初至民国年间建造，南面的房屋则是以现代房屋为主，南面房屋的外墙仿照清代外墙样式而建，使其与周边年代久远的房屋外貌相协调,这样新建的房屋便不会显得突兀,同时也保护了村落房屋样式的统一。油溪村建筑格局的突出优点——村貌保存较好。村中房屋的分布呈现出依河而建之势,呈家家相接,户户相通的格局,这样便形成了一条条古朴的石路巷道。它们四通八达,曲径通幽地连接着各个古建筑,形成一张可观赏的交通道路网。

村落中保存的多处传统建筑形态完好,其中还包括像三合院、四合院样式的石头结构房屋。在建筑形态上,传统建筑具有多样性,它们相互映衬,体现着古人的建筑美学与文化。在建筑细节方面,这些古建筑的木窗与木门上有各种各样的精美雕花,巷中的石墙上有形态各异的雕花石窗,也体现了油溪村居民的传统建筑美学。绿色发展理念使得村子环境得到保护,严格的村规民约使得村子传统建筑得到保护。

三 淡竹乡尚仁村

尚仁村位于仙居县西南部的淡竹乡,距仙居县城39千米,东邻上张乡,南与温州市永嘉县接壤,西连横溪镇,北接白塔镇。"祖居陈姓,地处韦羌溪上游,故称上陈村。因重名,以仙居方言谐音改为尚仁。"[①] 明代时,其属于清风乡;清代时,其属于十三都。1930年,县下设区(镇),区下设乡,尚仁村属田市区韦羌乡。中华人民共和国成立初,尚仁村成为尚仁乡政府驻地。1970年,淡竹、尚仁两公社合并称淡竹公社,尚仁村属之。之后,尚仁村一直是淡竹乡政府所在地,并隶属淡竹乡管辖。截至2016年,尚仁村村域面积为10平方千米。现今村内主要农作物为杨梅、水蜜桃、苗木等。

永安溪主支流韦羌溪穿村而过,韦羌溪发源自永嘉,北流至淡竹坑,汇合大、小源港诸山坑水后,再北流30千米至白塔汇入永安溪。其上游一带,峡谷对峙,水流湍急,进入尚仁村北后,两岸夹山方才略显开阔,溪道渐宽,沙土稍有沉积,从而形成了狭长的溪谷平地。尚仁村结构肌理可见图5-3。尚仁村位于此溪谷平地的南端。自古以来,这一带便是

---

① 浙江省仙居县地名委员会编:《仙居县地名志》,内部发行,1983年,第136页。

十三都港开发较早的区域。据《光绪仙居县志》记载，十三都曾修建有应垓堰、卢家堰、上陈堰、下扇堰。① 其中，上陈堰、下扇堰皆在尚仁村周遭，前者主要引水灌溉尚仁村东的土地，后者主要引水灌溉尚仁村北韦羌溪对岸的下扇垟土地，两者共计约400亩。在传统种植方面，尚仁村以种植水稻、小麦为主，兼种玉米、番薯等杂粮。从农业经济的收入来讲，旧时的尚仁村由于地仄人满，人均耕地少，少有巨富之家。

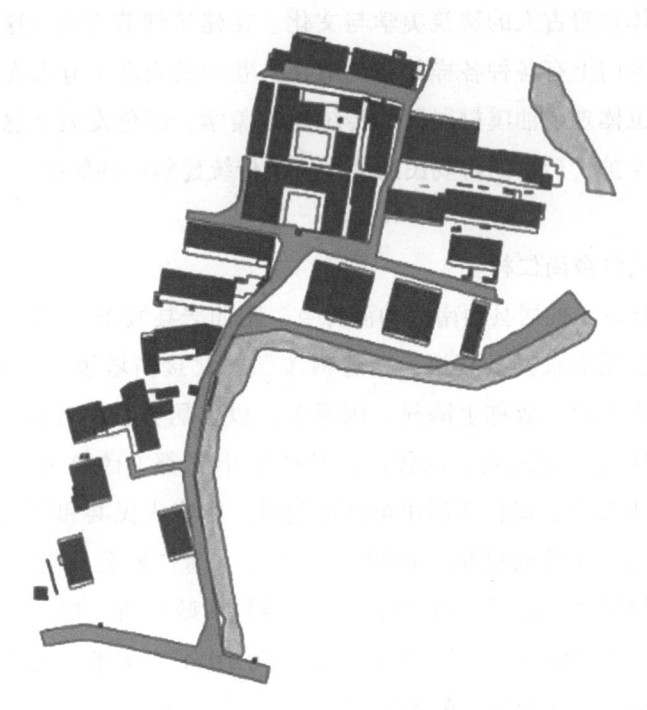

图 5-3 尚仁村结构肌理（作者团队自绘）

村落南面靠山，仅有一条白龙线作为对外交通，村庄北面有十三都坑穿村而过。该村位于神仙居天柱峰景区脚下，属于山地村庄，周边多为农田或山体。尚仁村村南为韦羌山。韦羌山是仙居境内的名山，传为

---

① 仙居县地方志编纂委员会标注：《光绪仙居县志》（标注本），同济大学出版社1990年版，第56页。

天姥所居。"韦羌山,此众山之最高者。上有石壁,刊字如蝌蚪。晋义熙初,周廷尉为郡,造飞梯,以蜡摹之,然莫识其义。"①自古以来,韦羌山便多神异之事。韦羌山"上有石室、户牖。至春深雾重,樵者隐隐闻箫鼓声"②;又《光绪仙居县志》记录,韦羌山的主峰天柱岩,"俗传有莲瓣从顶飞堕而下"③。而这座天柱岩,即位于尚仁村东南,平地突兀,计数十丈,也是尚仁陈氏一族的风水山。天柱岩海拔904米,如一柄利剑,独柱擎天,在村口便可一览天柱峰直冲云霄的壮丽美景。村入口道路两边青山碧水,风光旖旎。若时节正好再加上金黄灿灿的油菜花,即便未入村,远远望去便会使人眼前一亮。此外,韦羌山还出产野生的香菇(合蕈)。自宋代以来,全浙出产的野生香菇属仙邑韦羌山最为有名。

尚仁村传统建筑大多数位于村中心位置,由于地势较为平坦,村内建筑体量较大,且多采用"三透九门堂""四合院"的建筑形式。

至今,尚仁村仍保留有箍桶技艺、佛家礼佛、木窗雕刻等传统文化。首先,箍桶作为一种传统技艺,在历史上是师傅授艺、徒弟拜师学艺的师徒模式传承。其次,佛家礼佛是自"福善庵"建庵始,每逢庵中大小佛事法会,便有佛乐活动。"福善庵"建于清同治七年(1868),至今该寺的香火仍十分旺盛。最后,木窗雕刻技艺较注重局部雕饰与整体建筑间的和谐,尚仁村的木窗雕刻繁简得宜,恰到好处。小件装饰小巧精美,大件装饰堂皇大气,可谓雕工精细,美轮美奂。

四 田市镇公盂村

公盂村坐落在国家重点风景名胜区公盂景区内,位于浙江省仙居县西北部,隶属仙居县田市镇管辖。该村是公盂景区的核心所在地,也是

---

① 刘纬毅辑:《汉唐方志辑佚》,北京图书馆出版社1997年版,第203页。
② (清)郑录勋修,(清)张徽谟、张明焜纂:《康熙仙居县志》(点校本),季之恺、王巧赛点校,中华书局2016年版,第25页。
③ 仙居县地方志编纂委员会标注:《光绪仙居县志》(标注本),同济大学出版社1990年版,第39页。

公盂风景区的重要组成部分。公盂村东邻淡竹乡林坑村，西与苍山村相连，南与柯思西平村接壤，北与前坑村毗连。全村林木覆盖率高达98%，四季花草盛开，具有冬暖夏凉的气候特点。

公盂村是一个典型的山地村落。村庄四面环山，奇峰环绕，地势险峻。村子的海拔约为600米，而周围的峰顶海拔约1000米，形成了独特的地理景观。公盂村坐落在山峰围成的一个小盆地中间，如同世外桃源一般，静静地躺在群山之间。公盂村的周围，岩崖峰岗变化万千，其奇特的造型和神秘的气息让人叹为观止。早在清朝时期，《光绪仙居县志》就对公盂周边的地理景观进行了记录。比如公盂岭，岭上有一处千丈岩，极为险峻。人们需要凿石攀缘才能通过，岭下则是廿四朗。[①] 还有一个著名的景点——石龙洞。这个洞穴位于公盂岭的另一侧。洞中的岩石形状犹如一条龙，从洞中凌空而下，尾部从岩缝中卷出，头部接触到地面后突然昂首挺胸，两角峥嵘，鳞甲宛然，仿佛真的有一条龙在其中。[②]

由于公盂村至今仍未通车，村民只能通过山石古道与外界相连，这使得村庄保持了原生态的自然环境。公盂村以火山熔岩为主要地质特征，辅以丹霞地貌的崩塌现象。连绵不断的山崖横亘天际，各峰独立，各具特色。石林崖壁更是各具风采，为公盂村增添了独特自然景观。在村庄周边，分布着许多形态各异的奇石，如石林、火剑岩、公盂岩、西湾岩、旗杆岩以及独柱擎天等，这些奇石不仅为公盂村增添了无尽的魅力，也让人们更加惊叹于大自然的鬼斧神工。

此外，公盂村常常能看到缭绕的云海、如画的梯田和清澈的龙潭。公盂村为火山熔岩地貌，岩体裸露，岩质坚硬，极适合攀岩，不时有国际岩友前来考察。全村的经济收入主要以发展农家乐的旅游业为主，村民通过为驴友提供住宿和餐饮来获得较为可观的收入。

村里保存着完整的山地古民居，周边是成片的竹林和梯田，整个小

---

① 仙居县地方志编纂委员会标注：《光绪仙居县志》（标注本），同济大学出版社1990年版，第42页。

② 仙居县地方志编纂委员会标注：《光绪仙居县志》（标注本），同济大学出版社1990年版，第44页。

山村韵味十足,被称为"江南的香格里拉"。公盂村早在南宋时期就有范氏在此居住,开山种地;后有柯氏、陈氏、朱氏搬来居住;到清乾隆年间又有李氏、张氏迁入,村庄的规模则随着人口的迁入而在逐渐扩大。唐代,柯氏因公盂环境清幽,景色宜人,深处大山少受打扰而从柯思迁入公盂,后因兄弟分家,逐渐形成了上平村和下平村。

公盂村在公盂岩旁,四周群山环绕,一条山涧绕村而过。村庄至今仍旧保持着清代时候的格局,建筑的形态则以四合院为主,村庄整体风貌保存得较为完整。康熙三十一年(1692),进士及第、官拜刑部侍郎的冯苏先生,曾游本县景星岩、孤盂岩诸峰。他日间观赏石龙喷水奇景,夜里登台望月东升。仰玩公盂峰,逗留柯思垚达半月有余。他赞叹许多县府山水之美,仙居称最,仙居又推景星、公盂诸峰为奇异。

总而言之,公盂村是一个充满奇特自然景观和丰富历史文化的村落。这里的山水风光旖旎,奇石嶙峋,让人流连忘返。作为一个尚未被大众发掘的旅游胜地,公盂村有着巨大的潜力,未来有望成为人们向往的旅游胜地。

五 田市镇垟垵村

垟垵村,又称垟垚或杨垚,坐落在我国浙江省台州市仙居县田市镇的一片绿色世界中。它毗邻仙居绿道和永安溪,四周环绕着如诗如画的美丽景色。垟垵村的历史文化底蕴深厚,可追溯至宋代。

明代时,垟垵村隶属于开元乡,清代则归属二十二都。这个村庄因为杨姓族的祖居和地处山垚而得名,起初被称为杨垚。然而,随着时间的流逝,杨姓族逐渐消失,村名也逐渐演变为垟垚,后改为垟垵。[①]

垟垵村如今是以郑姓村民为主的聚落,由原前溪、垟垚、水口山三个村庄合并而成。村庄驻地位于垟垚,坐落在半山区,交通便利,水泥路面将其与临石线相连。垟垵村结构肌理可见图5-4。

---

① 浙江省仙居县地名委员会编:《仙居县地名志》,内部发行,1983年,第120页。

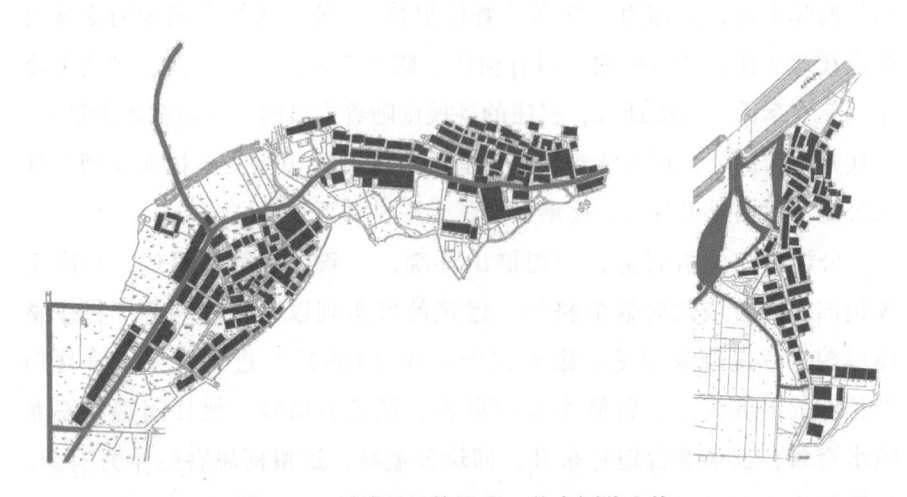

图 5-4 垟垮村结构肌理（作者团队自绘）

垟垮村在发展农业方面似乎有着天然的优势。该村位于东溪、永安溪交汇的三角地带，灌溉比较便利。据村内老人口述，垟垮村到了清代晚期时曾有粮田几千亩，田市镇、官路镇和步路乡等地都有垟垮村村民的粮田，有几家大户每年可收到田租三百石。

从土地资源来看，垟垮村拥有丰富的耕地、山林和河流。全村耕地面积为 0.518 平方千米，山林面积为 1.586 平方千米，河流面积为 0.5 平方千米。这些自然资源为村民提供了充足的生活保障和优美的生态环境，使得垟垮村成为一个适宜居住和发展的地方。

垟垮村植物资源丰富，包含约有 81 种植物种类。其中，乔木类植物约有 15 种，灌木类植物约有 20 种，草本类植物约有 38 种，藤本类植物约有 6 种，竹类植物约有 2 种。[①] 在垟垮村的植物种植中，以本土植物为主，外来植物为辅，种植比例适中。乡村景观主要以村口稻田为特色，乡村间的植物景观呈现不规则分布。垟垮村乡村植物景观建设正处于初步构建阶段，景观风貌较为粗放。

---

① 蒋毅:《浙东传统村落景观特征与可持续性研究——以仙居县垟垮村为例》，硕士学位论文，浙江农林大学，2023 年。

第五章　生态环境与建成环境中的仙居传统村落

垟墺村乡土植物的合理运用，不仅促进了传统乡村景观的形成，赋予了其独特的自身特征，而且丰富了景观界面，使其更具多样性。乡土植物作为地域特色的载体，它们的合理运用对于保护和传承当地文化起到了至关重要的作用。

垟墺村的乡土植物是由当地传统文化和生活方式长期塑造而成的，它们承载着丰富的历史信息和地域特色。通过合理运用这些乡土植物，我们可以进一步营造出具有本土特色的景观，展现垟墺村独特的地域风貌，增强村民对家乡的归属感和文化认同。

与此同时，乡土植物与周边自然环境的和谐共处，为乡村营造了宜人的氛围，提升了乡村的活力。这种和谐共生不仅体现在植物的选择和布局上，也体现在植物与自然环境的互动中。垟墺村的整体植物景观保存较好，为未来景观风貌的升级提供了良好的环境基础。另外，这也为深入挖掘垟墺村的文化底蕴，传承和发扬当地文化提供了支持。在此基础上，我们还可以进一步推动乡村景观的可持续性建设，为乡村的可持续发展提供保障。

垟墺村东面群山环绕，且山丘地貌独特，村庄面临着永安溪，景色优美，绿道沿着永安溪经过村庄，使得垟墺村更加富有生态气息。垟墺村周边分布着形态各异的自然景观，包括水口山的三叠岩，其为三块石头叠在一起，极为罕见。在永安溪的风景中，跳跳马则是一个独特的景观。长城岗是一条通往山上的道路，到达垟墺村古村的地方刚好形成一个环线，沿着山体的最高峰建了一些古道，然后按照村里的意见建了一些索桥、驿站。

建筑类型按建筑材质可分为土质建筑和木质建筑。村中古建筑的数量不多。通过实地考察，垟墺自然村现有清代建筑古宅三座共一百多间房屋。村落四周以马头墙为主体结构，其中一座有八个马头，风格独特，工艺讲究，较为罕见。古民居四周墙壁石窗雕花制作精细，风格独特和多样，工艺讲究。据村民言，每扇窗的样式均是形态各异，这是垟墺村最大的特色，也是村民们对该村的传统建筑较为自豪的一点。垟墺村古建筑整体比较丰富，只是在古建筑群的中心位置出现了一幢现代建筑，显得有些突兀。

虽然村中的古建筑不多,但村中还分布着很多传统的要素,有承先书院、古树、古墓、古碑及峰尖寺等。宋开宝八年(975)里人郑姓、赵姓创建兴化院,禅院在县西北四十里的郭坦山俗呼"郭坦寺",直至晚清民国时期都属垟墺郑姓管理。垟墺村的古墓由石头垒砌而成,石头墓据说已有一千多年的历史,具体时间现已无法考证。

总之,垟墺村不仅地理位置优越,而且历史文化底蕴丰厚。村民们在这片土地上繁衍生息,代代相传,逐渐形成了独具特色的村落文化。随着新农村建设的推进,垟墺村正焕发出新的活力,期待着更多的人来此感受这里的美好,共同书写垟墺村崭新的篇章。

六 埠头镇西亚村

西亚村位于浙江省仙居县埠头镇的东部,占地面积为1.56公顷。这个小小的村庄,承载着丰富的历史文化和民俗传统,是周氏家族的发祥地之一。村民的主要收入来源是务工、务农以及外出经商。而当地的特色农产品主要包括毛芋、杨梅、元胡以及贝母等,这些都是西亚村百姓生活的经济支柱。

西亚村的历史可以追溯到清代以前,由周氏家族在此建立了村庄。村庄因地处牛轭山之西,且地势低落,故原名为西水村。[①] 然而,每遇洪水,村庄近半的地方都会被冲毁。为了祈求平安,村民将"西水"二字改为"西氹"(ya),寓意着洪水不再侵袭。因为"ya"字难以检索,村子更名为"亚"。

周氏家族源于周文王一脉,本村的周氏最早起源于温州北部野狐村。在唐代,为了避免灾害,他们向南迁徙,经过瑞安、永嘉、桐林方山,最终定居在现在的西亚村。村庄的选址充满了智慧,遵循着"择水而居,背山面水,傍田而建"[②] 的原则。西亚村结构肌理可见图5-5。

---

① 浙江省仙居县地名委员会编:《仙居县地名志》,内部发行,1983年,第59页。
② 庞乾奎、申志锋、周志永:《仙居传统村落踏访》,浙江工商大学出版社2018年版,第199页。

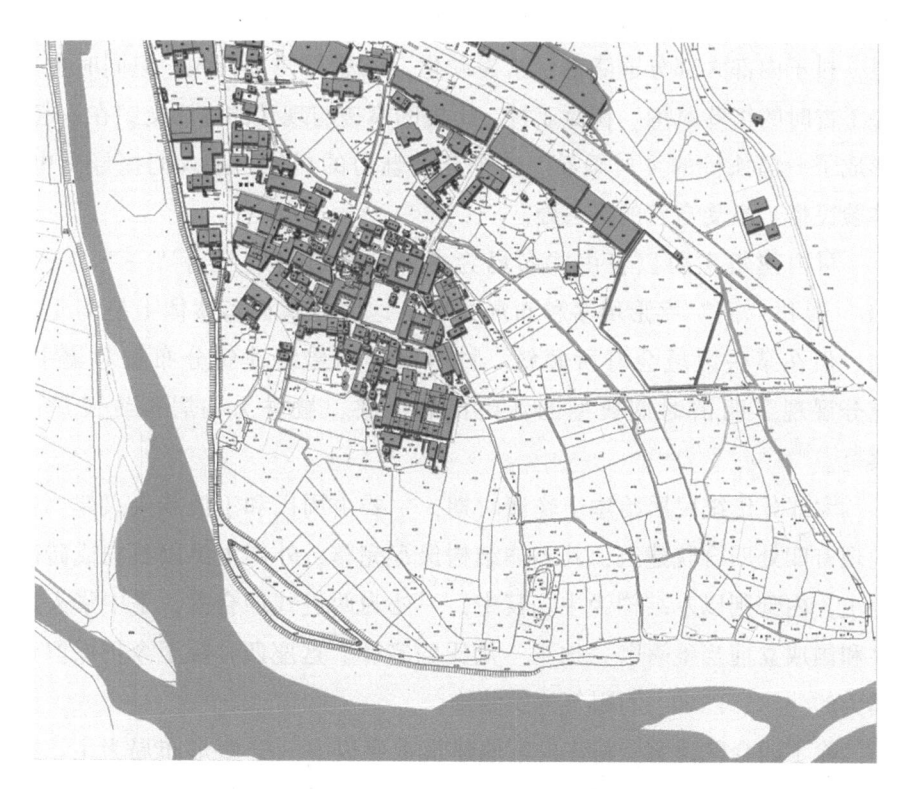

第五章 生态环境与建成环境中的仙居传统村落

图 5-5 西亚村结构肌理（作者团队自绘）

西亚村环境优美，南临永安溪，与皤滩古镇隔江而望；西靠九都港，遥望响石山景区；东北方向是大片的农田，背后是牛轭山森林公园。山环水绕，形成了独特的自然景观。村中保留了许多传统的历史资源，如古盐埠、古渠、古碑、古井和古树等。古盐埠是古代水陆交运的一个场所，古时的台州沿海盐运往金华、江西等内地，往往是通过永安溪运到仙居埠头、皤滩等地，然后再通过陆路西行。

村内的古渠引自九都港，贯穿村庄中部，是村民的生产生活用水。古井分布村内，与生产用水分开，基本解决了村民的饮水问题。古碑记载了明代抗倭将领戚继光和其部下的英勇事迹，他们的故事承载了村民长久的敬仰与感谢。

村内的古树大多数存在于牛轭山，树种丰富，自然成荫。村内路网和水网纵横交错，四通八达，连接着村子的各个角落。除了部分石路小道，村子内部大部分道路都已水泥硬化。虽然方便了行人，但同时也失去了古时的街巷氛围。在西亚村，历史的痕迹与现代的生活交织在一起，形成了一幅独特的乡村画卷。这个充满魅力的村庄，是人们探寻历史、体验民俗、享受自然的好去处。

村内建筑主要以自由式布局为主，沿着道路发展出"一"字形、"L"形和"回"字形等多种布局方式。这些建筑群落整体上呈南北走向，但在某些区域会有所倾斜。村内保存的传统建筑分布相对集中，充分展现了明清时期典型的江南民居风格，被誉为仙居传统民居的典范。

大部分传统民居始建于晚清时期，主要由周氏和王氏族人兴建。村内现有四处四合院建筑，其整体结构保存完整，外部主要以石砌或砖砌为主，内部则以木结构为主。其中，一处为两进式四合院，是中华人民共和国成立前当地著名"地主"周氏的宅邸。这座四合院至今仍保留着精美的斗拱、门楣、石雕等建筑装饰。

除了四合院建筑，村庄的其他建筑主要以"一"字形布局为主。这些建筑主要包括普通民居和一些生产性用房。普通民居大多数采用石墙木结构，而生产性用房则是以夯土垒成。

村内还有一处庙宇，名为牛轭殿，旨在纪念明代抗倭将领戚继光及其部下，寓意保护当地百姓永享平安。由于牛轭殿历史悠久，经过多次修葺（最近一次修葺于20世纪90年代初期），现今的建筑风貌已无法完全保留旧时模样。

西亚村传统建筑建造工艺精湛，堪称艺术品。现存的传统建筑多为大家族的居住场所，承载着丰富的历史和文化底蕴。建筑中的马头墙、窗花、门罩、门楣、斗拱、雀替等元素，无一不展现出当地独特的建筑文化和高超的艺术造诣。

马头墙以三叠雀尾马头墙为主，与错落有致的门罩相映成趣，形成一个统一的整体。门罩之下，石材打造的门框上刻着简洁大方的花纹，呈现出一种朴实而厚重的美感。值得一提的是，西亚村与皤滩镇隔溪相望，受到其石窗雕刻技艺的影响，外部石窗呈现出多种形态，或方或圆，或图或字，寓意着房子主人的不同愿望。

走进建筑内部，斗拱、牛腿、梁等构件造型繁多，牛腿上雕刻着各种走兽、戏曲图案，斗拱或单或连，或大或小，梁也有"一"字形和月牙形之分。这些丰富的装饰与内部门窗等元素相互呼应，形成统一和谐的整体。然而，由于气候和人为因素的影响，一些建筑的木构件损坏严重，甚至出现破损，对古建筑的保护修缮工作迫在眉睫。

传统建筑的保护和修缮一直以来都受到高度重视。为了让这些珍贵的文化遗产得以传承和发扬，政府部门和社会各界都在努力采取措施，保护传统建筑。一方面，对传统建筑进行科学的修缮和维护，确保其结构安全；另一方面，通过开展传统建筑技艺的培训和传承，让更多的人了解和掌握这一独特的建筑技艺。

西亚村传统建筑是中华民族文化瑰宝的重要组成部分，应当共同努力，传承和保护好这些珍贵的文化遗产，让它们继续在新时代焕发出独特的魅力。同时，通过传统建筑的研究和传承，让更多的人了解丰富多彩的建筑文化，激发人们对传统文化的热爱和自豪。总体而言，此村庄的建筑布局丰富多样，传统建筑集中分布，体现了仙居地区特有的民居风格。这些古建筑见证了当地历史文化的演变，也为现代人提供了一扇了解古代生活方式的窗口，保护好这些传统建筑，不仅是对历史的尊重，更是对中华优秀传统文化的传承。

第二节　建成环境中的仙居传统村落

建成环境对传统村落精神文化层面的影响是本节关注的重点，这包括了人文精神的承继以及乡村生活节奏和情感表达等。具体而言，可从以下几个方面进行分析。

在建成环境中，仙居传统村落的建筑布局与设计理念深刻地反映了传统文化中的"天人合一"以及"和合文化"。这种独特的布局不仅彰显了自然与人文的和谐统一，还通过简单重复的生活模式，引导村民回归心灵深处，体验自然之美。以羊棚头村的括苍洞为例，作为公共空间的节点，它构筑了一个具有凝聚力的文化空间体系，成为维护地方人文精神的关键场所。

建成环境中的自然风景和人文景观共同构建了富有精神性的空间。三井村的先民将精神栖息地誉为深山古刹般的"清虚之境"，而今，类似三井禅寺的场所依旧扮演着村民间交流、节日庆典活动的关键角色，唤起了人们对故土的依恋与共鸣。这种充满生活气息的自然景观最能激起乡亲们的回忆，触动那些曾经在此生活过的人们的心弦。

此外，建成环境中的细节设计也充满了情感和哲学观念。例如，位于祖庙村的杜娘娘庙，它不仅代表了女性对于社会不公与强权的抗争，而且这种抗争在美学上得到了体现，同时也深刻反映了社会情感。同样地，祖庙村的石砌房屋以及对山峰的生殖崇拜，均展现了建筑在适应自然环境方面的智慧，以及对当地生态环境的尊重和重视。

然而，现代化进程给传统村落的精神文化带来了挑战。尤其是城市化进程引发的心理和社会问题对地方文化体系造成了冲击，导致了精神空虚和物质过剩等现象。因此，在保护传统村落的过程中，我们不仅应关注物质文化遗产，更应重视精神文化遗产的全面保护。唯有如此，才能避免仅存形式而失去实质的困境。

一　下各镇羊棚头村

羊棚头村位于仙居县下各镇东南部的苍山北麓。在行政沿革方面，羊棚头村在中华人民共和国成立初隶属括苍乡，1958 年为羊棚头生产队，1961 年建为羊棚头大队，1984 年改称羊棚头村委会，1992 年 5 月"撤、扩、并"后，仍沿用此名。2013 年行政村规模调整，撤销胡家（坎头）村、外湾村、羊棚头村村建制，合并后设立新的羊棚头村，村委会设在原羊棚头村。村庄的主要经济来源为水果种植、经商及劳务输出。

羊棚头村是一个充满神秘色彩的传统村落。这个看似普通的村子，却蕴含丰富的历史文化底蕴，其村名的由来说法繁多，引人入胜。

一种说法认为，羊棚头村的命名与其深厚的道教文化背景以及一位历史人物密切相关。347年，首任县令羊忻之弟羊愔放弃了世俗的纷扰，选择来到括苍洞修炼道法。他长期在此地潜心修炼，过着与世无争的生活。而他修炼的地方，恰好位于村头的一棵古老樟树下的羊庄内。因此，这片土地被赋予了羊棚头村的名称，从此传承至今。若以此计算，羊棚头村经历近两千年的风雨洗礼，村子里的建筑、习俗以及信仰都深深地烙上了道教的印记。羊愔在此地修炼的事迹也成了村民们津津乐道的话题。他的一生，为村民树立了榜样，使羊棚头村与道教结下了深厚的渊源。羊棚头村结构肌理可见图5-6。

在近两千年的传承中，羊棚头村的村民们世代信仰道教，村内的道教文化氛围越发浓厚。村民们遵循道教的教义，崇尚自然、和谐、包容，这些优良传统一直延续至今。羊棚头村不仅是一个地理坐标，更是一个历史文化的载体，承载着村民们无尽的信仰与期待。

羊棚头村凭借其独特的历史背景和深厚的文化底蕴，成为研究我国道教文化的重要样本。今日的羊棚头村依然保持着古朴的风貌，村民们在这片土地上过着安宁、祥和的生活，继续传承着祖先留下的宝贵文化遗产。相信在未来的岁月里，羊棚头村将继续发扬道教文化，传承羊愔的精神，成为一个充满活力的美丽乡村。

另一种说法是羊棚头村的命名与成氏家族有关。[1] 大约在清代初期，一个成氏家庭做出了一个重要的决定，他们离开了繁华的县城，选择迁徙至一个名叫羊棚头的小村庄。这个村庄地处偏僻，却有着独特的自然景观和丰富的历史文化底蕴。羊棚头的地名源于村头一块形状奇特的岩石。这块岩石酷似一只栩栩如生的羊，村民们称之为"神羊"。传说，这只神羊是受到了神仙的眷顾，赋予了它神奇的力量。村民们相信，只要用绳子（在当地，绳子被称为"成"）拴住神羊，就能够祈求丰收、平安和吉祥。

---

[1] 浙江省仙居县地名委员会编：《仙居县地名志》，内部发行，1983年，第239页。

传统村落的历史、空间和日常

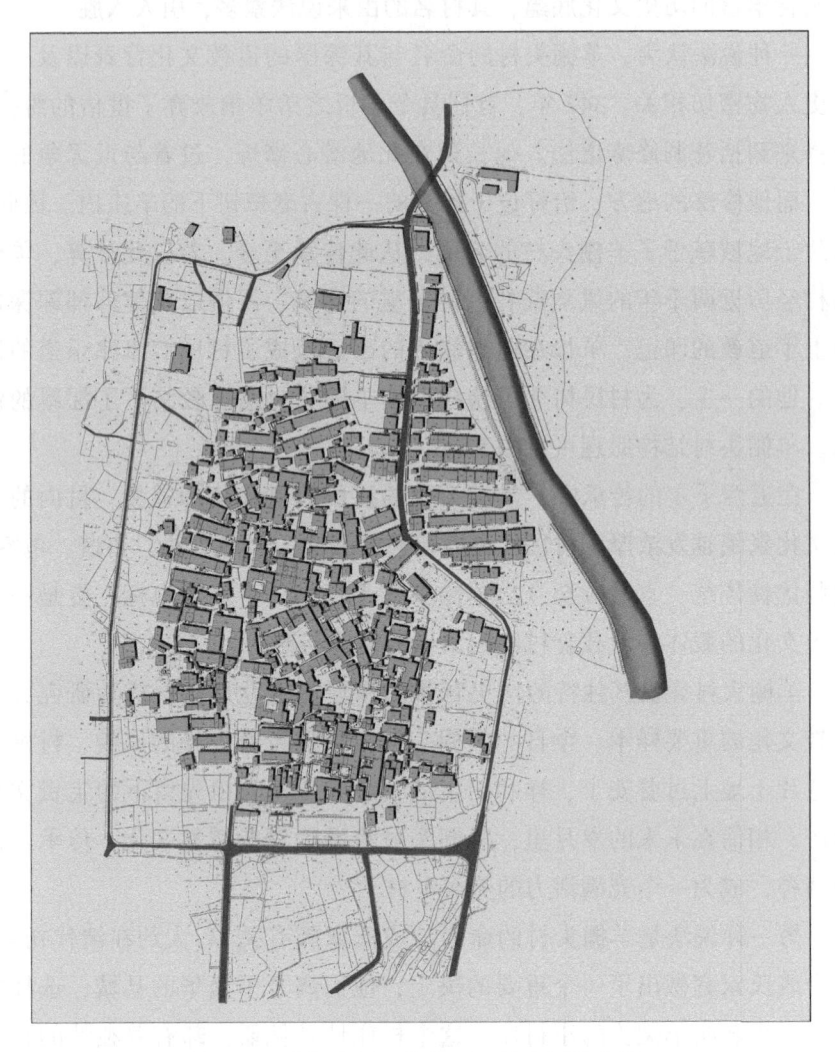

图 5-6 羊棚头村结构肌理（作者团队自绘）

羊棚头的成氏家族搬迁至此后，村子里的居民们发现，这块神奇的岩石竟然真的具有神奇的力量。每年的丰收季节，村民们都会举行盛大的庆典，感谢神羊带来的福祉。而成氏家族也因为在迁徙过程中带来了这块神奇的岩石，成为羊棚头村最受尊敬的家族之一。随着时间的推移，羊棚头村逐渐发展壮大，村民在村子里建造了学校、庙宇和各种其他基础设施。村子的繁荣使得成氏家族备感欣慰。他们坚信，正是由于神羊的庇佑，才使得村子蒸蒸日上。因此，成氏家族将神羊视为村子的守护神，世世代代守护着这块神奇的岩石。这个故事，不仅展现了村民们的信仰和敬畏之心，更见证了羊棚头村悠久的历史和文化底蕴。

如今，羊棚头村已经发生了很大的变化，但村民们对神羊的敬仰始终如一。每年的祭祀活动，村民们都会聚集在神羊岩石前，举行庄重的仪式，祈求神羊继续保佑村子繁荣昌盛。而成氏家族的后代，也继续传承着祖先的信仰，守护着这片充满神奇色彩的土地。

位于羊棚头村旁的括苍洞，是中国道教的第十大洞，具有深厚的历史底蕴和丰富的文化内涵。自古以来，这里便是道教修行者的圣地，吸引了众多修养高深的道士前来修炼。他们中包括了汉代的徐来勒、王远，三国时的左慈、葛玄、蔡经，晋代的郑思远、平仲节、羊愔，唐代的叶藏质，宋代的陈会真、马自善，以及当代的闻玄真等。这些道教大师在括苍洞内修炼，传承着道教的智慧和精神，使这里成为道教文化的瑰宝。

在传统社会中，括苍洞受到了六位帝王的赐名或赐物，这充分展示了其在道教文化中的重要地位。这六位帝王分别是唐玄宗李隆基、宋真宗赵恒、宋徽宗赵佶、南宋孝宗赵慎、南宋光宗皇帝、南宋宁宗赵扩。他们的赐名或赐物，不仅是对括苍洞的尊崇，更是对道教文化的推崇。这些帝王对道教的信仰和尊重，使得括苍洞在道教界的地位越发显赫，也使得羊棚头村地域的道教文化得以繁荣发展。

羊棚头村的括苍洞是中国道教文化的瑰宝，其深厚的历史底蕴和丰富的文化内涵，使得这里成为道教修行者的圣地。在历史的长河中，括苍洞见证了道教的传承和发展，也见证了羊棚头村地域文化的繁荣。如今，括苍洞依然在发挥着它的文化引领作用，传承着道教的智慧，羊棚头村的道教文化也将继续在新时代中焕发出璀璨的光芒。

羊棚头村南靠门口山、大牛山且临括苍水库，东靠东许山、西靠西山（福音山），这些地势使地气尽聚集于此。居高俯瞰，村庄形似一条鲤鱼，鱼口朝向括苍水库，鱼得水则生。村庄坐落在此犹如鲤鱼汲水，环境极佳。村庄北面原是一片树林，据说此处原是一片水藻，为鱼的隐身之处。从地理环境上看，羊棚头村三面环山，东西临水，峰峦叠嶂，溪水潺潺。村庄地形南高北低，西耸东许山，形似长龙。村东紧邻括苍溪东溪，村西有括苍溪西溪，村南有"括苍水库"——山谷镜湖，西南则有仙居八景之一的麻姑积雪。

羊棚头村不仅拥有深厚的历史文化底蕴，还是浙江省第五批省历史文化名村。村内存有2个宗祠、2个古戏台和数量较多的古民居。此外，现存传统古迹还有古树3棵、古桥1座、古河道2处、石洞1处、水塘1处、古庙1座、古井1口、古亭1处、路廊1处、石碑6块、奇石2块。总体而言，村内传统古迹不仅类型多样且保存较好，具有较高的研究价值。这些古建筑结构完整，雕梁画栋，装饰精美，风格独特。其中，建于明代的王氏大宗祠堂更是历史悠久，文化内涵深厚。

此外，村中还出现了很多历史名人，他们之中最为著名的是明朝著名的抗倭名将——章安王氏第十五世祖王士琦，现在村中还保留着他的古墓及文献遗物。

二 广度乡祖庙村

祖庙村所在的广度乡地处仙居县县城东北部，距仙居县城关23千米，东北与天台县为邻，南接仙居城关镇，西北与磐安县为界。祖庙村的名称由来与一座古老的寺庙紧密相连，这座寺庙就是后来被称为杜庙（又称大庙或慈感庙）的祖庙。据《仙居县地名志》记载，祖庙村因村前有一座古庙——祖庙而得名。[①] 这座古庙即后来所称的杜庙，其背后有着深厚的文化和历史。

相传隋代大业年间，东阳有杜氏二女，父母早亡，于市集兜售汤饼时遭到歹人挑逗，激愤之下杀死歹人并逃匿至盂溪山中。然而，是夜大雨，山洪暴发，二女随之溺亡，尸体被冲到巨木之上，苍藤缠束，俨若棺椁。其后，二女的骨骸交锁，人们认为她们已经成神（锁骨菩萨）。至唐代天宝年间，仙居县令钟离介取杜氏二女的遗骨立祠于三坑口，称

---

① 浙江省仙居县地名委员会编：《仙居县地名志》，内部发行，1983年，第189页。

第五章　生态环境与建成环境中的仙居传统村落

石藤、石棱二夫人庙。最先祠祀立庙之地即现今的祖庙村村口。在其后的一百多年里，杜庙或一度荒废。至北宋宣和年间仙居吕师囊之乱时，县民避难孟溪山中，因有"寇望山中草木皆为兵，畏不敢犯"[①]的灵异，遂于县西三里复建慈感庙再度予以祀奉。由此观之，仙居县广度乡祖庙村的建村史与一座古老的寺庙紧密相连，其名称来源于这座寺庙。同时，该村的历史也反映了当地行政区域的变迁和民俗文化的传承。

在行政划分上，1930年，县下设区（镇），区（镇）下设乡，祖庙村隶属项斯乡。中华人民共和国成立之初，广度一带设三井、广度二乡，祖庙村隶属广度乡。随着行政区域的调整，祖庙村在不同的历史时期先后隶属于不同的管理区和人民公社，但一直与广度乡有着紧密的联系。

祖庙村自然环境十分优美，依山傍水，四面山峰环绕，一条清澈的孟溪自北向南穿过村庄，将村落分割在溪水的东、西两岸，山水尽收眼底。祖庙村根据地形地势，形成错落有致的石头屋、四合院等，村落依靠独特的山水风光，修建了具有传统特色的建筑，并在此基础上创办了祖庙山庄，对村庄旅游产业的发展有一定积极作用。祖庙村结构肌理见图5-7。

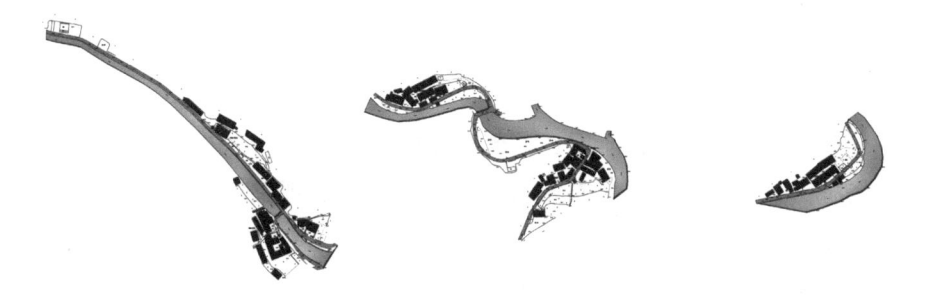

图5-7　祖庙村结构肌理（作者团队自绘）

村落的石头屋分布全村下辖的各自然村，石头屋不仅历史悠久且造型独特，目前村落主要保存的石头屋近200间。这些石头屋与前门四合

---

① 仙居县地方志编纂委员会标注：《光绪仙居县志》（标注本），同济大学出版社1990年版，第134页。

院、杜娘娘祖庙等共同构成了祖庙村的传统建筑群。其中杜娘娘庙为宋代传承下来的古庙，现状保存较好。这些建筑群的风格多呈现出古朴淳厚的特色。

村中的整体建筑风貌以四合院式及三合院式建筑为主。这些形式呈条状散列分布在对外交通沿线上。村内的两层挑檐、三层挑檐、高低民居、悬空石阶、弧形墙体保存得相对较好。但就建筑细部而言，没有被破坏得较为严重。

在文化遗产方面，祖庙最具特色的古迹当属摩崖雕刻，这是一个古越族的文化遗产。它最早可追溯到新石器时代的中晚期，属于国家级的保护文物。它主要位于最北面的中央坑村的一处石壁上。目前，道路还只能通到摩崖石刻前200米处。该村共有三处古越的象形文字，这对研究中国文化的产生及传播方面有重要的意义。此外，村中还有古树、古桥等传统要素。

据说祖庙村还盛行着生殖崇拜，以祖命名并非偶然。传说，祖庙是古代仙居县城居民男女约会和祭祀祖先的场所。这些崇拜也可以在祖庙周边的岩画中找到证据，如中央坑岩画的内容，便部分地反映了当时人们的生殖崇拜。

三 广度乡三井村

三井村位于仙居县广度乡，截至2016年村域面积为5.3平方千米，村庄居民收入来源主要为农业与外出务工，村庄现主要产业有杨梅、药材、油茶等。

三井村的建村史，是一段根植于自然与人文之中的历史。这个古老的村落，其建村历史与三井禅寺紧密相连，可追溯至后唐时期，蕴藏着丰富的历史文化遗产和人文价值。三井村，顾名思义，其名称的由来与村中的三口古井紧密相连。这三口古井不仅是村民生活的重要水源，更是村落历史的见证者。后唐时期，一位高僧云游至此，见此地山清水秀，景色宜人，遂决定在此建造禅寺，即今日的三井禅寺。随着禅寺的建造，周边逐渐有民众聚居，形成了今日的三井村。据三

第五章　生态环境与建成环境中的仙居传统村落

井禅寺的碑刻记载：

> 三井禅寺位于仙居县北麓，开创于唐代（之）古刹，约公元931年。四面群山环抱，山峦起伏，蔚为大观。僧尼百余人，古寺钟声寂寂，佛前香烛缭绕，有求必应，名闻世古。1950年间，殿宇四处倒塌，佛像被毁。时达40余年，无人关注，昔日创业之苦，一旦付诸东流。1995年，本村首事冯先标等人，奋起雄心，手执功薄，到处筹捐。乡民咸乐此举，四方人士鼎力相助，慷慨解囊，整修殿宇，重塑佛像，好人好事，不胜枚举。鉴此既庆功成，又虑业久，爱立碑将乐助者开列于后，没齿不忘，颂扬千秋。[1]

三井村的建筑风格独特，充满了古朴与典雅。村中的传统建筑保存良好，如古寺院、古民居、干栏式建筑等，都是村民们因地制宜、创造人居环境的典范。这些建筑不仅展现了清代中晚期到民国，以及中华人民共和国成立前民居建筑的变迁，更是三井村历史的缩影。其中，三井禅寺的保存之完好以及规模之宏大，在仙居县当地尤为罕见，成为研究当地历史文化的重要物证。

在漫长的历史长河中，三井村曾经历过多次变迁。它曾是台州学院迁移办学之地，为当地的教育事业作出了重要贡献。同时，三井村还是中国人民解放军解放仙居县城的部队集结地，见证了那个特殊时期的历史瞬间。此外，三井村还与台州第一位进士项斯以及北宋名宦陈襄等历史名人发生过交集，这些历史人文元素使得三井村的历史人文价值尤显厚重。

三井村地处山区低洼处，建筑朝向多根据山势而定。从大门往里，沿着山势层层升高，形成了一种独特的建筑风格。这种建筑风格不仅体现了村民们对自然的尊重与顺应，也展现了他们的智慧与创造力。三井

---

[1] 夏崇德：《寻踪觅迹三井寺》，载胡正武主编《校志编纂回眸》，内部资料，2015年，第90—91页。

村的建村历史是一段充满传奇与故事的历史。它见证了从后唐时期至今的沧桑变迁，也承载了丰富的历史文化遗产和人文价值。在未来的日子里，我们期待着这个古老村落能够继续传承其独特的历史文化魅力，为世人所传颂。

三井村与仙居县的其他村庄在选址上有些不同，其地势高低错落，村庄依山而建，三山环抱，因为其地势起伏较大，所以很难形成连片的三透九门堂建筑，而多为单体独座的建筑，因此建筑形式比较统一。同时又因地处山区低洼处，建筑朝向多由地势而定。三井村结构肌理见图5-8。而村落水源为自然山坑水，从山势高处引流而来，村庄内部有一处三井潭，是历来水源丰沛之地。相传每逢干旱，历代仙居官宦多来此求雨，这让三井村多了一份别致的人文气息。

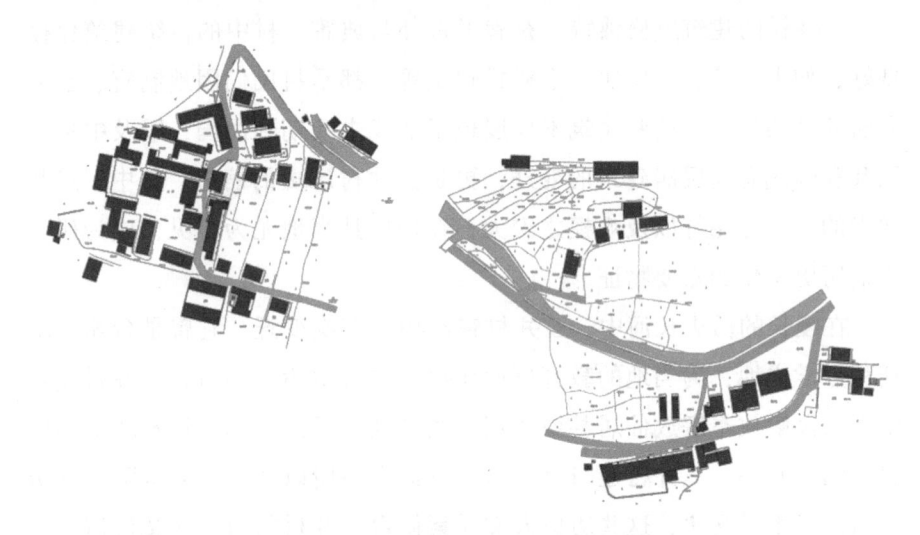

图5-8 三井村结构肌理（作者团队自绘）

现村域内主要留存的传统资源有古树20棵、古墓2座、古井3口、古庙2座、古潭2处、古碑1块、古河道1处及古桥2座。其中，古碑名为"广种福田碑"，在静乐寺内被发现，记录了同治九年（1870）村民捐资修整静乐寺的过程。

三井村整体风貌为三面环山，唯其东面略为平缓开阔，因此成为村庄入口。此地原来只有一座三井寺，后来王氏后裔迁居于此，围绕三井寺而居，便逐渐形成了村落。三井寺依山而建，坐西朝东，从大门往里，沿着山势，层层升高。寺庙两边为厢房，建筑的整体布局与传统寺院相同。其他民居都以此庙为依托，向前方平坦开阔处拓展。村内大多数建筑也都是面向东方。整个村庄地势呈前低后高之势。前面尚有开阔地带，是为传统风水中的明堂，形成山区古村的建筑单元。

村庄内部古建筑以木材和石头为主，建筑形式统一，主要古建筑为三井寺。三井寺始建于唐朝时期，由金刚殿、大雄宝殿、方丈楼组成，因其内部有三口井，故起名为三井寺；新建建筑主要以砖石材料为主，建筑风格符合仙居传统建筑的风格。1939年，台州学院前身的省立第六中学为躲避战乱迁址于此。现存于仙居广度乡的"烽火弦歌"纪念碑就是为歌颂此校于烽火之中，坚持办学以保国家文脉的精神。村内三井寺是村民进行腊八节庆及红色文化纪念活动的主要场所。总之，三井寺与三井村的传统文化活动有着密不可分的关系。

四 朱溪镇朱家岸村

朱家岸村是朱溪镇的一个重要行政村，坐落于该镇东南方向约4.6千米的山林地带。"因祖居朱姓，地处溪岸，故称朱家岸村。"[①] 中华人民共和国成立之初，朱家岸村原隶属于盘坑乡。1958年，为适应农村集体化发展的需要，朱家岸村被组织成为朱家岸生产队，此举在当时具有重大意义。而后在1961年，朱家岸生产队进一步转型为朱家岸大队，从而稳固了其在农村基层的组织架构。

随着1984年改革开放的深入实施及农村管理体制的革新，朱家岸大队正式更名为朱家岸村村民委员会，标志着朱家岸村迈入了村民自治的新纪元。在接下来的数十年间，朱家岸村历经多次行政区域的调整与优化。

值得一提的是，2013年在行政村规模调整过程中，原朱家岸村、盘

---

① 浙江省仙居县地名委员会编：《仙居县地名志》，内部发行，1983年，第254页。

坑村、龙皇堂村三村村建制被撤销，合并后重新组建了朱家岸村，新村委会设在原朱家岸村所在地。此次调整显著扩大了朱家岸村的行政规模和影响力。截至2016年统计数据显示，朱家岸村户籍人口达到600人，村域面积为22.14平方千米，耕地面积约0.48平方千米，山林面积约有13平方千米，是一个典型的山地型村庄。

村庄依傍青山，面临碧水，拥有优美的自然风光，同时契合我国传统文化中背山面水的选址准则。村落位于狮子头山之南，朱家岸坑水系之北。鸡笼山位于正南方，石壁岩和扑船山分别位于西南和东南方向，四面环山，前方溪流穿村而过，构成了基本的风水格局。朱溪镇地势多山，镇区至朱家岸村周边均为陡峭山体，朱家岸坑水系的村道是通往村庄的唯一途径。

朱家岸村坐落在朱家岸坑溪河谷地带，河流向东西两个方向延伸，北面山体为靠，南面为一处山坳，伴有少量耕地。向东沿朱家岸坑，山体越发陡峭高耸。狮子头山为村庄选址格局的靠山，鸡笼山为案山，远处山体为朝山，三山成一线，由此可见朱家岸村风水之佳。

朱家岸村拥有丰富的传统文化资源，包括古树、古道、古桥、土地庙及龙王庙（用于祭拜祈福），另有明代朱元璋屯兵所用的石洞等。村内还有一处龙潭，位于村庄东面1.6千米的山岙脚。龙潭为一处历史悠久的水口，有水从峭壁上飞流直下，形成瀑布，瀑底久而成深潭。古人因无法测量水潭深度，认定有龙居于其中，故称之为龙潭。

朱家岸村在祭祀活动中会用请龙经，其具体内容如下：一朝天门开，二朝不无上坛来，三朝江河千里浪，四朝万顺起龙凤，五朝王雷钻地洞，六朝霹雳进乾坤，七朝七七心头安，八朝雾露满山尖，九朝九九江坛坐，十朝龙王上坛来。[①]

朱家岸村因处山地河谷位置，村庄沿河岸边的缓坡而建，因而保留了整体的传统建筑，呈台地式布局，为典型的台地式村庄。朱家岸村庄

---

① 庞乾奎、申志锋、周志永：《仙居传统村落踏访》，浙江工商大学出版社2018年版，第193—194页。

建筑的肌理主要沿朱家岸坑北侧缓坡形成三层台地。村庄建筑坐南朝北，沿溪岸东西向铺开形成一层台地，后一排建筑建于高一层的山坡形成二层台地，如此一共三排建筑，形成三层台地，为典型的坡地村庄肌理。

建筑整体以石砌或石砌与青砖混合立面的民居建筑为主，没有马头墙式的构造，这样的建筑风格显得比较质朴。少数建筑为合院，院内的廊、门、木窗有木构装饰，这些均是具有仙居特色的建筑。而村落内部街巷多保留的是石块铺地的步行道路，这样的区域主要是入户道路及建筑两侧高差较大的坡道。入户道路因在前后台地边缘，道路一侧的高差也很大，是典型的坡地道路，因此有很浓郁的传统山地村落味道。

在建筑类型方面，村庄西面的民居是青砖与石砌混合立面的三透九门堂建筑；朱家岸村地处深山，难得可见比较完整的三透九门堂形制的建筑。其余的建筑类型有石砌的三合院形式的民居建筑，"一"字形的土夯民居建筑，还有猪栏、牛栏、仓储等一些居民生产所用的建筑。

村庄内石砌建筑所用石块都是就地取材，从村前的朱家岸坑所取石块，砌成的立面呈现着色彩斑斓的面貌，使其显得极富特色。村庄内植被非常丰富，许多建筑院落内、围墙上布满绿色植物，使整个村庄显得生机勃勃。

第三节　仙居传统村落的民间传说

民间传说是传统村落文化的重要组成部分，它们通过口口相传的方式，将乡民的日常生活、耕种方式、祈愿等历史和文化信息传递给后人。这些传说不仅丰富了传统村落文化的内涵，也为传统村落的文化传承提供了重要的载体。通过民间传说，可以更好地了解和传承传统村落的历史和文化。

仙居民间传说通常反映了乡民对美好生活的向往，对敬老孝顺、诚信友善精神的坚持与推崇。这些传说在代代相传的过程中，不仅加强了村落乡民之间的情感联系，也促进了社会的和谐与稳定。在传统村落中，民间传说作为一种共同的文化记忆，有助于增强村民的归属感和凝聚力。

仙居民间传说具有很高的文化价值和旅游开发潜力。通过挖掘和整理这些传说，可以开发出具有地方特色的旅游产品和项目，吸引游客前来游览和体验。这不仅有助于提升传统村落的知名度和美誉度，也为当地经济的发展提供了新的动力。

一　自然景观传说

（一）　响石山景区

响石山景区坐落在仙居县境西部横溪镇的后（猴）山根村，离县城约40千米。响石山景区以其独特的红色砾岩沉积岩层构造而闻名，山岳景观如同一幅绚丽多彩的画卷，让人叹为观止。走进响石山景区，会被那险峻的山势所震撼。绝壁挺立，仿佛是自然的杰作，石梁悬空，如同巨龙横卧。沟壑纵横，增加了景区的层次感；而溪流潺潺，则为这片宁静的山林带来了生机。这里的植被茂盛，绿意盎然，鸟语花香，使人感受到大自然的气息。景区内的洞穴凸岩，充满了神秘色彩。瀑布、湖泊、潭水、溪流等自然景观奇特，仿佛有魔力一般，吸引着游客前来探寻。这些引人入胜的自然景观演绎出许多美丽的故事传说，让人们在欣赏美景的同时，也感受到了浓厚的历史文化氛围。

石猴山，一座坐落在后山根村以北的自然景观，因其山上独特的石猴景观而得名。这个地名不仅呈现出这座山的地理方位，还传达出这里独特的民俗风情和民间传说。石猴山景区以石猴为主题，栩栩如生的镇山猴王成为这里的象征。猴王威风凛凛，居高临下，仿佛在守护着这座山和山下的村民。在猴王的带领下，一群形态各异的石猴分布在山的各个角落，它们或活泼可爱，或机智狡猾，给人带来了无尽的乐趣。

在石猴山中，"仙猴迎宾""顽猴抢桃"等场景让人仿佛置身于仙境。仙猴们翩翩起舞，欢迎着每一位游客的到来；顽猴则在桃树上跳跃，抢夺成熟的桃子，给人带来了无尽的乐趣。这些石猴形象生动，让人们感受到了大自然的生机与活力。

石猴山的传说源远流长。相传，早在很久以前，山上的石猴们就开始守护着这里的村民。它们驱赶猛兽，保护庄稼，使得村民们过着平安无事的生活。石猴们还教会了村民们许多生存技巧，帮助他们度过了无数的困难时光。因此，村民们将石猴视为守护神，世世代代供奉着它们。如今，石猴山已成为一处受欢迎的旅游胜地。游客们纷纷前来欣赏石猴们的风采，感受其浓厚的民俗氛围。[①]

生龙洞，这个名字背后隐藏着一个古老而又神秘的传说。很久很久以前，在一个宁静的山村里，有一位勤劳的村姑，每天都会来到溪边洗菜。某一天，她突然发现水面漂浮着一颗晶莹剔透的亮珠，她好奇地将其捞起。然而，这颗亮珠无处安放，村姑无奈之下只能将其含在口中，却不小心将其吞下。

不久之后，村姑的肚子开始渐渐鼓起，为避人嫌，她常闭门不出。这让她的生活变得异常艰难。无奈之下，她只能离开村子，来到山上的一座山洞中隐居，并在那里生下了她的孩子们。她一连生下了两条小龙，当她在生第三条小龙的时候，突然听到了母亲的呼喊。村姑又羞又急，情急之下竟一口咬断了未出胎的龙尾巴。龙在疼痛之中翻腾，引发了天空的黑暗和风雨大作，山洪暴发，山谷底部出现了一口深潭，人们称之为龙潭。另外，山背也被卷成了二十四条坑，俗称二十四垄。而那位村姑因为惊吓，化作了一块坚实的岩石，后人称之为龙母岩，她曾经隐居的山洞，也被命名为生龙洞。生龙洞周围有着许多奇特的景观，如石柱灯、红岩云空洞、九龙宫等。生龙洞沿着岩壁蜿蜒，宛如藕节一般，各个洞穴相互连接。红岩云空洞的岩壁悬空，给人以惊心动魄的感受。九龙宫东西长90米，洞体开阔，面积约900平方米，南北贯穿山体，仿佛是一个别有洞天的世界。

[①] 仙居县地方志编纂委员会编：《仙居县志（1986—2010）》，中华书局2013年版，第457页。

这个传说充满了神秘和奇妙的元素，让人们不禁对生龙洞充满了好奇和敬畏。生龙洞不仅是大自然的鬼斧神工，更是中华民族传统文化的一部分，承载着我们的民族智慧和精神。如今，生龙洞已成为一处旅游景点，吸引了无数游客前来感受这古老传说的魅力。①

生物化石景观地处景区的后（猴）山根村。在修公路时挖出一块15米多长脊柱动物化石，据考证为9000万年前的恐龙化石。这一发现为我国古生物研究提供了宝贵的实物资料，也使得这个原本宁静的村庄逐渐引起了外界的关注。

在后山景区内，有一处独特的山岗，上面布满了色泽玉白、形态各异的奇石。这些石头引人注目的地方在于，它们内部竟然还有石头，摇动时能发出沙沙的声响。当地村民将这些神奇的石头称为"响铃石"，传说它们是越王曾经乘骑的马上挂着的"马铃"所变化而来。近年来，随着一位台湾友人的高价购买，响铃石的名声大噪，一度成为收藏爱好者们争相追捧的珍品。②然而，关于这些石头的成因，人们至今仍众说纷纭。一部分人认为，它们可能是贝壳化石，也可能是"木鱼石"；另一部分人则认为，它们其实是"火山气泡岩"。

后（猴）山根村的恐龙化石和响铃石的发现，不仅为古生物学研究提供了珍贵的实物资料，也使得这个原本默默无闻的村庄逐渐走向了世界舞台。而这些神秘石头的成因之谜，也激发了人们的好奇心和探索欲望。

此外，响石山景区还有丹崖碧潭、山溪跌瀑、珍禽异兽、虫草花木等自然生态景观。因景色优美和历史文化深厚，此景区已被归为省级风景名胜区。

（二）巧胜岩景区

巧胜岩景区是一处集自然风光与人文景观于一体的综合性旅游胜地，

---

① 仙居县地方志编纂委员会编：《仙居县志（1986—2010）》，中华书局2013年版，第457页。

② 仙居县地方志编纂委员会编：《仙居县志（1986—2010）》，中华书局2013年版，第458页。

第五章　生态环境与建成环境中的仙居传统村落

位于仙居县境西部，地理位置优越，交通便利，距离县城35千米，距离横溪镇仅1千米，这意味着游客可以在欣赏美景的同时，轻松地享受到便利的出行体验。景区总面积约为4平方千米，规划布局合理，设施完善。

景区东起郑桥水库，西至桃源坑村，东西跨度较大，呈现出丰富的自然景观。南边则是临石线公路，地理位置优越，为游客提供了多条旅游线路。整个景区由四大景区组成，分别是桃源洞、寺岩坑、巧胜岩和大佛岩洞。这四大景区各具特色，共有大小景点40多个，让游客目不暇接。

首先，桃源洞景区以幽静的山谷、清澈的溪流、古朴的村落为特色，是游客体验自然风光和乡村风情的理想之地。其次，寺岩坑景区以寺庙文化和奇特的岩石地貌著称，是游客感受历史沉淀和自然奇观的好去处。再次，巧胜岩景区以独特的岩溶地貌和丰富的动植物资源为亮点，是游客探索自然奥秘、亲近大自然的绝佳选择。最后，大佛岩洞景区以其雄伟壮观的大佛岩和深厚的佛教文化底蕴，吸引了无数游客前来朝拜、参观。

桃源洞，一处弥漫着神秘气息与仙境氛围的洞穴，坐落于仙居县横溪镇的西北方向，距离镇子约1千米。此洞位于著名的狮子山上，整个山体的形状犹如一只回首伏卧的狮子，而桃源洞恰恰位于这头狮子张开的嘴巴之处。[1] 桃源洞在清朝道光年间原为一处无名洞穴。当时，一位僧人因洞穴地处山腰，周围翠竹环绕，古木参天，鸟语花香，仿佛置身于陶渊明笔下的桃花源仙境，于是将此洞命名为"桃源洞"。[2] 这个洞穴的命名，不仅赋予了它独特的文化底蕴，更使它成了一个充满魅力的旅游景点。桃源洞内宽敞开阔，仿佛一座天然的大厅，大厅四周，奇特的钟乳石、石笋等地质景观琳琅满目，令人目不暇接。在灯光的映照下，

---

[1] 仙居县地方志编纂委员会编：《仙居县志（1986—2010）》，中华书局2013年版，第458页。

[2] 仙居县地方志编纂委员会标注：《光绪仙居县志》（标注本），同济大学出版社1990年版，第464页。

整个洞穴如梦如幻，仿佛仙境一般。

桃源洞周围的自然环境也堪称一绝。洞外的狮子山，山上绿树成荫，鸟语花香，给人一种与世隔绝的感觉。山脚下，一条清澈的小溪蜿蜒流淌，与周边的农田、村庄共同构成了一幅美丽的山水画卷。

此外，桃源洞还承载着丰富的历史文化。自古以来，不少文人墨客都曾前来游览，留下了许多脍炙人口的诗篇。这些诗篇不仅赞誉了桃源洞的美丽景色，还传达了对美好生活的向往。

总之，桃源洞是一个集自然景观、历史文化于一体的旅游胜地。它犹如一颗镶嵌在狮子山上的明珠，熠熠生辉，吸引着各地的游客前来欣赏。

巧胜岩景区不仅自然资源丰富，而且人文历史底蕴深厚。在这里，游客可以一边欣赏美丽的自然风光，一边感受悠久的历史文化。景区内大小景点繁多，包括山水风光、洞穴奇观、寺庙建筑、民俗文化等，让游客在游玩过程中，充分领略到仙居的自然美景和人文魅力。

（三）石龙景区

石龙景区位于县城之南，大鼻山之西，距离县城5千米。南以东坑村、南庄村为界，西以下陈村为界，北至管山村，东至夹岭坑村。海拔263米。由正觉寺、"自来米、自来油"宝岩、石龙霖雨等景点组成。

石龙霖雨在正觉寺南的低矮山丘中，山丘上有一对巨石并起，宛然如龙角、龙爪，下有舌形扁石，谓之龙舌。相距不远处，有一块圆石，酷似龙珠。龙头至龙尾全长约600米，登高眺望，龙身蜿蜒辗转，酷似一条活龙。石龙由绵亘起伏的山峦组成，龙头、龙背、龙爪均完整可见。龙身是赭红色的光秃无树的沉积岩，表面风化岩片相叠如鳞，上铺细若蚕豆、粗似拳头的大小石粒。两旁山梁斜坡匍匐下伸，成"龙爪"。夏日雷雨骤降，山风呼啸，电闪雷鸣，环山林海汹涌起伏，柴禾乱草簌簌作声，似翻江倒海的巨龙，怒吼长空，鳞甲欲飞，故名"石龙霖雨"，为县境古八景之一。雨后放晴，乏力的"石龙"静卧山冈，龙背小石窟的积水和小石粒在阳光照耀下似一颗颗乌黑锃亮的珍珠，银光闪烁，恰

第五章　生态环境与建成环境中的仙居传统村落

似片片龙鳞，耀人眼目，独具神韵。①

石龙景区不仅因其独特的自然景观闻名，更因那些流传千古的传说而增色添彩。其中最为人熟知的传说，是关于一条小蛟龙的故事。这条小蛟龙原本生活在东海的深宫，一日，它趁老龙王上天庭汇报工作时，偷偷溜到了仙居这块神奇的大地。这里的美景和江南钟秀的女子，令小蛟龙流连忘返。然而，它的出现却惹恼了当地修炼九百九十九年即将能成人形的大雄鸡精。当小蛟龙与一位心仪的女子两情相悦时，大雄鸡精妒火中烧，偷袭了小蛟龙，将其舌头啄断。愤怒的小蛟龙潜伏在鸡笼山的对面，死守着大雄鸡精，一盯就是上千年。慢慢地，它与大山融合在一起，化身一条石龙，永远守护在心爱的姑娘身边。

除了小蛟龙的传说外，还有一个关于小白龙和一对白象母子的故事。小白龙因贪图美色，将一位已婚女子抢入龙宫。女子的丈夫四处寻找无果，而受过夫妻两人大恩的白象母子决定出手相助。白象来到盂溪边，一脚下去搅得龙宫摇摇晃晃。小白龙大怒，立即冲出水面与白象展开激战。这个传说不仅展现了小白龙的霸道和冲动，也体现了白象母子对恩人的忠诚和勇敢。

这些传说不仅为仙居石龙景区增添了神秘色彩，也让游客在欣赏美景的同时，感受到了当地的深厚文化底蕴。在游览过程中，游客仿佛能够穿越时空，置身于那些古老而动人的故事之中，感受到那些传奇神怪的喜怒哀乐和悲欢离合。仙居石龙景区的传说丰富多彩、引人入胜，让游客在旅途中收获了一份难忘的文化体验。

（四）括苍景区

括苍景区位于县城以东 20 千米，属下各镇境内，为括苍山主峰向西北延伸的低矮山丘。景区包含麻姑岩、括苍洞、括苍水库等。

括苍洞位于括苍水库以北，麻姑岩以南，括苍洞被誉为道教洞天福地之一，自东汉起，就有道家人物在此修炼。据传说，太极法师徐来勒

---

① 仙居县地方志编纂委员会编：《仙居县志（1986—2010）》，中华书局 2013 年版，第 458—459 页。

是括苍洞的首任洞主,他在此修炼并管理着周围三百里的区域。据《光绪仙居县志》载:"按《尘外记》:'括苍,成德隐元之天,盖第十洞天,列仙所居,在台之乐安,即仙居旧名也'。又《宝藏山名记》云:'括苍周回三百里,徐真人所治。真人名来勒,尝得道上升,至东汉为大极法师,莅职洞天,总司水旱罪福之籍'。"① 唐宋时期众多道士、真人慕名而至。洞前桃花似锦,为休闲场所。宋县令刘光诗:"古洞藏真不记年,翠崖苍壁故依然;怪来一夜清无梦,身在仙家第十天。"② 唐宋时期,括苍洞更是受到多位帝王的重视,如唐玄宗赐名"成德隐元"、北宋真宗赐名"凝真宫"等。今存有宋明石刻。旁边有紫云洞,相传三国葛玄在此炼丹。1984年德国学者韩涛前来考察。③ 这些传说不仅体现了括苍洞在道教文化中的重要地位,也展现了当地人民对这片土地的敬畏和崇拜。

在括苍洞附近流传着王远和麻姑相会的传说。传说中,王远和麻姑都是得道成仙的高人,他们虽然身份地位不同,但互相尊重敬仰,没有尊卑之分。某日,王远因久未与麻姑相见,便派使者前往邀请她前来人间相会。麻姑在得知王远的邀请后,表示自己已经五百多年未曾见过王远,但因为正在奉命巡察蓬莱仙岛,需要等巡察完毕后才能前往。不久,麻姑如约来到人间与王远相会。她看上去像人间十八九岁的漂亮姑娘,秀发乌黑亮泽,身穿美丽华服。麻姑与王远见面后互相行礼,之后宴会便开始了。他们使用的餐具全是用金和玉制成的,珍贵而又精巧,吃的食物都是凡人没有见过的奇花异果,香气扑鼻。在宴饮之间,麻姑对王远说,自从上一次与您见面,我已经亲眼看到东海三次变为桑田。刚才我到蓬莱岛的时候,看到那里的水比前一段时间浅了一半,大概又要变成丘陵和陆地了吧!王远听后也发出感叹,圣人们也说过东海又要干涸

---

① 仙居县地方志编纂委员会标注:《光绪仙居县志》(标注本),同济大学出版社1990年版,第45页。
② 仙居县地方志编纂委员会标注:《光绪仙居县志》(标注本),同济大学出版社1990年版,第45页。
③ 仙居县地方志编纂委员会编:《仙居县志(1986—2010)》,中华书局2013年版,第460页。

了,即将飞扬起尘埃呢!①

这个传说不仅展现了两位仙人的风采和神奇能力,也反映了古人对时间流逝、沧海桑田变迁的感慨。他们通过仙人的视角,看到了自然界的巨大变化和人生的短暂无常。另外,这个传说也反映了古人对于得道成仙、长生不老的向往和追求。

仙居括苍景区的传说丰富多彩,充满了神秘和奇幻色彩。这些传说不仅丰富了当地的文化内涵,也为这片土地增添了独特的魅力。游客在游览括苍景区时,可以感受到这些传说所带来的神秘氛围和浓厚的历史底蕴。

仙居民间传说往往与当地的自然环境密切相关。在传说中,人们常常赞美自然的美好,呼吁保护生态环境。这些传说有助于引导人们树立生态环保意识,促进传统村落与生态环境的和谐共生。

二 庙宇传说

(一) 瑞应侯庙传说

仙居瑞应侯庙在县城东的麻姑岩附近。此庙传说与一位被尊称为"瑞应侯"的历史人物紧密相关。在仙居的民间传说中,瑞应侯是一位具有神奇力量和深厚道行的人物,他的事迹和神迹在当地广为流传。

据传,瑞应侯原名姓赵,是当地一位深受百姓爱戴的官员和道士。他在任期间,以民为本,勤政爱民,深受百姓的尊敬和爱戴。然而,更为神奇的是,他拥有一种能够预测吉凶、呼风唤雨的能力,使得他在民间传说中更加神秘和崇高。有一次,当地遭遇了严重的旱灾,田地干裂,庄稼枯萎,百姓们陷入了水深火热之中。在这关键时刻,瑞应侯挺身而出,他夜观天象,发现将有雨水降临。于是,他带领百姓们进行祈雨仪式,并凭借自己的神力,成功唤来了甘霖,使得田地得以滋润,庄稼重获生机。

除此之外,瑞应侯还曾多次显灵,帮助百姓解决各种困难和问题。

---

① 王兆祥主编:《中国神仙传》,山西人民出版社1992年版,第229页。

他能够预知未来，化解灾难，使得百姓们安居乐业，生活富足。因此，他被尊称为"瑞应侯"，意为能够带来吉祥和好运的神灵。瑞应侯羽化时，"注仙居簿，视图牒有侯庙，遂首祭之"①。为纪念瑞应侯的功绩和神迹，人们在仙居建立了一座瑞应侯庙，供奉着他的神像。这座庙宇建筑风格古朴典雅，气势恢宏，成为当地的一大名胜。每年都有大量的游客和信徒前来参观和朝拜，祈求瑞应侯的保佑和庇护。

仙居瑞应侯庙的传说不仅丰富了当地的文化内涵，也展现了人们对美好生活和吉祥如意的美好愿望。同时，它也告诉我们，在困难面前，人们应该坚定信念、团结一心，共同克服各种困难和挑战。

（二）显庆寺传说

仙居显庆寺作为仙居地区历史悠久的佛教寺院之一，其背后蕴藏着丰富的传说和故事。据传，显庆寺始建于南北朝时期，位于紫箨山，是一座具有深厚文化底蕴的佛教圣地。这座寺院的建立，不仅与当时的政治、经济、文化背景紧密相关，更与一些富有传奇色彩的故事相联系。②

传说中，显庆寺的建立与一位高僧的功德有关。这位高僧在游历过程中，发现了紫箨山这块宝地，认为其地理位置和自然环境非常适合修行。于是，他便在此地开始修建寺院，希望能够为当地的信众提供一个清净的修行场所。在显庆寺的修建过程中，还发生了一些神奇的事情。据说，在寺院的建设过程中，经常会有一些神秘的动物出现，如麒麟、凤凰等，这些动物的出现被视为吉祥的象征，也增加了显庆寺的神秘色彩。

此外，显庆寺还流传着一些与佛教教义相关的传说。这些传说不仅丰富了寺院的文化内涵，也吸引了更多的信众前来朝拜和修行。这些信众在寺院中修行、参禅、礼佛，感受佛教文化的博大精深，也在修行中寻求内心的平静和解脱。

---

① 沈在秀点校：《万历仙居县志》（点校重印本），同济大学出版社1993年版，第39页。
② 仙居县地方志编纂委员会标注：《光绪仙居县志》（标注本），同济大学出版社1990年版，第452—453页。

第五章　生态环境与建成环境中的仙居传统村落

(三) 隐真宫传说

仙居隐真宫与一个古老而神秘的传说紧密相连。传说起源于东汉末年，是关于一个名叫蔡经的人和他的飞升成仙的故事。据说，麻姑娘娘年轻貌美，看起来就像一个十八九岁的小姑娘。在宴会上，神仙王远用一壶酒倒入五斗水中，让蔡经的家人饮用。饭后，蔡经全家都成为神仙，合家升天。然而，由于石捣臼太重，无法带走，因此留在了原地。[1]

后人在蔡经故宅的旧址上建立了隐真宫，用以供奉祭祀这位飞升成仙的传奇人物。这个传说流传甚广，为隐真宫增添了神秘而传奇的色彩。隐真宫也成了仙居地区著名的道教场所之一，吸引着众多信徒和游客前来参观和朝拜。仙居隐真宫的传说不仅为隐真宫增添了神秘色彩，也成了仙居地区道教文化的重要组成部分。

(四) 净梵院传说

仙居净梵院，这座历史悠久的佛教寺院，位于仙居县官路镇寺前万村灵山之麓，其背后蕴藏着丰富的传说和故事。净梵院，旧称净梵寺，始建于南北朝时期，是仙居地区历史最悠久的寺院之一。其名字中的"梵"字，含有佛家超凡脱俗之意，而"净"则代表着清净、纯洁。寺院初建时，与梁武帝萧衍崇佛的大环境密切相关，是当地佛教文化的重要载体。

关于净梵院的传说，其中最为人所知的是其多次的毁损与重建。历史上，净梵院曾经历多次战乱和自然灾害的洗礼，但每次都能够在信徒们的努力下重建。其中，最为著名的一次是北宋年间，吕师囊为响应方腊起义，在仙居拉起队伍攻打县城，途中烧毁了净梵寺，这座有着五百年历史的古寺毁于一旦。然而，信徒们并未放弃，他们在战后积极筹集资金，重新修建了净梵院。[2] 净梵院虽然经历了多次修缮和重建，但其古老的建筑风格和深厚的文化底蕴仍然吸引着众多游客和信众前来参观和朝拜。净梵院不仅是仙居地区的重要文化遗产，也是仙居历史的重要组成部分。

---

[1] 沈在秀点校：《万历仙居县志》（点校重印本），同济大学出版社1993年版，第41页。
[2] 仙居县地方志编纂委员会标注：《光绪仙居县志》（标注本），同济大学出版社1990年版，第458页。

三 人物传说

（一）勾践传说

在仙居县溪港乡的缙仙边界地区，流传着众多关于越王勾践的传奇故事。春秋末期，吴越两国争霸激烈，越王勾践与吴王夫差的军队曾在缙云与仙居边界的一处山地进行了一场激战。然而，越王勾践的军队在这场战斗中遭遇大败，越王本人也被迫单骑逃亡，吴国军队紧随其后，穷追不舍。在逃亡途中，越王勾践逃至一片络麻田，眼见吴国追兵即将逼近，他情急之下舍弃了心爱的白马，只身钻入麻田，以此暂时躲避了追兵的追捕。随后，越王继续向东移动，并藏匿于一块巨石之后，静待追兵离去。待确认追兵远去后，他方在距巨石不远的一处小山坳中搭建草棚，暂居其间。事后，越王勾践回想起自己在危急关头遗弃的白马，心中愤懑不已，竟将手中的马鞭也扔掉了。这一传说历经千年，依然流传不衰，成为当地人民口耳相传的佳话。

为纪念越王勾践的这段历史，这一地区留下了众多具有纪念意义的地名。其中，吴越两国军队交战的那座山被称为越王山，山上还建有越王庙以示纪念。而交战的山坳则被称为越阵。越王曾经躲藏过的络麻田和巨石后的小山坳，分别被命名为麻田和叶岩头（原名隐岩头，后因仙居方言中"隐"与"叶"发音相近，逐渐演变为叶岩头）。越王暂居的草棚所在地则被称为王察（今称黄察）。[1]

此外，为纪念越王遗失的白马，当地人还将叶岩头村后的那座山命名为白马山，白马曾经经过的永安溪则被命名为白马经坑（今名金坑），越王扔掉马鞭的地方则被称为马鞭头。人们还在越王丢失白马的前桩（今名前庄）修建了白马殿，以供后人瞻仰。

这些与越王勾践相关的地名，如越王山、越阵、麻田、叶岩头、前庄、黄察、金坑等，均相邻而存，分属于缙云县章源镇和仙居县溪港乡两地。这些地名不仅见证了越王勾践的英勇传奇，也承载着当地人对历

---

[1] 杨建武编著：《仙居史话》，浙江教育出版社2000年版，第8页。

史的敬仰与传承。

(二) 王远传说

在仙居地区,关于王远的传说流传甚广,充满了神秘与奇幻色彩。王远,字方平,东汉末期东海人(今山东南部至江苏北部一带),是一位具有深厚道教背景的人物。传说中,王远是一位精通天文、河图、符命的道教大师,能够预知天下盛衰祸福。他曾担任过中散大夫,受到太尉陈耽的尊敬,后者甚至为其修建了一座修道的专室,并供养了他三十年。王远后来飞升成仙,成为道教中的一位重要人物。

王远与蔡经一家有着深厚的渊源。据说,王远曾游览括苍山时经过蔡经的家,见蔡经有仙骨而不自知,便赠予其金丹。蔡经服下金丹后离世,但家人发现其棺材异常轻盈,打开后发现并无尸体。四年后,蔡经竟然复活,容貌比先前更加年轻。他告诉家人王远将于七月七日前来拜访。

到了约定的日子,王远果然由盛大的旌旗仪仗队引导,驾着五色龙光临蔡经家。他召见了蔡经的父兄与家人,并派侍从去请"神仙"麻姑前来一会。麻姑赶到后,恭敬地对王远说:"我已经有五百年没有侍奉您老人家了。"蔡家为这场仙宴准备了世间罕有的奇珍佳肴,所用器具也是金盘、玉斛等珍贵物品。这场仙宴在仙居地区被传为佳话,王远的形象也被塑造成了一位慈悲、智慧、神通广大的道教仙人。他的传说不仅丰富了仙居地区的文化内涵,也吸引了众多游客前来探寻这位神秘人物的踪迹。[①]

仙居关于王远的传说融合了道教文化、地方传说和民间信仰等多种元素,形成了独具特色的地域文化景观。这些传说不仅为当地人民提供了丰富的精神食粮,也为后人留下了宝贵的文化遗产。

(三) 羊惜传说

仙居县关于羊惜的传说,充满了地方特色和神秘色彩。羊惜作为仙居民间传说中的一位重要人物,其故事在当地广为流传,深受人们喜爱。

---

① 沈在秀点校:《万历仙居县志》(点校重印本),同济大学出版社1993年版,第106页。

传说中，羊惜是一位心地善良、乐于助人的青年。他生活在仙居的某个山村，以牧羊为生。羊惜的羊群总是养得膘肥体壮，毛色光亮，这得益于他细心照料和精心饲养。然而，羊惜的善良和勤劳并不仅体现在对羊群上，他还经常帮助村里的孤寡老人和困难家庭，深受村民们的尊敬和爱戴。

有一天，羊惜在山上放羊时，遇到了一位受伤的仙人。这位仙人因误闯人间的险恶之地而受伤，无法自行返回仙界。羊惜见状，毫不犹豫地伸出援手，用自己的草药知识和牧羊经验为仙人疗伤。在羊惜的精心照料下，仙人的伤势逐渐好转，最终康复如初。为了感谢羊惜的救命之恩，仙人决定传授他一些仙术。仙人告诉羊惜，只要他勤加修炼，就能掌握这些仙术，成为一位真正的仙人。羊惜欣然接受了仙人的馈赠，并开始了漫长的修炼之路。

在修炼过程中，羊惜遇到了各种困难和挑战，但他始终坚持不懈，勇往直前。经过数年的努力，他终于掌握了所有仙术，成为一位神通广大的仙人。他不仅能够驾驭风云、呼风唤雨，还能够治愈各种疾病、驱除邪恶。羊惜成为仙人后并没有忘记自己善良的初心，他继续用自己的仙术帮助村民们解决各种困难，让他们过上了幸福安康的生活。他还经常游历四方，传播道教文化，为更多的人带去希望和光明。另有传说表述的是，羊惜因吃了仙人所赠灵芝而成仙。[①]

仙居县关于羊惜的传说不仅展现了当地人对善良、勤劳和助人为乐精神的崇尚，也体现了道教文化在当地的深厚影响。这个传说不仅丰富了仙居县的文化内涵，也成为当地人引以为豪的文化遗产。每当人们提起羊惜这个名字时，都会想起他善良的品质、勤劳的精神和助人为乐的行为，这些都将激励着人们向善向美，追求更高的精神境界。

(四) 王温传说

相传在北宋时期，仙居县城西门外的西郭洋村有个名叫王温的人，他平时救危济贫，乐善好施，深受村民们的尊敬和爱戴。有一天傍晚，

---

① 沈在秀点校：《万历仙居县志》（点校重印本），同济大学出版社1993年版，第107页。

王温的家门口来了两个长满疮疱、痛苦万状的人。王温看到他们如此痛苦，心生怜悯，便询问他们是否有办法治疗。那两人告诉王温，他们的病需要用新酿成的酒浸泡身体才能治好。

幸运的是，王温家中刚好有两缸新酿的酒。他立即请两人进门，并让他们脱衣在酒缸中浸泡。神奇的是，经过一夜的浸泡，两人的疮疱竟然全部消失了，而且皮肤容光焕发，变成了美少年。他们向王温道谢后离去。在两人离开后，王温闻到了酒缸中飘出的异香。他好奇之下品尝了一口，发现酒香满口，令人身心舒畅。于是，他叫来全家人一起品尝，并把酒糟喂给了家中的鸡犬。不久后，王温全家人连同鸡犬一起升天，成为神仙。①

这个传说在仙居地区广为流传，成为当地文化的一部分。它不仅展现了王温的善良和乐善好施的精神，也反映了当地人民对于美好生活和善良品质的追求和向往。同时，这个故事也富有神奇色彩和想象力，为人们提供了无尽的遐想空间。

值得注意的是，虽然这个传说具有一定的神秘色彩和虚构性，它所蕴含的文化内涵和价值观念却是真实存在的。它告诉我们，善良和乐善好施是一种美德，应该得到我们的传承和发扬。同时，它也提醒我们，要珍惜生活中的美好事物，追求内心的平静和满足。

（五）美女村传说

仙居县淡竹乡吴山后村是一个被毛竹围绕的村庄，坐落在半山腰上，山道弯弯，盘旋而上，村庄周围山峦耸立，特别是那座美女峰，形象逼真。于是，美女峰的风水引出了一个七宝殿与美女村的故事。

相传，吴山后村有个小老太公不会生育，于是就到白塔下崔村领养了一个儿子，取名崔沛河，住在吴山后毛草山。崔沛河成人后，讨了几房老婆，生有十八个儿子。当时，崔家在竹园坪开采金、冶炼金银，在蟠滩开了店铺，几乎占了半条街，富甲一方。崔沛河的十八个儿子也娶了十八位如花似玉的美女为妻，名声大振。因此，人们把这里称作美

---

① 沈在秀点校：《万历仙居县志》（点校重印本），同济大学出版社1993年版，第107页。

女村。

　　朝廷里听到民间有人私开金矿，先后派了七位官员前来查看，可是这几位官员一来到美女村，就被这里的景色和美女迷住了，天天花天酒地，早把查验金矿的事情抛到了九霄云外。皇帝见没有回音，又派了第八位官员前来，并御赐尚方宝剑，允许先斩后奏。第八位官员未到毛草山就听闻前几位同僚贪恋美女的消息，因此，一到就先把前七位官员问斩了。

　　与此同时，住在吴山后村的崔氏大房，眼见毛草山小房家境昌盛如日中天，分外眼红，心想，他家定是风水宝地。他与族人商量后，悄悄请来江西有名的风水先生，到处寻找风水宝地。结果在毛草山银坑屋后找到了。要光天化日将自家祖宗坟迁到毛草山，难度很大，怎么办呢？于是商议决定，以请看戏为名，把毛草山男女老少接到吴山后看戏。在戏到第三夜时，吴山后人就把先人的尸骨埋入风水宝地。毛草山的人看戏入迷，根本想不到有人要来断风水，戏到第七夜时出现了奇闻逸事，毛草山崔家十八兄弟死去了七个，猪、牛、羊也全部死光。崔沛河在皤滩得知家里发生的事情急急赶了回来，但为时已晚，悲痛欲绝，孤零零冷清清，看着自己历尽千辛万苦挣的家业会败成这样，认为自己家遭到不幸是没有很好地为这七位死去的官员好好安葬。于是，他为被杀头的官员在毛草山口建造了一座佛殿，取名为"七宝殿"，现在这座七宝殿还在，只是七尊佛像没有了。

　　仙居传统村落和民间传说之间存在密不可分的关系，它们相互交织，相互影响，共同构成了仙居独特而丰富的文化景观。

　　首先，民间传说是仙居传统村落文化的重要组成部分。这些传说源自村民的日常生活、历史记忆、宗教信仰等方面，通过口头传承的方式在村落中流传。这些传说不仅记录了村落的历史变迁、文化传承，还反映了村民们的价值观念、生活习俗和审美观念。因此，民间传说是仙居传统村落文化的重要载体，是了解和研究仙居文化的重要窗口。

　　其次，仙居传统村落为民间传说的产生和发展提供了土壤和条件。传统村落的地理环境、建筑风格、宗教信仰、生活习俗等方面都为民间传说的创作和传播提供了丰富的素材和灵感。例如，仙居的地理位置独特，山水相依，风景秀丽，这为民间传说中的山水故事、神话故事提供了丰富的背景。同时，仙居的传统村落保存了大量古老的建筑和文化遗迹，这些遗迹也为民间传说的创作提供了实物支撑。

再次，民间传说和传统村落之间存在相互影响的关系。一方面，民间传说在传承过程中不断吸收和融合新的文化元素，形成了独特的文化风格。这些新的文化元素往往来自村落的日常生活、历史变迁，因此，民间传说也成了村落文化的一种反映和体现。另一方面，民间传说的传播和传承也促进了传统村落文化的传承和发展。通过讲述和传播民间传说，村民们不仅传承了村落的历史和文化，也增强了彼此之间的情感联系和归属感。

最后，仙居传统村落和民间传说共同构成了仙居独特的文化魅力。这些传统村落保存了大量古老的建筑和文化遗迹，展现了仙居深厚的历史底蕴和文化底蕴。而民间传说则通过生动的故事情节和丰富的文化内涵，让人们更好地了解和感受仙居文化的独特魅力。因此，传统村落和民间传说是仙居文化的重要组成部分，它们共同构成了仙居独特的文化景观和旅游资源。

第六章

仙居传统村落的生活空间与建筑肌理

　　仙居传统村落的生活空间与建筑肌理之间存在密切的关系，它们相互依存、相互影响，共同构成了仙居传统村落独特的空间形态和文化内涵。

　　建筑肌理是仙居传统村落生活空间的物质基础。建筑肌理指的是村落中建筑的布局、风格、材料和色彩等方面的特征。在仙居传统村落中，建筑多采用传统的木结构或砖木结构，外观朴素而典雅，与自然环境和谐相融。这些建筑不仅是村民居住、生产和生活的场所，更是村落文化的载体和传承。建筑肌理的布局和风格反映了村民的生活方式和文化特色，如院落式的住宅、连廊式的商铺等，都体现了仙居传统村落独特的空间形态和生活氛围。

　　生活空间是建筑肌理的延伸和扩展。生活空间指的是村民在村落中活动、交往和娱乐的场所，如街道、广场、祠堂等。这些场所是村民日常生活中不可或缺的部分，也是建筑肌理的重要组成部分。在仙居传统村落中，街道狭窄而曲折，两旁是错落有致的建筑，形成了独特的街巷空间。这种空间形态不仅方便了村民的出行和交流，也增强了村落的凝聚力和向心力。同时，广场、祠堂等也是村民进行祭祀、集会、娱乐等活动的重要场所，这些活动不仅丰富了村民的精神生活，也促进了村落文化的传承和发展。

第一节　仙居传统村落建成环境分析

　　传统村落沉淀了深厚的历史文化，某种程度是城市发展的原型。为更好地保护和发展传统村落，其前提是资料收集和深入研究。对此，在比较不同学科有关村落调查研究的基础上，本书提出从建成环境出发的资料收集方法，包括村落格局、街巷肌理、历史建筑、环境要素四个方面。聚焦于建成环境意味着注重物质性，有必要在此基础上深入研究文化性。

　　乡村振兴战略是国家重要战略，传统村落更是承载着传统文化基因的特殊存在。其发展经历了开基、中兴乃至衰退等历史阶段，与建成环境因子完完整整地融合在一起，因而有着丰富的历史积淀。在快速城镇化背景下，传统村落保护与发展既迎来了大好机遇，也面临着严峻挑战。当然，无论走向如何，其前提是需要对传统有一个很好的认知和调查，包括以建筑空间为主的物质文化和其他非物质文化。那么，如何对传统村落进行调查研究和资料收集呢？

　　对此，各学科各有侧重点，人类学强调田野调查为根本，而历史学侧重于文献分析，规划学注重用地功能，建筑学始终以空间使用为依归。本书以浙江省仙居县为例，从基本物质空间—建成环境[1]—出发，思考传统村落资料的收集与研究。

---

　　[1]　建成环境被广泛运用于建筑学和环境心理学、景观设计及城市规划中，基于此的研究也大多数与这些领域关联，如 Duanfang Lu, *Remarking chinese urban form*: *Modernity*, *Scarcity and Space*, *1949-2005*, London: Routledge, 1995, 从建成环境角度评论了中国城市形态。此外还有大量集中体现在历史街区与环境的期刊论文，如梁乔、胡绍学：《历史街区保护性建成环境的质量评析》，《建筑学报》2007年第6期；陆慧敏：《杭州中山中路历史街区建成环境评价》，硕士学位论文，浙江大学，2012年；李和平：《重庆历史建成环境保护研究》，博士学位论文，重庆大学，2004年；等等。学者多集中于从建成环境的评价角度进行分析，从建成环境角度论述传统村落资料收集的研究尚且没有。

一　基于建成环境的资料收集方法

综观人类聚居地文明史，其重要目的之一就是对建成环境的塑造，对此阿摩斯·拉普卜特称之为"凝结了的信息"[1]，这也决定了传统村落的人为性、物质性、功能性及层累性等特征。传统村落要求历史沿革完整、村落选址和格局从未受到破坏、建筑风貌和环境详尽细致、村风民俗独特，且一直为人民所生活使用的村落。因此，"活着"是界定传统村落的基本条件。[2] 在此基础上，本书进一步思考传统村落独特的空间特性，主要有物质性、功能性、人为性，以及历史层累性等特征。

第一，物质性是首要特征。中国传统村落如果没有古祠堂、古宅院、古牌坊、古驿道、古井、古树等，是无论如何也称不上传统村落的。在传统村落申报的具体过程中，如果没有一定数量（四五处以上）、一定类型（三四种以上）的历史建筑和遗存，是难以成功申报的。因此，物质条件成了传统村落的充分必要条件。

第二，功能性意味着村落是否为村民生活而"活着"。传统村落保护规划常常存在某些认识误区，将之等同于文物，认为任何建设活动都不能开展，这样一来，许多有价值的历史建筑反而因为得不到及时整饬而更快衰败。此外，也有将传统村落进行旅游业开发，使历史文化沦落为商业符号。由此可见，需要重新思考和评估传统村落的功能性。

第三，人为性是另一个重要特征。传统村落因历史漫长而与自然共生，其中包括依据不同技术文化而对自然环境进行的适度改造，从而使得村落具有了"人为事实"[3]（Artifacts）而具有人为性。

第四，历史层累性是最后的特征。每一阶段的"人为事实"对于历史长河来说，都是历史碎片，不断沉淀，层层累积，最终构成了坚实的

---

[1] ［美］阿摩斯·拉普卜特：《建成环境的意义——非言语表达方法》，黄兰谷等译，张良皋校，中国建筑工业出版社1992年版，第72页。

[2] 雷晓蓉：《乡村旅游资源开发利用研究》，湖南大学出版社2012年版，第131页。

[3] ［意］阿尔多·罗西：《城市建筑学》，黄士钧译，刘先觉校，中国建筑工业出版社2006年版，第20页。

第六章　仙居传统村落的生活空间与建筑肌理

历史底层。建成环境在建筑学和环境心理学语境中指因人类活动而成的人造环境。① 扩展开来，既包含自然环境，也包含人文环境。前者是与村落营建有关的物理空间，后者是与空间象征与意义表达有关的文化空间。②

本书选择建成环境视野下的传统村落资料收集研究，是针对不同学科研究方法的一种补充性思考。最擅长收集资料的历史学重视文献资料和档案馆，其优势是基于史料精确性，"有一份资料，说一句话"。其局限性同样来自史料，注重田野的人类学家科大卫指出，"经过层层筛选，最终流入图书馆和档案馆的文献只属极少数"③。这么一来，人类学家走出书斋，扎根田野，试图在田野中发现聚落社会文化，"重要的不在于人们说什么，而在于他们如何说"④。与以非物质文化为着眼点的历史学和人类学不同，建筑学与规划学的重点在于聚落空间形态。前者重视建筑类型、空间形态、建筑材料、建造技术等，后者关注聚落用地功能构成、建设容量、开发强度等。

上述学科侧重于自身领域，从聚落宝库中各取所需，滋养了各学科充足发展的同时，也疏离了其他学科。本书试图离开学科限制，回到作为客观实存的建成环境，仅仅将之视为一个单元——无论其是文化单元或空间单元。⑤

需要指出的是，对单个聚落的调查研究，只是获得"点"性材料，需要建立在区域基础上，对相关资料进行二次完善汇总研究，包括传统

---

① ［美］阿摩斯·拉普卜特：《建成环境的意义——非言语表达方法》，黄兰谷等译，张良皋校，中国建筑工业出版社1992年版，第44页。
② 余达忠：《侗族村落环境的文化认同——生态人类学视角的考察》，《北京林业大学学报》（社会科学版）2010年第3期。
③ 科大卫：《历史人类学者走向田野要做什么》，程美宝译，《民俗研究》2016年第2期。
④ 科大卫：《历史人类学者走向田野要做什么》，程美宝译，《民俗研究》2016年第2期。
⑤ 以建成环境作为研究视角的成果较多，如史明正：《走向近代化的北京城——城市建设与社会变革》，王业龙、周卫红译，杨立文校，北京大学出版社1995年版；陈庆果、温煦：《建成环境与休闲性体力活动关系的研究：系统综述》，《体育与科学》2014年第1期；张若诗、庄惟敏：《信息时代人与建成环境交互问题研究及破解分析》，《建筑学报》2017年第11期；周素红、彭伊侬、柳林等：《日常活动地建成环境对老年人主观幸福感的影响》，《地理研究》2019年第7期；等等。

村落与古建筑测绘、依据访谈和文献的建成环境复原、文献印证，资料的繁、简，数据的对、错，等等，并对资料用固定的完善的表格进行统计、归类，看出空缺与不足，进而再去所调查的传统村落进行第三次补充收集，尽量动用当地文化站、群众来进行，这些是"活"的一手文献。

二 基于建成环境的资料收集内容与研究

对于距今已有年代的传统村落，由于其本身的脆弱性，在保护过程中应该收集哪些资料，得明确于心。建成环境作为资料收集与研究，或许是有效范式。

（一）资料收集内容

从建成环境出发的资料收集方法，意味着回到传统村落事实，即回到具体的作为整体的传统村落。有必要从传统村落的历史概况、地理环境、村落格局、传统建筑以及社会文化等方面去收集和整理资料。

第一，就村落历史概况而言，包括村落历史变迁、基本情况、经济产业、社会关系、历史遗存与保护等。历史变迁阐释了先祖移民和大致变迁；基本情况中包含村落风貌、年代属性、人口户数、土地面积和范围等；经济产业基本决定了传统村落生成与发展的基本走向；社会关系包含村落的单复姓、平均年龄、性别比等；历史遗存与保护，如文保单位、历史建筑、历史环境以及非物质文化；等等。这些历史概况的资料收集，使得对于传统村落有个整体的概览，以便更进一步从建成环境出发进行资料收集和整理。

第二，建成环境重点包括传统村落的地理环境。地理环境对于传统村落选址和营建几乎具有决定性的影响。这些影响包括生理和心理的影响，有时后者能起到更重要的作用。在生理影响方面，最为经典的要数《管子》的记载，"高毋近旱而水用足，下毋近水而沟防省"[1]。这也几乎成为古代城市和乡村营建的基本原则。在心理影响方面，无论是皇城、

---

[1] （春秋）管仲著，吴文涛、张善良编：《管子》，北京燕山出版社1995年版，第47页。

农宅还是阴宅，都非常讲究风水。因此，地理空间环境在生理上影响到传统村落营建的日常生活，如饮水、防御等要求，在心理上也有着不可言喻的文化隐喻。这要求我们在传统村落的具体调查中，对传统村落周边的地理环境，给予重点关注，如传统村落周边的山脉、水系、农田等，以及这些要素构成的地理空间形态，如平原、盆地、河谷，以及传统村落与这些要素和形态之间的关系，如传统村落倾向于河谷冲积平原，以便拥有肥沃的土地，或倾向于河道突岸，以避免洪水的冲击。总之，地理空间塑造出传统村落的结构性空间条件。此外，其他相关山川水系、地质地貌、植被动物等自然环境要素以及文物古迹、风景名胜等，都应该成为地理环境要素的组成部分。

第三，传统村落格局和整体风貌是重要的建成环境。正如前文所述，建成环境是传统村落的"人为事实"，而这一"人为事实"重点体现在传统村落营建之中。传统村落营建的重要内容就是传统村落的整体格局和整体风貌，包括与村落的选址、发展紧密关联的地形地貌以及河湖水系、村落形状、主要街巷、重要公共空间等。在整体格局上，不断层累的建筑群，以整体格局为基本框架，不断重复着基本肌理，而这一基本肌理，实际上就是北方传统的四合院等空间形式，从而使得传统村落空间得以不断生长，最终形成了严密一致的传统村落风貌。因此，历经几百年的传统村落，能够营建出严密一致的空间格局和整体风貌，从一个侧面阐释了宗法制度的文化内力。

第四，传统建筑是最为直观的建成环境，也是构成建成环境的最主要元素。建成环境主要包括古宗祠、古庙宇、古合院等文物保护单位、历史建筑、传统风貌建筑的位置、建成年代、面积，此外还包括依附于其中的古建结构与形式、基本形制、建造工艺、结构形式、主要材料、装饰特点、建造传统活动、历史功能、产权归属、使用状况、保存状况，以及楹联等。如果说传统村落格局和风貌具有整体结构性和框架性，那么传统建筑正是这一框架结构中的肌理。正是这些肌理组织丰盈了传统村落的格局和风貌。这些传统建筑往往是家族最主要的财富积累，能够完整保存几百年的传统建筑，彰显着名门望族的社会地位，也反映了历史当中精湛的建筑技术和艺术。

第五，历史环境也是建成环境的重要部分。涉及反映村落历史风貌，构成村落特征的要素有塔桥亭阁、井泉沟渠、壕沟寨墙、堤坝涵洞、石阶铺地、码头驳岸、碑幢石刻、庭院园林、古树名木、古驿道、古墓等，以及传统产业遗存、历史上建造的用于生产、消防、防盗、防御的特殊设施等。这些历史环境要素编织了传统村落的格局和风貌，以及作为肌理的传统建筑之间的空间关系，从而形成稳定的结构关系，并赋予各种社会关系。

第六，尽管我们注重物质性的建成环境，并以此为资料收集研究的出发点，但同时还得关注非物质文化遗产、传统生产生活方式、乡风民俗等内容，以及其所依托的场所和建筑、用具实物；了解相关知识的特殊村民；传统手工艺品、食品、器具的做法工艺，以及村史、族谱文献；等等。这涉及物质性的建成环境与非物质性的人文环境之间的辩证关系，包含两方面意义，一方面，无论物质性建成环境如何强大，如何有呈现能力，最终还是非物质性的文化空间表达；另一方面，无论非物质性的社会文化如何具有潜在的决定力量，最终还是需要通过物质空间或者在物质空间中予以表达。因此，两者之间的关系是相辅相成的，尽管本书的出发点是建成环境，各种人文环境资料仍显得非常重要，值得我们在调查中给予高度关注。

（二）建成环境对传统村落的影响

建成环境对传统村落的影响当有宏观与微观之别。各种地理环境——高原、山地、丘陵、盆地、平原等——为人类提供了不同的建成环境，从而形成了不同的种群与风俗，当然，也形成了复杂的聚落风貌。然而，一般情况下，无论是何种地形，不变的是，聚落形成必选择在地形相对平整、水源相对丰富之地，以满足聚落的生活必需。因此，建成环境对于得以长期形塑于历史地理当中的传统村落来说，有着重要的地位和作用。具体而言，至少包括以下四个方面。

第一，建成环境为传统村落发展提供了最基本的物质空间架构。毫无疑问，一个赖以生存几百年以上的传统村落是离不开传统村落营建和

第六章　仙居传统村落的生活空间与建筑肌理

生产作业的物质建成环境的，包括土地、河流、农田、山林等。正是这些建成环境提供了传统村落发展的最基本物质空间架构，为传统村落建设住宅、农业发展、水利兴建等经济社会活动提供了可能性。此外，地质条件、建造条件（材料与技术）等建成环境，也无不影响着传统村落的生成与营建。

第二，建成环境建构起传统村落心理认知地图。正如凯文·林奇认为，一个人对于环境的感知是第一位的，并且很容易对自己所熟悉的建成环境的印象予以放大。于是他归纳出建成环境对人心理认知地图影响的五要素，即道路、节点、边界、标志和区域。[1] 这种空间的心理认知地图，在传统村落中表现得尤为突出。传统村落中往往很容易把某些建成环境作为空间的边界和标志，比如河流经常作为一个传统村落的边界，山峦也往往容易成为传统村落的象征标志。

第三，建成环境塑造了传统村落的整体性格特征。"环境—建筑"是早期人类聚落要追求的模式，而现代建筑的发展则更多关注"人—环境—建筑"的模式。那么，传统村落到底有多大程度去关注"人"的要素，则十分值得研究。毕竟在传统村落中，有的依地形而建，有些依风水而筑，都是围绕人类而布局。

第四，建成环境形塑了某些重要的社会文化。人们对建成环境的影响，最终上升到文化层面，某种程度上也符合克利福德·格尔茨所阐释的文化之网的意义。[2] 例如仙居李宅传统村落，因三面环山，形似盘曲的水牛，而"水牛"象征着勤劳、富裕，最终成为整个村落的文化圣山。此外，建成环境同样也影响着语言语调、风俗习惯等。

三　仙居县传统村落建成环境的具体实践

仙居县地处浙江省东南，仙霞岭绵亘南北，呈钳形对峙，南为括苍山，北为大雷山，整体地形从外向内倾斜，略向东倾，其间有大小不等、

---

[1] [美]凯文·林奇：《城市意象》，方益萍、何晓军译，华夏出版社2001年版，第35—37页。
[2] [美]克利福德·格尔茨：《文化的解释》，韩莉译，译林出版社2008年版，第20页。

错落相间的谷地和盆地，永安溪自西向东穿流而过，属灵江水系，境内大小支流38条，为羽毛状河系，县域面积为2000平方千米，其中丘陵山地（1612平方千米）占全县面积80.6%，素有"八山一水一分田"之说。全县下辖7镇、10乡、3个街道办事处，各乡镇反馈有60个左右为传统村落。

（一）仙居传统村落群的空间形态

传统村落的结构受地理条件、民间信仰、社会宗族等因素的影响而各不一样。仙居县传统村落往往依地势而建，高低错落，并且都由先辈定居此地，后再逐渐扩展。从村落内的古道所在处可以明显地观察出，古道基本将村域分割成两半，房屋布局基本沿主街向两侧展开（见图6-1）。

此外，从图6-1上江垟村的结构肌理中可以明显看出，仙居县上江垟村的结构肌理是"井"字形道路框架，"一"字形建筑肌理，河流的脉络穿插其间，但影响因素较小，反而主要是家族因素的作用，即人为因素更大。仙居最大规模的"三透九门堂"四合院即在上江垟村，内用永安溪鹅卵石铺就"彩石镶嵌"门堂，内部结构四通八达。"三透九门堂"的存在，也正是这个传统村落对外连通的证明，进而影响了该村的空间形态。

（二）传统村落的结构要素

从仙居县传统村落保留下的传统来看，大致可分为两类，一是水环境要素，二是人文环境要素。前者主要包括古树、古井、古桥、古水塘、古河道、古盐埠、古渠道、古天池、古水口、拴船桩等，都是与水有关的遗存，而水与建成环境关系最为密切。这些与水相关的遗存从一定程度上可反映出仙居县的水环境变迁情况。后者主要有古道、古街、古路廊、古驿站、古亭等有关交通贸易的历史遗存，有公共空间、古祠堂、古塔、古戏台、文昌阁等文化教育的公开场合，还有古碑、古庙、古墓、古石、古洞、古城墙、古宅基地、古牌坊、古石匾、古钟、古旗杆、古商铺、古遗址等人文环境要素，人文遗存往往与该地的经济、文化历史有关，这正是人结合自然环境，对建成环境的布局。而就仙居县典型传

第六章　仙居传统村落的生活空间与建筑肌理

图 6-1　仙居县溪头村（上）、枫树桥村（中）及上江垟村（下）结构肌理
注：本图根据 2019 年 7 月仙居典型传统村落调研成果绘制。

统村落保留的人文遗存来看，数量非常丰富，根据表 6-1 中的传统村落传统建筑占村庄建筑总面积比例，可得仙居县传统村落中大部分（约 58%）遗留了传统建筑，更有约 77% 的传统村落有超过 10 处的传统资源遗存。从以上要素可以看出，与人类最为密切的一种是水，另一种是交流，或曰文化传承。

表 6-1　　　　仙居典型传统村落物质遗存基本情况归类

序号	类别		村落名称
1	全部传统建筑占村庄建筑总面积的比例	<50%	十都英、西亚、白岩下、大战索、溪头、上王、朱溪、朱家岸、上江垟、九思、垟墺
2		≥50%	尚仁、油溪、三井、祖庙、苍岭坑、管山、枫树桥、山下、四都、上吝、公盂、羊棚头、兴隆、仁庄、西炉
3	历史环境要素（单位：处）	<10	尚仁、上吝、公盂、上江垟、九思、西炉
4		≥10	十都英、西亚、白岩下、大战索、油溪、三井、祖庙、苍岭坑、管山、枫树桥、山下、四都、溪头、上王、朱溪、朱家岸、羊棚头、兴隆、仁庄、垟墺

注：本表根据 2019 年 7 月仙居典型传统村落调研成果统计而成。

　　分析仙居任何一个传统村落，其结构基本包含周边的山水地理环境，以农业生产为主的经济产业，基于血缘、地缘的村落社会构成，儒家文化为内核的文化，以及各种神话与传说。这些结构要素，最终都投影于传统村落的建成环境当中。反过来，建成环境空间都反映出上述结构要素。因此，我们应当到建成环境，去调查这些结构要素的蛛丝马迹。如在湫山乡四都村，调查中发现四都村南侧有一条山脉余脉深入村中，全为岩石，村民十分膜拜之，并取名龙母岩和象鼻岩；同时，该村地处山间平原，因此土地丰裕，且用以灌溉的古沟渠非常发达，奠定了该村长期繁盛的农业经济。又如上江垟村的彩石镶嵌、溪头村的"三透九门堂"发源处、朱溪村的九狮挪球灯，等等这些都是很好的资源。

而传统村落调查的后续，当务之急应是结合每个传统村落的结构特点进行合理保护，并更多地关注如何继续传承这些传统村落的深厚底蕴。事实上，"屋靠人养"有着一定道理，最有利的保护莫过于人类的继续使用，这就需要当地政府制定合理的产业政策，吸引人们回归和保护。

（三）"三透九门堂"古建筑及环境要素

作为传统村落的主要构成要素，古构筑物有着重要的地位和作用，国家对于是否将一村落认定为传统村落，其中很重要一条认定标准就是古建筑物的数量和质量。就仙居传统村落群而言，中国传统民居贡献最大的要数"三透九门堂"这一地方民居。它曾让人们"直觉地感到：北方的皇家宫廷与南方的乡土建筑，竟有许多细节相互吻合"[1]，其中包含三透九门堂与四合院之间的空间原型关联。三透九门堂的空间形制特征是由三个或多个四合院纵向成列组合而成，有时好几列并置，最终形成了三透九门堂建筑组群。这种建筑规模体量宏大，非常适于山区因防御而聚族而居的需要，有时建筑房间竟多至近百间，如皤滩乡枫树桥村。此外，这些古建筑和古构筑物都有着丰富的建筑装饰和精湛的建筑技艺，这些都可以从建筑的雕梁画栋中窥见。而其他建成环境，诸如古井、古树、古河道等不再详细罗列。

中国的快速城镇化，已经是一个不可逆转的历史过程，传统村落如何能够在这一背景下，得以保护和传承，依然涉及建成环境与文化两个方面。前者不可低估，后者也非常重要。正是碎片化的建成环境，融合了丰富的文化因子。先民们正是在建成环境的庇护下，享受着自然恩泽以及躲避自然灾害，从而形成了阿摩斯·拉普卜特所谓的文化景观，即不是经由"设计"而是历代先祖的众多决策的层累产物。[2] 因此，仍有必要着眼于建成环境进行资料收集和整理，从而为传统村落的保护夯实基础，也为传统村落实现乡村振兴战略奠定基础。

---

[1] 祝勇：《三透九门堂》，《华夏人文地理》2002年第5期。
[2] ［美］阿摩斯·拉普卜特：《文化特性与建筑设计》，常青、张昕、张鹏译，中国建筑工业出版社2004年版，第96—98页。

第二节 传统村落中的公共生活空间

一 公共性界定

《礼记·礼运》有言:"大道之行也,天下为公。"[1] 此"公"的含义为"公共、共同",与"私"相对。因此,自古以来,"公共"的中文语义强调多数人共同或公用。关于公共性的演变,哈贝马斯认为,自古希腊以来,社会有明确的公私划分,公代表国家,私代表家庭和市民社会。例如,在古希腊、罗马,所谓的公共领域是公众发表意见或进行交往的场所,但那时虽有公共交往但不足以形成真正的公共领域;在欧洲中世纪不存在现代意义上的"公共领域"和"私人领域"对立模式,直至18世纪末,"代表型公共领域所依赖的封建势力、教会、诸侯领地和贵族阶层发生了分化,形成对立的两极;它们最终分裂成为公私截然对立的因素"[2]。

受到国外对这一问题研究的启发,国内学者从社会领域分化的角度分析公共性的产生。他们认为,公共领域与私人领域,国家与市民社会,政治生活与经济活动具有对应的相关性。直到近代,"公"与"私"才截然分离,各有自己的独有领域,与此同时,经济领域盛行自由主义和市场经济理论,在政治领域采取国家放任主义,公共行政在政治与行政"二分法"的影响下,热衷于对纯粹管理技术和效率的追求。整个近代社会发展史的客观进程,都在于使公共领域与私人领域日益分化,这样一来,整个社会就成了公共领域与私人领域的整合体。在社会分化为公共领域与私人领域的过程中,国家的职能也开始了分化的历程,除出现了国家职能的多样化趋势,其中统治职能与管理职能是最为基本的两大职能。就国家的统治职能而言,由于是在统治集团和被统治集团的关系

---

[1] 梁鸿编选:《礼记》,湖南文艺出版社2003年版,第98页。
[2] [德]哈贝马斯:《公共领域的结构转型》,曹卫东等译,学林出版社1999年版,第11页。

第六章　仙居传统村落的生活空间与建筑肌理

中实现的，所以，虽然它表现出一定的现代公共性的内容，但本质上是与公共性相悖的。而在管理职能中，公共性则是其最为根本的特性。因此，社会领域的分化引发国家职能的分解，从而导致公共性的彰显。

在论及公共性在近代的演变时，国内外学者都倾向于用"公共性丧失"一词。哈贝马斯认为，随着资产阶级社会的发展变化，出现了公共领域的结构转型，由此导致公共性丧失。"两种相关的辩证趋势表明公共性已经瓦解：它越来越深入社会领域，同时也失去了其政治功能，也就是说，失去了让公开事实接受具有批判意识的公众监督的政治功能。"① 在这里，他把公共性的丧失归于公共领域与私人领域相互渗透。

对传统村落而言，从很大程度上，其形成阶段主要凸显了其公共性。传统社会中，人们的居住形式依旧以大家族形式存在，几代人生活于同一个空间之中，而中国传统村落特别典型的公、私对立主要是在20世纪中叶之后才渐渐开始，是晚于西方的，仙居县传统村落也不例外。所以，本书所探讨的传统村落公共性主要表现为祠堂、庙宇、书院、水井；祠堂是家族的，家族是公共的。这种公共空间具有集中性、流动性、开放性等特征。

二　仙居传统村落的祠堂

为何要在民间推广祠堂呢？朱熹在他的《家礼》中开宗明义地说道："今以报本反始之心，尊祖敬宗之意，实有家名分之守，所以开业传世之本也，故特著此冠于篇端，使览者知所以先立乎其大者，而凡后篇所以周旋升降、出入向背之曲折，亦有所据以考焉。然古之庙制不见于经，且今士庶人之贱亦有所不得为者，故特以祠堂名之，而其制度亦多用俗礼云。"② 此旨在说明祠堂的功能在于敬祖和旺族。祖先是开业传世之本，因此必须报本反始，尊祖敬宗，明确源流。尊祖是为了旺族，

---

① ［德］哈贝马斯：《公共领域的结构转型》，曹卫东等译，学林出版社1999年版，第157页。
② （宋）朱熹：《家礼》卷一《通礼·祠堂》，载朱杰人、严佐之、刘永翔主编《朱子全书》第七册，上海古籍出版社2002年版，第875页。

因为子孙的周旋、升降、出入与向背等，都可以从祖先那里得到考据，因此，子孙要兴旺发达就必须尊祖。

人是社会性动物，总是趋向于群体生活，因此必须拥有聚合成员的某种机制。而不同族群因为历史文化不同，同一族群因为历史发展阶段不一，会生成不同的聚合机制。在周朝，周天子是大宗，同姓诸侯是小宗，其下依次派减，形成家国一体的政治聚合金字塔。这种聚合机制的物化标志之一——宗庙，成为一宗的象征，也成为权力的象征。因此，长期以来统治者牢牢掌控着宗庙权力。自从祭祀权下移之后，民间宗祠也承接宗庙聚合成员的功能，不仅聚合祠堂所在地同姓同宗成员，还可以聚合跨地域同姓同宗成员，显示出其强大的心理聚合能力。

祠堂的这种聚合功能，对于形成同姓族群认同心理无疑具有聚合作用。聚合是通过敬祖溯源的方式来实现目的，它来源于过去。但是，人毕竟生活在当下，聚合的本质是为了族群能够获得一个当下发展的有利条件，团结就是力量，从而使得族群不断发展壮大，也就是旺族。这种愿望会反映在祠堂碑文和祭文中，"旺"的基本表征有三个层面：人口增长、财富增加和仕人增多。人口增长是最基础的愿望，也是祖先最关注和护佑的，因为传统历来追求子孙满堂，最怕断子绝孙，因此有"不孝有三，无后为大"之说，血脉是万万不能断的。人的生存需要物质支撑，因此，不管是个人还是族群，都倾向于追求物质财富，并且在这种追求中获得个体与族群的有效发展。

家族（族群）的兴旺发达被认为得源于祖先的护佑，因此，反哺报恩要隆重祭祀，这就给他人树立了一个样本，诚心敬祖，虔心祭拜，可以发展自我兴旺家族。传统社会族群倾向聚族而居，于是形成宗族群。"宗族群是某些有血缘关系的家庭组成的一种社会群体。这类群体，在旧中国乡村中曾极为普遍，而在今日虽未绝迹，但已不很普遍了。"[1]"属于宗族群的群体的家庭，必须是同一祖宗的后代，并且在思想上明

---

[1] 袁亚愚：《乡村社会学》，四川大学出版社1990年版，第119页。

确承认这一点和在行动上坚持同宗同姓。不过，仅仅这样它们还不能形成为一种群体，要形成一种群体还必须借助于一定的地域联系。在乡村社会中，这种联系主要是住在同一村庄。在我国北方的许多乡村，村名往往就是以一种姓氏作称呼的，如'张家村'、'王家村'等。这类村有许多只住有同一宗姓的人，他们便构成一个大的宗族群体，从而使宗族群体与村落群体完全重合。"[①]

在仙居县的传统村落中，宗祠扮演着多重角色，其作用深远而重要。以下是关于宗祠在仙居县传统村落中的主要作用。

首先，在祭祖与凝聚家族方面，宗祠是供设祖先牌位、举行祭祖活动的场所。在这里，村民们通过祭祀祖先，表达对先人的怀念和敬仰之情，同时也加强了家族成员之间的联系和亲情，增强了家族凝聚力。

其次，在传承家族文化方面，宗祠是家族文化传承的重要载体。在宗祠中，村民们通过记录家谱、保存历史文物等方式，传承和弘扬家族的价值观念、道德规范、习俗传统等文化元素。这些文化传统不仅代表了家族的历史和传承，也为村民们提供了行为准则和道德规范。

再次，在社会信仰和道德规范方面，宗祠的存在使得家族成员对于祖先和家族的尊敬和感恩之情内化为行为准则与道德规范。在宗祠中，村民们通过祭祀、庆典等活动，强化了对家族和社区的认同感，促进了社会和谐、公德心和家族责任感的培养。

最后，在村落文化保存方面，宗祠通常以建筑形式存在于特定的地理位置，作为地方文化的标志之一。在仙居县的传统村落中，宗祠保存了许多独特的建筑风格、艺术品和民俗文化，对于地方文化的传承和发展起到了积极的作用。

总之，宗祠在仙居县传统村落中扮演着不可或缺的角色。它不仅是家族成员集会和交流的场所，更是传承和弘扬家族文化，培养社会信仰和道德规范，推动社区服务和慈善事业以及保存地方文化的重要载体。

[①] 袁亚愚：《乡村社会学》，四川大学出版社1990年版，第120页。

三　仙居传统村落的庙宇

村落中的庙宇是民间信仰精神在物质层面的载体，正是这种对民间信仰的表达促使了庙宇产生。

乡村庙宇作为承载民间信仰的社会机构，历来发挥着不可忽视的社会功能。它潜藏着不可否认的消极作用，但也蕴含着不可忽视的积极作用。历史上，随着"尊佛"与"灭佛"等政令的交替，民间信仰活动经历着风雨沉浮。在改革开放的新形势下，承载着民间信仰活动的乡村庙宇逐渐复苏，如雨后春笋般快速生长。虽然由于各方面原因，乡村庙宇的发展一波三折，处境依然尴尬，但是其发展的势头愈演愈烈，日益引起政府的重视和学界的关注。在社会主义新农村建设的实践中，无论是在积极意义还是在消极影响方面，承载民间信仰的乡村庙宇始终是无法回避的问题。

功能探析是乡村庙宇研究的重中之重，因为对于概念的辨析终究要回归到对现实的把握，而政策建议必然要基于功能的探析和因果机制的解释，因为"功能是理解所有的生命机体的中心概念"[1]。

（一）精神文化功能方面

第一，村落庙宇在精神文化上的积极作用。精神文化功能是乡村庙宇作为社会结构所发挥的主要功能，较早就引起了学者的关注，对于该功能积极方面的研究和论述也较为广泛，主要聚焦在精神慰藉、文化娱乐与道德教化方面。

首先，在精神慰藉上，民间信仰能够打造社会和谐的基底——实现个体心理、精神或者说灵魂的和谐。民间信仰起着精神上的慰藉作用，甚至是相当多的人的精神支柱。民间信仰对于老人福利的影响，认为有助于提高老人福利。通过给老人提供日常交流的机会，可以让老人消除寂寞和对死亡的恐惧。另外，它给老人提供了发挥作用的舞台，使老人

---

[1] ［美］玛格丽特·波洛玛：《当代社会学理论》，孙立平译，华夏出版社1989年版，第134页。

获得了较多的社会尊重。

其次，在文化娱乐上，民间信仰作为民间文化的组成部分具有一定的美学价值，能弥补和丰富部分农村的文化娱乐活动。基于民间信仰而开展的一些传统习俗活动，可使民间的传统文化世代相传，为枯燥的乡村文化生活注入活力，促进文化繁荣，丰富民众生活。

最后，在道德教化上，民间信仰所崇奉的神祇作为忠臣孝烈反映了忠廉正义、保国护民、济弱扶危等积极精神，是民众对正义的呼唤和对功利的追求。通过民间信仰，儒家伦理的心性高论和道释文化的功果轮回才能找到一个真正的落脚点，影响民间社会的道德意识、人际交往和风俗习惯。因此，民间信仰的某些道德观念在现代社会中能够发挥道德教化功能。

第二，村落庙宇在精神文化上的消极作用。乡村庙宇承载的民间信仰除了以上积极作用，其消极作用分别体现在个体性的认知情感与反主流文化方面。就个体性的认知情感而言，信众对科学的抵触心理可能导致乡村社会封建迷信的流行，而精神上过分沉迷不但影响正常的生产生活，甚至贻误生命。在文化上，民间信仰的失范可能给社会主义文化造成冲击。民间信仰由于内容和形式贴近民众生活而影响广泛，信徒精英通过争夺信众和资源，可能使民间信仰在基层的文化阵地上冲击社会主义主流文化。

（二）社会整合功能方面

村落庙宇在社会整合中扮演着积极而重要的角色。民间信仰的活动仪式对于强化区域认同具有显著功能，它通过整合社会意识，有效维系了社会秩序与活力。在民间信仰中，仪式庆典与民俗节庆的有机融合，以丰富多彩的民间文化活动形式，增强了社会成员的认同感和归属感。此外，村落庙宇还营造了尊老敬老的村庄文化，使得孝敬老人这一传统美德深入人心，并成为地方社会中的共识与规范。对于不孝敬老人的行为，这种文化环境形成了强有力的社会制裁机制，从而进一步发挥了社会整合的功能。

然而，人们也必须认识到村落庙宇在社会整合方面潜在的消极作用。

民间信仰有时会被邪教利用或沦为迷信活动的载体，这种情况容易引发突发事件，对农村社会的稳定造成负面影响。民间信仰的失范现象可能给社会和谐带来不稳定因素，甚至可能诱发突发性群体性事件，从而对社会整合产生不良影响。因此，在推进村落庙宇的建设和管理过程中，应充分考虑到这些潜在风险，并采取有效措施加以防范和应对。

（三）政治治理功能方面

民间信仰在乡村治理中发挥着积极的作用，它不仅能够提供公共服务，还能有效增进社会福利。依托民间信仰所形成的互助合作与社会网络力量，往往能够获得当地民众的广泛信赖，成为政府难以触及领域的有效补充。作为文化中国的重要组成部分，民间信仰以其强大的感召力、凝聚力及向心力，对政治治理起到了积极的推动作用。

同时，人们也必须认识到，民间信仰如果被邪教所利用或用于迷信活动，将极易引发社会失范现象，为社会和谐带来不稳定因素，甚至可能诱发突发性群体性事件，从而对农村社会治理产生负面影响。从党组织的视角来看，党员若参与宗教和迷信活动，将直接损害党组织的形象和权威，进一步助长农村宗族家族势力的蔓延，对党组织权威构成较大的冲击。

此外，人们必须警惕的是，大量民间信仰中往往蕴含维护和巩固统治阶级政权的诉求，其中不乏封建道德和迷信思想等精神糟粕，这些因素的存在不利于社会的进步与发展。因此，在充分利用民间信仰的积极作用的同时，还应积极引导和规范其发展，确保其与社会主义核心价值观相契合，为乡村治理提供更为坚实的文化支撑。

（四）经济建设和其他功能方面

民间信仰作为一种丰富的传统文化资源，其蕴含的经济开发价值不容忽视。在促进各地区经济对外联系的过程中，民间信仰发挥着重要的平台作用。同时，民间信仰能够有效降低交易成本，从而活跃乡村经济。这种作用的发挥，主要得益于民间信仰的外部性特征，以及民间信仰活动对相关经济活动的带动作用。此外，民间信仰在构建和谐社会的过程中，还发挥着保护生态的积极作用。例如，自然神崇拜、植物崇拜以及动物崇拜等信仰形式，均有助于当今社会的生态环境保护。

然而，人们也必须注意到，一些地方在民间信仰的实践中存在乱建庙宇的现象，这不仅浪费了宝贵的土地资源和社会财力，还可能导致某些地方出现摊派现象，进一步加重农民的负担。民间信仰对经济发展也存在潜在风险。例如，过度追求民间信仰活动可能导致社会物力、财力的浪费，以及劳动力的闲置。因此，在发挥民间信仰积极作用的同时，人们也应警惕其可能带来的负面影响，并采取有效措施加以正确规范和引导。

四　村落街巷肌理和建筑类型分析

（一）街巷肌理

街巷肌理构成了传统村落的空间骨架，它的形成可以归于地形和文化两个方面原因。地形方面涉及街巷肌理如何与地形相适应的问题，这是建筑学领域所谓的建筑适应性的重要内容之一（包括气候适应性，主要影响建筑形式选择）。文化方面关涉街巷肌理空间形式的功能和意义，诸如，欧洲中世纪巴洛克形式一般象征着宏大叙事和纪念意义，唐代长安大小十字形隐喻着等级森严的空间管理制度，日本平城京和平安京的十六街坊象征着开放的商业体系。建立在地形和文化双重影响下，本书讨论仙居传统村落街巷肌理空间形态，并将之分为有机式、规整式。

有机式形式一般是指街巷肌理根据地形变化而采用自由形式，村落空间与自然环境很好地协调在一起。仙居地处浙南小盆地，众多位于山间盆地和河口谷地的传统村落，山体、河流对于街巷肌理形态有着决定性影响。

前文提及较多的皤滩村，位于永安溪南侧，由于历史上的盐茶商业活动对于水运的高度依赖，从而形成了沿永安溪营建的带形街巷肌理。同样作为苍岭古道起点的苍岭坑，也因水系规定了沿河地带的狭长小平原，使得苍岭坑采用依水系和山体的狭长带状形态。

规整式形式往往有着良好的用地条件，大多数平原村落往往采用这种形式。值得指出的是，尽管都是规整式，但表现形式仍然有所不同。

诸如，法国第二帝国时期所采用的放射状形式，元、明、清时期北京的方格网形式。当然，这些规整式街巷肌理有时也应用于丘陵地带，如大火之后的法国南部汝拉山区重建。

仙居传统村落中采用规整式的典型代表要数高迁村。高迁村由于地处平原，用地条件好，因而采用规整式的街巷体系，一条横向的主要街道将高迁村分为上屋和下屋两大组团，其他纵向街巷交织在主要街道上。作为这种规整式街巷体系的补充，"川"字形的三条纵向人工水系也和横向的主水系构成了空间肌理的另一种规定性形态。

（二）建筑类型

罗西认为，建筑类型是建成环境的填充物，构成了建成环境的主要空间。罗西的建筑类型学思想重点思考如何对待城市历史问题，通过对罗马等历史城市展开了实证研究，为城市与建筑历史研究作出了杰出贡献。在此有两个理由可以运用类型学理论进行仙居传统村落研究，一方面，当今仙居传统村落在规模上几乎和罗西所研究的历史城市相当；另一方面，经历了千百年的传统村落本身就有着丰富的建筑类型演绎，可以作为类型学思想实践领域。[1]

经历了千百年历史演绎的仙居传统村落，建筑类型丰富。根据传统村落调查，几乎每一座传统村落至少有着三种建筑类型。首先是作为公共空间的祠堂、庙宇和村部建筑，其次是反映地方传统民居的"三透九门堂"建筑，最后是近现代的民居建筑。当然，公共建筑祠堂、庙宇和村部的建筑类型也不尽相同，仍然可以进一步细分。在此，重点考察传统村落中的重要传统建筑"三透九门堂"，而对于其他两类则另文讨论。

"三透九门堂"建筑是浙南台州的重要地方民居，兴盛于仙居、天台和临海三地。因其有三进院落和九重门厅而被称为"三透九门堂"。"三透九门堂"的准确称谓仍然存有争议，诸如"透"与传统建筑中"台"的称呼不一致，之所以两者混淆，可能因为"透"与"台"在台

---

[1] 参见［意］阿尔多·罗西《城市建筑学》，黄士钧译，刘先觉校，中国建筑工业出版社2006年版，第37—42页。

州方言中发音一样，而"台"则是建筑史学中的台基之意，也与古代诗词中亭台楼榭中的"台"相一致。我们在接近吴越官话的绍兴地区田野调查中发现，当地人将大宅院称为"台门"，有了"老台门""新台门"之分。"门堂"与"明堂"也有着同样争议，因此其称谓仍有待考证，在此仍暂以"三透九门堂"称之。

"三透九门堂"在空间形制上采用"三进院落、门廊相连"的格局，奇数对称布局，两侧以厢房和连廊贯通。每进院落都有着不同的功能，诸如，客厅有着"到厅"、"中厅"和"后厅"之别。九门一般在两纵两横连廊所对之处布置八个门厅，加上南边中门共九门。这种门廊相连的空间形式，有着对仙居湿热气候的适应性原理，有助于湿热气候的通风纳凉。

此外，"三透九门堂"在建筑风格上有着类似徽派建筑的马头墙，相比较于徽派建筑通常采用的四页马头墙，"三透九门堂"一般采用六页马头，而且马头跨度大，挑檐距离长。

（三）建筑原型、类型与异型

将"三透九门堂"置于中国典型建筑"四合院"的类比视角之下，可以观察到"三透九门堂"的构造几乎相当于两个"四合院"的叠加，由此可推断，"三透九门堂"的空间原型即为四合院。至于为何从四合院发展至三透九门堂，由于相关文献资料阙如，笔者只能作出以下猜测：或许是因地处乡野，用地条件相对宽裕，且不受皇家建筑规制的束缚，同时为了更大规模地实现家族聚居，人们遂将两个四合院进行叠加，从而诞生了"三透九门堂"的建筑形式。当然，这种叠加原理具有推广性，理论上可以进一步将三个、四个甚至更多四合院进行叠加。然而，在实际情况中，随着家族规模的逐渐扩大，可能会面临分宗的需求，因此，以三透九门堂为主要形式的情况较为普遍。尽管如此，也存在三四个四合院叠加的实例，如横溪上江垟规模宏大的三透九门堂便是其中的典型代表。

遵循同样思维逻辑，去深入剖析和理性思考，可以发现仙居的"六页马头"建筑风格实际上是对徽派"四页马头"的一种传承与创新。在保留原有元素的基础上，人们对其进行了适应性处理，以更好地适应地域文化和环境特征。然而，随着社会结构形态的不断演变，宗族制家庭逐渐为核心制家庭所取代，导致三透九门堂建筑在近现代社会的适应性逐渐减弱。由于其内在社会形态的瓦解，三透九门堂建筑空间经历了从"名存实亡"的空间异化到"名实俱亡"的空间替换的过程，最终逐渐淡出建筑的主流舞台，转变为一种标志性建筑。同时，其原本作为居住空间的功能也逐渐面临转变的挑战。

五 城镇化带来的传统村落之殇

2015年，《国务院办公厅关于加快转变农业发展方式的意见》发布，再次将乡村旅游作为促进农村发展，转变农业发展方式的重要抓手。在发展乡村旅游的过程中，传统村落因其历史悠久，具有地方文脉和特色文化等更大优势，但同时，传统村落的保护与乡村旅游也呈现出矛盾。因为发展旅游促使村落的古道硬化、古树被伐、古井荒废——自来水的引入、古水塘被填等，村落空间的拓展使得环境要素不断退缩。

从祠堂建筑空间来看，传统中国"以祠堂为代表的祭祀建筑与居住建筑密切相关，它主宰着传统聚落的发展和演变，而它背后的宗法家族制更是强有力的维系着中国古代的社会秩序。以祖先崇拜为核心的宗法家族制是古代中国人生活的精神支点，而祠堂也曾长期构成从农村到城市的居住中心"[1]。但随着时间流逝，祠堂遭受的损毁较为严重，或功能异化的现象普遍出现。下文以仙居李宅村为例。

如今置身这些祠堂之间，可以明显看到许多斑驳印记，都在诉说着这些祠堂空间功能的另一种传承。虽然李氏大宗祠的祭祀功能依旧存在，但在李氏大宗祠的左侧厢房的一侧门上印着"布房重地"字样，寻问乡民得知，这里在"文革"期间曾作过染布房；在另一侧门上印着"投票处"，这恰是该空间被作为村民选举之地的政治功能的体现；而位于大宗祠内的社戏舞台功能则在20世纪90年代，由于其空间局限性而逐渐

---

[1] 田军、须颖：《祠堂与居住的关系研究》，《建筑师》2004年第3期。

荒废，社戏搬迁至外边宽阔的临时搭建舞台。

紧挨着李氏大宗祠的小宗祠被改造成了李宅村的老人照料中心，命名为"康乐食堂"；而另一个小宗祠则在 2008 年被改建为李宅村的"希望小学"。值得注意的是，都宪公祠因为"文革""破四旧"出现了荒废的情况，但都宪公被合祭于李氏大宗祠。

古代有着"皇权不下县"的说法，从很大程度上，宗祠的这种教化、管理功能使得乡村治理得井然有序，这也正是乡村士绅代表国家管理地方的一种表现。可以看出，李氏大、小宗祠的功能部分被传承下来，部分空间功能发生了异化。但不管怎样，都是继续为服务、管理乡民而存在，不管是古代还是现代亦基本保留着教化功能，这正是"李氏宗祠"在李宅乡民心中的意象，正是"家国同构"在"李氏宗祠"中的典型体现。

从庙宇的建筑空间来看，华南学派所主张的历史人类学的田野调查办法为进村找庙—见庙就抄—抄完就好。此种方法可以为他们获得第一手资料提供便利。但也面临一个困境，即传统村落因各种原因往往欠保护，而庙宇更是损毁严重。

同时，现代科学知识的普及使得人们改变了对传统信仰的认知。古代社会，人们往往对自然充满敬畏，我们的先民在原始社会的前期，由于人类力量弱小，同时他们对大自然的力量感到畏惧，这时他们信奉"万物有灵"的观念。而今天奇怪的自然现象大多可以通过科学手段进行解释，这在很大程度上冲击着对庙宇信仰的群体。考察仙居传统村落尚存的传统庙宇可以发现，参拜群体以中老年人为主。

从传统书院的建筑空间和功能分析，书院是中国传统社会必不可少的教育机构，一直被政府严加控制。进入清代，统治者一开始实行严酷的文化禁锢政策，他们害怕书院的自由讲学之风会撼动其统治基础，对书院的活动严加控制。到乾隆、嘉庆年间，或许考虑到书院影响久远，禁不如疏。

19 世纪下半叶的清朝末年，兴起向西方学习先进生产技术的"洋务运动"。虽然以失败告终，但它在一定程度上刺激了资本主义生产力的发展，也催生了中国的近代新式教育。1862年，洋务派首创"京师同文馆"，研习外语，这是中国第一所新式学堂。随后，洋务派在各地又兴建船政学堂、水师学堂等技术和军事学堂，这些学堂与旧有的官学、私学已有本质不同。1895年后，随着"北洋大学堂"（今天津大学前身）和"京师大学堂"（今北京大学前身）的设立，现代新式教育已成不可阻挡之势，各种科目的学堂如雨后春笋般出现。光绪三十一年（1905），清朝政府下令废除科举考试，旧式教育宣告正式结束，近代新式教育正式走上前台，原有的各级官学和书院纷纷改为新式学堂。新式学堂的培养目标已不是各级官吏，而是通晓专业技术的人才；学习内容已不是原来的四书五经，而是各种专业知识和技能；教学方式和学习期限都具有新式教育的特征。民国时期，还有传统书院的遗留，鲁迅笔下的绍兴"三味书屋"便是一个典型代表。随着社会的发展，新式教育学堂渐渐兴建起来。

仙居也不例外，传统村落里的书院也随之衰败。不过经过田野调查发现，仙居的书院保留时间还是比较长的，中华人民共和国成立后依然保留了较长时间。究其缘由，或可归因于仙居封闭的自然环境。但随着人口的增加、经济的发展，现在仙居传统村落的教育又面临一个问题，即年轻父母群体外出打工较多，使得孩子也随之外出，村里上学儿童也在逐年下降。可以说，这也是新时代下乡村学校衰落的诱因之一。

传统村落既是世界各地历史文化的象征，又是文化过程的产物，带有明显的地域文化特征。历史上形成的村落，作为仅次于语言的人类第二大创造，成为其灿烂文明的最好见证和世世代代人民的集体记忆。然而，不知从何时起，传统民居、历史街区甚至连文物古迹，在一些人看来似乎成了社会发展建设的绊脚石。在房地产开发时，数百年来形成的富有人情味儿和鲜明特色的古老村落，经过一场脱胎换骨的打造，消失殆尽；迅猛且快速推进的城市化，以旧貌变新颜换来千城一面的无个性的都市空间。今天的部分地区正面临着环境危机、特色危机、文化危机。中华民族拥有五千年历史，但这五千年都在农耕文明里。村落是我们农耕生活遥远的源头与根据地，至今至少一半中国人还在这种"农村社区"里种地生活，生儿育女，享用着世代相传的文明。在历史上，当城市出现之后，精英文化随之诞生，可是最能体现民众精神本质与气质的民间文化一直活生生存在于村落里。而保留下来的环境要素又是传统村落得以延续的根本，如果传统村落盲目改造，其命运只能是消失在历史长河之中。

第三节 三透九门堂：生活空间的内部肌理与演化

仙居传统村落，历经千百年的发展与兴盛，然而在当前快速城镇化的时代背景下，这些村落正面临着前所未有的断裂与衰败。村落人口的锐减，特别是劳动力人口和青少年的流失，成为衰败的显著标志之一。留守的村民以老年群体为主，而村庄的宁静与孤寂常常被犬吠声打破。与此同时，传统建筑的破败不堪，失火或倒塌的痕迹随处可见，断壁残垣无声地诉说着历史的沧桑。

村落人口的减少与传统建筑的破旧，分别从社会空间和物质空间两个维度，深刻揭示了传统村落历史延续性的断裂与衰败。那么，这种断裂与衰败的根源何在？又经历了哪些阶段和过程？下文将选取传统村落高迁村及具有代表性的传统建筑"三透九门堂"新德堂作为个案，进行深入的分析与探讨。

一 传统村落仙居县高迁村和传统建筑新德堂

（一）高迁传统村落概况

高迁村位于仙居县白塔镇，是当地名门望族吴氏家族最重要的聚集地。从名字上看，"高迁"有着步步高升之意。

高迁是由国家批准的第一批传统村落，村落规模宏大，布局精巧，整体依三条南北向水系而呈"川"字形结构，又因为该村依北斗七星形态开挖七个水塘、堆砌七个土墩，别称"北斗七星村"。高迁村建于元代，建筑保留了明清时期的风貌，现存明清时期传统建筑十三座，号称"高迁十三堂"，代表着地方民居的最高成就，其建筑类型称之为"三透九门堂"。高迁村另有古街一条，古戏台一座，大书院和大戏院各一座，其他历史建筑若干，古井古河渠若干，各类建筑物与构筑物空间布局大气、雕饰精美，被誉为江南雕刻博物馆。

高迁村已荣获省级及国家级首批传统村落的殊荣，并获得了国家专项资金的扶持，旨在加强对传统村落的保护与规划建设。这笔资金主要用于保护村落的整体格局以及修复具有代表性的传统建筑类型"三透九门堂"。经过精心规划与筹措，"三透九门堂"建筑的修复工作被确立为资金使用的核心项目，这与同时期获批的台州另一传统村落临海市岭根村存在显著差异。岭根村则更侧重于将资金投向水系整治、古道修复以及环境改善等方面，展现了不同传统村落间各具特色的保护与发展重点。

然而，鉴于资金资源的有限性，加之传统建筑修复工程所需经费之巨，每一幢三透九门堂建筑的修复成本近乎高达300万元。因此，尽管获得了国家补助资金，但对于高迁村中亟待修复保护的12个三透九门堂建筑而言，这笔资金仍显得捉襟见肘。截至目前，仅有2个堂口完成了修复工作或正处于修复进程，其余建筑则依旧处于日渐衰败的状态。有鉴于此，我们特别选取新德堂作为考察对象，深入探究其社会空间的断裂与物质空间的破败现象，以期为未来保护工作提供有益的参考与借鉴。

（二）新德堂传统建筑概况

高迁村新德堂属于高迁行政村下屋自然村，位于桥头坑以东，是高迁传统建筑格局保存最为完整的三透九门堂（见图6-2）。新德堂始建于清代，距今约有400年历史，是由吴洪标、吴树哲父子所建，现产权归属于几十户村民所有。但真正居住在此的人屈指可数，且多为老人。后文要提及的卖橘子者奶奶（以下简称橘子奶奶）、文化人老爷爷（以下简称文化人爷爷）、住角房者爷爷（以下简称角房爷爷），都是我们在艳阳高照的深秋午后的田野调查中遇见的主人翁。

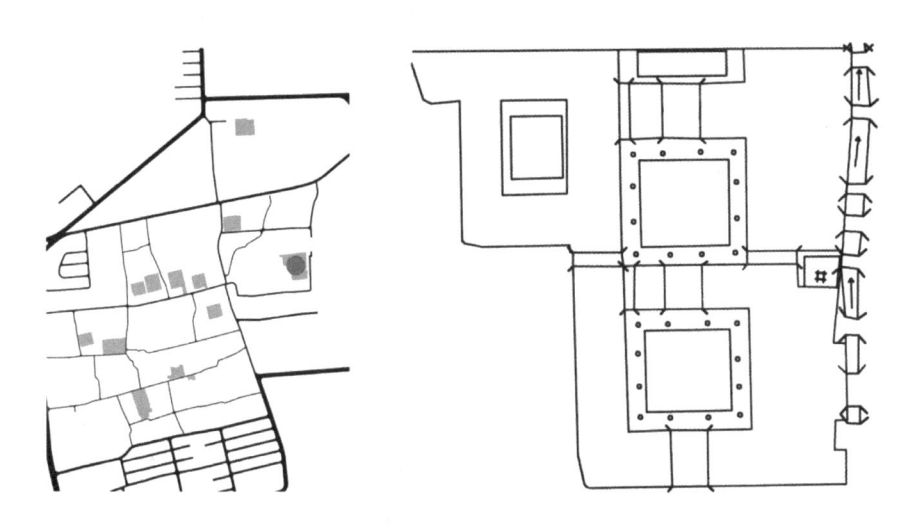

图6-2 新德堂位置分布（作者团队自绘）

新德堂占地面积为1837.61平方米，属于典型的宅第建筑，采用三透九门堂建筑形制，今存宅院三进，分为外院、中院和后院。外院、中院左右有两厢房，全部两层；正堂面宽三间，高二层。后院为小花园，有一照壁，壁前有花墩，上有石刻。外院和中院全为"一担石头一担米"的精细卵石铺设，中央为太极八卦图，四周围绕寓意福、禄、寿、喜、财的蝙蝠、梅花鹿、寿桃、方天戟、铜钱等装饰图案，寄托着美好生活愿望。

新德堂台门规模宏大，布局完整，用材考究，尤其后门堂门窗雕刻着毛龙、花、莲子、鲤鱼和蝙蝠等图案，分别象征着龙腾虎跃、鲤鱼化龙、连子连孙、多子多福、年年有余以及福到美好的寓意。两侧厢房上的花窗还分别雕刻着福、禄、寿、喜四个字花窗；花墩上刻有牡丹、荷花、菊花、月季和凤凰，象征着春夏秋冬和寓意吉祥如意。该台门在高迁诸多传统建筑中具有较强代表性，有一定的历史、艺术和科学价值。新德堂目前门窗雕刻破损严重，内部梁架逐渐倾斜，二层建筑木板屋面破损严重。除此之外，部分门窗风貌不协调，修葺后的梁柱也存在色彩不协调的问题。

如果对上文叙事稍加关注并将之与当前村民建房类型加以比较，可以发现新德堂在社会空间和物质空间两个方面发生着双重变异。这直接导致"三透九门堂"空间类型的断裂与衰退。那么，这些双重断裂和衰退又是如何发生的呢？这正是以下需要加以重点考证的内容。

二 名存实亡：传统社会形态断裂与传统建筑类型衰退

（一）宗族制社会形态的"小户化"断裂

考察传统社会空间结构瓦解之前，有必要简单叙述瓦解之前的传统村落空间结构形态状况。正如费尔南·布罗代尔总结的法兰西乡村社会形态，即胞核型家庭、专制型家庭和宗法制家庭。"代代更新的胞核型家庭本质上较少依附于传统，较易接受'现代化'的变革。"[①] 传统中国乡村社会也是以宗法制家庭为主体，近代转型为胞核型家庭为主体，只不过在中国称之为核心型家庭。中国乡村传统社会形态也是宗法制村落，构成了"家族—房头"的宗族村落。这一社会形态直接催生了四合院等传统建筑空间形态，在仙居则表现为三透九门堂建筑类型。这些封闭内向的建筑类型，适应了小一统的家族制生产生活需要，形成了以家族为主体的传统村落社会形态和规模化传统建筑产权结构。这种社会形态下的建筑空间形态是一个完整的空间形态，一层与二层，门厅与厢房、厨房、后院，过廊与楼梯、院落，以及水井与排水系统等构成了一个有机整体。

进入现当代，随着核心家庭出现以及家族演变等因素，传统村落社会形态逐步实现了小户化，即家族不再成为村落构成主体，而代之以核心家庭成为村落社会形态主体，家族裂变为一个个核心家庭。即使仍然存在家庭之间的家族联系，但家族也逐渐被削弱，即使聚居在大宅院之下，但已不再是一个完整意义上的大家庭，而是分化为一个个独立的小家庭。随着大家庭分化为小家庭，每户家庭对于分配到的房子都有着不同功能需求和使用方法，其重点体现为一层与二层的楼梯布置，餐厨用

---

① ［法］费尔南·布罗代尔：《法兰西的特性 空间和历史》，顾良、张泽乾译，商务印书馆1994年版，第85页。

房与卧房的布置，布局的不同体现出不同家庭的差异性。另外值得注意的是，随着私有大宅院分化为私有小户型，出现了半公共半私有空间，即原先大宅院的门厅、院落、过廊、后院等空间，这些空间既属于这些分化后的小户家庭共同所有，又不属于某一单独小户家庭。这或许就是我们的田野调查无须在这一空间和任何人打招呼的原因。

（二）三透九门堂建筑空间的"碎片化"衰退

基于以上分析，可以对新德堂社会空间断裂与物质空间衰退进行实证分析。自吴洪标、吴树哲父子于400年前创建新德堂以来，根据高迁吴氏家谱及对吴氏后裔采访得知，直至中华人民共和国成立前新德堂都是聚族而居，紧密团结在大家长周围，过着大家庭生活。中华人民共和国成立后，大家庭开始分化为小家庭，根据地籍图和吴氏后人口述可知，吴氏后人在当代共分化为16户，其中东边厢房为1家，西边厢房为3家，正南厢房为2家，东西两翼角房为2家，西北角房为8家。朝南门厅和二厢主厅为公用空间，过廊和院落为公用空间（见图6-3）。

上述社会形态演化可以从田野调查中更加清晰地看出。在热心的橘子奶奶带领下，逐步揭开了新德堂与其近代社会形态演变的关系，并归纳出传统建筑空间与社会形态的断裂关系。

先从橘子奶奶家谈起。橘子奶奶于50年前嫁入吴家，从其仍然珍藏着的精美嫁妆（橱柜）来看，也可知其娘家家境殷实。橘子奶奶丈夫在家族中排行第五，分房时分到第一进紧邻大厅的一间两层西厢房。因老伴早逝，橘子奶奶与40余岁的儿子共同生活。令人唏嘘的是，中年男子患有精神病，一家两口人，反倒是白发人照顾黑发人。

橘子奶奶家底层为餐厨用房，二层原为居住用房现在堆放杂物。一条1米左右的垂直单跑楼梯连接上下两层。居住用房后来安顿在新德堂南边新造的四间两层双拼楼房中，现橘子奶奶因年纪较大住在西厢房一楼，餐厨与居住一体，双拼楼房现为患精神病的儿子居住（见图6-4）。

传统村落的历史、空间和日常

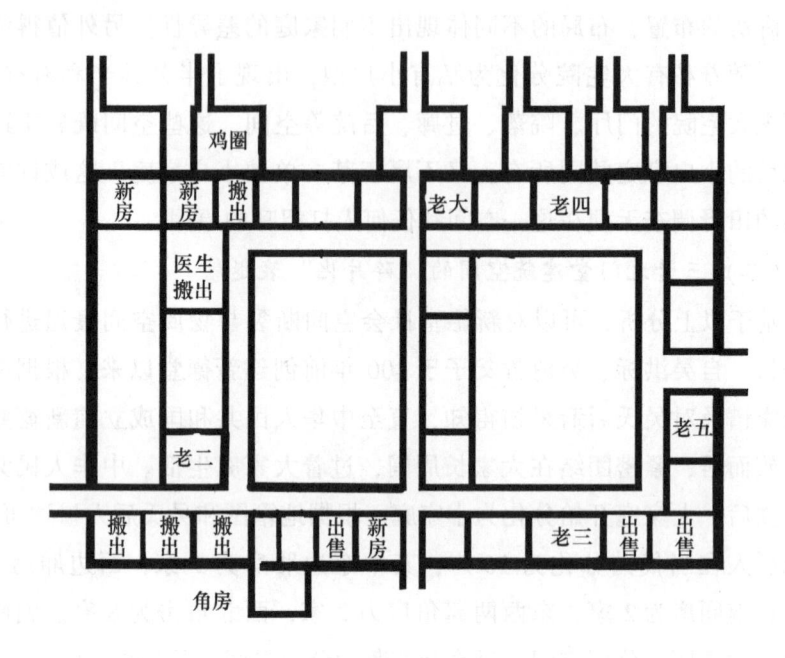

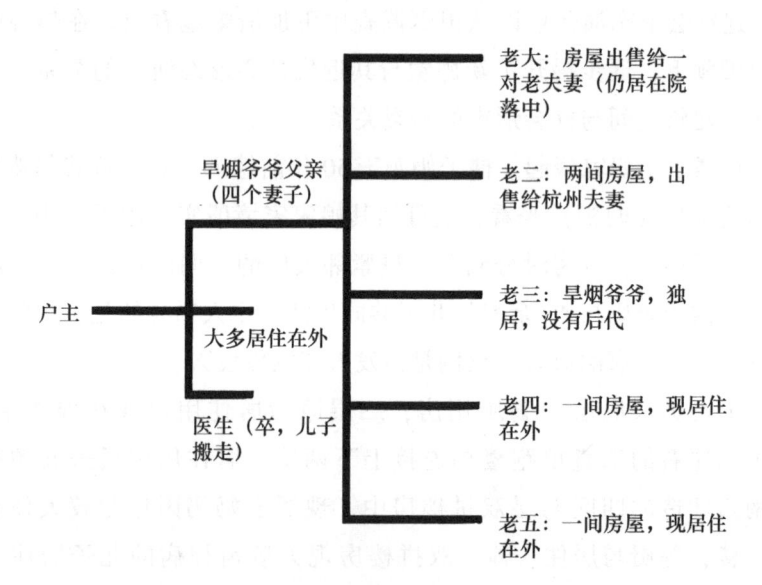

图 6-3 新德堂空间断裂情况（作者团队自绘）

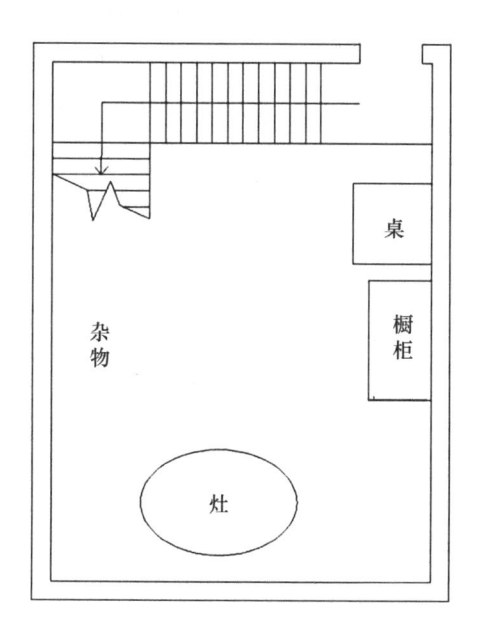

第六章　仙居传统村落的生活空间与建筑肌理

图 6-4　橘子奶奶家内部空间分布（作者团队自绘）

　　文化人爷爷：1943 年出生，毕业于仙居横溪中学，高中学历，会讲些英语，健谈幽默，见多识广。从其受教育程度及见闻来看，其早年家境殷实。文化人爷爷现在寡居一人，古村旅游的众多访客，成了他打发寂寞的对象。其居住空间见图 6-5。

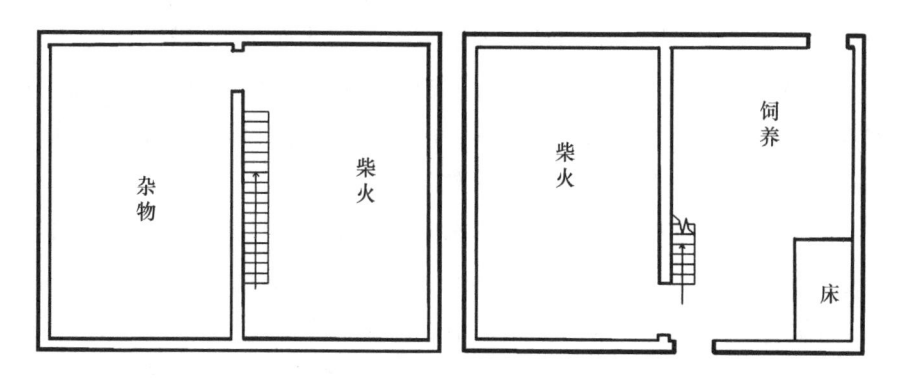

图 6-5　文化人爷爷家一、二层平面分布（作者团队自绘）

传统村落的历史、空间和日常

角房爷爷：角房爷爷居住于新德堂东厢角房，故我们称之为角房爷爷。角房爷爷年龄为74岁，姓余，退休后随老婆住在这里。他有三个儿子，其中两个在白塔经商，另一个则在仙居经商，更有十个孙子孙女。角房爷爷家现为角房一间，一层布满了橱柜和床，居住和其他功能综合在一起，二层堆放杂物，一条直跑楼梯连接上下两层（见图6-6）。

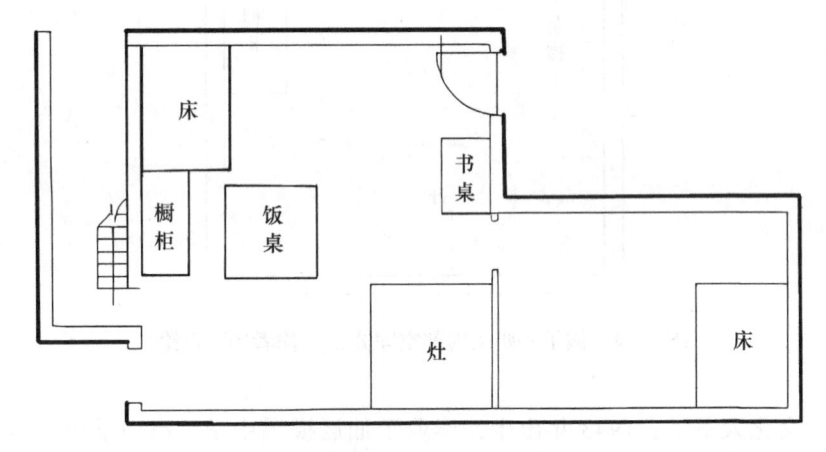

图6-6 角房爷爷家平面分布（作者团队自绘）

橘子奶奶随后逐一介绍了新德堂的新老主人及其去向。她介绍说东厢房朝西三间原为与其夫同辈的老五，后分配给两个儿子，现因儿辈们搬出去而空置。东厢东北角房，因单传一个女儿而招赘女婿上门，后将房子卖给外姓人。东侧厢房划成分时被划为地主，因没有直系后代，故抱养了一个儿子，但后来家道中落，房子变卖给同村人。其他户主有经土改得到的，也有在外定居的，也有弃家外逃的。

由上述调查可见，随着社会形态断裂，新德堂功能空间使用发生了异化。比如，原本由于采光通风等问题而不作为居住功能使用的角房，由于小户家庭化而作为居住使用。小户化家庭的建筑功能也出现综合化，不再是大家庭时期的各功能房间，而是综合了餐厨和居住等主导功能，甚至包括家禽、家畜的饲养功能。

总的来说，小户化家庭建筑空间呈现出以下几个方面特征。首先，建筑空间呈现出多功能综合化。尽管家庭分化为小户，但其作为家庭的综合职能变化不大，尤其是作为核心功能的居住和餐厨等仍然占据着主要地位，这是具有综合功能的家庭的基本特征。其次，建筑空间发生着功能重组。由于小户化家庭的综合功能需要，原本用作大家庭厨房或侧厅的角房和侧房，开始作为居住功能为主的家庭空间使用，随之而来的是建筑内部交通等实现重组，如每户中出现的垂直单跑直梯的出现。最后，各种辅助功能空间的出现。大宅院周边逐渐搭建出厕所、家畜围栏等各种附属小建筑，乃至菜园地等。建筑空间在内部细分加密的同时，也在向外挣扎。

因此，原本完整意义上的三透九门堂物质建筑空间，实质上已经"碎片化"为零星空间，不自觉地走入了衰退时期。尽管建筑形态上仍是完整的"三透九门堂"合院，但在产权上已经分化为众多以"间"为单位的产权户。随着产权包括买卖在内的各种转移更替，大宅院最终走向了小户家庭，完整的合院空间无形之中异化为碎片。这种碎片化更表现在物质空间实体上，雕梁画栋斑驳破损、梁架屋面倾斜损坏等。究其原因，宗族制家庭分化为核心家庭是主要因素。

此外，值得注意的是，新德堂原有的各类厅堂和过道等空间属性，可见图6-7。这些公共空间不同于高迁村落街巷广场等公共空间，厅堂和过道在产权上和重要红白喜事功能使用上仍然属于合院所有人，但在平时管理上是谁都可以进入走动，而且夜间也不上锁。因此这些空间相对于村落公共空间和每户私有空间而言，可以准确地归类为"半公共半私有空间"。

（三）新德堂碎片化为"间"的空间分析

随着近代社会形态从宗族制家庭到核心家庭的演化，新德堂传统建筑经历了双重空间碎片化过程，一方面，表现为建筑空间产权的碎片化，原本作为产权完整的"三透九门堂"合院产权瓦解为以"间"为单位的小户核心家庭产权；另一方面，表现为建筑空间属性碎片化，私有空间碎片化为各户所有的"间"建筑空间，而厅堂、过道和院子则碎分为

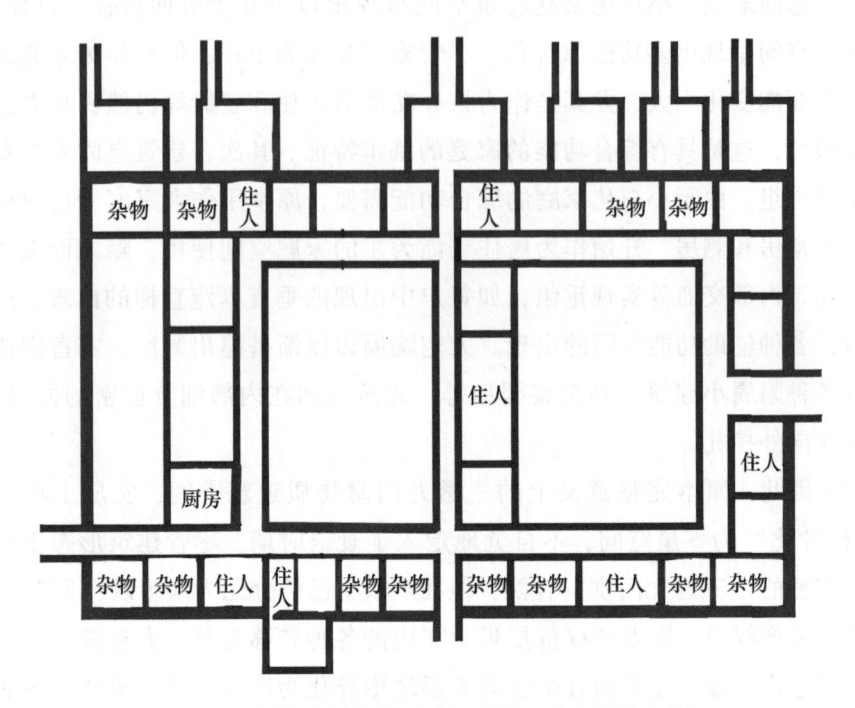

图6-7 新德堂建筑使用功能现状（作者团队自绘）

"半公共半私有"空间。

　　值得分析的是，合院建筑碎片化为"间"为单位的空间构成关系，尽管从形态上仍然保持着"三透九门堂"合院式建筑形制，但在本质上已完全不同于宗族制的合院制建筑类型。后者在产权上是完整统一的，属于宗族家庭。合院建筑碎片化为"间"的空间构成本质，已经等同于勒·柯布西耶①的多米诺体系，只不过恰好最终形态成为合院而已，相互之间产权独立，仅有的关系也是微弱的血缘关系。其空间本质也等同于不久后出现的独门独户"一字楼"联建建筑类型，保证了每户独立的空间单元，下文将会重点探讨。

　　综上所述，由于各种原因所致的新德堂社会形态断裂，使得建筑

---

① 勒·柯布西耶（Le Corbusier），20世纪最重要的建筑师之一，是现代建筑运动的激进分子和主将，被称为"现代建筑的旗手"。

空间产生同步演变。不过,这一演变是朝着瓦解原来作为整体的三透九门堂方向的,它使得表面上看仍然是完整的"三透九门堂",其实质已经破碎为片片碎片。小户化的社会形态断裂,从内部掏空了三透九门堂,留下空间碎片飘摇于风雨中。这正是本节标题所要揭示的"名存实亡"——宗族制家庭社会形态的断裂和三透九门堂物质空间的衰退。

三 传统建筑的"名实俱亡"

上文剖析了传统建筑所处"名存实亡"状态内在的社会形态与建筑空间格局,然而传统建筑命运并非止于这种状态。20世纪80年代的改革开放大潮,使得农民从土地中解放出来,急剧重塑着传统村落社会形态和传统建筑空间格局。下文同样就这两个方面展开讨论,并分析两者之间的关系。

(一) 传统村落的类"工商业"社会形态转向

改革开放以来,传统村落社会形态发生了急剧改变,这归因于改革开放带来的经济形态演变,这使得传统乡村社会表现出"工商业"社会特征。经济形态的改变是推动社会形态演变的主要动力,主要表现为经济的非农化,劳动力人口通过各种途径进入城市生活,有的通过读书考大学进入政府职能部门,有的常年在外经商,有的进入城市打工等,一般都会在清明节、春节重新聚集到传统村落,于是平时冷清的传统村落会出现短暂的热闹。

1. 传统村落的当代特征:非农化、流动性与留守老人

上述所简短描述的传统村落社会形态,呈现了改革开放后传统村落社会形态的某些重要特征。首先当然是作为动力的经济形态,这完全不同于以土地为生的农业经济。依赖土地、依时耕作、靠天吃饭的农业经济,牢牢地将农民捆绑于乡村。而一旦农民进入以流通为主的工商业,过去日出而作日落而息的农耕生活马上演变为朝九晚五的城市生活。这便带动了传统村落的第二个特征,即传统村落从一个静止

的乡村社会形态演变为流动的准城市社会。过去那种摇摆于农忙农闲相对静止的农村生活，演变为充满变化和流动性的准城市生活，这种准城市生活还表现于逢年过节的返乡流，传统村落从此演变为流动型乡村社会。

值得注意的是，这种流动型乡村与有着高度流动性的城市社会共同构成一个整体，劳动力人口与非劳动力人口一般有着合理的人口构成。而前者则表现为劳动力外出，非劳动人口留守乡村的特征，所谓"留守老人""留守儿童"正是在这个意义上出现的，这正是当前传统村落社会形态的第三个特征。值得注意的是，这种"留守老人"与"留守儿童"的社会形态，随着今年进城农民在城市中进一步站稳脚跟，正朝着"留守老人"社会形态演化。有关农民进城落户和就业读书等各种政策推出，"留守儿童"也都慢慢顺利进城了。传统村落正慢慢演化为"老人与狗"的社会形态，呈现出一幅夕阳西下的乡村社会图景。

2. "新德堂"社会形态：从大家族到分散化

本书所调查的有着三四百年传承的高迁村新德堂，可谓浓缩了当前高迁村传统村落社会形态演化的过程与结果。新德堂的多次田野调查，每次邂逅的都是那些栖息在这座古老"三透九门堂"里的孤寡老人，前文所述的橘子奶奶、文化人爷爷、角房爷爷等是这座古宅的真正主人，或许也是这座古宅的最后守护人。

橘子奶奶告诉我们，她老伴早逝，有一个46岁的儿子，她独自抚养儿子长大。

文化人爷爷早年受过高中教育，现在独自一人居住在此，即使有嫂嫂的照顾，也是与鸡鸭同眠。

角房爷爷有三个儿子，都在外打工且已定居。

表6-2为新德堂社会构成形态。

表 6-2　　　　　　　　　　新德堂社会构成形态

人物	子女姓名	子女去向	子女职业	子女居住地
橘子奶奶	李××	仙居	工人	仙居
	李××	仙居	商人	仙居
	李××	高迁	无业	高迁
文化人爷爷	无			
角房爷爷（妻子为吴姓后代）	余××	白塔	商人	白塔
	余××	白塔	商人	白塔
	余××	仙居	商人	仙居

注：本表信息根据2017年实地调研所得。

总之，新德堂的社会形态呈现了当前中国众多传统村落社会形态的一般图景。这样一幅传统村落社会生态图景，有别于传统的村落和建筑空间格局，同样有别于上文分析"名存实亡"的村落与建筑空间格局，在此称之为"名实俱亡"的村落与建筑空间格局。这正是下文需要讨论的乡村现代式村落空间格局和建筑类型，以及传统村落和传统建筑所面临的现实状况。

（二）走向现代式的村落格局、空间肌理和民居建筑类型

正是上文所分析的当前流动型传统村落社会形态特征，重构了乡村知识体系。在人居环境方面表现为对城市生活模式的向往与模仿，并又表现出结合了乡村自身特征的有别于城市模式的空间特征，分别表现在现代式村落空间格局与现代式建筑类型两个方面。

1. 向外拓展：村落空间格局演化

就村落整体空间演化来说，传统村落空间演化自发地呈现出由中心向外围拓展的演变趋势。传统村落由于基于自然有机生长原理，老村内部空间肌理变化多端，空间产权零碎复杂。村民由于子女婚嫁分户立证（由于婚嫁而分开单立户口成为户主），有独立住房需求，往往会在老村外围新选宅基地建设。由此出现村落空间整体上呈现出向外围拓展的过

程。这一空间转化过程展现了一个重要现象，即社会空间与建筑空间同构向外转移，表现在两个方面：一方面是老村老人化而新村年轻化的社会空间形态，另一方面是老村建筑空间老化而新村建筑空间现代化的建筑空间形态。最终结果即形成学术界所谓的"空心村"，老村面临着双重困境，即一方面面临着衰败而有待更新的局面，另一方面又由于产权复杂而举步维艰的局面。值得注意的是，传统村落这种演化过程与城市空间演化非常类似，都深陷于新区与旧区的辩证矛盾逻辑之中。所不同的是，在城乡土地二元制[①]的国家政策之下，城市面临困境明显要小于乡村。

2. 从自由式到行列式：村落空间肌理演化

传统村落空间形态演化另一个重要特征表现为空间肌理的变异。也就是说，老村空间表现出与新村空间完全不同类型的空间形态。正如前文分析，老村空间肌理是基于自然与历史的缓慢生长，其空间肌理呈现出有机性。而新村空间则明显呈现出现代主义行列式的空间形态，结合了地方性产生了诸如浙江省杭嘉湖宁绍地区的独立房或温台地区的"一字房"。相比之下传统村落老村空间，新村现代主义空间肌理因为诸多优点而饱受欢迎，比如，现代主义肌理强调日照、采光和通风等基本生活条件，强调建筑体量、高度和形式等的统一性。当代农民正是因为流动性而见识了现代城市生活模式，从而将现代主义移植到了乡村，传统村落同样也不可避免地落入窠臼。

3. 从合院式到一字楼：民居建筑类型变异

传统村落空间演化重点表现为建筑空间的类型变异。众所周知，传统村落建筑类型以诸如中国北方"四合院"、江南水乡"复街"、福建"围楼"和华南"骑楼"等传统建筑类型为主，在台州表现为"三透九门堂"。

以四合院为代表的传统建筑产生于中国特定历史文化，表现为空间

[①] 我国城市的土地归国家所有，农村的土地归集体所有，但同是土地公有制，二者并非同地、同权、同价。参见王冉《新时代农村土地制度研究》，冶金工业出版社2018年版，第128页。

围合和木质结构为主的建筑形式。这种建筑类型的合院具有利于村民防御自卫，利于木作空间的隐喻生发[①]等优点。不过，传统建筑对于现代居住来说有着局限性，暂且不说供电、排水、消防等设施不能满足生活，就空间本身来说，四合院角房难以满足居住、采光、日照、通风等基本生活要求。在现代建筑技术如框架结构和现代建筑材料如钢筋混凝土普及化前提下，及在现代居住空间需求下，传统建筑大多数异化为"一"字形建筑或独立式住宅。

4. 一个案例：从新德堂到一字楼

前文详尽讨论了新德堂社会形态演化过程，与此同构的是新德堂后人物质空间形态的演化。新德堂的空间结构可见图6-8。那么，如何看待这种居住建筑类型的异化呢？在此先做简单介绍，再举一例加以说明。一般情况下，这些"一字楼"建筑进深12.5米，开间4米，层数为3—5层，底层高3—5米，二、三层高3米左右，总高度控制在10.5—15米，户均2间，4—6户为一幢，通过接驳墙联建。在此，有必要强调"间"作为模数的建筑形式，这如同柯布西耶的多米诺体系（Domino），即"间"作为基本模数进行联合建设。"间"户型内部在中间布置自下而上楼梯，将建筑按横向分为前后两段，卫生间平行于楼梯布置，每一层分为前区和后区。这种以"间"为单位不同于公寓建筑类型的乡村居住建筑类型，既能够占有土地又能够有屋顶，满足乡村农民有天有地的居住建筑文化，因此其别称为"顶天立地房"。与此同时，"间"形制建筑满足村民的独特功能分区，一般来说，一层前区类似于"客厅"，既作为家庭公共空间，也作为临时停车或堆放物品用房；一层后区划分出上下夹层，下夹层大多数作为堆放杂物使用，上夹层为小型厨房餐厅；二、三层为卧房；四层以上留作机动用房。

此外，有必要交代的是，由于仙居地处浙江省东南山区，土地资源极为稀少，因此土地控制极为严格。上述指标视具体地块、村落位置以

[①] 朱华、宿晶晶：《文化资本视域下徽州古民居木作空间的隐喻与形塑》，《艺术科技》2016年第7期。

传统村落的历史、空间和日常

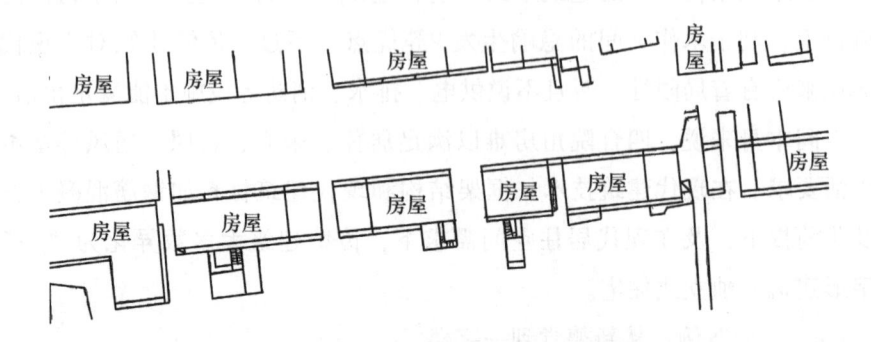

图6-8 新德堂的空间结构（作者团队自绘）

及规划控制而不同，其核心思想是控制户均土地。此核心思想亦体现在当地乡村建设的土地控制政策之中，如人均建设用地控制在80平方米以内，每户人口2人及以下为1间，占地60平方米；每户3—6人为2间，占地为120平方米；7人以上为3间，占地140—180平方米。

田野调查的新德堂后人×××在高迁村西边村交通干道与村民合建的"一字楼"，可以很清晰地说明上述内容。×××与邻居一共6户合作建房，以"间"为单位进行分配，每户两间（见图6-9）。

我们调查的×××住房为4层，由下至上为同一户所有，不同户主之间采用接驳联建。田野调查中，户主×××告知我们"一字楼"建筑所具有的优点：从建筑户型来说，"一字楼"有前门后院，间距宽阔，满足饱受浙南湿气侵蚀之苦的通风、日照、采光等需求，接驳共用一墙可以节约土地；从建筑造价来说，村民统一购买材料，统一建造以及接驳，可以节约建造成本；从邻里关系来说，"同在屋檐下"促进邻里和谐；从功能使用来说，独门独户带来了充分自由；从心理感受来说，高大楼房能让人觉得更有面子，"一字楼"优点不一而足。

不仅"一字楼"建筑有上述优势，独立式住宅也有着上述众多优点，还有着独立院落等优点。从此，"一字楼"或者"独立式"建筑毫不犹豫地将"三透九门堂"装进了历史陈列室。

改革开放使得传统村落社会形态发生了急剧改变，传统的聚居模式

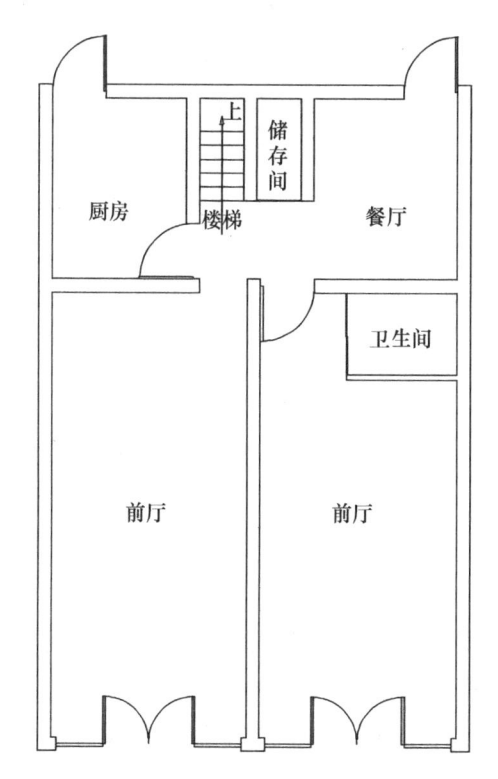

图6-9　高迁"一"字形住宅内部空间结构（作者团队自绘）

演化为具有一定流动性的新型乡村社会形态，具有非农化、老人化和分散化等特征。与此同时，也为乡村社会带来现代城市生活文化，具体表现为村落空间格局、空间肌理以及居住建筑类型等方面追求现代式，这使得"四合院"、"复街"、"围楼"或"骑街"等传统建筑类型异化为融合了地域特性的"一"字形等现代建筑类型，导致居住建筑类型彻底异化，这正是本小节标题传统建筑"名实俱亡"的意义所在。

　　本书系统讨论了以传统建筑为核心的传统村落所面临的困境，揭示了传统村落在近现代正经历着衰败与断裂，其中传统建筑所经历的"名存实亡"与"名实俱亡"两个阶段是典型代表。本书更进一步揭示了传统村落物质空间衰败与断裂的深层次原因是近现代社会形态的急剧演化，表现为宗族制家庭瓦解和核心家庭的出现，以及乡村社会作为快速城镇化的副产品，正经历着由静态的农耕社会到具有流动性的类"工商业"社会的演化过程，后者表现为核心家庭出现和流动性等特征。传统建筑空间构成和功能格局已经不能适应优先于建筑空间演化的近现代社会形态演化发展需要，最终在城镇化浪潮下异化为"一字楼"。合院制异化为"间"只是最终异化为"一字楼"的过渡阶段，走向现代式的行列式是乡村社会形态演化下义无反顾的最终抉择，显得悲壮而决绝。社会形态演化与建筑空间类型异化就这样在矛盾中辩证发展。

值得注意的是，社会形态演化仍是个总体过程，本书所揭示的社会形态演化仍只是其中部分原因，社会形态演化作为一个总体过程，其涉及政治、经济、文化、环境等方方面面领域，其中任何一个领域所发生事件，都会影响到乡村社会形态演化，也将可能影响到物质空间环境演化。

重重困境激发着我们进一步思考，相比之下当代社会形态的急剧转型，传统村落和传统建筑具有空间惰性，千百年来两者之间的平衡正在打破，后者至少在功能方面已逐渐不能满足快速转型中乡村社会的现实需求。那么，如何看待传统村落的意义与价值？如何保存或保护、传承与发展？这些问题都将成为当前形势下的重要命题。

第七章

仙居传统村落的现状与未来发展思考

仙居传统村落不仅是历史的见证,也是文化的载体,对于传承地方文化、推动可持续发展以及增强村落凝聚力等方面都具有重要意义。仙居传统村落是地方历史文化的珍贵遗产。这些村落承载了丰富的历史信息,包括建筑风格、民俗风情、传统工艺等,都是地方文化的重要组成部分。保护传统村落就是保护这些珍贵的历史文化遗产,让它们得以传承和延续。保护仙居传统村落对推动可持续发展具有重要意义。传统村落通常与自然环境和谐共生,保护这些村落不仅可以保护生态环境,还可以促进当地经济的可持续发展。通过发展乡村旅游、文化产业等,可以吸引更多的游客前来参观,增加当地居民的收入,提高生活水平。保护仙居传统村落有助于增强村落凝聚力。传统村落是当地居民世代居住的地方,是他们共同的记忆和情感的寄托。

这些村落中的古建筑、古民居、古街道等都是历史的见证,具有很高的历史、文化和科研价值。通过对这些村落的研究和保护,可以让更多人了解当地的历史文化,促进文化交流和传播。然而,仙居传统村落的保护要在分析、考察传统村落现状之上,[1] 才能更好地把握未来的发展。

---

[1] 本章所分析村落之现状,并非本书出版时情况,而是基于2017—2019年考察时的现状分析。

第一节　仙居传统村落的现状分析

近年来，随着国家对乡村振兴战略的重视和推进，仙居的传统村落得到了前所未有的发展机遇。政府投入大量资金，对村落的基础设施进行了全面的改善和提升。道路变得更加宽敞平坦，供水、供电、通信等基础设施也日臻完善，为村民的生活提供了极大的便利。同时，政府还加大了对传统村落的保护力度，制定了一系列严格的保护措施，确保这些文化遗产能够得到有效的保护和传承。

在保护传统村落的同时，仙居也积极探索传统与现代相结合的发展模式。一方面，政府通过举办各种文化活动、旅游推广等方式，将传统村落的文化内涵和价值展现给更多的人，吸引更多的游客前来观光旅游。另一方面，政府也鼓励村民在传统村落中开展各种经营活动，如农家乐、手工艺品销售等，以增加村民的收入，提高生活水平。

一　传统村落的考察类别和分析方法

（一）传统村落的考察类别

按照新农村村庄的要求，统筹安排村庄内部公共服务设施，优先安排与村民息息相关的配套设施，最大限度地提升村民的生活质量。其中基础设施包括道路交通设施、给排水设施、电力电信设施等。公共服务设施项目包括养老服务中心、全民健身广场、公共厕所、电力房、电信房、停车位等，基本上能满足村庄内部的公共配套服务设施的需求。

在村落建筑现状方面，以建筑质量和建筑高度分析为主。其中，建筑质量是在对传统村落建筑调查的基础上，将其分为三类，一类为建筑质量较好的建筑，多为砖混结构；二类为建筑质量一般的建筑，为砖砌结构和木结构；三类为建筑质量较差的建筑，多为木石结构。

村落绿地系统方面包括道路绿化、河道绿化、集中绿地、墙角及庭院绿化、特色种植区和背景山体。道路绿化主要指沿村庄主路两侧种植行道树，形成道路绿化带。河道绿化主要指结合村内水塘两侧的步行路，局部设置绿化，并结合河滩绿化、驳岸绿化，形成滨水绿化带。集中绿地主要指在村庄内部形成面积较大的集中绿地公园。墙角及庭院绿化主要指在村庄内部结合零星空地设置若干处墙角绿化，见缝插绿。同时鼓励村民在自家院落加强庭院绿化。有条件的还可设置屋顶绿化和立面绿化。

公共服务设施整治主要包括铺装、坐凳、垃圾转运站及垃圾桶、指示牌、护栏等，尽量采用具有乡土气息的元素与符号，体现自然风貌。第一，铺装：铺装主要包括路面铺装和场地铺装。第二，护栏：护栏主要包括栏杆和挡墙。第三，坐凳：坐凳形式要求自然，建议采用石凳、木凳等乡土材质，避免过于城市化。第四，垃圾转运站及垃圾桶：垃圾桶造型力求简单、简练，材料选用木材或石材。第五，指示牌：指示牌要凸显乡土气息，形式质朴、大方、标志性强，充分展现村落形象。

（二）传统村落优劣的分析方法

SWOT分析方法，也被称为态势分析法，即在分析研究对象的过程中，主要立足于内部优势（Strengths）、劣势（Weakness）、机遇（Opportunity）以及挑战（Threats）四个不同方面开展相关的分析工作，对这四个方面进行详细排列之后，可以更加清晰直观地得到研究目标所处的实际态势，进而为决策的制定给予参考性较强的建议，并且对研究对象做出更加全面性、详细性以及统筹性的分析。按照所得到的分析结果，可以更加准确地掌握研究对象目前所处的具体状况，进而为其后续发展给予可供参考的策略依据。优势、劣势、机遇、挑战，由此构成SWOT，属于一类普遍采用的研究方法，针对研究对象的现状开展系统性的分析工作，进而按照研究成果制定出有关的发展战略、计划外加措施等。应用SWOT分析方法时，首先务必将研究对象所具有的优势、劣势、机会以及挑战等有关因素加以深入分析。在发现机遇的情况下，应通过科学合理的措施将机遇转变成为企业发展过程中不可或缺的条件，在面临挑战的情况下，也需要及时采取相应的措施避免风险更加严重，从而为企业造成不可估量的损失。借助 SWOT 分析方法，可以直观认识到哪些是自身的优势，哪些是自身的不利之处，需要及时予以避开，并且提出妥善的处理方式，意识到未来规划中的发展方向和解决对策。①

二 具体传统村落的现状分析

（一）白塔镇东村

白塔镇地处浙江省的东南部，仙居县中部平原，距仙居县城 18.4 千米。东邻田市镇，南接淡竹乡，西连皤滩乡，北与官路镇为界，镇域面积为 107 平方千米。景星岩风景名胜区位于白塔镇南部，因此白塔镇是仙居旅游发展布局的核心镇。东村位于浙江省仙居县白塔镇东南部，位于景星岩景区脚下。自然环境优美，风景秀丽。

东村紧邻诸永高速，现在通过下街线与镇区联系，公路沿村庄南侧居民点通过，更有利于东村未来的发展。东村周围还有凉风洞、清代静居寺龙柱等景点，旅游区位优越。

在地形地貌方面，东村村域内群山环抱，山地丘陵，土地肥沃，其中山林面积为 0.109 平方千米，耕地面积为 0.0508 平方千米。东村村内地势北高南低，东高西低。

东村现有在册农业人口为 732 人，共 229 户。人口增长缓慢，相对稳定。村民多以外出经商、务工为主。东村现状产业以传统种植业为主，主要种植杨梅、水栀、水稻等。

东村有极大的旅游开发价值，拥有国家 AAAA 级旅游景区——景星岩，原来叫"小岩"。景星岩内有山路十八盘，从山上俯瞰十分优美，特别是每年油菜花开时节。仙居八景之一的景星望月也在此处，每年农历的八月十五，许多客人从各地赶来赏月。东村村后还有一位李御史的坟墓，墓碑上有当时的皇帝亲笔题写的"铁面冰心"，坟墓前还有代表着"忠孝仁义"的石人、石马、石羊和石猴。

---

① 虞小杰：《基于 SWOT 分析的如东县洋岸村新型农业发展模式研究》，硕士学位论文，扬州大学，2022 年。

第七章　仙居传统村落的现状与未来发展思考

东村群山环抱，民风淳朴，未受工业文明浸染，仍保持原生态聚落状态，景观特色、建筑式样、民俗风情等保存极好。村东北侧山林坡度较缓，西侧和南侧拥有开敞的自然田野风光，依田靠山，体现了很好的古朴风情，具有很好的视觉效果，具备开发乡村旅游的条件。

一是建筑现状分析。第一，建筑质量。根据对东村建筑调查分析，将建筑质量分为三类。一类建筑为近年新建建筑，主要沿下街线建设和老区内零散分布的几幢；二类建筑主要为村内的老区部分；三类建筑主要是老区内破损较多的建筑及一些简易用房。第二，建筑高度。村庄沿下街线及老区内零散分布的几幢新建建筑主要以3、4层为主，老区以2层为主。

二是建筑分析与总结。东村对村中存在的建筑质量差、建筑风貌差的建筑进行拆除，对建筑风貌好、建筑质量高的建筑予以保留，并合理安排新住宅，使之与规划建筑整体风格相协调，从而提升村庄整体建筑景观风貌。

三是公共服务设施现状。在公共管理方面，东村现有村委会，位于村东侧下街线旁边。东村也修建了村养老服务中心，是为周边老人提供养老、娱乐的主要场所。现正在加建戏台。村中部只有一个小卖部，公共服务设施缺乏，无村卫生室、村图书室等基本公共服务设施，缺乏公共活动场所，村民娱乐生活较为单一。

四是基础设施现状。道路交通设施，下街线穿村而过，村庄通过下街线与外部联系。现在环景公路正在实施建设，紧邻东村居民点。给水设施，东村现用水是由山水提供，水源充足。排水设施，污水处理池1处位于村口位置，污水管及化粪池基本已铺设实施完成。电力电信设施，村庄设有1台变压器。村内存在1条高压线。公共厕所，村内现有公共厕所3座。休闲公园，在村中部下街线南侧有一个小型公园，但绿化杂乱缺少打理。饲养小区，在村庄南侧环景公路旁，为2幢一层的新建建筑。

五是基础设施方面的目标。完善村庄公共服务设施，合理利用村管理用房，拓宽道路，增加道路硬化面积，合理配置生态停车设施，并完善村内给水、雨水、电力电信设施。

六是村落发展的SWOT分析。优势（Strengths）：旅游区位优越，位于景星岩景区脚下；自然条件优美，群山环抱、绿水环绕、风景秀丽；村民建设热情度高。劣势（Weakness）：村庄特色不明显；村庄现状基础设施落后，配套服务设施缺乏，不利于今后长期发展，需提升；村庄内部环境较差。机遇（Opportunity）：随着经济水平不断提高，旅游需求日益旺盛，发展旅游业的市场条件良好；环景公路的建设，给村庄交通带来便利。挑战（Threats）：东村与周边村在发展旅游业上，存在一定的竞争关系；土地资源有限，土地与人口的矛盾突出，为了避免同质化现象，如何协调发展，是规划要着力解决的问题。

（二）湫山乡大坑村

湫山乡位于仙居县城以西40千米处，东北邻横溪镇，南接溪港乡和仙居下岸水库，南通温州永嘉，西北连丽水缙云。行政区域面积为170平方千米，辖40个行政村、153个自然村，总人口为17281人。溪口张村为乡政府所在地。溪（口）安（岭）线、35省道临石线贯穿全境，是连接丽水、金华重要交通"咽喉"。大坑村隶属于湫山乡，与方宅村、芭蕉坑村、高余村、雅溪村、上湾村毗邻。大坑村通过一条村道向西在方宅村与溪上线相接，通过溪上线可至湫山乡集镇区。

大坑村中多为老人与儿童，村子活力不足，而年轻人近半外出打工，其他留在村中，部分从事农业，其他大多数从事第二、第三产业，比如工业、批发零售业、住宿餐饮等。近5年，村庄总户数一直保持在183户左右，总人口一直在增长，但增长速度较为缓慢。到2017年，总人口数为626人。改革开放以来，湫山乡经济社会发展取得巨大的成就，但是湫山走的是一条典型的传统发展道路，与发达乡镇比较，发展速度还不够快，发展的质量不高，综合经济实力不强。三类产业比重不合理，农业仍是湫山乡的主导产业，工业经济总量偏低，第三产业的发展明显滞后，村民收入以农业为主。

大坑村自然资源丰富，归纳为"绿水、田园"。大坑村村域面积约4.32平方千米，村庄建设用地为0.0338平方千米，建设用地在村域用地范围内所占比为0.78%。

人居环境现状：大坑村现有住宅建筑均为村民自发建设，有外砖贴面的新建筑、裸露红砖墙的建筑以及墙面脱落甚至裂缝的老房子，建筑风格、色彩相差较大，建筑质量良莠不齐，整体建筑风貌显得杂乱而不统一。另外，村民辅房乱搭乱建情况严重，且质量差、风貌差，尤其是村庄老区内辅助用房作为猪圈或厕所使用，普遍存在脏、乱、臭的现象，亟待整治。

(三) 南峰街道赵岙村

南峰街道位处仙居县县城南部，东北是福应街道、东下各镇、大战乡，南是步路乡，西是官路镇，西北是安洲街道。赵岙村属仙居县南峰街道，北部与仙居县城隔河相望，东部与李家兴村接壤，西部与永安溪相接，地理位置优越。赵岙村村域用地面积为5.58平方千米，村庄规划范围总面积为0.117平方千米，包括赵岙、黄湖、东岸三个村庄居民点。赵岙村邻近县城，41省道、35省道从南峰街道穿境而过。台金高速公路仙居西出口设在南峰街道船山村，仙居新建火车站距离赵岙村较近，县道管步线经过赵岙村，交通区位优越。

1. 资源特色现状

第一，依山傍水，生态环境优越。赵岙村环境优美、山清水秀、群山环绕、溪滩交错，赵岙村有被称为仙居母亲河的永安溪经过，水域较宽，被誉为"幽谷溪流、清澈见底、终年不枯"，水质可达国家一级饮用水标准。

第二，农林资源丰富，杨梅特色突出。赵岙村气候宜人，降水量充足，植被丰富，林木覆盖率高，农林用地达3平方千米。赵岙村是仙居县杨梅五大产区之一，目前已形成一定的种植规模，村庄设有杨梅市场，主要产品为东魁杨梅，年产量500吨，是仙居东魁杨梅示范基地，基地面积约1.33平方千米，果品销往全国各地，2002年开始出口德国、俄罗斯等国家。目前村庄以杨梅为原料的酿酒业和杨梅果园观光正在发展壮大。

第三，交通区位优势，便于生活生产。赵岙村所在仙居县南峰街道，有41省道、35省道穿境而过，台金高速公路仙居西出入口和仙居县新建火车站距离赵岙较近，同时永安溪漂流终点设在村庄北部，人流量较大。优越的交通条件，为村庄今后的生产、生活发展提供基础保障。

第四，人文气息浓厚，发扬良好传承。赵岙村人文气息浓厚，以杨梅为主题的现代乡村文化活动丰富多样，如《杨梅颂》《吉祥颂》《赵岙村庄实在好》等文艺节目活动，将历史神话传说、民俗风俗、当代好人好事融入其中，沉沉的乡情、浓浓的乡音和满满的正能量，再现了赵岙特有的乡土风情。

第五，区域旅游资源丰富，开发潜力大。赵岙村有仙居县绿道经过，设有赵岙农庄、永安溪漂流终点码头，邻近飞凤寺、南峰山、南峰古塔、南峰眺艇、石仓洞、龙王山景区、永安溪景区等景区，其中石苍洞是《天龙八部》《红日》《抗倭英雄戚继光》等多部著名影视剧拍摄外景地，在发展乡村旅游业方面有很大的开发潜力。

2. 社会经济概况

第一，社会构成方面，赵岙村目前人口为1244人，共303户，有赵岙、东岸、黄湖三个自然村，老人村、空心村现象比较突出，外出务工人员较多。表7-1为2017年赵岙村人口统计数据。

表7-1　　　　　　　　2017年赵岙村人口统计

村庄	户数（户）	人口（人）	劳动力（人）	外出劳动力（人）
赵岙	108	463	200	40
黄湖	96	371	161	15
东岸	99	410	178	135
合计	303	1244	539	190

注：数据来源于2017年的课题组村落调查。劳动力人口主要是指身体健康可劳动的适龄人口，其中男子为16—60周岁，女子为16—55周岁。

第二,经济构成方面,赵岙村农林用地广阔,合计耕地面积为约0.194平方千米,林地面积为2.804平方千米,主要发展农林产业。村庄以杨梅种植为主,目前已形成一定规模的杨梅基地,共有10多家不同类型的农业合作社,并有一定的集体经济收入。村民经济收入总体较好,但收入差距较大。表7-2为2017年赵岙村经济概况。

表7-2　　　　　　　　2017年赵岙村经济概况

村庄	耕地（亩）/（万元）	林地（亩）/（万元）	粮食播种（亩）/（万元）	村集体经济收入/（万元）
赵岙	90	2176	130	1.05
黄湖	80	1119	95	0.51
东岸	120	911	180	0.45
合计	290	4206	405	2.01

注：数据来源于2017年的课题组村落调查。

3. 建设现状分析

第一,建筑质量方面,从建筑结构、建筑年代、建筑质量、建筑使用状况等方面对赵岙自然村建筑进行综合评定,划分为建筑质量较好、建筑质量一般、建筑质量较差三类。赵岙居民点建筑质量较好的为近年来建造的混凝土结构;建筑质量一般的多为砖房,呈零散分布;建筑质量较差的则为一些临时建筑及土木建筑,散点分布。对于质量较好的建筑,规划对其予以保留;对村庄南部的质量较差的老建筑予以拆除,对于质量一般的建筑规划根据实际情况确定是否保留。

第二,建筑高度方面,赵岙自然村建筑密度较大,建筑间距较小,无法满足日照间距,建筑高低不一。建筑高度分为一层至四层,基本呈下列分布:村庄内部建筑以三层为主,约占总建筑数量的65%,四层建筑约占7%,其余28%则为一层、二层建筑零散分布于村庄。黄湖自然村建筑高度高低不一,一层至五层均有分布,总体上以二层为主,基本呈下列分布:二层以下建筑约占80%,三层建筑约占12%,四层以上建筑约占8%。东岸自然村建筑高度不一，一层至四层均有分布，总体上以二层以下为主。村庄建筑呈下列分布：村庄二层以下建筑约占90%，主要位于村庄南部和西部；三层以上建筑占10%，呈集中分布在村庄中部。

4. 基础设施现状分析

第一，公共服务设施方面：公共管理，村委会位于赵岙村，内设老年活动中心、图书室等；文化体育，赵岙、黄湖、东岸各有一处健身活动场地、黄湖有一座祠堂；公厕，村落内有三处；商业设施有赵岙农庄、数十家农业合作社、杨梅市场等。

第二，市政配套设施方面：道路交通设施，村庄道路硬化率较低，道路宽度较窄，无供外来车辆停放的停车场地；给水设施，目前，赵岙村属于集中供水，水源主要来自仙居县城；排水设施，村庄排水可通过明渠排到水塘和河流中；污水设施，三个居民点各有污水处理池一处。

5. 村落发展的SWOT分析

优势（Strength）：便捷的交通区位，管步线县道穿过村庄，距离县城3千米，新建火车站距离赵岙村较近，对外交通比较便利。丰富的旅游资源，仙居的母亲河永安溪流经赵岙、漂流终点设在赵岙，邻近飞凤寺、南峰古塔等旅游景区。良好的市场基础，赵岙村是仙居县五大杨梅主要生产区之一，目前杨梅种植已形成一定规模，村庄设有杨梅交易市场。

劣势（Weakness）：配套设施不完善，赵岙村现有的服务设施仅能满足村民的生活需求，不能满足更多外来人口的需求。建筑风貌不协调，村庄内部新旧建筑混杂，部分年久失修，结构严重受损，部分坍塌，风貌不协调。村庄土地资源紧张，由于赵岙村黄湖和东岸原有居民点位于山脚，存在泥石流、滑坡等安全隐患，村民需要就地安置，需要新增村庄建设用地。

机遇（Opportunity）：良好的政策机遇，仙居县政府出台《仙居县"人间仙居、美丽乡村"建设深化活动实施意见》《浙江省村庄建设导则》《仙居县中国山水画城市建设》等一系列文件，推进全县新农村建设的政策，为新农村和美丽乡村建设提供了很好的政策环境。休闲农业的兴起成为目前发展的热潮，利用原生态的自然资源，发展休闲农业，为城乡居民提供休闲放松体验生活的好去处。

挑战（Threats）：开发建设与保护并重。乡村旅游开发，能够加快村庄综合实力的提升，要考虑村庄的长远发展，坚持生态优先，避免村庄开发建设对村庄环境造成破坏。

村庄与周边的协调发展：在区域相似的资源环境条件下，如何与周边村庄联动起来进行差异化发展成为村庄发展的关键，一方面需要激发村庄活力，增强村庄综合实力；另一方面需要加强区域的合作和交流，共赢发展。

村庄规划应该抓住良好的区位条件和政策机遇，充分利用资源优势，以杨梅产业为核心，拓展产业链，注入休闲农业，打造赵岙村特色产业发展模式，与周边产业差异化发展，吸引村民回村就业，缓解村庄"空心"现象。同时完善村内基础设施建设，提高村庄环境质量，增强村庄发展活力。

（四）下各镇上官村

上官村位于下各镇东北部，东邻前潘村，西北侧为仙居经济开发区，交通便利，地理位置十分优越。上官村处于永安溪下游，原名大溪张村，在明末清初更名为上官村，上官村经济基础相对较好，村民收入主要以外出打工为主。其历史也十分悠久，现今遗留下来的村内古樟树有800多年历史，成为村民遮阴纳凉好去处。

上官村现有人口990人，共260户。上官村村民以在家务农和外出务工经商为主。上官村产业结构主要以第一产业为主，第三产业为辅。第一产业主要以水稻为主。村庄离仙居经济开发区较近，第三产业主要以手工艺品加工为主。

上官村建筑质量现状可分为三类：一类建筑，多为2000年以后新建的建筑，砖混和框架结构，建筑体量较大，结构完好，建筑内部设施基本齐全。二类建筑，多为砖混和框架结构建筑，结构基本完好，但存在如外墙面陈旧、设施配套不全等问题。三类建筑，主要为结构较差，质量维护也较差，平面布局不再适应当下生活的建筑（包括危房和临时建筑）。上官村目前建筑高度以三、四层为主。目前建筑仍存在以下问题：首先，部分建筑立面较为简单，住宅建筑样式各异，风貌不统一。其次，传统风貌较好建筑，因年久失修，建筑破败，质量堪忧。再次，保留建筑间距较近，无法满足采光要求。最后，院落围墙形式各异，门台杂乱，庭院杂乱。

上官村存在的环境问题。建成区内或周边地区，有一定的绿化覆盖，北侧水资源丰富。村庄内部景观效果较好，但缺少集中绿地，无法满足村民休憩等功能需求。民居建设相对拥挤，庭院空间较小，因此庭院绿化相对不足。其余大多为自然形成或当地居民自发种植，整个村庄缺少集中成片、能满足功能需求、质量较高的公共绿地。

上官村的基础设施问题。上官村的道路沿线基础设施配置规模较小，规格较低，服务能力有限；上官村的公共服务设施中无文化礼堂，其余村庄公共服务设施（村委会等）均有设置，分布不均。

（五）朱溪镇大洪村

朱溪镇地处仙居县东南部，距仙居县城关33千米，东南毗邻黄岩区、永嘉县，西南接上张乡，西北与步路乡接壤，北与大战乡、双庙乡相连。大洪村位于朱溪镇西部，包括3个自然村，分别为前周自然村、后周自然村以及垟口自然村。距离朱溪镇约4.4千米，周围环境幽雅，农家特色浓郁，是休闲旅游的良好去处。村庄西靠车坑村，南靠横塘村，东靠大塘岸村，南面通过主要的对外交通管线连接，交通区位相对较为便捷。村庄周边区块多为农田。

大洪村盛产仙居石，又称大洪石。该石质地细腻、稍韧、略软，光泽较强，色泽较灰暗，多为紫地，上有红白冻斑，并不输于四大名石。据项加南老人介绍，大洪村因盛产玉石闻名，甚至在抗战时期的一段时间里，把"大洪乡"改名为"玉石乡"。

大洪村的现状用地。规划地块内现状主要为村民住宅用地、村庄公共服务设施用地、村庄基础设施用地、村庄道路用地、农林用地以及水域。村民住宅用地包括由村庄内部道路分割出的多个居住片区；村庄公共服务设施用地主要分布在大洪村东部区块，包括村内的村部综合楼、卫生所等；村庄道路用地主要包括贯穿村庄内部的对外交通以及村庄内部道路；村庄基础设施用地主要包括大洪村北侧的公园用地与西侧的中心绿化；水域主要包括环绕村庄东、南、西三侧的水系。其他则为农林用地。地块周围被农田、山体环绕，自然景观极其优美，对整个地块的经济价值的提升也比较大。

村域产业现状分析：第一产业的农业，大洪村主要以水稻种植及农产品种植为主。第二产业的工业，大洪村村庄内部基本无工业，只有少数的个人手工艺品作坊，因此，工业产业不是大洪村未来的发展重点。第三产业中的服务业，大洪村目前处于新村建设阶段，以农业采摘和销售为主，收入相对不高，但在宜居、宜游方面有一定的发展潜力，对大洪村现代农业及旅游服务业有一定的带动作用。

村域现状分析：大洪村周边区块多为山体与农田，田园景观较为丰富。大洪村位于朱溪镇南部，包括3个自然村，分别为前周自然村、后周自然村以及垟口自然村，周围环境幽静，农家特色浓郁。大洪村村内地质构造良好，适宜建造。村庄内部保留建筑均为20世纪70—80年代的现代建筑，居民日常活动集中场地为各个村内的集中广场。

大洪村的现状条件：用地布局混乱，建设与改造缺乏统一规划；村庄绿地严重缺乏，集中的中心广场布置较乱；土地使用高密度、低容量，利用效益低下。

大洪村的交通现状：第一，缺乏集中停车场地；第二，对外交通道路较窄，交换车行驶较为困难；第三，主要道路骨架基本形成，等级偏低，对外交通与城镇道路系统较少，造成交通流线较为单一；第四，人行道不成系统，造成严重的人车混行现象；第五，主要道路沿线车辆出入口较少，其他的道路等级都较低；第六，车辆沿路停车现象严重，且由于道路较窄，所以在人流高峰期，对该路段的交通会有较大的影响。

大洪村的水系现状：主要包括村内的水系以及贯穿三个自然村的坑道。第一，村内水系位于环绕村庄东、南、西三侧的水系，穿村而过，水系两侧目前没有砌石浇筑，现状环境相对较差，植被种植相对较少，绿地率非常低；第二，村域内坑道贯穿整个大洪村，但溪坑水位较低，由于天气较热，溪坑已经接近干涸，水位也已经很低，且河岸边杂草丛生。

大洪村发展的优势条件：第一，良好的自然生态环境。大洪村临溪而建，全村的特征可以用"水、林、田、镇"的生态景观来形容。良好的自然生态环境是大洪村可持续性发展的前提。第二，深厚的历史文化底蕴。朱溪镇深厚的文化资源是大洪村发展的有利资源优势，是大洪村发展休闲旅游业和文化旅游的资本与契机。第三，一定的旅游知名度。不论是朱溪小方岩岩画还是杨丰山景区，都有了一定的旅游知名度，为大洪村发展乡村旅游提供了基础与市场。第四，良好的基础条件。在村级领导的共同努力下，大洪村道路建设、乡村风貌都得到了较好的改善。结构完整，两委班子团结协作，战斗力强。

大洪村发展的劣势因素：第一，交通方面。尽管管线穿村而过，使大洪村与朱溪镇、下各镇以及仙居县城均取得良好的交通关系，但相比较仙居近郊的旅游景点，大洪村并不具备交通上的优势。第二，文化建筑保护方面。大洪村老建筑具有一定的地域特色及历史文化，但木结构建筑由于年久失修，目前已破旧，大规模的修复需要投入大量的资金。

大洪村面临的挑战：第一，周边项目开发的竞争休闲产业已经成为村落经济重要的内容，大洪村周边地区也在发展以观光旅游为主导的休闲产业，如杨丰山景区等。这些景区之间存在竞争，如何树立自身特色，避免同质发展成为大洪村的重要问题。第二，开发与保护的平衡、农产品种植以及加工是大洪村发展的最重要的外部资源，如何在保障自然环境前提下有序发展，如何平衡开发与保护的关系，实现和谐发展是大洪村建设的重要挑战。

（六）白塔镇永安村

白塔镇地处仙居县中部，是仙居国家名胜区的中心，距县城20千米，西接"中国沿海古文化明珠"皤滩古街，南接淡竹乡，北至官路镇，东连田市，永安溪横贯全境，省道临石线穿镇而过，台金、诸永高速互通口，诸永高速服务区在白塔境内，是浙江省东南部一个生态型的新兴旅游休闲镇。永安村位于白塔镇北面，西侧接染潭村，东侧接井头垟村，南面乡道穿境而过，道路交通十分便利。永安村现在通过路线与镇区联系，白塔工业集聚区的建成同时紧靠永安村居民点，更有利于永安村未来的发展。

永安村位于仙居县主要绿道网上，周围还有里林水库洞、水果精品园、绿色生态居住区等特色景点，旅游区位优越。永安村南面面水，以水道为界，河涌呈"一"字形，自西往东流过永安村。村落建筑沿河而建，沿河修筑石碣，长达约1千米，河边树木夹岸。村庄以种植杨梅等为核心，促使当地的农、副业有机地结合成一个整体，再带动农副产品和饲料加工，以及商贸、交通运输业的发展。

永安村的社会经济条件：永安村现有在册农业人口900人，共258户。永安村现状产业以种植业为主，主要种植水稻、杨梅、果蔬等，第三产业发展相对较弱。

永安村的历史文化条件：第一，建筑及建筑元素。永安村大多数是砖木结构民居，保存相对完整，建筑类型也比较丰富，有少数木结构、砖结构，大多数为石头堆砌的建筑立面。建筑细部如门窗、桁、柱、庭院都在彰显着永安村村民建房的讲究和深厚的人文底蕴。第二，庙宇文化。寺庙位于永安村入口处，村庄东北处，建筑形式简单。永安村居民点位于永安溪沿线，风景秀丽，体现了乡村质朴景观的特色。村庄西南侧有风水林，北侧有宗祠，与寺庙形成文化上的呼应。地理位置上的对称，守护着永安村的风水，保佑永安村人丁兴旺、经济发达。

永安村的土地利用现状：村庄内用地现状主要为村民住宅用地、村庄公共服务设施用地、村庄基础设施用地，农林用地及水域。村民住宅用地主要包括村庄北部、南部与西部三个居住片区；村庄公共服务设施用地主要包括村庄东侧的寺庙、村部综合楼及老年活动中心；村庄基础设施用地主要包括村庄南侧的对外交通以及村庄内部道路；水域主要包括村庄南侧的永安溪；农林用地主要分布在村庄的北侧及西侧的局部地块。地块北侧为山体，周围田园环绕，又有水系穿透该地块，对整个地块的经济价值的提升比较大。

永安村的旅游资源现状分析：永安村位于仙居县绿色生态居住区内，周围还有水果精品园、神仙居现代农业园、高迁古民居等景点，旅游区位优越。

永安村的基础设施现状：第一，公共服务设施现状。永安村现有村委会，位于村庄北部。第二，道路交通设施现状。现村庄内部仅由一条5米宽的道路连接，外部通过永安溪沿溪道路与外部联系。现白塔工业集聚区正在实施建设，加强了永安村与外界的联系。第三，给水设施现状。永安村现用水是由山上水库供水的，水源充足。第四，排水设施现状。村庄内部现正在安装污水管。第五，电力电信设施现状。永安村现有变压器1座，由10kV电压接入。

永安村发展的主要问题：第一，村庄环境有待改善。永安村村民住宅新旧不一、形式多样，缺乏整体性和视觉美感；大型公共活动空间缺乏，建筑密度大，公共绿地和公共活动空间不足，村庄的整体环境需要改善。第二，村集体经济薄弱。永安村产业较为单一，以农业种植为主。村社经济相对薄弱，村集体收入来源主要为土地出租。

永安村村民的发展意愿：第一，改善居住环境。村庄内部增加绿化、小公园等公共活动空间，加强水渠的整治。通过净化水体、种植亲水植物、增加公共绿地等方式美化水渠环境，为村民提供休憩游乐的场所。第二，完善配套设施。完善文化室、医疗站等公共配套设施，改善公厕、垃圾收集点、污水处理池等市政设施，建设储水池、停车场等。第三，解决缺房村民的安置问题。增加村民住宅建设用地，满足村人口增长和分户带来新的住房需求，其中将老区破损严重的房屋进行拆除，来满足村民建房需求。第四，希望发展集体经济。村民希望依托工业集聚区及良好的环境资源条件，发展旅游休闲产业，建设酒店、农产品展销、农家乐、农业观光园等生态旅游项目，从而创造在本地就业的机会，增加村民收入。

永安村发展的SWOT分析。

优势（Strengths）：第一，旅游资源优势。永安村有良好的旅游资源禀赋，物质文化丰富，承载了大量的物质文化遗产，如村庄内保存较好的四合院、文物古迹、历史环境要素等，至今仍保存着有地方风格的传统民居、完整的街巷格局体系和空间形态。第二，区位交通优势。仙居县永安村位于仙居中部的河谷平原上，是台州灵江流域与浙西丘陵山地的水陆交汇点，距县城约18千米。

劣势（Weaknesses）：第一，基础设施和服务设施数量少。村庄旅游基础设施和服务设施不足，旅游开发缺乏强劲实力。第二，旅游开发资金不足。村庄内旅游基础设施和服务设施较为欠缺，开发建设需要大量的资金。

机遇（Opportunities）：第一，旅游市场需求不断扩大。随着经济水平不断提高，城乡居民收入不断增加，旅游需求日益旺盛，发展旅游业的市场条件良好。第二，生态旅游和文化旅游成为时尚选择。经济水平的不断提高和消费观念的改变，单纯以游览观光为主的传统旅游方式已不能满足旅游者的需求，生态旅游成为旅游业中的亮点，也是旅游向深远发展的必然选择。村庄从其资源禀赋来看，自然资源丰富，并且村庄文化源远流长，非常适合发展生态旅游、文化旅游和山地度假旅游。由于村庄内的旅游资源优势与旅游发展的大趋势相吻合，所以旅游业具有很大的发展空间和潜力。

挑战（Threats）：第一，市场竞争。旅游业的大发展带来的既有机遇，更有挑战。目前全国大多数省、自治区、直辖市把旅游业作为支柱产业、新的经济增长点或第三产业中的支柱产业进行重点培育和发展。在这种背景下，永安村作为一个后开发地区，将面临着极为严峻的市场竞争态势。第二，旅游需求日益差异化。经历了一轮旅游热潮的中国旅游者，在经过了大众旅游"挤、乱、差"等旅游感受后，对旅游目的地的选择日益多元化，表现在旅游需求"日益差异化"，这要求提供的旅游产品必须多样化，才能满足旅游者多样化的旅游需求。这给永安村在旅游产品多样化开发上带来一定的挑战。第三，旅游开发中的环境威胁。旅游资源的开发过程是人类活动介入自然生态环境，容易造成旅游区原有自然环境和生态环境的扰动和破坏。因此，如何在不破坏生态环境的条件下，推进旅游开发，如何通过旅游开发促进生态环境的可持续发展，都是开发旅游业所要面对的重要威胁和挑战。

(七) 官路镇北岙村

官路镇地处仙居县域中部，地理位置优越，交通便利。东距县城约7千米，西接萍溪林场、白塔镇，南靠永安溪，北靠谷坦山，与金华市磐安县接壤，官路镇人民政府驻地石井村，距高速公路出口约4千米，35省道、东仙线和台金高速公路穿境而过。地形多山，地势北高南低，大致是"八山一水一分田"，永安溪横贯镇域中部，宽度在350米左右，有北岙坑等支流汇入主流，沿溪两岸形成河谷平原，海拔75米左右。北岙村隶属于仙居县官路镇，位于官路镇区以北，四面环山，位置宛如杯底，四周群山郁郁葱葱，植被茂盛，水网发达而密集，东侧北岙坑顺着地形走势临村而过。

北岙村行政村现辖总户数约为230户，总人口为805人。长久以来，北岙村以林业为主，也种植玉米、小麦、毛芋、水稻等作物，山林特征明显，春秋季短，冬夏季长，夏炎多雨，冬冷少雨，春秋多雷暴雨。常年主导风向为东风，杨梅种植是北岙村民的主导产业。

近些年，北岙村加大了公共服务配套设施建设，相继修缮了家宴服务中心等，深受村民欢迎。因40省道的建设，造成北岙村布局不均衡；村民购物、就学、看病都基本在官路镇，造成村民生活不便。北岙村市政基础配套设施逐步完善，村庄主道路基本硬化，但市政管网建设不一致问题比较突出，造成资源浪费。北岙村水资源丰富，但路旁、宅间屋后无绿化，没有很好地利用打造；绿化广场也只简单化处理，没有展现北岙村特色。如何有效地利用和整治成为北岙百姓的意愿。

北岙村的土地利用现状：北岙村自然资源丰富，归纳为"群山、绿水、田园"。

北岙村的人居环境现状：北岙村现有住宅建筑均为村民自发建设，有外砖贴面的新建筑、裸露红砖墙的建筑以及墙面脱落甚至裂缝的老房子，建筑风格、色彩相差较大，建筑质量良莠不齐，整体建筑风貌显得杂乱而不统一。另外，村民辅房乱搭乱建情况严重，且质量差、风貌差，尤其是作为猪圈或厕所使用，普遍存在脏、乱、臭的现象，亟待整治。

北舀村的交通现状：省道南北向穿过北舀村，道路现状宽度为25米不等，路面为柏油路面，质量较好，村庄内部道路错乱无序且宽度较小。

北舀村的景观风貌及现状：北舀村四面环山，山上种植有杨梅、橘子树、竹子等多种林木及经济作物，且各自然村之间的地势相对平坦，分布有农田。村庄东部还有40余米宽的北舀坑南北向流过，河两岸已形成沿河景观。村庄整体自然条件良好，环境优美。虽然自然条件不错，但仍存在很多不足的地方，如村庄内绿化不足，村庄现状地势局部起伏较大，存在多处驳坎，形式杂乱，景观风貌较差。

北舀村的村庄发展SWOT分析。

优势（Strengths）：第一，社会经济条件。农家乐服务业发展迅速，经济水平不断提升。第二，自然条件。田园乡村、依山而建、临水而居、风光秀美。第三，村民建设热情度高。各级政府对北舀村的发展寄予重视与厚望，利于规划项目执行与推进北舀村的发展计划。

劣势（Weaknesses）：村庄现状基础设施落后；村级商业设施不足，配套服务设施缺乏；周边道路条件较差。

机遇（Opportunities）：新村落的改造以及在政府的关注与支持下，迎来发展新机遇。

挑战（Threats）：村庄的基础设施无法满足旅游服务业的高要求；村庄特色文化不明显，旅游发展模式较单一。

（八）白塔镇景星村

景星村隶属于仙居县白塔镇，位于白塔镇区东南方向。北面至良潭村，西面至上邵村和寺前，南面至下塘上和东村。四周葱翠欲滴，空气清新，自然秀美，十分宜居。

景星村村庄交通区位优越，诸永高速临村而过，距离白塔镇直线距离约7千米。景星村相对地势平坦，种植成片的水稻等，郁郁葱葱，是景星村美丽的风景画。村域南边是郁郁葱葱的山林，水、山和田园共同组成了景星村丰富的地形地貌。景星村现状总户数约240户，总人口为843人。

景星村以生产稻谷为主，也种植玉米、小麦、毛芋、番薯等作物，大量的山林种植杨梅，也是景星村村民的主导产业。近几年，景星村村民合理利用村庄林业资源的优势。

近年来，景星村加大了公共服务配套设施建设，相继修缮了村部、慈善工作站等，深受村民欢迎。村民购物、看病都基本在白塔镇，造成村民生活不便。景星村市政基础配套设施逐步完善，村庄主道路基本硬化，但市政各管网建设不一致问题比较突出，造成资源浪费。

景星村的路旁、宅间前后都有绿化，并结合广场布置了运动器材等设施，但布置位置相对凌乱，绿化广场仅简单化处理，无法展现景星村特色，如何有效地利用和整治成为景星村百姓的意愿。

以下为村域资源环境价值评估。

第一，旅游资源丰富，得天独厚。白塔境内有神仙居、景星岩两大景区（属于国家级风景名胜区——仙居风景名胜区范围），还有正在开发的雪洞景区和高迁古民居群等人文景观。周边还有公盂的石林、淡竹的原始森林、十三都的蝌蚪文以及板桥的统江书院，五大自然景观如展开的手掌围绕着"白塔镇"这一掌心分布。白塔是仙居旅游发展的核心镇，因此，依托丰富的旅游资源，打造江南旅游名镇，是白塔未来的发展趋势。

第二，交通区位条件优越，已成为交通枢纽城镇。诸永高速、台金高速建成通车后，并在白塔镇区的东北附近形成交通枢纽后，白塔的区位条件将大大改善。到杭州为2.5小时车程，到温州、义乌、东阳、临海、台州市区为1小时车程，与永康、天台、临海、磐安的交通也非常便捷。未来的台金铁路，将从白塔永安溪北侧通过。可以说，白塔镇已经成为交通枢纽城镇，发达的交通提高了游客到白塔旅游的便捷程度，也为白塔承接义乌、温州、台州等经济热点地区的产业溢出和转移提供了良好的项目投资条件。

第三，政策扶持力度大，便于项目顺利推进。县域发展提出"大力发展旅游业"的战略方针，通过旅游业的投资少、见效快、收益多、劳动密集、产业乘数效应高的行业特点，推进县域第一、第二、第三产业综合发展，把发展旅游业作为县域经济的突破口。

(九) 溪港乡麻车坑村

溪港乡位于仙居县西南端，距县城 62 千米，南接永嘉，西邻缙云、安岭两地，东北与淑山乡相邻，为永安溪源头、下岸水库上游，是个典型的"九山半水半分田"的革命老区乡。境内山林多田地少，林地达 62.33 平方千米，耕地只有 1.8 平方千米，森林覆盖率高，空气清新，是一个天然氧吧。

麻车坑村位于溪港乡中部，东北距仙居县 62 千米，为溪港乡乡政府所在地。乡政府位于村庄西侧，西北面与金竹岭脚村为邻，南面紧挨仁庄村，西南面为金竹叶村。村庄内，仙居母亲河——永安溪贯穿整个村庄，自然水系风景优美，又有溪安线穿村而过，交通区位相对较为便捷。

麻车坑村土地利用的现状：村落用地布局混乱，建设与改造缺乏统一规划，村庄绿地缺乏，也缺少集中的中心绿地广场以及土地使用高密度、低容量，利用效益低下。

麻车坑村的建筑现状分析：第一，建筑质量。村落部分建筑在正立面贴有墙面砖，而侧立面和背面则是裸露的，建筑整体不协调。少量建筑的外墙面为裸露的砖墙，对整体风貌影响比较大。部分建筑外墙粉刷层局部脱落，影响建筑美观；部分 20 世纪 80 年代左右的建筑外墙陈旧，安全隐患大；部分附房外墙裸露、陈旧。建新房，留旧房的现象普遍，辅房占地面积过大。村庄内部部分建筑物间距不足，不能满足消防间距要求，安全隐患较大。住宅布局杂乱无章，搭建乱建现象较普遍，有待改善。第二，建筑高度。麻车坑村现状建筑按层数和类型可分为一层土房，一层砖房，一层附属裙房，两层砖房建筑，三层砖房建筑，四层砖混建筑。其大致分布特点：一层土房，一层砖房，一层附属裙房多数零散分布在村庄西侧。二层建筑主要为民居兼容商业住宅，主要分布在溪安线两侧。三层、四层建筑主要为民居建筑，为近几年新建建筑，主要分布在村庄北侧。

麻车坑村交通现状分析：缺乏集中停车场；对外交通道路较窄，交换车行驶较为困难；主要道路骨架基本形成，等级偏低，对外交通与城镇道路系统较少，造成交通流线较为单一；人行道不成系统，造成严重的人车混行现象；主要道路沿线车辆出入口较少，其他的道路等级都较低；车辆沿路停车现象严重，且由于现状道路较窄，所以在人流高峰期，对该路段的交通会有比较大的影响。

麻车坑村公共服务设施现状分析：麻车坑村为溪港乡政府所在地，因此公共设施较多，包括溪港乡人民政府、溪港乡卫生所、溪港小学及信用社等。

麻车坑村的村落景观现状分析：麻车坑村坐落于山水怀抱之中，周边多山体，又有永安溪穿村而过，村落周边水体、水系景观非常丰富。

麻车坑村的滨水景观现状分析：永安溪流经麻车坑村，村庄东、西两侧有麻车坑大桥接东西两岸，河堤以石砌和自然类型的护坡为主，河床已有砌石、叠水形成，雨季水量充沛，水质清澈，枯水季水量较少，溪水容易干涸。

麻车坑村的村落优势资源现状分析：一是古树群落。凡是历史较久远的村落，哪怕是地处偏僻的深山，都有着似乎与人居相同时期的古树，麻车坑的古树群落，就是历史不可或缺的见证。林中的古树主要有黄檀、青冈、木槐、刺柏、枯枝树、板栗等，一棵棵枝繁叶茂、葱茏劲秀的古树，给整个山寨添上一份神秘和幽静。二是美人松。它的树干酷似妙龄少女的曼妙身姿，扶摇上青天，潇洒脱俗，叶冠犹如美人的秀发，光彩照人，文雅迷人，远眺像个美丽的姑娘妩媚的美人松羞花闭月。作为村内独有的窈窕美女松，是不可多得的观赏景点。三是吊脚楼。村内吊脚楼错落有致地排在溪旁，一边靠在实地，另一边悬空，靠柱子支撑，虽然现在残破不堪，经过整修之后会成为村内很有特色的建筑群。临溪而坐，或喝茶品酒，或畅谈欢笑，或在亲水平台嬉戏玩耍，都是很不错的选择。四是将军府。村内的将军府历史悠久，如今为居民所住，府内四合院格局保存完整，建筑些许损坏。经过保护和整修可作为爱国主义教育基地和旅游观光景点，进一步传承历史文明，续写新的辉煌。五是金川桥。金川桥是比较古老的一座石拱桥洞，连接永安溪及其支流，跨水架桥。这座古桥经得起天灾人祸的时间考验，历百年而不坏，仍保持其固有的功能不变，是村内的一大财富。经过修缮可以跟古建筑群合为一体。六是农家乐。杨家园林是目前村内唯一的农家乐，其主要特色是堂前的三合院落，后院则是配套齐全的家庭旅舍。传统的土坯房加上精致的瓦檐，让游客在外能体验到传统村落的家的感觉，同时也是对传统文化的保护。七是永安溪。永安溪拦溪成坝，用石头铺成汀步，围成一池溪水，游客近距离地在溪中嬉戏玩耍，在大自然中徜徉；溪水旁的石壁有着纯天然的雕琢之美，也有很好的观赏价值。八是阔叶林。村内东边为阔叶林区，树林茂密，空气清新，保留其原汁原味、返璞归真的环境打造"森林氧吧"。

麻车坑村村庄发展的 SWOT 分析。

优势（Strengths）：第一，水资源优势。规划地块永安溪穿村而过，村庄内部有局部水系及池塘，水景观资源丰富，对该地块的价值提升有很大的帮助。第二，历史人文环境优势。村域内有一座金川桥，经过了天灾人祸的时间考验，历百年而不坏，仍保持其固有的功能不变，且经过修缮，与古建筑群——吊脚楼合为一体。第三，特色产业优势。麻车坑村的人杏种植、雷竹及茶子树等，也为麻车坑村的特色产业发展奠定了一定的基础。

劣势（Weaknesses）：第一，土地资源紧张。规划地块环抱永安溪，且县道至溪下线穿村而过，其周边的土地大多数为农田及山体，可利用的土地相对较少。第二，老区建筑较杂乱。规划地块老区内大部分建筑侧立面和背面则是裸露的，建筑整体不协调，且消防间距较小，容易引发火灾。

机遇（Opportunities）：第一，政策机遇。省委、省政府高度重视农民住房和新村落建设工作，把农房改造建设放在了工作更加突出的位置，加大了对农业和村落发展的支持力度，这为溪港乡提供了良好的发展背景和政策支持。第二，交通、水系机遇。县委、县政府对溪港乡的建设发展高度重视，对县道及水系的后退适当放宽，对周边农田的农业用地的调整，将大大加快溪港乡的建设发展，并将会给麻车坑村的发展注入新的活力。

挑战（Threats）：第一，激烈竞争的周边环境。规划区块周边的村庄，包括金竹岭脚村、永溪村及金竹叶村等产业特色比较接近，如何在这些村庄中突出自身村庄的产业优势是重中之重。第二，村民的生活观念和生活习惯的改变。很多居住的村民习惯了原先安逸的居住生活环境，难以改变其生活观念和生活习惯。

（十）官路镇永狮村

永狮村地处官路镇南部，东接大北地溪现代农业示范园，北邻西陈村，地理位置十分优越，拥有35省道和台金、诸永高速两条过境公路，交通十分便捷。同时，永狮村周边旅游资源丰富，例如山茶花博览园和即将建设的永安溪湿地公园，给永狮村带来全新的发展思路与机遇。

永狮村地势西高东低，西部是王隐坑，种植成片的水杉、杨梅等植被，东部是大片农田和永安溪。柔美永安溪、壮美王隐坑、秀美田园共同组成了永狮村丰富的地形地貌。永狮村南邻王隐坑，山上树木茂盛，有水杉、松树与大量的杨梅树。永狮村大北地溪现代农业示范园，将建设集垂钓、餐饮、住宿、娱乐、观赏和淡水鱼品种试验示范于一体的生态农业休闲基地。

永狮村的优势分析：第一，交通区位明显。永狮村在官路镇南侧，东靠大北地溪现代农业示范园，毗邻省道与高铁站，交通十分便捷。第二，居住环境优越。永狮村山清水秀，毗邻永安溪与王隐坑，村落周边是大面积的农田，形成了"山、水、田、村"和谐田园村落。第三，产业基础夯实。永狮村耕地面积为0.37平方千米，近期将会把土地流转到大北地溪现代农业示范园，通过对土地的整合并运用高新技术，村庄的土地得到了高效的利用，建起了大棚蔬菜基地，发展花卉种植，永狮村将发展以农业为核心的产业，打造现代农业、农业观光、农事体验、研发、培训为一体的田园村庄。

永狮村的劣势分析：第一，村庄分散，造成公建配套不平衡。永狮村自然村之间布局分散，公建配套不平衡，从而造成重复建设和资源的不合理利用。第二，规划滞后，造成村民缺房问题严重。由于经济发展，村民收入提高，迫切要求提高居住条件，要求新建、翻建住宅，但是缺乏村庄建设规划的指导。村民想建新房，但缺乏符合规划要求的建房用地，导致村民住宅建设缓慢，村民生活质量得不到提高。第三，村建设资金缺乏，造成项目启动困难。永狮村的集体经济比较落后，收入也较少，村"造血能力"较差，过分依赖政府补助，不利于村庄持续快速的发展。

(十一) 横溪镇新东村

横溪镇地处台州、温州、丽水、金华四市交界，位于仙居县及台州市西部，台金高速公路在横溪镇设有互通口。其地理位置得天独厚，基础设施完善，历来是台州西部商贸重镇，素有台州市"西大门"之称，横溪镇总面积为219平方千米。新东村东山自然村隶属于仙居县横溪镇，位于横溪镇区西北方向，北面至桥亭村和大爿地村，西面至后墩头村和小埠头村，南面至后墩头村。新东村四周葱翠欲滴，空气清新，自然秀美，十分宜居。

新东村东山自然村村庄交通区位优越，S 322省道临村而过，距离横溪镇政府约5分钟车程。新东村东山自然村相对地势平坦，可种植成片的水稻；村域北边是郁郁葱葱的山林，水、山和田园共同组成了新东村东山自然村丰富的地形地貌。

新东村由后墩头村、东山村、西坞村三个自然村合并而成，全村共有335户，1187人，村有耕地面积0.248平方千米，其中水田0.15平方千米，旱地0.03平方千米，山林面积2.17平方千米。

新东村东山自然村以生产稻谷为主，也种植玉米、小麦、毛芋、番薯等作物，大量的山林种植杨梅，也是新东村东山自然村村民的主导产业。近年来，新东村东山自然村村民利用村庄自身林业资源的优势，在美化村域环境的同时，增加了村民的收入。

新东村东山自然村加大了公共服务配套设施建设，相继修缮了村部以及中心广场等，深受村民欢迎。

(十二) 下各镇东升 (步团) 村

东升 (步团) 村位于下各镇东北部，东临下垟村，西北侧为前潘村，交通便利，地理位置十分优越。东升 (步团) 村位于永安溪南侧，原名步团村，在仙居县村庄合并中与下山头村合并为东升村。东升村经济基础相对较好，村民收入主要以外出打工为主。

东升村总人口为964人，其中步团村现有468人，共141户。东升（步团）村村民主要以在家务农和外出务工经商为主。东升（步团）村主要以第一产业为主，第三产业为辅。第一产业主要以水稻和山林种植为主，耕地面积为0.17平方千米，山林面积为0.22平方千米。

东升（步团）村的环境现状分析：建成区内或周边地区有一定的绿化覆盖，北侧水资源丰富。村庄内部景观效果较好，但缺少集中绿地，无法满足村民休憩等功能需求。民居建设相对拥挤，庭院空间较少，因此庭院绿化相对不足。其余大多数为自然形成或当地居民自发种植，整个村庄缺少集中成片、能满足功能需求、质量较高的公共绿地。

东升（步团）村的基础设施现状分析：第一，道路沿线基础设施配置规模较小，规格较低，服务能力有限。第二，公共服务设施不足，有1处便民服务中心、公共厕所2处、寺庙1处、变电箱2处。

东升（步团）村的建筑现状分析：步团村现状建筑以三层、四层为主，现状建筑仍存在以下问题。第一，部分建筑立面较为简单，以及住宅建筑样式各异，风貌不统一；第二，传统风貌较好建筑因年久失修，建筑破败，质量堪忧；第三，保留建筑间距较近，无法满足采光要求；第四，院落围墙形式各异，门台杂乱，庭院杂乱。

东升（步团）村的建筑布局现状分析：在对村内现状建筑情况进行详细走访调查后，同时结合东升（步团）村建房需求总量，对村庄内部建筑布局进行统筹安排。第一，确定保留的公共建筑，如便民服务中心，并梳理周围场地；第二，确定各需要保留的建筑及需要拆除的建筑；第三，衔接国土部门意见，在满足农村建房相关规定的要求下，布局村内住宅。

第二节　仙居传统村落发展目标与发展规划

近年来，国家对乡村振兴战略的深入实施与高度重视，为仙居的传统村落带来了前所未有的发展机遇。政府投入大量资金，对村落的基础设施进行全面改善与提升，使得道路变得宽敞平坦，供水、供电、通信等基础设施日臻完善，极大地便利了村民的生活。

同时，政府高度重视传统村落的保护工作，制定并实施了一系列严格的保护措施，以确保这些宝贵的文化遗产能够得到切实有效的保护和传承。在保护传统村落的同时，仙居还积极探索传统与现代相结合的发展模式，致力于实现文化遗产保护与经济社会发展的双赢。

一方面，政府通过举办丰富多彩的文化活动、加大旅游推广力度等方式，将传统村落的独特文化内涵和价值展示给更广泛的人群，吸引更多的游客前来观光旅游，从而促进了当地旅游业的发展。另一方面，政府鼓励村民在传统村落中开展各类经营活动，如农家乐、手工艺品销售等，以此增加村民的收入，提高生活水平，进一步激发乡村发展的内生动力。

总之，仙居在乡村振兴战略的推动下，既注重传统村落的保护与传承，又积极探索现代发展路径，以实现长远的发展目标和规划。

一 传统村落的发展分析

（一）传统村落建设模式分类及优缺点分析

第一，"输血式"村落建设模式：注重农村环境整治和美化。"输血式"农村建设模式以政府公共财物投入为支撑和导向，通过支农资金机制，统筹城乡发展，引导工业反哺农村，城市支持农村。该模式注重农村的人居环境的规划与整治，通过治理农村环境脏乱差、道路硬化、路灯亮化、村庄绿化、环境美化、改水、改厕、改厨等措施，解决广大农村居民迫切需要解决的突出问题。该模式以政府公共财政投入为支撑，注重人居环境的规划与整治，并能解决迫切的现实问题。

优点：对村落人居环境的整治与改善具有立竿见影的效果，大大改善了乡村的落后面貌，解决了农民的现实需要。

缺点：村落的人居环境的规划与整治只是新村落建设的部分目标。若将重点放在这些工作上，虽然对村庄建设有局部贡献，但对推动村落自身循环发展则贡献有限。由于地方财政体系和部门的条块分割，再加上受资源的有限性和公平性影响，村落规划还存在公共资源投入的均质分配现象，在人、财、物等资源配置上存在"大锅饭"倾向。这就造成村落建设在其持久性和资源利用的实际效果两个方面都难以达到满意的效果。

第二，"换血式"村落建设模式：注重为村落引进新的经济增长点。该模式是为农村引入新产业发展模式，注重产业的高附加值，为农村发展提供新思路。

优点：为村落带来了新的发展模式和经济增长点，为村落的建设发展提供了更多的可供选择的产业与发展方式，开阔了广大村落居民的发展思路与眼界。

缺点："换血式"村落建设模式将新村落的建设重点放在为村庄带来新的产业发展模式，希望通过引进高附加值的产业带动村落的发展。其突出产业有"反季节蔬菜种植""乡村旅游""村镇工业企业"等。这种建设模式存在忽视自身产业优势和基础条件，盲目发展的现象。如受近年旅游热影响，在村落建设中"旅游主导一切"，不顾自身条件，盲目恢复一些深宅大院、园林、戏台、寺庙等建筑，建设大量毫无历史与文化底蕴的仿古建筑。同时为了旅游表演，举办大量"作秀式"的民风民俗表演，使得这些活动异化变质。

第三，"造血式"村落建设模式：注重村落自有资源的开发与利用。"造血式"村落建设模式将村落的建设与发展的重点放在村落自有资源的开发与利用上，通过因地制宜，全面认识村落的地域性与资源条件，分类指导，有的放矢地使用有限资源，使村落建设走上可持续性的发展道路。该模式以农村自有资源的开发与利用为基础，注重因地制宜，分类指导农村发展，使农村建设走上可持续发展之路。

优点：一是注重村落自有资源的开发与利用。通过对现有资源的开发与利用，不盲目、不盲从，"以我为主"，发挥自有资源，走适合本地域发展的道路。二是强调发展的可持续。在开发与利用自有优势资源的同时，不"竭泽而渔"，不破坏村落特有的生态与人文环境，走可持续性发展之路。

缺点：该发展模式受"均衡式"经济发展模式的影响，强调发展建设的"理性"，但是在建设发展的初期，往往由于自身经验的缺乏或者外界的支持等原因，造成发展难以从"发展初期"阶段进入"发展起飞"阶段，从而影响自身的发展壮大。

以上三种发展方式概括了近年来村落建设的基本模式，一般认为第三种模式较好，宜成为村落发展的主要方式。上述三种发展模式的优势与劣势，应该结合村庄自身发展水平，对其进行合理利用或有效规避。

（二）传统村落发展类型分析

仙居依据城乡地域范畴和发展特点，将传统村落分为城镇化型、集聚型、整治型、搬迁型、新建型五种类型。具体情况见表7-3。

表7-3　　　　　　　　仙居村落分类发展引导情况

分类	界定原则	引导
城镇化型	村落位于中心城区、镇区规划建设用地内	已有"城中村"应按中心城区或镇区的发展要求完成"村改居"改造；位于规划城镇建设用地内的村落居民点应积极有序地向城区或镇区按规划靠拢或迁移，逐步实行"撤村建居"。变村落管理模式为城市社区管理模式
集聚型	有足够的发展用地，可以接纳搬迁村，进行村落社区建设；发展条件好，交通便利，能为其他村庄提供基本的公共服务产品；与镇区和其他集聚发展村庄有合理的间距，服务半径适宜；具有发展潜力和优势（如旅游资源、特色种植等）；集聚后有适宜的人口规模和经济规模	集中建设村落居住社区，提倡多层公寓和联体住宅，配置较为完善的公共设施与基础设施

续表

分类	界定原则	引导
整治型	村落自身有一定规模，且在区位条件、农业基础等方面存在一定优势，或者村民搬迁意愿不强，规划期内难以搬迁的村庄	整治和控制：不便于搬迁的村庄，控制发展规模，作为一种过渡型村庄让其自然缩减。包括城镇规划区内远期作为村改居村庄，近期为整治型村庄。停止在非规划农居用地内扩建和新建住房；不设新的村落居民点
搬迁型	常住户数较少的"空心村"；没有农业产业支撑，非农业产业不发达的村庄；偏远山区、交通不便、缺乏基本的基础设施和社会服务设施的村庄；位于水源地一级保护区、文物古迹、生态和自然保护区、地质灾害范围、重大工程建设影响区和基本农田范围内的村庄。如农民搬迁意愿较弱，可定为整治型村庄	进行迁移：根据不同村庄特点，分别采取就近搬迁至村落居民点或进入城镇的方式进行搬迁安置。村庄停止宅基地和建房审批，不得新建和改建住房
新建型	新建型是在现状村落居民点以外的未建设区域另行规划选址建设的村庄	合理规划布局，在功能分区和居民点建设方面应定点控制

仙居县域整治型村庄较多，此类型建设思路，以环境整治改造为主，保障满足村民近期生产生活的基本需求。建设标准参照浙江省美丽乡村建设要求和省级农房改造建设示范村标准。村庄整治主要完善基础设施、道路、绿化和配套设施，改善人居环境和村庄形象。村庄整治改造由政府组织和引导为主，所需资金由政府补贴、村集体和村民集资共同解决。支持和鼓励有条件的村庄自筹资金完成改造，也鼓励结合发展旅游、风景区建设等项目以市场化方式实施整治改造。

对此，相关政策建议：控制村落发展，保持村庄原始风貌。人口可迁移方面，按照规划安置在新的居民社区。对自然和文化遗存保留完好，以及原有村落景观特征和地方特色明显的村落，要以保护性修缮为主，避免对古村落景观、文化遗存造成破坏。因村民意愿不愿搬迁而确定为整治型村庄的，如村民有新的搬迁意愿，可按照规划进行搬迁安置。

在村落人口发展规模方面，未来人口增长计算公式：$Q = Q_1（1 + K）n + P$，其中 Q 为总人口预测数（人），Q_1 为总人口现状数（人），K 为规划期内人口的自然增长率（5‰），P 为规划期内人口的机械增长（人），n 为规划年限。

村域规划方面包括村域基础设施规划、村域道路交通规划、给水工程规划、排水工程规划、电力电信工程规划、村庄产业发展引导和村庄产业空间布局等。

二 具体传统村落的发展目标与发展规划

（一）白塔镇东村

1. 村落发展目标

东村依托景星岩风景区，借梯登高，发展特色产业。东村位于景星岩景区脚下，具有优越的旅游区位条件，受到景区的辐射作用，东村可以分流部分景区人流，发展生态杨梅采摘产业。以环景公路为纽带，打造旅游精品线路的重要节点，环景公路的建造方便了东村与外界的联系，东村可以依靠自身便利的交通优势发挥其村庄特色，带动村庄旅游业发展。以生态有机为卖点，打造无公害绿色水稻种植基地。目前东村已形成一定规模的水栀种植，具有很高的药用价值。东村可以扩大水栀种植，形成无公害种植基地，借机发展食疗产业，使得东村有别于其他村庄，形成本村特色。

2. 村落功能定位

通过对东村现状的详尽调研分析发现，东村具有优越的区位条件，得天独厚的旅游资源，淳朴的民俗风情。东村可定位为中药种植和休闲养生的山水田园村落。

3. 村落人口发展规模

考虑到村庄未来的发展潜力，东村人口增长以自然增长为主。预测到 2030 年，东村人口规模约为 785 人，故要为将来的村庄发展留有弹性。

4. 村域基础设施规划

第一，村域道路交通规划。目前村域街线道路较窄，规划把此段道路拓宽至6米。环景公路正在建设，预计年底可以完工，可以增强东村与外部的联系。居民点内部道路部分是中土路或者碎石路，且道路较窄，村庄北面环村路并未硬化，道路两旁缺少绿化，所以未来将对村庄内部道路系统进行梳理与完善，提高道路硬化率，增加道路宽度；并集中设置停车场，解决村民私家车停放问题，同时注重道路景观的整治，让路面更加洁净，村庄更加美观。

第二，给水工程规划。东村给水由山水统一供水，远期根据《白塔镇城镇总体规划》，生活水源由横溪自来水厂向村庄范围统一供水。

第三，排水工程规划。居民点将会采用雨污分流的排水体制，同时适当考虑雨污废水的综合利用。对现有的雨污水排水设施进行保护和整治，逐步改造为分流式排水体系。现东村污水共治改造工程已经完成。居民点污水通过污水管道进行收集，最终统一排到村口的污水处理池。居民点雨水通过管道收集排到就近的水渠。

第四，电力电信工程规划。在电力方面，村域有一条10kV高压线接入居民点，通过降压后供村民使用。政府已为村庄配置一座配电房，位于村中心位置，便于供电。在电信方面，规划期末实现互联网入村、电视村村通。

5. 村庄产业发展引导

第一，发展参与性生态农业。随着社会的进步和城镇化水平的提高，生活在城市的居民距离大自然越来越远。城市居民渴望重新体验乡村生活，更加亲近自然。东村景观资源丰富，可以利用村庄周围的山林和农田，将家庭的农业逐步向观光农业发展，有计划地组织规划发展生态农业观光游览。既可以满足游客的需求，又可以提高村民收入，增加经济活力。

第二，发展休闲乡村旅游业。加强东村宜居、宜游的特色宣传，结合东村村旁的杨梅生产基地，大力发展本村杨梅种植产业，利用靠近景星岩景区的区位优势，分流接待景星岩景区的游客，积极开展生态采摘活动。以小型旅游为主，提升整个村庄的特色文化，打造一个宜居、宜游的特色村落。

6. 村庄产业空间布局

东村位于景星岩风景区脚下，应充分抓住机遇，增强自身的竞争力，完善基础设施配套，为未来村庄旅游发展提供有效保障。东村具有发展水稻、经济林等资源导向型产业和杨梅、荔枝等市场导向型产业的良好条件。根据现状产业和村民意愿，东村未来产业布局发展可分为六个片区，即村庄建设片区、优质水稻种植片区、精品荔枝种植片区、高山杨梅种植片区、景星岩旅游观光片区、生态保育片区。

7. 旧村整治策略

第一，整治策略。整治策略需从实际出发，尊重村民意愿，引导村民自主改造建设，改善和提升村庄生活条件和人居环境，坚持政府引导与村民自主改造相结合，总体上体现美丽乡村，宜居、宜游的要求，提升整体环境。一是清理。积极清理破败的空置住宅，以及违章建筑，改善村庄内部环境。二是梳理。梳理村庄可利用空间，组织道路交通体系，合理布局庭院空间。三是装扮。清理村庄内部空间，设计村庄内部景观节点及中心绿化，积极引导村民自身改造庭院空间及围墙。

第二，旧村建筑整治。旧村建筑整治需对建筑质量及风貌进行综合分析评价，根据建筑现有的使用功能和所处位置，提出不同的整治措施。一是拆除。积极引导村民自行拆除建筑质量较差或失去使用功能的空置住宅，如独立辅房、牲畜棚圈等，拆除后用地主要是用作宅基地或景观绿化。重点整治工作包括风貌延续与新修协调。二是风貌延续。采用传统的白墙黑瓦的中式建筑形式延续村庄建筑风貌，通过功能更新和完善，提升村庄生活品质。三是新建协调。新建建筑色彩和材质保持与村庄建筑相协调。

8. 旧村道路整治

第一，主要道路升级。村庄部分道路路面质量差，道路两侧绿化杂乱，市政设施和管线凌乱，存在安全隐患。因此需要重点打造村庄入村道路。具体措施包括拓宽道路宽度，采用水泥混凝土或沥青罩面，增加道路两侧绿化，整治杂乱线网。

第二，绿化景观改造。增加道路两侧绿化，沿村庄主要道路两侧种植行道树，宅前路两侧种植小的乔木以及灌木。住宅房前屋后各空闲地进行绿化美化，对不宜建设的空闲用地进行绿化美化，保证公共活动场所的良好环境，在绿化种植中采用本地种植，结合游憩空间，形成开放的邻里交往场所。

（二）湫山乡大坑村

1. 风貌特色保护清单

大坑村的绿化景观肌理以自然景观要素为基础，以门户空间、开敞广场、街巷干道、绿地为主要承载，构成村庄绿地景观系统，规划形成"二带、多片、多点"的整体格局，并自然分布于村庄之间，整体形成"村伴水"的水、村共融的总体布局。二带：主要指沿路形成的道路景观带，以及滨水景观带。多片：村庄多个景观片区。多点：形成若干个景观节点，包括人文景观节点等主要景观节点。

2. 村落发展目标

随着城市老龄化的趋势加速，以及现代人们因工作、生活压力繁重导致亚健康状态等问题的出现，人们的休闲需求日趋多样化，家庭出游、周末休闲、养生休闲、养老度假等多样化休闲旅游产业应运而生。因此，在湫山乡大坑村规划中，提出村庄的新发展目标，为区别于其他旅游村庄的休闲模式，可将慈孝文化植入大坑村的特色发展产业，努力发展一个新型的休闲旅游度假村庄。

（三）南峰街道赵岙村

赵岙村属于仙居县城的整治型村庄。对于整治型村庄，需要加强对村庄的建设引导，控制村庄规模，优化村庄空间布局，整治村庄环境，改善村庄生产条件，打造美丽休闲乡村。

1. 赵岙村的总体发展目标

以村庄自身优秀自然生态景观资源为基底，处理好山体、水系、农田、居住关系，以实现经济社会可持续发展、资源永续利用和全面建设新型宜居村庄为目标，构建资源高效利用、生态良性循环、社会经济持续稳定协调发展的复合型生态系统，打造特色产业，建设人与自然和谐共生的生态村庄。

2. 赵岙村的具体发展目标

在杨梅经济方面，以杨梅产业为核心，拓展产业链，做好杨梅相关产业，促进现代农业发展，引进无污染加工业，促进乡村旅游业的发展，三产联动，发展杨梅经济。在宜居环境方面，充分利用村庄良好的生态基底，保护村庄山水田园格局，保护良好的生态环境，力求居住空间与外围环境相协调，营造充满特色的健康生态人居环境。在和谐人居方面，改善居住生产、生活条件，不断满足居民的物质层面和精神层面的生活需求，提高生活品质，建设人与人、人与自然和谐共处的美丽宜居家园。在特色文化方面，修缮村庄老建筑如祠堂、传统民居，新老建筑相结合，延续村庄风貌；从历史、科技、文化等多方面挖掘村庄杨梅文化；使村庄的传统文化与现代文化相结合，多元文化交相辉映。

3. 赵岙村村庄发展策略

充分发挥赵岙村临近县城的区位优势，挖掘村庄特色资源，以城带乡，城乡互促，"新型城镇化、新型工业化、现代农业化、信息化"四化同步，推进城乡统筹发展，促进村庄发展。

布局优化宜居、宜游：村庄是村民生产、生活的主要场所和乡土文化、乡村风貌的载体，合理科学的布局是村庄建设的重要基础。通过与村民的多次交流，充分了解到村民生产、生活所需，从村民切身利益角度出发，了解乡村规划需要解决的最为迫切的项目，突出建设重点，优化村庄布局，打造宜居、宜游的美丽休闲乡村。

4. 以梅为媒三产联动

立足赵岙村杨梅种植优势，打造知名杨梅产业基地，围绕杨梅产业，拓展产业链，促农业，引工业，兴旅游，打造赵岙村杨梅经济品牌，以品牌赢市场，发展杨梅经济，推进第一、第二、第三产业的融合发展，三产联动，加快村庄产业的转型与升级，吸引外出务工人员返乡创业，激发村庄发展活力，带动村庄经济发展。

5. 多元文化融合共生

随着城镇化的快速发展，文化呈现多元化的特点，文化发展也面临着乡村文化与城市文化、现代文化与传统文化、工业文化与农耕文化等的多重性碰撞。在郊区城镇化进程中，乡村文化走产业化发展道路是必然和理性的选择。

6. 设施配套互惠共享

赵岙村属于县城近郊型村庄，应做好县城基础设施向乡村延伸、公共服务向乡村覆盖，加强基础设施、公共服务设施综合配套建设。根据村庄未来的发展要求，应改善基础设施建设滞后的现象，高标准配置村庄服务设施，实现互惠共享，增强基础设施的支撑保障能力，为村庄建设保驾护航，推进城乡基础设施建设一体化发展。

未来的发展趋势，赵岙村应依托现有的产业基础，按照"做大一产，做强二产，做精三产"的总体思路，完善产业结构，进一步优化产业空间布局，激活村庄发展活力，增强村庄经济实力，将其打造成为仙居县城南的美丽休闲乡村。

首先，以农业休闲综合体为载体，促进产业转型升级。农业综合体是在新型城镇化发展进程中，城市周边乡村城镇化发展的一种新模式。这种模式将农业和游憩相结合，以农业为切入点，以景观打造为基础，引入旅游产业，形成以旅游为导向的土地综合开发。赵岙村位于仙居县城近郊区，打造农业综合体是加快赵岙村产业转型升级，带动村庄发展的重要途径。

其次，拓展产业链，推动产业集群化发展。目前赵岙村杨梅产业链短且不强，未形成高效完整的产业链条，不能产生较大的经济效益。赵岙村应围绕杨梅做文章，健全和完善产业链，做好杨梅相关产业，推动产业向价值链高端延伸，提高产品的附加值，扩大产业规模，推动产业集群化发展，提高产业的规模化、专业化经营水平，大力发展杨梅经济。

再次，推进三产融合，加快产村一体化发展。目前赵岙村产业结构比较单一，产业发展上要注重产业结构的优化，一产发展可加快杨梅的规模化种植，扩大产业基地；二产发展要就地取材，注重新技术的运用，对杨梅进行深加工；三产围绕杨梅种植，发展休闲农业和乡村旅游，努力构建村庄第一、第二、第三产融合发展、协调共促的乡村现代产业体系。

最后，坚持生态优先，开发与保护并重。赵岙村做好绿色产业经济，应坚持生态优先，绿色化发展，保护村庄风貌格局，合理进行开发建设，把村庄特色优势做大、做实、做好，营造和谐的人居环境，实现村庄的可持续发展。

（四）下各镇上官村

上官村的规划目标围绕"田园美、村庄美、生活美"的创建要求，通过产业提升、工业带动、村庄整治、土地整理、生态保护等综合实施，体现出具有仙居地方新村落建设特色的风情韵味，使之成为村落居民创业就业的基地与展示新村落建设成就的窗口。

上官村在田园美方面的规划。要充分考虑上官村村民对提高生活环境质量的要求，通过科学合理的规划布局整合新区与老区；完善村庄道路交通等基础设施和公共服务设施，以保证居民生活方便和出行便利。同时通过街巷、街景、公园、广场等重要开敞空间及周边建筑的综合整治，营造卫生、洁净、优美的环境，以形成安定和谐、秩序井然的人居环境。上官村的规划，在"注重环境、突出宜居"理念的引领下，依托村庄环境打造，以文化强村，打造原汁原味的村庄文化，提升村庄品质。

上官村在生活美方面的规划。尊重传统居住习惯，将庭院经济与农业生产有机结合，创造整洁舒适的环境以有效地服务于生产，提高农民收入。

上官村的发展定位。通过对上官村"绿水、青山、家园"等形象要素的提炼，依靠形象策划、产业引导、总体布局及整治设计，将上官村打造成以绿色工业、生活服务配套为特色，融居住休闲、农家体验为一体的美丽乡村。

上官村的建筑布局。在对村内现状建筑情况进行详细走访调查后，同时结合上官村建房需求总量，对村庄内部建筑布局进行统筹安排。首先，要确定保留的公共建筑并梳理周围场地，如古樟树下老年活动中心；

其次，要确定各需要保留的建筑及需要拆除的建筑；最后，要衔接国土部门意见，在满足村落建房相关规定的要求下，布局村内住宅。

上官村的整治措施。对公共场地进行整治，做好水沟梳理与水体净化；增加村庄入口标志，做好村庄内部公共绿地环境整治，确保地面整洁卫生；村内增设垃圾箱等必要设施。

上官村需要完善基础设施配套。结合村内公共绿地，合理布局体育健身器材；在村内主要公共活动场所增设垃圾箱；完善村内生活污水设施，包括污水处理池和污水收集管网；提升自来水供水管网；确保消防安全，保障村庄车行道路不得小于4米，梳理出消防通道；改造村内公共厕所；等等。通过对村庄内部的空间梳理，结合公共空间、绿地、水系、农宅等景观要素，塑造具有上官村特色的景观，通过景观空间的塑造，充分展示传统农耕文化。同时展现上官村村民的新生活，促进绿色工业，生活服务配套发展和景观品质提升，最终达到"美丽宜居"的建设要求。

（五）朱溪镇大洪村

大洪村的功能定位是努力发展为新型休闲宜居村庄。因此，要不断优化大洪村的休闲产业，提升大洪村的生活品质。现代休闲产业趋于一体化发展，现代休闲宜居产业趋于"一站式"服务，集从旅游策划到家庭出游、周末休闲、养老度假等多样化的功能于一体。

大洪村村域周边均以山体为主，居民点周边为农田，村庄呈块状布局，村庄周边水系资源较为丰富，但用地较为紧凑。村庄周边建设条件相对较好，不受地形和地质灾害的限制。在村庄建设中，需要进一步优化村庄的用地布局，配套建设基础设施，完善公共服务体系，引导村庄人口集聚，大力发展村域经济。

（六）白塔镇永安村

首先，白塔镇永安村的村庄发展目标。围绕"宜居、宜业、宜游"的创建要求，通过对房屋的整治、利用以及村庄资源的整合和与周围环境的衔接，打造一个具有仙居地方特色的宜居、宜游、宜业的慈孝文化乡村。

其次，白塔镇永安村的村庄功能定位。通过对永安村现状的调研分析发现，永安村基础设施薄弱，产业发展缓慢。村庄产业经济主要以第一产业为主。永安村受到白塔镇的辐射作用，具有优越的旅游区位条件，村庄自身具有特色，适合发展村庄民宿。因此，旅游产业发展将成为永安村发展规划的重要考虑因素。结合永安村的自身特色，永安村未来的旅游特色可定位为乡土乡情，慈孝文化。

最后，白塔镇永安村的村庄整体风貌定位。永安村应坚持逆向整治原则，坚持凡是城市景观都不在村庄出现的原则，展现村庄阴柔之美和城乡差别化景观，抓住自身山水美景、古色古香的村庄美两大特征，重点突出古朴的乡村景色，延续丘陵人家的整体肌理及村庄设计引导。

(七) 官路镇北岙村

北岙村的四大特色旅游主题主要包括礼佛文化、慈孝文化、生态涵养及体验观光。在未来的建设规划中，将大力挖掘其慈孝文化及杨梅采摘旅游发展潜力，使之成为官路镇乃至仙居县的特色精品旅游村落。

礼佛文化：在北岙村村内，以佛教文化为基础，发展与宗教文化相关的生态绿色景观，在蔚蓝的溪坑旁错落有致地布置一些禅房、茶室，以吸引文人雅客前来参禅、品茗、修身养性。在此，游客能够暂时远离尘世的喧嚣，在禅意中获得一颗清空安宁的心。

慈孝文化：为游客打造的特色慈孝文化，将成为未来提高周围地块品质的主要区块之一，可为不同阶段的人群（自驾游旅客、背包客等）提供不同于其他村庄的休闲活动方式，增加他们对慈孝文化的体悟与理解的新型旅游形式。

生态涵养：生态涵养将为广大居住人群提供一个休憩、养生的乐园，可成为今后发展居住、经济的主要区块。其特色项目包括家宴服务中心、村办公楼及休闲小木屋等。

体验观光：体验观光是一个为游客打造的特色观光体验区，是特色杨梅采摘的观光地带。

北岙村公共设施的规划见表7-4。

表7-4　　　　　　　　　北峉村公共设施规划

类别	建筑名称	是否需要配置	备注
基层管理	村民委员会	需要配置	位于村庄东部，新建前后2栋10间作为村办公楼
	产业服务中心	需要配置	位于村庄南部，为村庄致富产业
	小学	不需要配置	现已经存在，为北峉小学
	幼儿园	不需要配置	距离官路镇较近，可共用
医疗	卫生室	不需要配置	距离官路镇较近，可共用
文化体育	文化活动室	需要配置	结合村委会，位于村办公楼内
	科技服务站	需要配置	结合村委会，位于村办公楼内
	图书馆	需要配置	结合村委会，位于村办公楼内
	健身活动广场	不需要配置	在村庄南侧已经建成
商业服务	商店	不需要配置	民营商店，现状已经形成
	邮政储蓄代办	不需要配置	民营代办点，现状已经形成
社会福利	家宴服务中心	不需要配置	现状已经建成，位于村庄中部
	养老服务中心	需要配置	规划建造在村庄中部位置
	文化礼堂	需要配置	结合村委会，规划在村办公楼内

北峉村的景观改造：以门户空间、开敞广场、街巷干道、绿地为主要承载，构成村庄绿地景观系统，规划形成"一带、多片、多点"的整体格局，并自然分布于山水之间，山间分布有柑橘林、杨梅林、经济林等，整体形成"山拥村，村伴水"的山、水、村共融的总体布局。"一带"，主要是指沿北峉坑港形成的滨水景观带，主要以水系、河滩景观、滨河绿化为主。"多片"，主要是指村庄多个景观片区。"多点"，主要是指形成若干个景观节点，包括人文景观节点等主要景观节点。同时，利用山体及村庄的高差地势，各节点间形成多条视线通廊。

(八) 白塔镇景星村

景星村的村庄发展目标。村落围绕"乡土乡情，锦绣景星"的主题，重点从生态保护、文化传承、产业融合、设施完善、空间优化、环境提升六个方面，为村民生产生活和乡村旅游发展创造一个内涵丰富、和谐健康的生活环境。

景星村的村庄功能定位与发展主题。通过对景星村现状的详尽调研可知，景星村经济和产业比较薄弱，村庄经济主要是以第一产业为主。但景星村由于诸永高速的经过，以及群山环绕，具有优越的自然环境和地理位置；另外，受到白塔镇悠久文化的辐射，其自身文化内涵深厚，这应成为景星村规划的重要考虑因素。所以，景星村可定位为"乡土乡情，锦绣景星"的休闲农家。

当前，景星村正处于快速发展的阶段，依托仙居县五水共治的建设，为村庄发展带来了良好的发展契机。未来景星村可以第一产业为主导，重点发展第三产业，增强旅游接待能力；结合村庄规划的机遇，以乡土乡情，锦绣景星为目标，科学发展第一产业，保证生态农业规模与质量，促进村庄发展，比如发展参与性生态农业，发展体验乡村旅游业。

按照新农村村庄的要求，统筹安排村庄内部公共服务设施，优先安排与村民息息相关的配套设施，最大限度地提高村民的生活质量。公共服务设施项目包括养老服务中心、全民健身广场、公共厕所、电力房、电信房、停车位等，基本能满足村庄内部的公共配套服务设施的需求。

景星村村落建设规划见表7-5。

表7-5　　　　　　　　　　景星村村落建设规划

行动	工程项目名称	项目规模	建设方式	经费概算	资金来源
村落建设	村落内部住房建设	344间	新建	3784万元	村民自筹
	村落内部道路建设	8718平方米	新建以及整治	174万元	村委自筹及政府补助
	危房拆除以及整治	约12000平方米	拆除以及整治	28.8万元	村委自筹及政府补助
环境提升	主干道绿化带建设	约3200米	新建	64万元	村委自筹及政府补助
	生活垃圾分类点	20个	提升	约2万元	村委自筹及政府补助
	绿化公园建设	约4500平方米	新建以及整治	约60万元	村委自筹及政府补助

续表

行动	工程项目名称	项目规模	建设方式	经费概算	资金来源
设施完善	村部及慈善工作站	约1277平方米	新建以及整治	约128万元	村委自筹及政府补助
	公厕及电力电信房	280平方米	新建以及整治	约28万元	村委自筹及政府补助

注：本表数据来源于2017年的课题组村落调查。

（九）溪港乡麻车坑村

麻车坑村的村落发展目标。第一，提出目标。当前人们的休闲需求日趋多样化，家庭出游、周末休闲、养生休闲、养老度假等多样化休闲旅游产业应运而生。根据该村特有的优势资源——绿色高山果蔬、古树村落、美人松等，努力发展一个宜业、宜居、宜游的生态型村落。第二，提出口号。麻车坑村的规划口号是"美人寻梦地，古韵麻车坑"。

麻车坑村的村落发展定位。经过综合整治和开发建设，努力打造一个集杨梅采摘、传统农业种植、休闲养生、现代农业种植及娱乐休闲观光等于一体的麻车坑村新区。

麻车坑村建设用地利用率较低，人均建设用地面积为62.62平方米。在村庄建设中，需要进一步优化村庄的用地布局，配套建设基础设施，完善公共服务体系，引导村庄人口集聚，大力发展村域经济。

麻车坑村的整治计划。第一，村口节点设计。麻车坑村村口没有具体的标志，以古树为设计理念在村口设计大门，同时在村口伫立的石头上雕刻村名，与精品线上的永溪村和塘弄村进行统一；且村口处种植常绿植物和鲜艳的花卉，使村口伫立的石头一年四季都能引人注目。村落的入口景观可作为麻车坑村的形象大门，将入口景观标志、村庄入口牌坊、美人松景观入口标志、古树群景观入口标志及永安溪景观节点有效地结合在一起。这不仅丰富了入口景观，也向外人展示了麻车坑村的村风村貌，吸引人们来此世外桃源享受与亲近大自然。第二，交叉入口节点设计。一边通往清音寺，一边是麻车坑游玩线路的入口，村入口处的位置就显得格外重要，结合原有的行道树，在路两旁种植桃树使色彩更丰富，同时通往清音寺两边可种植油菜花，供游客观赏的同时也具有经济价值。第三，美人松观景平台节点设计。美人松目前入口处显得单调杂乱，经过整治后将放置一块景区指示牌，同时在小路两旁种植灌木进行路线的引导。最重要的是，加大观景平台，使游客观看美人松能有一个较好的角度。第四，景观廊桥节点设计。在吊脚楼跟美人松观景平台之间架一座廊桥，保证整条风格统一的同时也使游玩线路更加自由和流畅，同时从路边的角度看过去不失为一个很好的观赏景点；若使用木质的廊桥则会增添一抹传统的风味，与吊脚楼部分形成一个整体。第五，吊脚楼节点设计。当前的吊脚楼虽然破败不堪，但还保留着传统建筑的布局，经过整治后，保留其白墙黛瓦，构件统一使用木质材料，将柱子伸入溪中，这样可以使吊脚楼在对岸看起来更美观。

麻车坑村的绿化建设情况可见表7-6。

表7-6　　　　　　　　麻车坑村的绿化建设情况

类别	位置	整治措施	植物配置
广场绿化	麻车坑村	合理增加公共开放绿地；强化村庄景观绿化，要突出景观形象；强化近人尺度的庭院绿化	其一，上层乔木：大香樟、栾树、香泡、银杏、枇杷、梨树、桃树、李树、杨梅等。其二，中层小乔木：桂花、石榴、海棠、木芙蓉、蜡梅、芭蕉等。其三，下层灌木及地被：南天竹、鸢尾、绣球花、杜鹃、山茶花、光叶锈线菊、红花酢浆草、大叶栀子、小叶栀子等。其四，耐水湿植物：以河滩上自然生长的植物、水草为主，局部可适当种植芦苇、芒草等
河道绿化	麻车坑村	保留现有规整式驳岸，在驳坎上端种植藤蔓植物，弱化石材给人生硬的感觉，并种植各种灌木或藤蔓植物	

注：本表来源于2017年的课题组村落调查。

（十）官路镇永狮村

永狮村的村庄发展目标。围绕总体定位，重点从生态、产业、环境等方面，创造宜居、宜游的居住环境。目标一，打造永狮村仙居特色杨梅种植基地。依托王隐坑，打造永狮仙居特色杨梅种植基地，并在此基础上进行杨梅采摘路线规划与观景、休憩平台的设置，打造集山林观光、果蔬采摘于一体的旅游亮点。目标二，打造国家农业公园。永狮村与西陈村可考虑打破传统行政区划，实现区块内资源整合，以大北地溪现代农业示范园为契机，发展园林式的乡村景观、生态化的郊野田园、景观化的农耕文化、现代化的农业生产，成为一个休闲、度假、乡村旅游综合体。目标三，打造宜居、宜游的田园村落。永狮村可依托大北地溪现代农业示范园与特色杨梅种植基地，发展乡村旅游。同时挖掘自身发展潜力，打造富有地方特色的农村民居与饮食文化，提升村庄整体环境，优化空间布局，建设美丽宜居的田园村落。永狮村的公共设施配置可见表7-7。

表7-7　　　　　　　　　永狮村的公共设施配置

类别名称	谷塘	路岙
村委会	保留现状的永狮村委会，另在村部设置村邮政所、广播室、消防指挥室	—
公厕	村办公楼内安排对外公厕	—
室外停车位	公共绿地具备停车功能	预设6个
垃圾收集点	预设4个	预设2个
污水净化池	保留原有设施	保留原有设施
配电房	预设1个	预设1个
电信交换间	预设1个	

注：本表数据来源于2017年的课题组村落调查。

永狮村的村庄功能定位。基于永狮村与西陈村的区域位置，将两个村庄联合起来。永狮村可以现代农业为载体，发展生态养生、农业观光、农耕体验、休闲度假等，打造国家级现代农业示范村。

（十一）横溪镇新东村

新东村东山自然村市政基础配套设施逐步完善，村庄主道路基本硬化，但市政各管网建设不一致问题比较突出，造成资源浪费。新东村东山自然村围绕"乡土乡情，锦绣东山"的主题，重点从生态保护、文化传承、产业融合、设施完善、空间优化、环境提升六个方面，为村民生产生活和乡村旅游发展创造一个内涵丰富、和谐健康的生活环境，进而提升村民生活品质。

新东村的村庄功能定位与发展主题。通过对新东村东山自然村现状的详尽调研发现，新东村东山自然村的经济和产业比较薄弱，村庄经济主要以第一产业为主，但由于S322省道的经过，以及北面山林环绕，具有优越的自然环境和地理位置；同时受到横溪镇悠久文化的辐射，自身文化内涵深厚，这应成为该村规划的重要考虑因素。

新东村的整治规划重点内容包括以下几个方面：第一，增加宅前屋后绿地，统一进行规划设计；第二，改善道路状况，方便村民出行；第三，提升滨水空间、节点绿化，增加绿化开敞空间，改善村环境；第四，增加及完善无害化公厕、污水处理系统、公共服务站等市政及公共服务设施。

（十二）下各镇东升（步团）村

东升（步团）村的村落整治包括以下几点：第一，对公共场地进行整治，梳理水沟并净化水体。第二，增加村庄入口标志，整治村庄内部公共绿地环境，确保地面整洁卫生；村内增设垃圾箱等必要设施。

完善东升（步团）村的基础设施配套：村级公共设施主要是指教育、医疗、卫生、娱乐业网点等直接关系村民日常生活的配套设施。东升（步团）村的产业布局可见图7-1。

东升（步团）村的公共服务设施配置规划：按照村庄规划的要求，统筹安排村庄内的社会公共服务设施，尤其要优先合理安排与村民生活密切相关的商业、文化、体育、卫生等服务设施，最大限度优化和提高村民的生活质量。

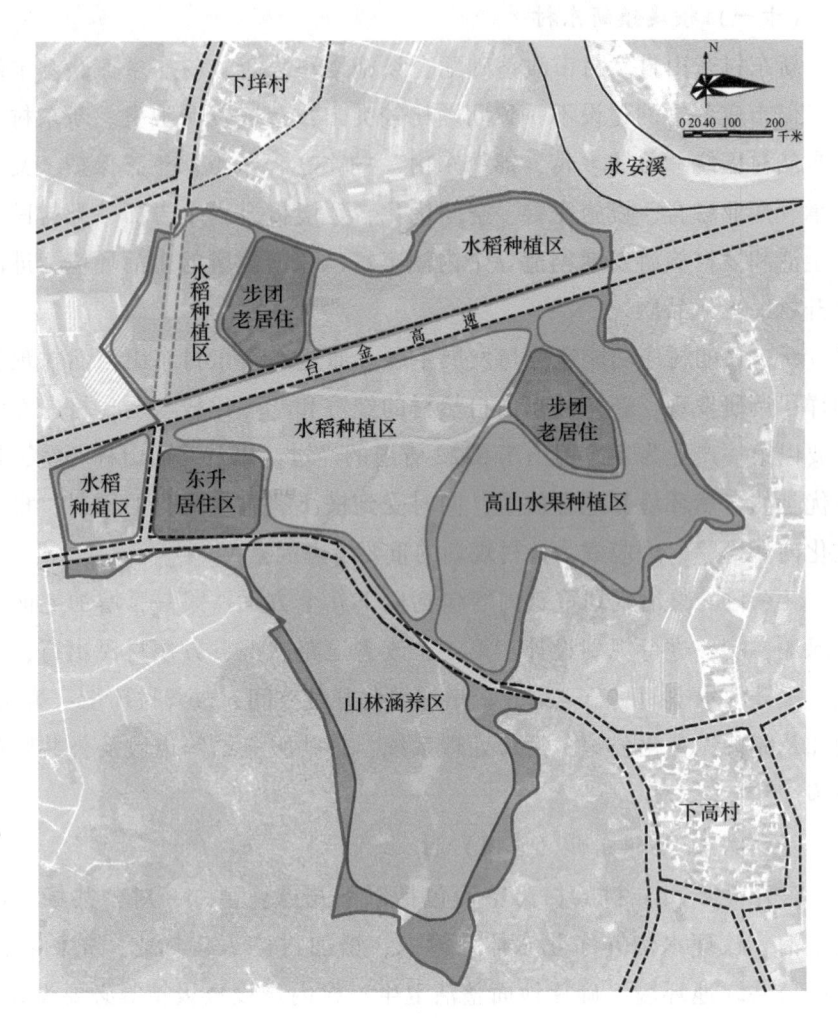

图 7-1 东升（步团）村的产业布局（作者团队自绘）

第三节 仙居传统村落保护发展的路径探析

一 仙居传统村落保护发展"三模式"

仙居传统村落既是仙居城乡环境空间的一大特色，更是城乡建设转型试点中的重要研究对象。县住建局在县委、县政府的领导下，组织相

318

关乡镇政府和村两委围绕传统村落风貌保护、传统建筑再生利用等重要主题积极推进工作。

仙居传统村落保护实践已取得一定成效,可以总结为三种模式:一是"使用权置换、产业植入"模式;二是"有机更新、功能置换"模式;三是"工商资本引入、开发性保护"模式。

(一)"使用权置换、产业植入"模式

所谓"使用权置换、产业植入"模式,是指在不改变传统建筑所有权且不影响村民正常生活前提下,经由村集体和乡镇政府统一收储使用权,将传统建筑以一定价格转让给第三方,在一定期限内经营性使用。

淡竹乡尚仁村为推进传统村落保护与发展规划,基于"使用权置换、产业植入"模式,植入文创产业,打造"创客之乡"。尚仁村这一实践措施,充分发挥了地处神仙居核心景区的景中村区位优势和资源优势,在尊重原有产权的基础上,动员村民积极性,由乡政府和村委实行传统建筑"四统一"(统一收储传统建筑,统一制定租赁政策,统一引进文创企业,统一管理与品牌运作)。现已成功引进来自上海、杭州等地的上海书画、陈军民稻草画、雕塑、影视制作等18家文创企业,打造创客集群,并与浙江省财政厅共同筹建党员教育活动中心。目前尚仁村已完成村落环境整治、村落基础设施整修、18处传统建筑修缮,以及"石窗"公园的打造。

尚仁村推进"创客之乡"有两项举措:一是提出"网格化管理",有效促进传统村落、传统建筑活化;二是推行"绿币",储备"绿色资产",完善大神仙居景区的文创功能。

"使用权置换、产业植入"模式是一种渐进式保护模式,这一模式的优点有以下两点:一是不影响村民住房所有权以及建筑使用权,同时不影响村民日常生活,因而有利于快速推进保护活动;二是文创企业等产业植入,既发挥了村落资源和区位优势,也给村落带来经济活力。

(二)"有机更新、功能置换"模式

"有机更新、功能置换"模式,是指根据村落人居环境建设提升需要,逐步推进传统村落更新改造工作,重点是建筑改造、整治、修缮等,且需要与历史建筑风貌相互协调和衔接。在功能置换方面，要注重将历史建筑居住功能置换为展示、教育、体验等功能。

位于神仙居度假区北侧的白塔镇高迁村素有"耕读传家""高迁十三堂"之美誉，是第一批国家级传统村落。高迁村保护发展采取"有机更新、功能置换"模式，将高迁与神仙居度假区进行全面融合，打造人文古村游、民宿休闲区和农家乐生活服务基地，从而成为大神仙居景区重要组成部分。

高迁村"有机更新、功能置换"重点有以下三个方面工作：一是积极融入乡村振兴战略时代主题，创建仙居县乡村振兴战略学院。二是促进古建筑修复和基础设施提升，村两委积极筹资1500万元（其中包含住建部300万元财政资金），修缮大书房、思美堂、慎德堂、机耕堂、古戏台5座历史建筑；修复月鹿河、七星墩、七星塘等历史遗存；修建旅游接待中心、乡贤馆；整治厕所、河道、800米古街等人居环境。三是动员组织村民筹集资金，用以修缮门窗、柱瓦等。

"有机更新、功能置换"模式充分贯彻基层组织"以村民为主体"的执政理念。存在两个方面积极意义：一是提升了村民保护意识，使村民意识到传统村落、传统建筑既有历史文化价值，也有经济价值；二是提高了村民经济收入，带动了超市、农副特产等小商业发展。

"有机更新、功能置换"模式现已得到全面推广。大战乡白岩下村、横溪镇金村结合人居环境提升工程，保护核心保护区；田市镇李宅村安置村民建房，修复了双喜堂、新德魁、村道、水系等，并积极筹建乡村振兴战略学院；下各镇羊棚头村修复成氏祠堂、王氏祠堂、老三份、新三份等历史建筑，以农兴旅修建"乡村酒吧一条街"；皤滩乡皤滩村修建了"龙形古街"。

(三)"工商资本引入、开发性保护"模式

"工商资本引入、开发性保护"模式，是指乡镇政府会同村两委安置村民建房，置换老房子产权，规模化引进有一定主导产业的社会工商资本进行投资修建等，相关产业涉及养老、养生、度假、餐饮等。

这种模式当前试行较为成功的案例有杭州知名餐饮公司外婆家联手

绿城房地产公司共同打造的金华浦江野马岭高端度假民宿。仙居目前仅有零星传统村落引进工商资本，规模化引入尚未形成气候。这种模式有效提升了居民住房条件，并带动了村落经济社会发展。

上述三种模式根据仙居众多传统村落保护发展实践总结得出。探索这三种模式得益于县委、县政府领导下的"三联动"，即县镇村多层级联动、一揽子多项目联动，以及实践和科研多层次联动。

仙居传统村落保护仍然存在以下四个方面困难：一是传统村落数量众多、较为分散，保护压力巨大；二是村民保护意识较为薄弱，需要进一步引导；三是仙居距离上海市、杭州市等大城市较远，引进规模化外来资本存在一定困难；四是存在村民建房与土地政策之间的矛盾。

仙居县住建局下一步工作将围绕以下三个方面进行：一是研究土地利用、资金引进等政策；二是重点选择一些传统村落，推进"三模式"保护实践；三是将"三模式"全面应用到全县传统村落保护。

仙居传统村落分类型保护计划可见表7-8。

表7-8　　　　　　　　仙居传统村落分类型保护计划

保护模式	传统村落村名
使用权置换、产业植入	淡竹乡尚仁村、淡竹乡溪头村、淡竹乡油溪村 田市镇公孟村、田市镇李宅村、田市镇垟岙村 田市镇九思村
有机更新、功能置换	南峰街道管山村、下各镇羊棚头村、白塔镇高迁村 横溪镇苍岭坑、横溪镇上江垟村、埠头镇埠头村 埠头镇十都英村、双庙乡上王村、湫山乡四都村 朱溪镇朱溪村、朱溪镇兴隆村、朱溪镇上岙村 朱溪镇朱溪村、溪港乡仁庄村、大战乡大战索村 大战乡白岩下村
工商资本引入、开发性保护	皤滩乡皤滩村、皤滩乡枫树桥村、皤滩乡山下村 广度乡祖庙村、广度乡三井村、步路乡西炉村

注：本表来源于2017年的课题组村落调查。

二 仙居传统村落中"传统工匠工坊"建设探究

传统工匠工艺作为传统村落保护重要内容之一，蕴含着人居环境"天人合一"智慧，近年来受到国家和地方政府的高度重视。当代建造语境中，挖掘传统工匠工艺，并将之展示与传承，成为迫切命题。

（一）传统工匠工坊建设的必要性与意义

1. 建设必要性

仙居历史悠久，文化荟萃。全县现有传统村落数量较多，且有427处历史建筑需要挂牌保护，是全国传统村落和历史建筑的最多县之一，保护工作压力巨大。

全县同时有4000余名传统工匠，行业涉及泥水匠、石匠、大木匠、小木匠等。他们手艺精湛，其中木作"立体雕刻"和泥工、瓦工技术为特有工艺。他们平均年龄50岁以上，后继无人。传统工艺在现代建造技术下濒临失传。

为弘扬传统建筑文化和建造智慧，在县委、县政府领导下，县住建局在落实省住建厅城乡建设转型综合试点任务中，创造性筹建仙居传统工匠工坊，委托仙居县工匠协会承办。

2. 建设意义

仙居传统工匠工坊建设有以下三个方面重要意义：一是国内首创。仙居率先筹建传统工匠工坊，是响应国家弘扬传统建筑文化和建造智慧的创举，有利于传统建筑修缮、乡土建造的落地实施。二是传承和展示传统建筑技艺。集中传统工匠领头人，现场展示传统建造工艺，传承传统建筑技艺，培训中青年乡土建造技艺，提升全社会保护意识。三是适应传统建筑保护需求，适应仙居大量传统村落和传统建筑抢救性保护需求，一方面培养手艺人走向市场，另一方面培训手艺人保护传统村落。

（二）仙居县相关工作进展

1. 前期准备

考察学习方面：2017年7月，仙居县住房和城乡建设局组织仙居县建筑工匠行业协会及相关人员前往义乌、东阳两市考察学习。有两点重要启发：一是基地建设。选择较好村落作为基地，汇集不同专业工匠共同作业，收集各种老式古建筑构件建设展示空间。二是机制建设。政府出台政策引导，并划拨50年使用权国有土地，委托社会企业承办基地。

目标任务方面：仙居传统工匠工坊，是县住建局根据实际情况，委托仙居县建筑工匠协会筹建，由政府扶持3年，3年后完全走向市场。

工匠工坊定位为"一非两公"。"一非"确定非营利性目标，以传统村落保护和传统建筑抢救性保护为根本目标。"两公"一是指承办单位县工匠协会，为非营利行业协会；二是指工坊为公共场所，以展示、传承、宣传、培训为主要任务。

场所租赁方面：2017年年初，县住建局会同工匠协会考察31个传统村落，综合交通、用地、建设、文化、展示等因素，最终选定南峰街道管山村为传统工匠工坊基地，距县城约1.5千米。2017年9月，县工匠协会与管山村两委签订租用协议，选择清代历史建筑"尚书故居"为工坊基地，占地面积1216.3平方米，建筑面积1844平方米，为"三透九门堂"典型代表。工匠协会将对该建筑进行修缮、整治和基础设施改造，用于工匠培训和展示基地。

设计修复与招标施工方面：2017年10月，委托设计单位对管山"兵部尚书"历史建筑进行古建测绘和修复设计，并于12月完成施工图。根据施工图预算造价为196.99万元，最终公开招标以181.96万元确定施工单位。

2. 运营管理

传统工匠工坊由仙居建筑工匠协会负责运营管理。工匠工坊筹建期间，紧锣密鼓组织七项运营工作。一是于2017年组织全县3000多名传统工匠在县广播电视大楼会议室进行为期6天的培训，对培训合格者颁发传统工匠证书。二是联系国内高等院校开展建筑学教学实践。三是谋划工匠展厅布置，采购传统石工、木工全套工具，展示石匠、泥水匠、木匠、油漆匠等工艺。四是拍摄工匠工艺宣传片，展示仙居各地传统建筑施工现场和基础、上梁、围护过程石作、大小木作、油漆等传统工艺。五是制作传统建筑展示模型。六是积极推进427处传统建筑挂牌工作。

七是谋划数字博物馆建设。

(三) 面临的困难和建议

市场困难方面：相对于工业化建造技术来说，传统工匠技艺效率低、竞争优势不大。如何快速打造传统工匠示范作品，以工坊形式带领手艺人积极融入市场，在全县400多幢传统建筑修复业务中，有一定竞争优势，是当前传统工匠工坊建设的最大困难。

政策困境方面：尽管传统工匠工坊筹建期间可得到县住建局大力支持，但传统工匠在传统建筑修复市场仍存在准入政策困境。

政策建议方面：在仙居选择一个传统村落，政府整合各部门政策、资金资源，由传统工匠按照传统工艺全力打造，为保护国家级、省级传统村落，修复427座传统建筑打造样板工程。

结　　语

　　发端于20世纪末的中国快速城镇化使得现代性浪潮席卷城乡大地，众多传统村落也难以幸免，它们以新的生活方式、新的经济价值和形式参与于这股现代性浪潮中。随着生活水平的提高，小洋房、小汽车等象征着现代性的生活方式成为村民们的日常需求，与此同时，传统村落也成为艺术进村[①]、文化下乡和产业植入[②]的热点领域。

　　因而，原本习以为常的传统村落，便成为现代性浪潮的另类珍稀空间，也成为"乡愁"情结的物质空间载体。它们之所以被重视、被关注，是因为传统村落意味着能够成为逃避或抵抗现代性的最后家园。[③] 然而，随着社会结构演化、生活方式现代化以及各类投资热潮的涌入，传统村落在空间形式、功能，甚至美学等领域的现代性转型便在所难免，从而自身也辩证地成为另一种类型的现代性。

　　仙居地处浙江东南山区，包括苍山、大雷山和白塔平原构成了仙居盆地型地理空间，母亲河永安溪自西向东贯穿仙居全境，各条支流都汇集到永安溪干流，从而使得山、水、林、田构成了仙居"八山一水一分田"的总体地形地貌特征。其中神仙居、景星岩因其山形俊美享誉国内外，也使得仙居得因"多神仙之地"而建制。正是这片土地，成为仙居

[①] 欧宁和左靖等的"碧山计划"试图通过将艺术引进黄山碧山镇乡村，从而激活乡村发展的计划，一时成为热议。

[②] 传统村落产业植入则更多地表现为旅游业的兴起，安徽省西递和宏村、浙江省诸葛村等均是因旅游业而快速发展，除旅游业作为复兴传统村落重要产业外，其他如企业会馆、疗休养基地等商业产业也顺势植入传统村落。

[③] 闵英、曹维琼：《重构传统村落文化保护与发展的文本意识》，《贵州社会科学》2016年第11期。

传统村落生成、发展和兴衰的空间舞台,并成就了丰富的历史文化传统。如距今七千年的下汤文化遗址、八大奇文之一蝌蚪文、龙形古街皤滩镇,以及众多历史名人如晚唐诗人项斯、宋代《菌谱》学者陈仁玉、元代诗书画三绝柯九思、明代名御史吴时来。正是这些优美的自然环境和历史文化构成了仙居传统村落的物质载体和文化内质。

本书基于众多传统村落文化特性描述和总结,提炼出传统村落的六个方面:耕读文化、商旅文化、慈孝文化、民俗文化、建成环境和生态文化。根据这些文化类型,对所调查的传统村落进行分类整理,以期窥探传统村落的文化基因和现实境况。值得注意的是,按此文化基因进行村落分类是为了凸显各村主要文化基因,并不意味着没有其他文化基因,相反,众多文化基因总是在每个传统村落中相互穿插,构成了丰富性与多样性。比如说,山下村尽管因朱熹讲堂而归为耕读文化型,但不能否认其良好的生态;四都村尽管也被归类为耕读文化型,但不能否认其民俗文化较为发达。此外,值得注意的是,仙居县域范围内的传统村落总体特性,正是由这些不同文化类型传统村落交织而成的,塑造了仙居先人与仙居盆地的文化适应性。

耕读文化型村落特指耕读文化对于传统村落生成和发展有着持续的影响,并留下众多耕读文化遗存,如聚奎亭、大书房、书院、状元旗杆、文昌阁等。耕读传家成为传统村落社会的稳定器,成为持家立业兴族的根本,"半耕半读、以耕养读、以读促耕""耕为本务、读可荣身""读而废耕,饥寒交至;耕而废读,礼仪遂亡"等,都反映了耕读文化的优良传统。[①] 该类型有白塔镇高迁村等传统村落。高迁村一门七状元奠定了该村耕读文化格局,"七星墩"、"七星塘"和"川"字水系格局塑造了村落空间格局,"高迁十三堂"构成了乡土"三透九门堂"类型和街巷肌理。皤滩乡山下村因南宋朱熹在此开设桐江书院讲学,影响深远。此外,田市镇九思村也成为影响古今的"诗书画"三绝名村,上王村因

---

① 王维、耿欣:《耕读文化与古村落空间意象的功能表达》,《山东社会科学》2013 年第 7 期。

其早开现代教化而闻名。

商旅文化型特指传统商业流通依赖传统水运、脚力等传统运输系统，且对村落生成与发展有着巨大影响的传统村落。正是在盐、茶等运输过程的水陆转运交汇地，因补充物资、休憩等驿站需要，促进了这些商旅型村落的发展，并促进不同地域文化交流。地处浙西南大山深处的丽水、遂昌、松阳等地，因福建盐茶转运浙赣地区，从而将沿海妈祖文化带入浙西内地。仙居商旅文化类型传统村落包括皤滩乡皤滩村等传统村落，皤滩村成为该类型的典型代表，龙形商业街依水而建，发展出客栈、当铺等传统商业，这一商业传统传承至今，使得皤滩成为因盐茶水陆转运而生成的商旅古镇。同样，地处峻岭险峰脚下的苍岭坑，也因临时驿站之用而成为商旅古村。

慈孝文化型村落特指慈孝文化成为该类型村落的重要文化遗产。朱贻庭将之"解码"为"父母与子女血缘真情（'本'）与道德规范（'末'）的统一；不要'弃其本而适其末'而应'崇本以举其末'。要建设'和谐家庭'，生活在现代社会的为人父母和为人子女都应该自觉这种基于血缘关系的人类'亲情'之爱，和基于父母与子女之间真情的'双向交往'机制的亲情关系"①。商爱玲等认为慈孝文化集中了道德观、社会观、人生观和宇宙观，作为一种软约束，依靠道德规范影响个体的观念和行为，是社会治理的重要组成部分，有助于解决社会中的价值失序问题和道德失范现象，更好地维护社会成员的公共权益，促进社会秩序的稳定与关系的和谐。②慈孝文化在传统村落空间中表现为众多宗祠、家谱、家训等。该类型包括田市镇李宅村等传统村落。李宅村成为该类型典型代表，"八诫八训"成为该村社会生活的宗旨，与都宪宗祠和李氏大小宗祠一道传承着慈孝文化，对李宅村社会稳定起到巨大作用。此外，地处永安溪上游的四都村"戴氏节孝""广种福田""龙母生子"等，也使得四都村成为远近闻名的慈孝文化名村。村民们在慈孝文化中

---

① 朱贻庭：《解码"慈孝文化"》，《道德与文明》2009 年第 3 期。
② 商爱玲、彭雪容：《慈孝文化与社会治理——基于重庆市古路镇的个案研究》，《克拉玛依学刊》2016 年第 1 期。

知礼节，守规范。

　　民俗文化型村落特指传统村落中传承的各类代表性民俗文化活动，代表着该村的民俗文化最高成就，具有一定地域影响力。相对于精英文化，民俗文化产生和传承于民间，是提炼于日常生活的物质精神文化，对于人们来说有着内生性的影响，具有群众基础和广泛影响力。民俗文化一般既包括农耕器具、饮食、民居等物质风俗文化，也包括生活礼仪等社会民俗文化和民间艺术、文学、传说等精神民俗文化。[①] 该类型包括埠头镇十都英村等传统村落，其中朱溪村九狮挪球、十都英村彩石镶嵌、皤滩无骨花灯、沉香木雕等，都是非物质文化遗产，享有极高的声誉。非遗传人吴子熊将之应用到玻璃雕刻，传承到台州市乃至全国各地。

　　建成环境型传统村落在本书中主要指建筑格局对居住村民精神层面影响较深的村落。例如，庙宇和文教建筑表现出的伦理教化功能。在传统村落中，宗祠、庙宇等文教建筑占据着核心地位。它们不仅是村民进行祖先祭祀、文化传承的关键场所，而且通过其独特的建筑风格与装饰艺术，对村民进行伦理道德的教育和日常生活的影响。这种教育作用使得村民在不知不觉中形成了共同的价值观念和文化认同。传统村落的建筑与环境通常反映了道法自然、天人合一的审美理念。村民在长期的生活实践中逐渐吸收了这种审美观念，并将其转化为个人的精神追求。这种追求不仅体现在对自然环境的尊重与保护上，还体现在对生活品质的追求以及对和谐社会的向往上。例如，下各镇羊棚头村因拥有道教第十洞天而闻名遐迩，其影响遍及全县的"八仙"文化，甚至渗透到饮食文化中的"仙居八大碗"。此外，这些传统村落的街道、巷弄、广场等空间布局，无形中引导着村民的日常行为模式和活动范围。

　　生态文化型村落特指传统村落，反映了人与自然和谐关系，村落生成与发展以不破坏自然生态为前提，并具有广泛知名度和影响力。生态文化是人们在与自然生态环境持续交往过程中，以特有的生态观、文化观和宇宙观为指导，调适生态与文化之间的关系，寻求人与自然和谐共

[①] 蔡志荣：《民俗文化的当代价值》，《西北民族研究》2012年第1期。

存为落脚点，而形成的生态物质文化、制度文化和观念文化的总和。[①] 田市镇公盂村正是上述生态文化型传统村落的典型代表。公盂村坐落在高山深处，悬崖脚下，成为国内外登山户外基地。至今公盂村仍然拒绝开通作为现代性象征的公路，只能沿着山间古道才能到达。此外，步路乡西炉村依永安溪一侧发展出坡地水乡型传统村落，淡竹乡尚仁村和油溪村的石天柱岩和石人远眺，埠头镇怕水缺水的西亚村，都反映出村落与自然和谐相处的生态文化。

本书经过深入分析，认为正是多样化的文化特性构成了传统村落的独特基因。这些基因具有内在的不可为性与物质性，同时展现出鲜明的乡土特色、信息特性以及传递性。为了更好地揭示这一观点，本书将仙居的传统村落形象地比喻为一个个独立的细胞，而文化则是这些细胞中不可或缺的基因。这些基因的特性通过传统村落中的历史脉络、建筑风格以及民俗风情得以充分体现。因此，本书的核心内容将聚焦于村落的历史发展、建筑特色以及民俗传统等方面。然而，需要强调的是，中国地域辽阔、地理类型丰富多样，各地的传统村落承载着各自独特的文化基因。本书所探讨的内容，仅仅是对这一广阔领域的一次初步冒险探索。

当前众多传统村落正面临着不同程度的衰退困境，如何在现代性浪潮中保护和传承这些宝贵的传统文化基因，无疑是一项更为艰巨且充满挑战的冒险之旅。笔者期待通过本书的探讨，能够为传统村落的保护与发展提供有益的启示和思考。

不可为性和物质性

"不可为性"是传统文化的首要特征，以"不可为"的文化之力作

[①] 廖国强、关磊：《文化·生态文化·民族生态文化》，《云南民族大学学报》（哲学社会科学版）2011年第4期。

用于"可为"的物质之中,从而起到首要作用。① 譬如调查中我们发现,不会有任何村民愿意在庙宇、祠堂、墓地旧址上新建民宅,也不会有村民愿意让自家住宅正对着道路(不管是任何道路),因为这在风水上谓之"冲";村民住宅也不会朝向正南建造,因为正南只有皇家、宗祠、庙宇等官式建筑才有资格建设。语言、风俗、饮食也如此,抑扬顿挫略显生硬的仙居方言,儒释道合流的宗教仪式,"八大碗"饮食文化,也一样有着特定指称和意义,或许只有那些居住在这些传统村落中的居民才能理解。"不可为"的文化力量宗教般地深嵌于传统村落血脉之中。由此可见,这些"不可为"文化力量具体表现为思想、观念和风俗,已在潜移默化中渗入人们日常物质生活。

乡土性

基于文化词源考察,可以看出文化的物质性与地域有着密切关系,表现出乡土性特征。乡土(Vernacular),则意味着本地的、非官方的,主要包括语言和民间风格,前者表现为方言俚语,后者表现为民间建筑、音乐、工艺、饮食等。常青教授在《宅形与文化》译序中强调阿摩斯·拉普卜特核心概念"Vernacular"所指的是"源于地域性的农耕文明,但在本书中,该词并未强调社会形态造成的城乡差别,而是更接近汉语'风土'一词的含义",从而对"工匠建造"的民间建筑产生影响。② 约翰·布林克霍夫·杰克逊将乡土性和装饰风格联系在一起,用以描述乡土地方文化的其他方面,③ 从而指出文化与土地耕作和生活方式的密切关系,构成其传统村落的乡土性特征。值得注意的是,这一乡土性,不

---

① [美]阿摩斯·拉普卜特:《宅形与文化》,常青、徐菁、李颖春等译,中国建筑工业出版社2007年版,第x页。
② [美]阿摩斯·拉普卜特:《宅形与文化》,常青、徐菁、李颖春等译,中国建筑工业出版社2007年版,第x页。
③ [美]约翰·布林克霍夫·杰克逊:《发现乡土景观》,俞孔坚、陈义勇等译,商务印书馆2015年版,第211页。

仅意味着地理环境，更意味着对乡土地域的理解和观念、思想和习俗，是从人出发对土地的理解。

信息性和传递性

　　信息性和传递性是传统村落文化的第三个特征。正如基因一般，传统村落蕴含乡村宗教信仰、宗族血缘、集体习性、民俗习惯、交往行为、建筑风格等，这些信息用阿摩斯·拉普卜特的话来说，是以一种非语言形式被编码进建成环境，并呈现出独特的意义。[①] 作为建成环境的物质空间有着对抗时间的惰性，在时间长河中只能慢慢销蚀，从而使得上述被编码进建成环境的信息能够在传统村落中不断地得以传承。由此，传统村落的信息性和传递性构成了其内在力量，成为其社会构成和物质空间延续和存在的内在逻辑。从仙居传统村落的调研中便可发现上述社会信息，吴姓高迁、李姓李宅、王姓上王、朱姓朱溪等单姓村，在仙居传统村落中比比皆是；高迁"川"字形空间格局、李宅大小宗祠、"三透九门堂"大宅院等建成环境，都蕴藏并传递着这些传统村落的信息。正是这些传统村落的信息性和传递性，奠定其作为乡村社会的稳定性。

　　上述传统文化的不可为性和物质性、乡土性、信息性和传递性等特征，构成了传统村落的基因特性。这为仙居传统村落调查进行类型学研究奠定了基础，使我们得以从李宅"十训八诫"、高迁"耕读传家"、枫树桥"孝廉治家"、皤滩"无骨花灯"、十都英"彩石镶嵌"、朱溪"龙灯会"等非物质和物质文化遗存中，窥见仙居传统村落的文化基因。

　　上述研究可以得出一个基本结论，当前仙居众多传统村落是在适应农耕文明基础上发育出来的，传统村落的土地使用制度、村落营建体系、建筑类型组织等都与乡村宗法制度和农业经济有着密不可分的高度耦

[①] [美] 阿摩斯·拉普卜特：《建成环境的意义——非言语表达方法》，黄兰谷等译，张良皋校，中国建筑工业出版社1992年版，第46页。

合性。

然而，留给当下急需思考的大问题是，在当前快速工业化，甚至进入快速信息化的时代，传统村落的文化基因如何再现价值；如何正确评估传统村落应有的文化与经济社会价值；如何采取相应的保护或发展措施。

从农耕文明到工业文明或信息文明，可以说文明的变迁，直接导致了传统村落空间的变迁。当然，空间的变迁是广义的，不仅仅局限于村落或建筑的物质性空间形态，而是涉及社会空间结构和经济空间形态，甚至可以推广到文化空间形态。

从社会空间结构来说，宗法制家族逐渐为小户型核心家庭所替代，这势必导致合院住宅为独立式住宅所替代。社会变迁还表现为快速城镇化，即乡村人口减少，传统村落也不例外。这直接影响到传统村落的空间规模，它不再是村民们真正赖以遮风挡雨的物质庇护所，或许真的是退居到寄托乡愁的精神家园。

经济空间形态的变迁可概括为非农化的迅猛推进。非农化进程深刻改变了对土地的认知，使其不再单纯作为生存必需品，而是转变为衡量村民经济生活的重要指标。土地的地位从自给自足时代的核心必需品，逐渐退居为具有保险功能的辅助角色。当前，土地非农化的现象屡见不鲜，废弃和荒芜情况日益严重。即便通过土地流转实现规模化农业生产，也已不再是传统意义上的小农经济模式，而是带有明显的商业色彩。此外，城乡建设的土地征用更是直接推动了土地的商品化进程。总而言之，土地非农化面临着无用化或商业化的双重命运。

经济空间形态的变化不仅体现在土地因素上，更核心的是村民经济行为的转变。在这一方面，传统村落亦无法例外。改革开放政策极大地解放了农民，使他们得以摆脱土地的束缚，进入城镇从事第二、第三产业的经济活动。这一转变带来的可支配收入远超过传统农业生产，极大地提升了村民的生活质量。同时，市场经济的蓬勃发展进一步激发了人的能动性，各村落纷纷涌现出一批批创业者和"老板"。

在这种市场经济导向下，即便传统村落得到复兴，也不再回归原有的农耕经济模式，而是坚定不移地迈向非农化的发展道路。众多发展旅游经济的传统村落便是这一趋势的有力证明。它们通过挖掘和展示自身的文化特色，成功吸引了大量游客，实现了经济结构的转型和升级。

随着社会结构和经济形态的演变，传统村落的物质基础发生了显著变化。随之而来的便是文化的变迁。村民们的知识形态的转变，与学校所倡导的"读万卷书"的精英教育模式有所不同，其知识转型与文化变迁是伴随着外出"行万里路"以增长见识的方式获得的。这两种知识体系并无优劣之分，仅是方法各异。然而，这种知识体系具有碎片化和非系统性的特点。正是在这种知识体系的影响下，当代传统村落的建设呈现出诸多矛盾，如建筑类型的新型化，建筑色彩与体量等方面的差异。如何引导传统村落的规划建设，或者说，如何将精英教育模式应用于修补匠知识体系模式，以实现传统村落的可持续发展，这仍然有待深入研究和探讨。

经过千百年的演变，如今，历史走到了一个关键节点。尽管历史上空间演化历经漫长岁月，但其经济形态、社会结构以及知识体系均未发生重大变革，因此，传统村落的空间形态得以保持稳定和连续。然而，现在传统村落的社会结构、经济模式、知识体系均出现了断裂。换句话说，传统村落生存的基石已不再坚实，其空间形态面临严重威胁。那么，传统村落的空间是否仍然完整呢？在当代社会，支撑物质空间的非物质因素面临着消失的风险。那么，那些离乡背井的村民，还能否找到回家的路呢？这是一个令人深思的问题。

参考文献

卜工：《历史选择中国模式》，科学出版社2009年版。

陈瑛、温克勤、唐凯麟等：《中国伦理思想史》，贵州人民出版社1985年版。

陈志华：《楠溪江上游古村落》，河北教育出版社2004年版。

陈志华、李秋香：《婺源》，清华大学出版社2010年版。

杜学霞、卞芳选注：《黄河古代散文选》，河南大学出版社2020年版。

段进、揭明浩：《世界文化遗产宏村古村落空间解析》，东南大学出版社2009年版。

费孝通：《乡土中国·生育制度·乡土重建》，商务印书馆2011年版。

冯尔康：《中国社会史概论》，高等教育出版社2004年版。

冯骥才主编：《中国传统村落立档调查田野手册》，文化艺术出版社2014年版。

胡佳编著：《浙江古书院》，浙江古籍出版社2012年版。

雷晓蓉：《乡村旅游资源开发利用研究》，湖南大学出版社2012年版。

李培林：《村落的终结：羊城村的故事》，中国社会科学出版社2014年版。

林虹、严洪明主编：《碧水蓝天　绿野仙居》，浙江科学技术出版社2012年版。

刘纬毅辑：《汉唐方志辑佚》，北京图书馆出版社1997年版。

罗新本、许蓉生：《中国古代赌博习俗》，陕西人民出版社2002年版。

毛丹：《一个村落共同体的变迁——关于尖山下村的单位化的观察与阐释》，学林出版社2000年版。

潘晓明：《中国古代家训与中国传统文化的大众化》，湖北人民出版社 2018 年版。

钱国丹、林海蓓主编：《山风海韵》，四川文艺出版社 2022 年版。

王兆祥主编：《中国神仙传》，山西人民出版社 1992 年版。

吴志刚、王维龙主编：《台州古村落》，中国文史出版社 2013 年版。

仙纪：《风骨：仙居御史故事》，广西师范大学出版社 2020 年版。

徐少锦、陈延斌：《中国家训史》，陕西人民出版社 2003 年版。

徐梓：《家范志》，上海人民出版社 1998 年版。

杨富有：《元代上都诗歌选注》，中国书籍出版社 2018 年版。

杨建武编著：《仙居史话》，浙江教育出版社 2000 年版。

袁占钊主编：《处州文化史》，浙江古籍出版社 2010 年版。

张炯炯：《雕塑艺术的分类审美》，吉林大学出版社 2020 年版。

浙商证券编：《浙商古道行》，新华出版社 2016 年版。

政协台州市文史资料委员会、政协仙居县学习文史委员会、仙居县文化局等编：《艺术·中国——皤滩古镇》，西泠印社出版社 2001 年版。

中共仙居县委宣传部、仙居县地方志办公室编：《仙居歌谣》，中国文史出版社 2016 年版。

中共仙居县委宣传部、仙居县地方志办公室编：《仙居家训》，中国文史出版社 2016 年版。

后　　记

对仙居传统村落的研究，始于十年前的一次偶然契机。2015年，受浙江工业大学之江学院庞乾奎教授的邀请，我踏上了对浙江传统村落的考察之旅。这次考察不仅是对乡村风貌的直观体验，更是对城市化进程中乡村命运的一次深刻反思。通过对公盂村与新路村的实地调研，我们逐渐意识到，乡村的保护与发展不仅仅是建筑与景观的维护，更是对传统文化、社会结构与经济模式的全面审视。

浙江乡村的发展口号是"让乡村成为乡村"，而在我老家的豫北平原，农村的口号却是"农村不比城市差，城里有啥咱有啥"。这两种截然不同的发展理念，折射出中国乡村在城市化浪潮中的两种路径：一种是"走近城市"，即在保持乡村特色的同时，逐步向城市靠拢；另一种则是"改造乡村"，即以城市为样板，对乡村进行彻底改造，推动农村快速城市化。这两种理念的背后，反映的是对乡村未来发展的不同思考与选择。

公盂村位于仙居县田市镇，分为上坪村与下坪村。下坪村坐落在海拔600米的高山之上，四周奇峰环绕，村庄宛如被群山环抱的盆地。由于地势险峻，交通不便，公盂村至今仍保持着原生态的自然风貌。我们驱车至山脚下，徒步两个半小时才抵达下坪村。村中常住居民多为老人，年轻人大多外出务工，仅有几户人家经营农家乐，依靠旅游业维持生计。村中至今仍保留着"物物交换"的传统，甚至有一块白板详细列出了游客可以交换的物品与服务。这种原始的交换方式，既反映了村落的封闭

后　记

性，也展现了其独特的文化韧性。

新路村则呈现出另一种发展模式。走进村庄，首先映入眼帘的是以"乡村记忆"为主题的村牌与导游图。随着中国城镇化进程的加快，乡村的生产生活方式发生了巨大变化，传统的农具如犁耙、石磨等已逐渐退出历史舞台，成为供人参观的文化景观。新路村的建设理念是"让乡村成为乡村"，村中保留了大量的乡村特色与文化氛围。村西有栀子花园、玫瑰花园和桃花园，形成了一片"花海风情"。村中央的小溪旁修建了两座观赏性水车，民居多为白墙黑瓦的江南建筑，马头墙的设计不仅美观，还具有防火的实用功能。

新路村的发展路径，是在保留乡村文化的同时，通过发展旅游业促进乡村经济的内生增长。然而，乡村旅游的开发也带来了乡村城市化的内在冲动。乡村旅游开发往往会导致乡村地区迅速集聚非农人口，或诱导农民改变农业生产活动的目的，从而使乡村的外在形式与内在经济特征逐渐向城市化转变。

考察结束，一个问题挥之不去：当我们谈论"保护传统村落"时，究竟想保护什么？是青砖小瓦的物质载体，还是乡约民规的精神共同体？是游客镜头中的田园牧歌，还是村民赖以生存的生产方式？在随后的十年中，我和团队成员庞乾奎、申志锋等又多次赴仙居进行考察，收集了大量的文字史料和口述资料。我们一起整理资料，相互研讨，共同完成了书稿的写作。周志永负责全书的规划，撰写了绪论、第一章、第二章、第七章、参考文献，以及对全书的修改和统稿。第三章、第四章、第五章、第六章和结语则由周志永、庞乾奎和申志锋三人共同完成。

书稿得以完成与出版，首先要感谢浙江工业大学之江学院的庞乾奎、郑州大学的申志锋、浙江师范大学的金晓刚，重庆大学的谌祥勇、杨柠聪，以及中国社会科学出版社的杨康女士。其次要感谢重庆大学马克思主义学院的支持，本书受重庆大学中央高校基本科研业务费项目"21世纪国际共产主义史学新发展研究"（2022CDJSKZX12）的资助。本书还是重庆大学中央高校基本科研业务费人文社科专项（2020CDJSK49YJ10）的阶段性成果。

　　书中观点、行文等方面难免有欠妥之处，恳请学界同仁和广大读者予以斧正。

周志永

2025 年 2 月